中侨彩图馆
刘凤珍 主编

中国皇帝彩图馆

王丹波 编著

中国华侨出版社

图书在版编目（CIP）数据

中国皇帝彩图馆 / 王丹波编著 . — 北京：中国华侨出版社，2015.12
（中侨彩图馆 / 刘凤珍主编）
ISBN 978-7-5113-5864-6

Ⅰ．①中… Ⅱ．①王… Ⅲ．①皇帝－列传－中国 Ⅳ．① K827=2

中国版本图书馆 CIP 数据核字（2015）第 302713 号

中国皇帝彩图馆

编　　著 / 王丹波
丛书主编 / 刘凤珍
总 审 定 / 江　冰

出 版 人 / 方　鸣
责任编辑 / 兰　蕙
装帧设计 / 贾惠茹
经　　销 / 新华书店
开　　本 / 720mm×1020mm　1/16　印张：28　字数：630 千字
印　　刷 / 北京鑫国彩印刷制版有限公司
版　　次 / 2016 年 3 月第 1 版　2016 年 3 月第 1 次印刷
书　　号 / ISBN 978-7-5113-5864-6
定　　价 / 39.80 元

中国华侨出版社　北京市朝阳区静安里 26 号通成达大厦 3 层　邮编：100028
法律顾问：陈鹰律师事务所
发行部：（010）64443051　　　　传真：（010）64439708
网　址：www.oveaschin.com
E-mail：oveaschin@sina.com

如发现图书质量有问题，可联系调换。

从秦始皇到清末帝溥仪的两千多年间，中国大地上出现了数百位皇帝，他们或经历中华民族大发展的高峰，或崛起于民族危亡的低谷，或消沉在陌路悲歌里，或堕落在盛世赞歌里。但无论是流芳千古的"圣君"，还是遗臭万年的"暴君"，只要他们一坐上龙椅，便拥有了至高无上的权力。"普天之下，莫非王土；率土之滨，莫非王臣"，皇帝这一中国历史上十分重要的人物，掌握着国家的全部大权，独断专行，决定着国家的命运与臣民的生死荣辱。他们的功过是非，关系到封建国家的盛衰、民族的兴亡和个人的成败。从某种角度上说，中国的封建历史就是皇帝的历史，因此了解皇帝们的活动，对了解中国封建历史具有相当重要的意义。

历史是一面镜子，"以史为鉴，可以知兴替"。为了便于读者了解史实，理清历朝历代的脉络，并对其有一个较为清晰准确的认识和把握，我们编写了这部《中国皇帝彩图馆》。

传记是写得很细的历史，皇帝的传记更是如此。本书挑选了对中国历史影响巨大的三十三位帝王，记述他们在位期间重大决策形成和实施的详细过程，重大历史事件发生及处理的每个步骤；还细致地描绘皇帝与廷臣、皇帝与后妃之间复杂而微妙的关系，详解皇帝们面对各个利益阶层博弈时的政治方法和艺术。历史的玄机正藏在这些精彩的细节中。

本书的编写，以史实为主，其材料基本来自正史，也兼采别史、稗史的记载；以政事为主，兼涉轶闻、生活，具有史料性、知识性、可读性。从中可见历代皇帝们的朝廷政务、后宫生活；得位根由、身死原因；音容笑貌、脾性嗜好等。每个皇帝独立成传，既带有浓厚的传记色彩，也不乏神奇的趣闻、生动的细节。

简明的体例、精炼的文字、精美的图片等多种要素的有机结合，立体、真实地再现历代皇帝的人生历程，深刻揭示中国古代社会由乱到治、由治到乱以及繁荣衰败的内在规律，诠释中华民族嬗变兴替的艰辛过程，使历史研究更好地服务于当代。

前言

纵横八万里，江山如此多娇，上下五千年，引无数帝王竞折腰。中华帝王，自秦始皇嬴政起，秦皇汉武，唐宗宋祖……或以盖世武功称霸于世，或以绝妙文采震烁古今，或以雄韬伟略彪炳史册，铸就一部洋洋洒洒长达两千多年的王朝史。

皇帝作为历史的重要角色之一，是当时左右和影响国家、民族的关键人物，研究他们的是非功过、治乱兴替，在一定意义上事关国家盛衰、民族兴亡、个人成败，并对我们现代人有极大的借鉴意义。

在中国两千多年漫长的封建社会里，皇帝是国家的最高统治者，是封建专制统治的象征与代表。而最初，皇帝只是皇、帝的合称。"皇者，大也，言其煌煌盛美。帝者，德象天地，言其能行天道，举措审谛。"所以人们在考量上古的贤君时，根据他们各自的功绩，将能够配得上皇、帝之称的八人合称为"三皇五帝"。可见，那时的"皇"和"帝"还分别为两个称号，不同用于一人身上。秦始皇统一全国后，自认为是"德兼三皇，功高五帝"，遂将"皇""帝"两个人间最高的称呼结合起来，作为自己的帝号，至此以后，"皇帝"一词便正式成为中国古代王朝最高统治者的专称。

目 录

秦始皇嬴政

一、迷离身世 …………………………………… 2
二、统一中国 …………………………………… 3
三、确立皇权 …………………………………… 6
四、焚书坑儒 ………………………………… 10
五、统一规制 ………………………………… 12
六、开疆拓土 ………………………………… 16
七、始皇暴政 ………………………………… 19
八、病亡沙丘 ………………………………… 22

汉高祖刘邦

一、出身草莽 ………………………………… 26
二、起兵沛县 ………………………………… 26
三、入关破秦 ………………………………… 29

四、楚汉相争 …… 31
五、创建帝业 …… 36
六、强化皇权 …… 40
七、高祖驾崩 …… 45

汉武帝刘彻

一、武帝出生 …… 48
二、初登大宝 …… 49
三、独尊儒术 …… 50
四、颁布"推恩令" …… 52
五、开疆拓土,安抚四夷 …… 54
六、重视农业,垄断经济 …… 56
七、好大喜功 …… 58
八、迷恋神仙方术 …… 61
九、汉武帝之死 …… 63

新帝王莽

一、外戚入宦,谦恭得权 …… 66
二、党同伐异,篡汉立新 …… 68
三、托古改制,新政迭出 …… 70
四、危机四伏,黔驴技穷 …… 71

汉光武帝刘秀

一、出身稼穑,志在天下 …… 74

二、舂陵起兵 ······ 75
三、昆阳大战 ······ 77
四、河北崛起 ······ 80
五、光武中兴 ······ 82
六、封禅大典 ······ 86

汉明帝刘庄

一、子凭母贵，荣登帝位 ······ 88
二、铁腕治国，遣使通边 ······ 89
三、重儒引佛，交融中西 ······ 91

魏武帝曹操

一、少年阿瞒 ······ 94
二、步入仕途 ······ 94
三、初立资业 ······ 95
四、官渡之战 ······ 98
五、平定乌桓 ······ 102
六、赤壁之战 ······ 103
七、降服鲜卑 ······ 105
八、建安风骨 ······ 106
九、曹操之死 ······ 107

蜀汉昭烈帝刘备

一、桃园结义，乱世起兵 ······ 110

二、四处流浪，寄人篱下……………………………………111
三、三顾求贤，三分天下……………………………………113
四、成都称帝，白帝托孤……………………………………115

吴大帝孙权

一、少年英年，秉承兄志……………………………………120
二、火烧赤壁，三国鼎立……………………………………122
三、如愿称帝，昏聩误国……………………………………123

晋武帝司马炎

一、长子得立，以柔治国……………………………………126
二、慧眼识才，内外一统……………………………………127
三、羊车巡幸，痴儿承嗣……………………………………129

宋武帝刘裕

一、出身贫寒，名起京口……………………………………132
二、入京辅政，功成自威……………………………………134
三、剪除异己，扫清道路……………………………………135
四、平定江南，攻伐北地……………………………………136
五、荣登帝位，建朝刘宋……………………………………137

梁武帝萧衍

一、谋略出众，屡立奇功……………………………………140

二、起兵灭齐建梁 …………………………………………………… 142

三、溺佛与悲惨下场 ………………………………………………… 144

北魏孝文帝元宏

一、少小即位，太后临政 …………………………………………… 148

二、改革官制，实行均田 …………………………………………… 149

三、迁都洛阳，易服改制 …………………………………………… 150

四、镇压叛乱，发展文化 …………………………………………… 151

五、御驾南征，英年早逝 …………………………………………… 152

隋文帝杨坚

一、韬光养晦，代周自立 …………………………………………… 154

二、知人善任，统一全国 …………………………………………… 156

三、励精图治，开皇盛世 …………………………………………… 157

四、猜疑迷信，危机潜伏 …………………………………………… 159

隋炀帝杨广

一、弑父诛兄 ………………………………………………………… 162

二、隋炀帝暴政 ……………………………………………………… 165

三、举国宣淫 ………………………………………………………… 170

四、远征高句丽 ……………………………………………………… 174

五、隋炀帝之死 ……………………………………………………… 176

唐太宗李世民

一、卓尔不群 ………………………………………………………… 180

二、晋阳起兵 ………………………………………………………… 181

三、统一全国 ………………………………………………………… 183

四、玄武门之变 ……………………………………………………… 187

五、贞观之治 ………………………………………………………… 190

六、求贤纳谏 ··· 193
七、统一边疆 ··· 196
八、晚年骄奢 ··· 198

女皇武则天

一、初入皇宫 ··· 200
二、入寺为尼 ··· 201
三、后位之争 ··· 203
四、垂帘听政 ··· 206
五、一代女皇 ··· 212
六、武则天之死 ·· 215

唐玄宗李隆基

一、立志恢复李唐江山 ··· 218
二、平王摄政 ··· 219
三、开元盛世 ··· 222
四、盛世转衰 ··· 226
五、安史之乱 ··· 228
六、晚景凄凉 ··· 234

后梁太祖朱温

一、出身与发迹 ·· 236
二、篡唐与建梁 ·· 237
三、荒淫误国，兽父逆子 ·· 238

后晋高祖石敬瑭

一、骁勇善战的猛将军 ··· 242
二、卑躬屈膝的儿皇帝 ··· 243
三、卑外惧内，一命归西 ·· 245

南唐后主李煜

一、命运错位做君王 ········· 248
二、国破为虏，物是人非 ····· 249
三、绝代才人，千古词章 ····· 251

宋太祖赵匡胤

一、将门虎子 ··············· 254
二、南征北战 ··············· 255
三、陈桥兵变 ··············· 259
四、一统天下 ··············· 262
五、杯酒释兵权 ············· 265

宋徽宗赵佶

一、徽宗继位 ··············· 270
二、蔡京擅权惑徽宗 ········· 272
三、风流帝王 ··············· 277
四、宋江、方腊起义 ········· 282
五、国破君亡 ··············· 282

金太祖完颜阿骨打

一、少年戎马，崭露头角 ····· 286
二、征战四方，破敌灭辽 ····· 287

三、建立金朝，励精图治························289

元太祖成吉思汗

一、英雄多舛························292
二、建立蒙古汗国······················296
三、灭亡夏、金······················303
四、西征亚欧························306
五、成吉思汗之死······················307

元世祖忽必烈

一、世祖登基························310
二、南下灭宋························312
三、实行汉法························319
四、远征缅甸、日本····················322
五、平定诸王叛乱······················324

明太祖朱元璋

一、出身布衣························328
二、流浪行童························329
三、将帅之才························331
四、朱升献策························334
五、削陈平张························336
六、统一天下························338
七、休养生息························339

八、清除权臣 341
九、专制统治 343
十、身葬孝陵 344

明成祖朱棣

一、叔侄争权，靖难夺位 346
二、恩威并施，永乐盛世 347
三、郑和下西洋，御驾征漠北 350

明英宗朱祁镇

一、身世成谜，宠信宦官 354
二、土木惊变，帝王成囚 355
三、兄弟夺位，回京被幽 357
四、南宫复辟，再宠奸佞 358

明武宗朱厚照

一、大器难成，"八虎"成患 362
二、厂卫横行，刘瑾被诛 365
三、义军纵横，三震京师 369
四、游戏无度，微服出京 371
五、远游西北，游龙戏凤 373
六、荒唐亲征，落水受惊 375

清圣祖康熙

一、少年天子 378
二、辅政时期 379
三、康熙亲政 381
四、平定三藩 384
五、抵御沙俄 386

秦始皇嬴政

秦始皇是中国历史上第一位皇帝,他统一了六国,统一了度量衡,修筑了举世闻名的长城,一生功绩卓著。但另一方面,他也是一位暴君,实行暴政,秦仅二世而亡,他有不可推卸的责任。

一、迷离身世

秦始皇，姓嬴，名政，是秦国秦庄襄王之子。但是，关于嬴政的身世，还有另一种说法。

公元前259年，秦国进攻赵国都城邯郸，赵国的平原君向魏国的信陵君、楚国的春申君求救。在魏、楚两国的帮助下，赵国打败了秦国。按照惯例，秦国必须从王子、王孙中选派一人到邯郸做人质。这样，秦国把异人送到赵国，异人到达邯郸时，有很多人围观，其中一人看到异人后，说："此奇货可居！"说这话的正是战国时期的著名商人吕不韦。

吕不韦是卫国人，后来在韩国经商致富，家累千金，这次是从阳翟来邯郸，结果遇见异人。于是，吕不韦主动结交异人，并献金五百以供异人生活之需。

此时，吕不韦府中有一美女赵姬，深得吕不韦宠爱，并已有身孕。在一次晚宴中，赵姬献舞敬酒，被异人看中。吕不韦忍痛割爱，将赵姬献给异人。

吕不韦像
时光倒回两千年，中国有王而无帝；岁月逝去两千年，嬴政统一天下，德高三皇，功盖五帝，自称始皇帝；其后两千年，后人纷纷效仿称皇帝。千百年历史长河滚滚而来，秦始皇其人，妇孺皆知，老幼都晓，其父却不明，扑朔迷离，是吕不韦，抑或是异人？太史公司马迁为此而浩叹，终未理清，遂成永久悬案！

赵姬嫁给异人后，深受异人宠爱，但是对自己已有身孕一事，从未透露过半点。直到后来，赵姬生下一子，是为嬴政。

这种说法主要是来自于汉代史学家司马迁的《史记·吕不韦列传》。但是，有许多学者，如汤聘尹、王世贞、郭沫若等，都对这一看法提出质疑。因此，秦始皇的身世，至今仍是一个谜。

错金云纹鼎　秦
此器为战国时期秦国的代表器，出土于陕西省咸阳市。器身通体用金银片错成几何形的云纹，盖顶上饰有莲瓣纹，四周环绕有云纹，下腹部饰三角纹。既华丽高贵，又稳重大方，是秦地风格和六国工艺的高度结合。

二、统一中国

公元前247年，做了三年秦王的庄襄王去世，13岁的嬴政即位。当时，吕不韦因为有庄襄王与赵姬的双重关系而在朝中握有重权。因为嬴政年少，不能处理政事，致使吕不韦以相国身份专权，并被尊为"仲父"。秦王嬴政处于傀儡的地位。

【1】平定内乱

公元前239年，嬴政命其弟成蟜率兵进攻赵国，成蟜趁机发动兵变，结果被嬴政派兵平定，并将成蟜及其部下全部处死。嬴政初步巩固了王位。

公元前238年，嬴政年满22岁，已经长大成人，应该加冕亲政，但是，朝中形势却对嬴政极为不利。

嬴政即位时，其母赵姬不过30岁左右，而吕不韦又大权在握，加上嬴政年少无知，于是吕不韦与太后赵姬重温旧情，时时出入宫闱之中。

但是，吕不韦的最终目标是要窃取秦国的王位，而自己与赵姬的私情一旦泄露，将面临灭顶之灾。这样，吕不韦经过深思熟虑，想出了一个金蝉脱壳之计：为赵姬找一个能替代他的男人。于是，吕不韦找来一个名叫嫪毐的市井无赖，把他献给太后。

嫪毐身强力壮，精于房术，太后对他宠幸无比。不久，太后怀有身孕。为了避人耳目，太后借口避灾，搬到大郑宫居住。嫪毐的权势也因太后的宠幸而日增，并

四年吕不韦铜戈 秦
秦始皇在公元前247年即位时才13岁，政事由相国吕不韦执掌，此戈就是这个时候铸造的，戈于1957年出土于湖南省长沙市左家塘秦墓，戈内两面有铭文，一面刻"四年相邦吕工寺龙丞"，另一面刻一"可"字。"相邦吕"即秦相国吕不韦。

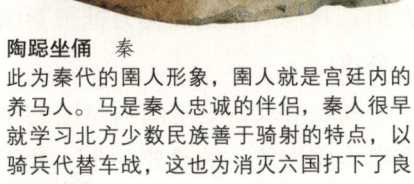

陶跽坐俑 秦
此为秦代的圉人形象，圉人就是宫廷内的养马人。马是秦人忠诚的伴侣，秦人很早就学习北方少数民族善于骑射的特点，以骑兵代替车战，这也为消灭六国打下了良好的基础。

铜带钩 秦
带钩为古代的束腰用具，材料多为铜制，也有用玉、铁、牙、骨、石做的，此件为鎏金包银嵌绿松石的级别很高的官用带钩，内侧有一"官"字。

骑马俑 秦

骑兵是战国以来形成的新兵种,机动性强,富有杀伤力,至战国末年,骑兵成为各国的主要兵种。秦国在六国中对骑兵的建制最为重视,不仅有优良的马种,而且有身材极为强壮的骑士。这是目前发现的最早的骑兵陶俑,也是现在所知的最早的胡服。通常所说的胡服是指古代我国北方少数民族轻便简洁的一种适宜骑马的服装。

被封为长信侯。

天长日久,嬴政也对太后淫秽之事有所了解。在加冕礼前,曾有人将此事密报于嬴政,嬴政密令追查,结果属实。

嫪毐耳目众多,得知秦王嬴政追查自己后,慌忙发动叛乱,企图另立新君代替嬴政。但是嬴政早有准备,很快平定了叛乱,并加冕亲政。

嫪毐一事使吕不韦受到牵连,公元前237年,嬴政免除吕不韦相国之职,剥夺了其军政大权。第二年,吕不韦饮鸩自杀。至此,嬴政彻底巩固了自己的权力,为其统一六国做好了准备。

【2】横扫六国

嬴政在亲政后,用了大约九年的时间,确立自己的绝对权威。对六国的斗争也由先前的蚕食变为吞并。他根据李斯的建议,确立了"先取韩,以恐他国"的策略。从公元前230年起,嬴政全面发动了兼并六国的统一战争。

战国后期,七雄中只有赵国是可以勉强与秦国抗衡的国家,但是公元前262年的长平之战,赵国惨败,40万赵军被坑杀,赵国实力大损,其他国家更加无力抵御秦国的进攻。

嬴政亲政,更把削弱赵国的军事实力作为统一的重要一步,并于

秦始皇统一六国示意图

公元前236年和公元前232年先后两次进攻赵国，但由于赵国大将李牧的英明指挥而没有成功，不过也使赵国的实力大为削弱。

公元前230年，秦王嬴政令内史腾率领大军转而进攻韩国，韩国几乎没有进行任何抵抗，就被秦军迅速攻下其都城新郑，并俘虏了韩王安。韩国灭亡，秦国在此设颍川郡。

第二年，即公元前229年，秦王嬴政派大将王翦率兵从上党进攻赵国，赵国仍然由李牧率兵抵抗，双方相持达一年之久。于是秦国使用反间计，以重金贿赂赵王宠臣郭开，向赵王诬陷李牧，结果李牧被罢，后被处死。这样，赵国无人可以统兵抗敌，于是，王翦在公元前228年俘虏赵王，并攻入赵国都城邯郸。赵国灭亡。

公元前226年，秦王嬴政派王翦、王贲进攻燕国，攻陷燕国都城蓟，燕王逃往辽东郡。

公元前225年，嬴政派王贲率兵将魏国都城大梁包围。王贲采取水攻的策略，把黄河与大沟的水

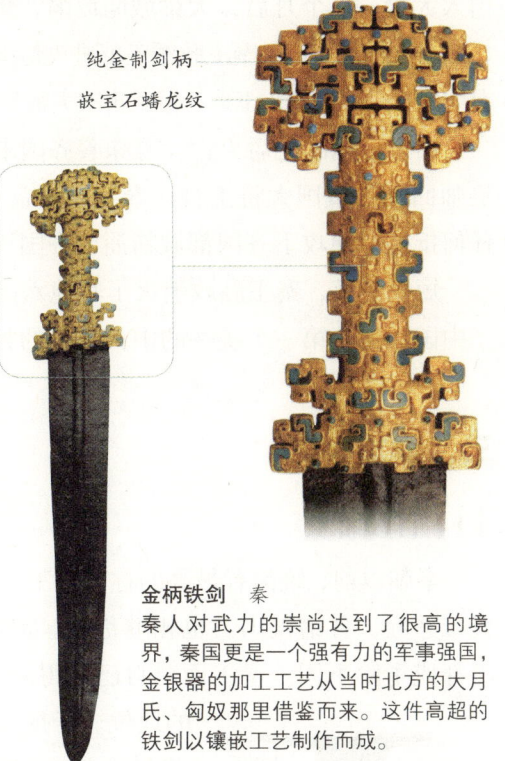

纯金制剑柄
嵌宝石蟠龙纹

金柄铁剑 秦
秦人对武力的崇尚达到了很高的境界，秦国更是一个强有力的军事强国，金银器的加工工艺从当时北方的大月氏、匈奴那里借鉴而来。这件高超的铁剑以镶嵌工艺制作而成。

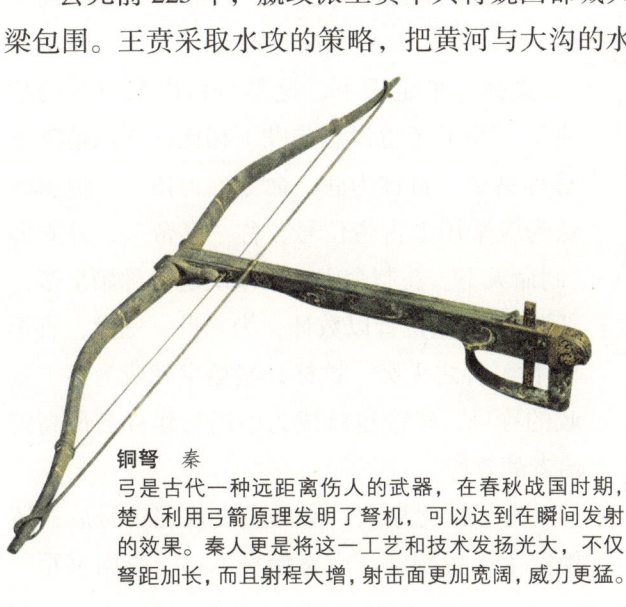

铜弩 秦
弓是古代一种远距离伤人的武器，在春秋战国时期，楚人利用弓箭原理发明了弩机，可以达到在瞬间发射的效果。秦人更是将这一工艺和技术发扬光大，不仅弩距加长，而且射程大增，射击面更加宽阔，威力更猛。

铜盾 秦
盾是作战中不可或缺的防御武器。秦人的盾，边缘呈波浪形，盾表饰有云纹，不仅实用，而且美观。

引入大梁。三个月后，大梁城墙塌陷，魏王出城投降，魏国灭亡。

公元前224年，秦王政派王翦进攻楚国，俘虏楚王负刍，而楚国大将项燕又立昌文君为楚王。第二年，王翦、蒙武再次大败楚军，杀死昌文君，项燕自杀。

山东五国的先后灭亡，意味着齐国末日的来临。公元前221年，刚灭掉燕王喜班师回朝的秦国大将王贲，奉嬴政之命率军进攻齐国。同样，秦军几乎没有遇到任何抵抗，便攻下齐国都城临淄，齐国灭亡。

短短十年，秦王嬴政消灭了其他六国，结束了春秋战国以来的分裂局面，建立了中国历史上第一个统一的中央集权的封建国家。

三、确立皇权

【1】自称始皇

秦朝以前，统治者最高的称号是王。商、周时君主都称为王。后来周王室衰微，群雄并起，各诸侯国君也相继称王。但是，经过十年左右的兼并，其他六国的国王都成了阶下囚。秦王面对自己取得的成就，深感"王"的称号不足以显示自己的地位。于是，秦王下令说："寡人以眇眇之身，兴兵诛伐暴乱，赖宗庙之灵，六王咸伏其辜，天下大定。今名号不更，无以称成功，传后世。其议帝号。"

于是王绾、冯劫、李斯等人与博古通今的博士们商议后，对秦王嬴政说："以前五帝时，不过统治方圆千里之地，而且周边的少数部落只是时向时离，但是天子也没有办法。现在，陛下兴义兵，平定天下，这是自古以来没有的功业，三皇五帝也没法与陛下相比，所以请陛下尊称秦皇，自称为朕，命令称为诏。"但嬴政认为应采用上古帝位号，称"皇帝"，并立即制命天下。在制命中，嬴政决定自称始皇帝，后世继承皇位者以数计，为二世、三世，直至万世，传之无穷。这样，秦始皇就成为秦王嬴政的称号，皇帝也就成为中国封建社会最高统治者的专称。

为了神化皇权，秦始皇在议定帝号后，还规定了玉玺制度。由秦始皇下诏，李斯书写，

秦始皇像

后由工匠制成的玉玺，上面勾交五条龙，方四寸，其文为"受命于天，既寿永昌"，成为皇权的象征。

【2】设立三公九卿

在确定皇帝的称号后，秦始皇为了加强集权，对原来的中央和地方管理体制进行了变革，在中央设立三公九卿，在地方实行郡县制，官吏都由皇帝任命。

秦朝的三公指的是丞相、御史大夫、太尉。丞相是百官之长，它的职责是协助皇帝处理全国的政事。秦丞相多设左、右二人。秦朝建立之初，分别以隗状、王绾为左、右丞相，后来则有右丞相冯去疾和左丞相李斯。在秦始皇统治时期，不但丞相的任免完全由皇帝决定，而且各项政事的处理，也完全取决于皇帝，丞相并无决断之权。

御史大夫，负责监察工作，同时还要帮助丞相处理政事。在秦朝以前就有御史一职，但只是很低微的一种官职，秦始皇为了牵制相权，加强监察，于是改设御史大夫，位列三公。

太尉的职责是协助皇帝处理军事事务，是中央政府中的最高军事长官，太尉在战时有领兵作战的权力，但是没有权力调兵，军队的调动权只属于皇帝一人。

尚宫南浴　秦

高陵右尉　秦

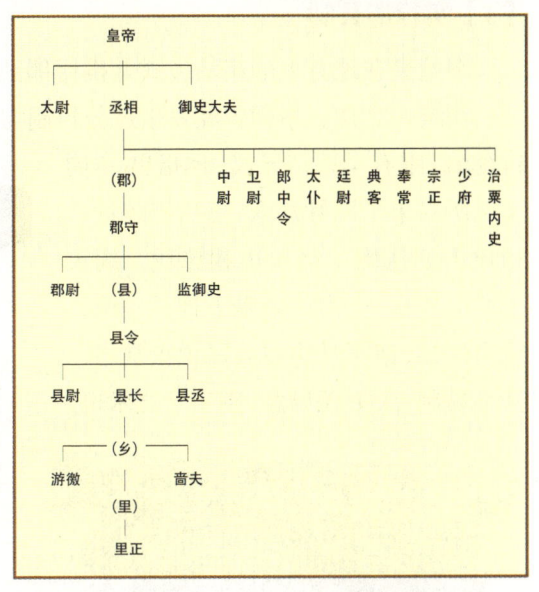
秦中央集权制度图表

彩绘铜车　秦
这是出土于秦始皇陵的立乘驷车，车前驾四马，形态矫健，头部配有金银络头。车舆上插高柄伞盖，伞下为驾驭者。车绘有云纹等彩图，富丽华美，车上装备弩、盾等兵器，威武不凡。

在三公下，秦朝还设有九卿（但是数目不只是九），分掌朝廷和国家的不同行政事务，分别受丞相、御史大夫和太尉的领导，并直接听命于皇帝。秦朝的九卿主要有掌宗庙礼仪的奉常、掌宫殿掖门户的郎中令、掌宫门卫屯兵的卫尉、掌舆马的太仆、掌刑辟的廷尉、掌诸义外族的典客、掌亲属的宗正、掌谷货的治粟内史、掌山海池泽之税的少府、掌列侯的中丞、掌皇后太子家的詹事。

以三公九卿为主的中央行政机构，是秦朝封建专制主义政治体制的核心，是绝对听命于皇帝的最高权力机关。

【3】实行郡县制

秦始皇在地方上的统治方式是推行郡县制，不再实行分封制。

在统一之初，秦朝曾经发生过分封制与郡县制的争论，众臣赞同以分封制度实行统治，唯有李斯持异议，他指出："周文武所封弟子同姓甚众，然后属疏远，相攻击如仇雠，诸侯更相诛伐，周天子弗能禁止。今海内赖陛下神灵一统，皆为郡县，诸子功臣以公赋税重赏之，甚是易制。天下无异意，则安宁之术也。"

阳陵铜虎符 秦
此符是秦始皇调动军队的凭证，用青铜铸成卧虎状，可中分为二，右半存皇帝处，左半存驻扎阳陵的统兵将领处，调动军队时，由使臣持右半符验合，方能生效，刻有"甲兵之符，右才皇帝，左才阳陵"字样。

始皇诏版 秦
这块青铜的诏版，原置于宫廷重要的器具之上，文为"廿六年，皇帝尽并兼天下诸侯，黔首大安，立号为皇帝，乃诏丞相状、绾，法度量则不壹，歉疑者，皆明壹之"。

小篆体十二字砖 秦
这件显示秦始皇开创强大帝国声势的秦砖，以阳文篆刻"海内皆臣，岁登成热，道毋饥人"十二字，意思是秦朝统一天下，普天之下都是秦朝子民，希望国富民安。

置诸侯不便。"

根据李斯的建议，秦始皇决定实行郡县制，全国分为上郡、巴郡、汉中、蜀郡、河山、陇西等三十六郡，后又随着边疆的开拓，增设了南海、桂林、象郡等，至秦灭亡，秦共设置过四十八郡。

郡是秦朝在地方设置的最高行政机构，主要官吏有郡守、郡尉、监察史。郡守是一郡的行政长官，其职责是掌管一郡的民政、司法、监察乃至财政、军事等，

金虎符 战国秦
在春秋战国时期，秦国的黄金制造业在诸侯国中居于最高水平，不仅数量多，而且质量极佳，这得益于秦国边境的匈奴人。这件虎符工艺高超，纹饰清晰，虎巨目大耳，龇牙咧嘴，长尾上卷，雕刻生动，造型极为雄奇，达到很高的艺术水平，为研究当时的兵符制度提供了实物资料。

以及维护地方统治秩序。郡尉辅助郡守并分管一郡的军事，监察史负责监察百姓及地方官吏。

县是秦朝在郡之下设置的第二级行政机构。县的官吏主要有县令、县丞、县尉及户"史"。县令是一县的行政长官，负责治理全县。万户以上的县设县令，不满万户的县设县丞。县丞主要负责司法，县尉则负责军事。在县令、县丞、县尉下设的令史、丞史、尉史，则是其下属的办事小吏。

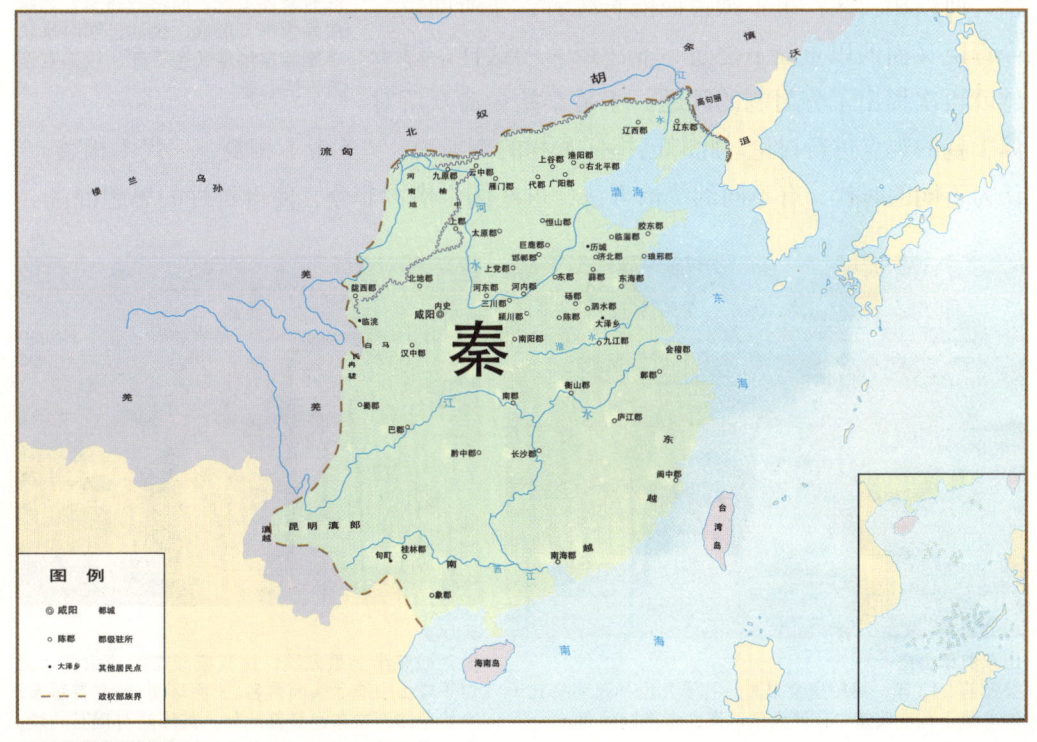

秦时期疆域示意图

郡县制的推行进一步加强了中央集权的封建君主专制，郡守、县令的任免仍须由皇帝决定。

四、焚书坑儒

为加强皇权，秦始皇加强了思想控制，其中最主要的措施就是焚书坑儒。

公元前213年，秦始皇在咸阳宫中举行盛大宴会，庆祝寿诞，参加宴会的有文武百官及博士70人。

宴会上，博士们都向秦始皇祝寿，仆射周青臣首先祝颂道："他时秦地不过千里，赖陛下神灵明圣，平定海内，放逐蛮夷，日月所照，莫不宾服。以诸侯为郡县，人人自安乐，无战争之患，传之万世。自上古不及陛下威德。"对于周青臣这番歌功颂德之辞，秦始皇十分高兴。这时博士齐人淳于越则奏道："臣闻殷周之王千余岁，封子弟功臣，自为枝辅。今陛下有海内，而子弟为匹夫，卒有田常、六卿之臣，无辅拂，何以相救哉？事不师古而能长久者，非所闻也。今青臣又面谀以重陛下之过，非忠臣。"这样，淳于越就再次提出了分封制的问题。于是秦始皇命众臣对淳于越的观点进行讨论。此时已担任丞相的李斯说："五帝不相复，三代不相袭。"认为不同的时代，有不同的统治方法，这些儒生借古非今，使得百姓的思想混乱。

寿字虫鸟篆书
秦统一文字为小篆，这个"寿"字既有篆体工整、简洁的特点，又以虫鸟为书，形象、生动，同时反映了秦始皇渴望长生不死、统治直至万世的心愿。

山东曲阜鲁壁
公元前213年，秦始皇焚书时，孔子九世孙孔鲋将孔子的书藏于孔宅墙壁中，使大量珍贵文献得以保存。

天尽头
地处胶东半岛最东端，山东荣成市的成山头，因位于成山山脉尽头而得名。三面环海，如龙首垂天。秦始皇曾两次东巡登临此处，其峰巅有碣石一块，字迹漫漶不可辨识，据考为秦始皇东巡遗物。

因此，李斯向秦始皇建议道："臣请史官非秦记皆烧之。非博士官所职，天下敢有藏《诗》、《书》、百家语者，悉诣守、尉杂烧之。有敢偶语《诗》《书》者弃市。以古非今者族。吏见知不举者与同罪。令下三十日不烧，黥为城旦。所不去者，医药卜筮种树之书。若欲有学法令，以吏为师。"秦始皇根据李斯的建议，下令在全国"焚书"。第二年，秦始皇又进行了坑儒。

秦坑儒谷遗址

秦始皇坑儒是由几个方士的畏罪逃亡引起的。

随着统一大业的完成，秦始皇祈求长生的欲望越来越强。早在公元前219年，秦始皇东巡，来到齐国故地，齐地的方士徐福投秦始皇所好，告诉秦始皇东海中有蓬莱、方丈、瀛州三座仙山，并宣称只要挑选数千名童男、童女，乘几十艘大船，带足礼物，便可入海求见仙人。秦始皇竟信以为真，随即按徐福所说的去做，结果徐福率船东渡，却一去不回。

后来在公元前215年，秦始皇又派方士卢生去寻找仙人及长生不老的仙药，但是卢生仍旧是空手而归，卢生还以谎言蒙骗秦始皇说："臣等寻仙求药，因为有妨碍的东西，所以常常不能遇到。只要皇帝时常秘密出行，居地无人知晓，真人就会到来，长生之药便可求得。"秦始皇对卢生的话信以为真，并说："朕十分仰慕真人！"还按照卢生的话去做。但是卢生等人还是没有找到仙药，他们知道不可能永远隐瞒欺骗下去，于是便四处散布流言，说仙药求不得是因为秦始皇独断专权、性格暴躁。然后卢生等带着骗取到的钱财偷偷地逃离咸阳。

秦始皇见卢生等人寻求仙药长久

秦始皇焚书坑儒图

这件清代的帛画以想象的方式向我们展现了秦始皇当年焚书坑儒的情形，图中在朝堂之上秦始皇巍然高坐，腐儒战战兢兢求命于下，朝堂之外已有许多儒士被系，或被杀入坑中，或被押在坑边。

不得，心中生疑，但是因为寻求仙药之事早已天下皆知，而且秦始皇也自称"真人"，所以仍希望会找到仙药。可是，卢生等的出逃使得咸阳百姓议论纷纷，秦始皇知道后，大怒，说："朕先前收尽天下不用的书，尽毁去；然后召集天下方士儒生，优待他们，以求太平，炼寻仙药，可是徐福等人竟一去不回，卢生等人还在背后诽谤朕，妖言惑众，朕要一一查问卢生在咸阳的同伙。"于是秦始皇下令审讯儒生，这些人互相告发，共查得460人，全部被活埋于咸阳城外的骊山温谷。所以，骊山温谷也叫坑儒谷，据说到现在这个地方的土全部都是红的。

秦始皇"焚书坑儒"虽然加强了思想控制，但是，对于中国文化来说，则是一次严重的摧残，标志着封建文化专制主义的到来。

五、统一规制

秦国是消灭其他六国而统一起来的，但是由于七雄并立时间长久，各国在文字、货币、度量衡等方面有很大差异，秦统一六国后，为加强统治、维护统一，实行了统一文字、货币、度量衡的措施。

【1】统一文字

汉字产生后，经过长期的发展演变，至春秋战国时期，随着社会的动荡和急剧变化，各地文字的形体和读音都有所不同，出现了"言语异声，文字异形"的现象。当时，同样的字，不同的国家往往写法不同。典型的例子是"马"的诸多字形：在齐国有三种写法；在楚、燕国有另外两种的写法；在韩、赵、魏，还有两种不同的写法。这不但不

李斯像
李斯道：泰山不让土壤，故能成其大；河海不择细流，故能成其深。

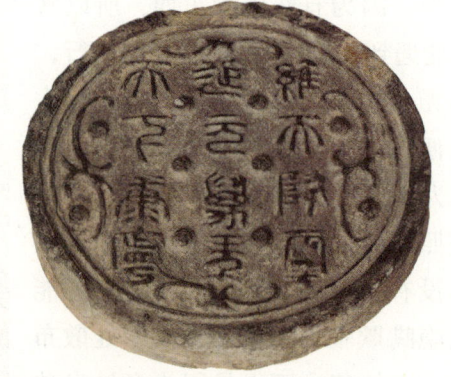

十二字瓦当　秦
此瓦1953年出土于陕西省西安市，阳文篆书十二字："维天降灵，延元万年，天下康宁。"分三行竖列，行间及四周为乳钉和四叶纹。篆有方圆两种，蜿曲刚劲，秀整可爱，布局协调，纹饰随圆形当面而变化，表达了秦始皇"天命"、"神授"及"千秋万岁"永恒不变的思想。

利于文化的发展和各地人民间的交流，而且给秦朝的各种文书、档案的书写、阅览和传播造成巨大困难。

面对这种情况，秦始皇接受李斯的建议，于公元前221年发布"书同文"的诏令，规定以秦国小篆为统一书体，与小篆不同者全都废掉。为了在其他六国推广小篆字，秦始皇命李斯、赵高、胡毋敬分别用小篆书写《仓颉》、《爰历》、《博学》三篇，作为文字范本。

李斯等人所书的小篆字范，其实是对中国几千年来文字自然发展的一次总结，尽管上述三篇范本早已失传，但是小篆被大量使用在秦始皇出巡时的纪事石刻中。据记载，这些石刻大多是李斯的手笔，其中《泰山刻石》存有九字，《峄山刻石》有南唐的摹本，《台刻石》尚存八十六字。这些小篆字形结构有较大的变化：字体整齐划一，布局紧凑，笔划匀称，很明显地纠正了六国文字结构繁杂、难写难认的缺点。

在秦朝，除了小篆以外，还流行一种比小篆更为简易的隶书。这种字体，以前认为是程邈创造的，但是实际上是人们在抄写公文狱讼时，仓促中用不规则的草书篆体，渐渐创造出来的。这种"草篆"最初主要由狱吏使用于徒隶，所以叫隶书。秦始皇

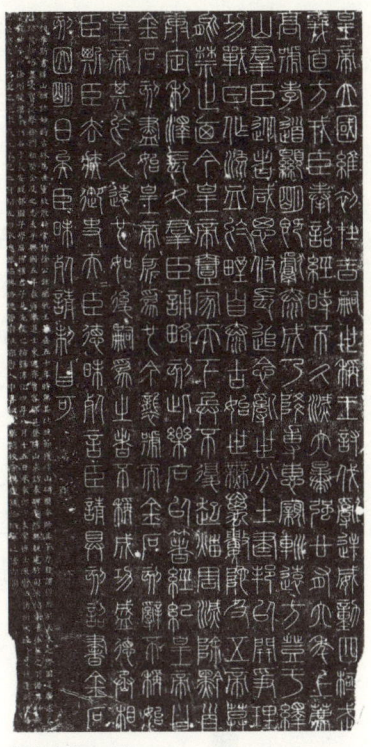

峄山刻石 秦

始皇统一全国后的十余年中，共进行了五次远途巡行，这是第二次巡行途中留下的刻石，相传为丞相李斯手书，内容歌颂始皇帝的丰功伟绩，是秦代篆书极品。

义渠新安陶文 秦

在秦兵马俑坑发掘的过程中，发现在陶俑、陶马身上有刻画或戳印的文字，每件一般有两个字，最多的有11个字，除了编号的数字外，都是陶工的名字，目前共发现294个，去掉重复的实际是80个，这是最草率、最古朴的隶书。

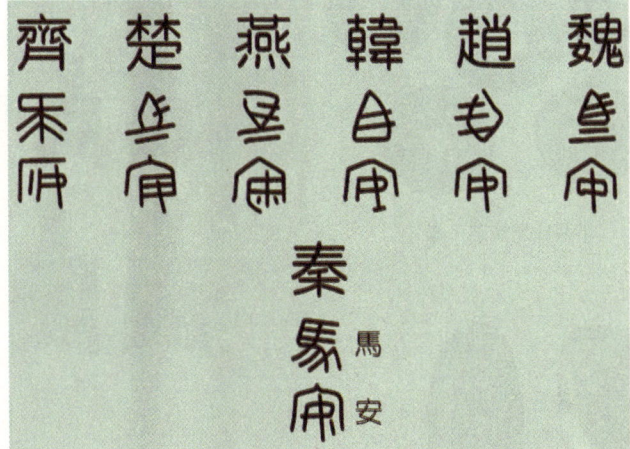

秦统一文字示意图

对隶书也进行了整理，经过整理后的隶书，笔划直线方折、结构平整、书写方便，不仅民间使用甚广，而且各级政府的官方文体也多用隶书，只有少数重要诏书除外。

秦始皇统一文字，有利于统一多民族国家的发展。从此，汉字的结构基本定型。

【2】统一货币

春秋战国时期是我国商品经济迅速发展的时期，不同的国家，铸币也往往不同。但是，铜币已成为当时流通领域里的主要货币，各国的铜币在形状、大小、轻重以及计算单位上却有很大差异。从形状上看，当时各国的铜币可以分为布币、刀币、圆钱、铜贝四类。布币的形状类似金属农具（布），主要在赵、魏、韩等国使用。刀币的形状象刀，主要在齐、燕、赵国流通。圆钱，分为外圆内有方孔和圆孔两种，主要是在秦、东周、西周以及赵、魏的黄河沿岸地区使用。铜贝，形状类似海贝，俗称"蚁鼻钱"，主要是在楚国使用。

币制的不统一，严重阻碍着各地商品的流通及统一国家的财政收支。所以，秦

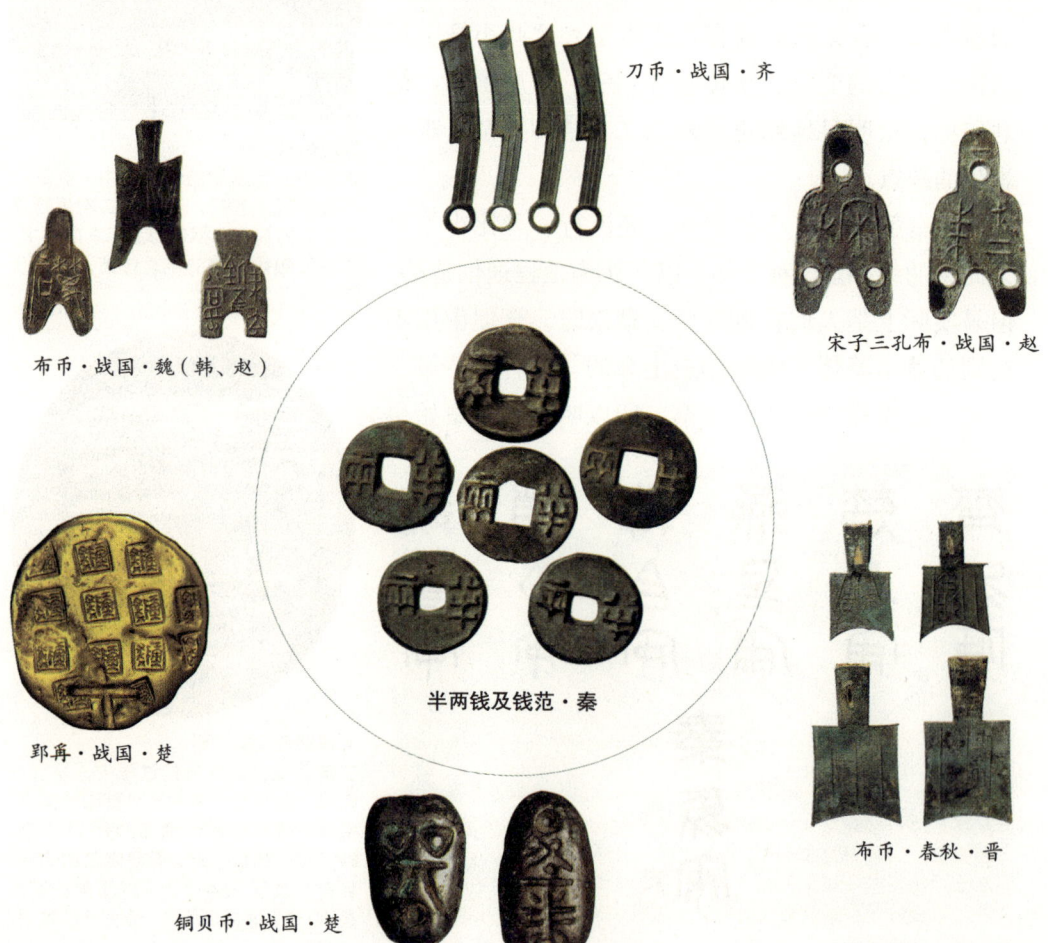

刀币·战国·齐

宋子三孔布·战国·赵

布币·战国·魏（韩、赵）

半两钱及钱范·秦

郢爯·战国·楚

布币·春秋·晋

铜贝币·战国·楚

统一后,秦始皇下令统一全国货币,采取的措施主要有三项:首先,将铸币权收归国家,禁止地方和私人铸币,对于私自铸币者,不仅没收其所铸钱币,还要拘捕和严惩私自铸币者;其次,明确规定货币种类。秦朝的法定货币为黄金和铜钱,黄金属于上币,铜钱属于下币。铜钱为圆形方孔钱,上面铸有"半两"的字样,每钱重十二铢;再次,废除原来六国使用的布币、刀币、铜贝等各种货币,不准以龟贝、珠玉、银锡等充当货币。

秦始皇统一货币,消除了各地区间的币制上的不统一状态,秦王朝制定的圆形方孔钱,成为中国封建社会货币的基本形制,沿用了两千多年。

【3】统一度量衡

秦统一前,各国的度量衡十分混乱,计量单位不统一。单以长度而论就有数种传世铜尺可以为证,如长沙楚国铜尺两边长度分别为22.7厘米和22.3厘米;安徽寿县楚铜尺长为22.5厘米;洛阳金村铜尺长22.1厘米。1尺的长度相差多达0.6厘米。在量制方面,

始皇铜权 秦

各国的差异更大,齐国自田氏以来,实行以升、豆、登、种为单位,即"五升为豆,各自其五以登于釜,十釜为种"。而魏国则以益、斗、斛为单位。至于衡制方面则更加混乱,单位名称差别更大。楚国的衡器是天平砝码,以铢、两、斤为单位;赵国则以镒、釿为单位;东周、西周以孚、枆为单位。度量衡是商品交换中所必不可少的,而且是国家收取赋税的重要标准。秦统一后,秦始皇下令,以秦国的度量衡为标准,统一其他六国的度量衡器。具体措施是将统一度量衡的诏书全文刻

两诏椭量 秦

量体 1982年出土于陕西省礼泉县南晏村,呈椭圆形,敞口深腹,方柄中空,可装柄,外侧刻有"北私府半斗"。量体外壁两侧均刻秦始皇二十六年四十字诏文,外底为秦二世元年诏文。北私府半斗量原为战国秦器,秦始皇统一中国后,在器上加刻诏文,统一度量衡。秦二世继位,又在器上加刻秦始皇与秦二世诏文,仍确定为秦国标准器。此量多处铸刻铭文,为研究古代度量衡制度提供了重要资料。

铜量 秦

为便于国家征收粮帛、物资及土木工程的计算,公元前221年,秦始皇决定把秦国的度量衡标准,作为全国统一的度量衡制度。这两件铜量的外壁均刻有秦始皇二十六年统一度量衡的四十字诏书,均为当年秦统一量器的标准器具。

六、平定噶尔丹 388
七、崇儒重道 389
八、察吏安民 390
九、繁荣经济 391
十、皇储纷争 394

清世宗雍正

一、雍正即位 398
二、治理财政 401
三、消灭权臣 404
四、变更行政 406
五、改土归流 408
六、大兴文字狱 409
七、雍正之死 414

清高宗乾隆

一、乾隆登基 418
二、纠正前偏 420
三、勤政爱民 422
四、罢张弃鄂 425
五、兴文字狱 426
六、编纂《四库全书》......427
七、十全武功 428
八、乾隆晚年 430

在新制作的度量衡标准器上。这样既可以提供更多的标准器,又可以宣传秦始皇的功绩。统一后,秦朝的度制以寸、尺、丈、引为单位,以十为进位制度;量制方面以龠、合、升、斗、桶(斛)为单位,也是十进制;衡制方面以铢、两、斤、钧、石为单位,进位是二十四铢为一两,一十六两为一斤,三十斤为一钧,四钧为一石。

文字、货币、度量衡的统一,在中国历史上占有重要地位,成为维护中国封建国家统一的重要基础。

六、开疆拓土

我国是多民族国家,先秦时就存在着众多的民族。秦朝统一后,秦始皇南伐越族,北击匈奴,并通西南夷,不断开疆拓土,创建了统一的多民族国家。

【1】南征百越

在今天的浙江、福建、江西、广东、广西、云南一带,很早就有一个人数众多的民族,即越族。越族部属众多,而且部落差异很大,又称作"百越"。依据其分布地区不同,可分为于越、闽越、瓯越、南越、西瓯等八部分。

秦始皇在完成统一后,随即进行大规模征服岭南的军事行动,秦始皇命屠睢为统帅,兵分五路,统率50万大军进攻南方。兵达南岭后,遭到了南越和西瓯的顽强抵抗。越人利用对地形熟悉的优势,逃入林中,与秦军周旋,秦军习惯于在中原开阔地区作战,不习惯于在密林中作战,因而伤亡较大。

百越人铜俑 战国

比这更严重的是秦军的后勤补给,南方河流纵横交错,秦军面对这种情况,不知所措,这给粮草供应造成了极大困难。

为了解决粮草运输问题,秦始皇于公元前214年派监御史禄负责开凿灵渠,这条灵渠开凿于今天广西自治

广西灵渠 秦
这是我国也是世界上最著名的水利工程之一。秦始皇统一六国后,为开拓岭南地区,派屠睢率军南下;为了运送军粮,派监御史禄率领士兵在今广西兴安县境内开凿运河,即灵渠,以勾通长江、珠江两大水系。灵渠工程除了促进水路交通,在水利灌溉工程中也发挥了很大的作用,因此历代均有疏通改建。

区的兴安县,因此也被称作兴安运河。灵渠是由铧嘴、大小天平石堤、南梁和北梁等工程构成的。铧嘴是用巨石叠砌而成,修建在湘江中的分水坝,是灵渠的关键。南北梁长34公里,是灵渠的主体部分。灵渠的开凿,沟通了长江水系和珠江水系,它是我国古代劳动人民智慧的结晶。大约在公元前219年,灵渠修建完工,从而解决了秦军的军粮运输问题。秦军攻势猛烈,很快于公元前214年攻占岭南,并在这里设置了桂林、南海和象三郡,基本上统一了岭南。

公元前213年,秦始皇下令将中原50万罪犯流放到岭南地区,与越族杂居。另外,还一再大批迁徙刑徒和内地人民到岭南屯戍垦殖,这对于开发岭南、促进民族融合有极其积极的意义。

【2】北击匈奴

匈奴是我国古代一个强大的游牧民族,勇猛善战。他们主要游牧于蒙古高原和南至阴山、北抵贝加尔湖的广大地区。战国时期,随着匈奴的逐渐强大,再加上中原地区七雄纷争,所以匈奴贵族常率兵南下侵扰、掠夺财物。至秦朝建立时,匈奴已占领了

狩猎纹金带板　匈奴

自阳山至"河南地"的广大地区,并继续南下侵扰。这对秦王朝是一个严重的威胁。

在完成统一六国的战争后,秦朝初创,国力不足以应付大规模的战争。于是,秦始皇采取了积极防御的策略,命蒙恬、王离加强对北边的屯戍。公元前215年,经过五六年的准备,秦始皇命蒙恬率30万大军北击匈奴,当时匈奴的首领是头曼单于。蒙恬的第一个目标是收复"河南地",他采用集中兵力、速战速决的作战方法,很快收复了"河南地"

双羊铜饰　匈奴

匈奴源于北方,在战国初年开始骚扰北方的燕赵秦各国,这才使得赵、燕、秦三国于其国境北部筑长城以抗敌。秦朝初年,大将军蒙恬曾与匈奴大战,西汉王朝更是长期与匈奴为敌,东汉初年,匈奴族分裂为南、北两部分。北匈奴雄踞漠北,坚持与汉朝为敌,后在东汉军队的强大攻势下远遁西逃,从此在中国古代史上消失。南匈奴则入居边郡,成为汉帝国境内的一个少数民族。这件铜饰作双羊伫立状,羊首低俯,双目圆睁,长角盘曲,短尾上翘,显得活泼可爱,为南匈奴遗物。

和榆中。公元前214年，蒙恬率军渡过黄河，大规模进攻匈奴，头曼单于难以抵挡，只好北移，蒙恬乘机率军占领了高阙、阳山、北假等地。秦政府一方面在这些地区设置了44个县，实行有效的行政管理；另一方面还大量迁徙刑徒，并鼓励一般民众移居边地。

秦朝反击匈奴的胜利，是匈奴贵族遭受的第一次沉重打击，使河套地区的广大人民在很长时间内有了安定的环境。这对于我国多民族统一国家的形成、边远地区经济发展具有重要的促进作用。

为巩固抗击匈奴取得的胜利成果，秦始皇又命蒙恬负责修建了秦长城。

【3】修建长城

长城，最初在战国时即已开始修建，当时，赵、魏、燕、齐、秦等国都曾修建过长城，以作为防御工事。对于长城的防御功能，秦始皇深有体会，因此，为防御匈奴再次南侵，他决定继续修建规模更大的长城。

秦朝的长城是在连接了原来秦、赵、燕三国长城的基础上加以增筑的。公元前214年，蒙恬在夺回"河南地"及榆中后，就开始在北边沿黄河修筑长城。此后，大规模的修筑完全展开，

战国时期赵长城遗址

经过数十万民夫的日夜劳作，历时几年之久，长城终于建成。

秦长城主要由三段构成。西北段，西起临洮，即今甘肃岷县，东至九原，即今天的包头市西北。北段，从高阙至代郡，即今河北蔚县。东北段，从代郡到辽东碣石，总长达5000余公里。长城作为古代军事建筑工程的杰作，是中国古代劳动人民智慧和血汗的结晶。

长城的修建在当时给劳动人民造成了沉重的徭役和负担。因此，民间有了孟姜

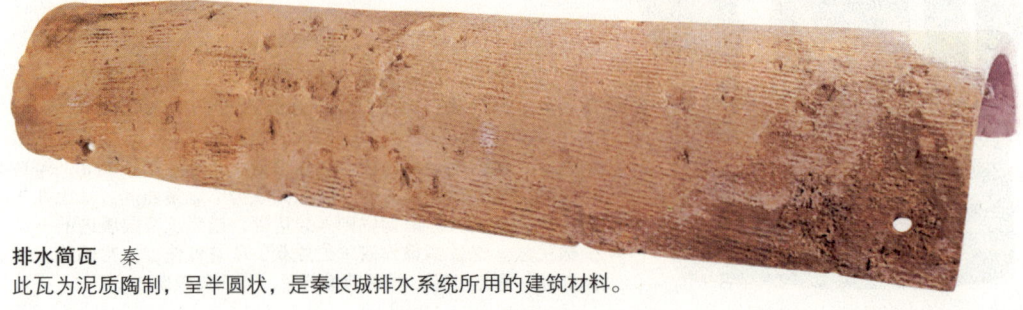
排水筒瓦 秦
此瓦为泥质陶制，呈半圆状，是秦长城排水系统所用的建筑材料。

姜女石
传说秦代，孟姜女为寻找筑长城未归的丈夫，不远万里来到海边长城脚下，哭倒长城见丈夫骨骸，后投海自尽，海中遂长出巨石。实际上，这里是秦始皇东巡时的行宫遗址。

秦万里长城第一台遗址
在秦代修筑长城时，榆林这个地方是当地地势最高、烽火台最大、里面驻军最多，也是两路长城会合的地方。自秦以后，历代均以此台为镇守北方的重要军事要地，号称镇北台。

女哭长城的传说。

　　孟姜女的丈夫杞良在当时被秦政府强行拉去修长城，杞良不堪承受沉重的劳役折磨，于是冒死逃跑，结果被抓回，活活打死，尸体被筑在长城城墙中。孟姜女千里寻夫来到长城，听说丈夫已死，于是痛哭十天，结果长城城墙倒塌，露出累累白骨。孟姜女无法辨认，于是刺破手指，将血滴在白骨上，并说："若是杞良的骨头，血就渗入。"这样，孟姜女找到了丈夫的尸骨，并带回安葬。孟姜女哭长城的传说反映了修建长城带给人们的深重灾难。

太阳纹瓦当　秦
这件瓦当与其他纹饰的瓦当一样，都是歌颂秦始皇统一六国大业的思想在建筑艺术中的反映。

七、始皇暴政

　　强大的秦王朝从建立到灭亡不过几十年，秦朝灭亡的根本原因就在于秦始皇的暴政，这主要体现在赋役和刑罚两方面。

【1】赋役沉重

　　秦始皇时期，征收的赋税十分沉重。秦朝的赋税可分为田税、口赋两种，据汉代董仲舒所言，秦朝赋税"二十倍于古"。

　　另外，秦朝的徭役更是十分繁重。秦朝规定：一般人民从15岁开始服役，至60岁。一生中须正卒一年，屯戍一年，每年还要更卒一个月。

阿房宫图卷　清
此图所绘依山殿阁，傍水楼台，山水相连，花木并茂，并有龙舟、游艇、宫人等点缀。

秦始皇不断大兴土木，在咸阳及别的地方修建宫殿，其中以阿房宫的修建为最。公元前212年，秦始皇仍感到已有的宫殿太小，于是决定修建阿房宫。阿房宫设计规模庞大，东西五百步，南北五十丈，宫中可容纳万人，其宫殿之高，可以将高五丈的旗杆竖于其中。在南山上的山峰之顶还建筑了门阙，这是建在宫殿之前的建筑物。另外，还要修建复道。所以后来唐代诗人杜牧在其《阿房宫赋》中对阿房宫的规模作了较详细的描绘："蜀山兀，阿房出。覆压三百余里，隔离天日。骊山北构而西折，直走咸阳，二川溶溶，流入宫墙，五步一楼，十步一阁；廊腰缦回，檐牙高啄；各抱地势，勾心斗角。"阿房宫作为秦始皇举行朝会、庆典、议决国家大事的场所，其设计自然要体现其身为皇帝的尊贵。

秦始皇陵外景

秦始皇不仅活着要享尽人间富贵，而且死后仍要穷奢极侈。他为自己在骊山修建了规模宏大的陵墓。在他即位之初，就开始为自己修墓，统一六国后，更役使数十万人继续营造，

彩绘铜车　秦
此为秦代的铜车，出土于秦始皇陵，前驾四马，单舆双轮，顶上有椭圆形车盖。秦始皇出游时乘坐即是此种车。

始皇兵马俑　秦

其陵高120多米,周长2167米,陵下则"穿三泉,下铜而致椁,宫观百宫奇器珍怪徙藏满之。令匠作弩矢,有所穿近者辄射之。以水银为百川江河大海,机相灌输,上具天文,下具地理。以人鱼膏为烛,度不灭者久也"。除陵墓主体外,还有许多作为陪葬的工程。兵马俑和铜赤马的出土即可作为明证。至今已发掘了三个秦兵马俑坑,出土的兵俑与真人大小差不多,造型生动、神态逼真,被誉为世界第八大奇迹。

据统计,秦朝人口约有2000万,每年服徭役的就达200多万人,由此可见秦朝徭役之重。

【2】严刑苛法

秦始皇统一六国后,山东六国的贵族与百姓,特别是原来六国的旧贵族,反秦情绪尤为强烈。

为了巩固自己的统治,秦始皇采用严厉的镇压手法,实行严峻的刑罚。其名目繁多,可分为死刑、肉刑、徒刑、连坐等十二种,并且秦朝法律规定,各种刑罚可以重用、单用、合用。

秦朝的种种刑罚,主要是针对农民和奴隶的,对农民和奴隶往往是轻罪重处。例如,服役的刑徒在生产中,若稍稍损坏器具,就会遭到很重的鞭笞。总之,秦始皇称帝后,秦朝的法律更为严苛了。

铁钳和铁桎　秦
铁钳和铁桎是刑徒所戴刑具,两桎环,一环上有一铁锁一把。

八、病亡沙丘

公元前210年，秦始皇在最后一次出巡中于沙丘宫病死。

秦始皇一生曾五次出巡各地。第一次是在公元前220年，巡行陇西、北地。第二次出巡则在公元前219年，这次出巡的主要目的是东抚东土、封祀泰山。秦始皇登临泰山封禅时，于半山坡曾遇暴风骤雨，不得不避雨于一棵大松树下，雨过天晴后，秦始皇称赞此松树遮雨有功，于是当即封之为五松大夫，百官则高呼皇帝万岁。现在泰山山腰的五松亭，据说就是秦始皇当年封禅的避雨处。第三次出巡是在公元前218年，秦始皇再次东出函谷关巡行东方，当其车驾行至河南阳武博浪沙时，在道旁的杂草树丛中突然跳出一个人，此人将手中的凶器掷向安车，但是秦始皇坐在安车后面的专车中，因此没有受伤。这个刺客为张良所选派，他以120斤的大铁椎袭击秦始皇，没有成功。始皇十分愤怒，下令搜遍天下，张良于是改名换姓逃走。第四次出巡则是巡行碣石和北边。

公元前212年，有一陨石落在东郡，有人在上面刻上了"始皇帝死而地分"。秦始皇听说后，便派人到东郡调查此事，但没有结果，于是秦始皇便下令把陨石

秦代交通示意图

落地附近的居民全部杀掉。此后，秦始皇一直不高兴。到秋天，朝廷使者在一天夜里路过华阴平舒时，突然有人持着一块玉璧，拦住使者，说："今年祖龙死！"使者正待查问，那人则放下璧，转身逃走。秦始皇闻听此事，召使者询问，并不解其意，退朝后，方想到祖龙就是指人的祖先。于是命人仔细查看玉璧，这玉璧竟是秦始皇几年前不慎掉入江中的那块。秦始皇更加觉得不可思议，于是命人占卜，依据占卜的结果，秦始皇迁徙北河榆中三万家，并决定于公元前210年再次出巡。

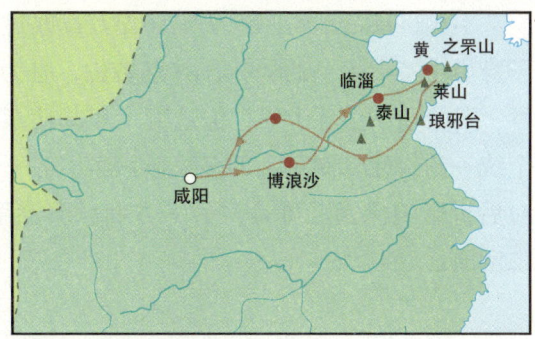

时间：公元前218年
巡视地：燕国、韩国旧地
大事：韩国贵族后裔张良招募刺客在博浪沙刺杀秦始皇失败

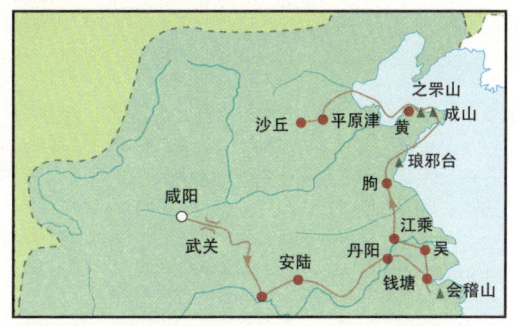

时间：公元前210年
巡视地：楚、越、吴、齐和燕国旧地
大事：秦始皇在途中患重病，死在少丘平台（今河北广宗西北）

秦始皇这次出游，本来是打算随行官员只带左丞李斯，但是其子胡亥也要随从，秦始皇也应允了。十月，秦始皇一行从咸阳出发巡行江南，一路上，秦始皇游云梦，登庐山，过会稽，游兴正浓，因此，并没有感觉到阴冷潮湿的江南天气对他的身体有什么不良影响。然后他们渡江北上，后沿海滨寻仙求药，在海上捕杀大鱼。秦始皇非但没有求得长生不死之药，而且海风的侵袭，使得秦始皇因长期巡行而下降的体质，已无法抵御病魔。当皇帝的车驾到达沙丘平台时，秦始皇已经病入膏肓，只好在沙丘宫住下来，不久病死于沙丘宫。

据记载，秦始皇在病危期间，曾留下遗诏赐于扶苏。但是遗诏落在了赵高手中。面对秦始皇的突然死亡，李斯决定秘不发表，知道秦始皇死讯的只有胡亥、赵高、李斯及秦始皇身边的几个宦者。为不引起人们的怀疑，李斯等人决定将秦始皇尸体放在车中运至咸阳，但是时值七月，天气炎热，不几日，秦始皇的尸体便发出臭味，他们只好命令随后的车载一石鲍鱼，用鱼的臭味掩盖尸体的臭味，所以，沿途臣民并不知秦始皇已死。

另一方面中车府令赵高则利用这一时机，勾结李斯，篡改遗诏，立胡亥为太子，并以"为人子不孝"、"为人臣不忠"的罪名赐死扶苏。

不久，皇帝车驾回到咸阳，先宣读改过的遗诏，立胡亥为太子。然后胡亥以太子身份主持秦始皇的葬礼，并继皇位，是为秦二世。

秦始皇一生五十年，但这五十年却使秦始皇成为千古一帝。他开创了中国第一个统一的封建专制主义的多民族国家。统一了文字、货币、度量衡，并确立了郡县制，对后世影响深远。可是，另一方面，秦始皇又是一代暴君，后期的暴政导致秦朝二世而亡。

汉高祖刘邦

　　汉高祖刘邦出生草莽，但胸怀大志，乘时势之风云，起兵于沛县，败秦兵，取关中，受封汉王。公元前206年，一心想称帝的汉高祖出兵北上，攻占三秦，拉开了楚汉战争的序幕。汉高祖豁达大度、知人善任，最终将楚霸王打败，夺取天下，开创了汉王朝四百多年的基业。汉高祖在政治上沿袭秦制，大力发展经济，使中国的封建专制制度得到进一步巩固。

一、出身草莽

汉高祖刘邦（公元前256～前195年），字季，沛丰邑（今江苏沛县）中阳里人，出身贫寒，父母都是农民。传说中，刘邦为蛟龙转世，高鼻梁，美须髯，面呈龙像，更为奇特的是，他的左腿上有72颗黑痣。

刘邦自幼性情仁厚爱人，豁达大度，不拘小节，对那些普通人所从事的生产和经营之类的事情不屑一顾，一心想干一番大事业，他曾经到咸阳服徭役，得遇秦始皇，目睹了秦始皇出巡时随行仪仗的盛况，不禁感叹："嗟乎，大丈夫当如此矣！"

成年以后，经过地方政府的测试，刘邦当上了沛县的泗水（今江苏沛县东）亭长。亭长是掌握一亭之内治安和道路的地方小吏，刘邦不以其职务卑微而自卑，反而常常嘲弄县里官吏的碌碌无为。但他并不孤傲，与一些志趣相近的人交往甚密，沛县的主吏萧何与狱掾曹参便是他的好朋友。

青玉高足杯　秦

刘邦还喜好酒色，因为家贫，经常到王家、武家老妇人的酒铺赊酒。醉倒之后，武负、王媪看到他身上经常有龙出现，深以为奇，认为此人以后可能会成大气候，因此到年底时，这两家酒店常常折断账本，不向他索取所欠的酒债。

刘邦之妻名为吕雉。刘邦与吕雉的结合也很有传奇色彩。有一年，吕雉的父亲为躲避仇人，移居沛县。由于他与沛县县令交好，沛县的官吏和有地位的士绅都前去祝贺。负责收取贺礼的萧何宣布，凡贺礼不满一千钱的人，一律坐在堂下。刘邦官小，又不带分文，却声称他"贺礼万钱"，大摇大摆地走到堂上，径直在上座坐了下来。他气度豪迈，谈笑自如，深得吕公赏识。席终人散后，吕公留下刘邦，促膝长谈，说他相貌出众、前程无限。吕公不顾老妻的反对，将长女吕雉许配给了刘邦。刘邦同吕雉结婚后，家境并不富裕，吕雉不得不去参加田间的劳动以贴补家用。

二、起兵沛县

【1】逃亡芒砀

秦始皇统一六国，建立起强大的秦王朝之后，开始好大喜功，穷奢极侈，追求享受。

即位之初,他就开始在骊山为自己营造陵墓,为此征发70多万劳动力。服役的人不堪重负,有的被折磨而死,有的则选择了逃亡。阶级矛盾十分尖锐。

一次,刘邦奉命押解一批刑犯去骊山服劳役,途中不断有人逃亡。刘邦知道如此下去,还没到骊山,可能刑犯差不多都逃光了,按秦朝律令,他会被处死。到了丰西的泽中亭,夜中刘邦一不做,二不休,将刑徒全部放走,并对他们说:"你们都逃命去吧!我也从此逃命去了!"刑犯们感激涕零,有的人自去逃命,另有十几个勇士不愿意弃刘邦而逃,表示愿意跟从刘邦。当夜,刘邦便率领他们向南逃到芒山和砀山(今安徽砀山南)一带,在那里秘密居住下来。

【2】醉酒斩白蛇

逃亡芒山和砀山之后,刘邦仍秘密地与萧何、曹参等人保持着联系,其妻吕雉不时来山中与刘邦相会,刘邦就通过其妻来了解外界的情况。不久,刘邦的名声渐大,不少备受贪官污吏压榨、破产流亡的贫苦人民,都前来投奔他。

据传,有一次高祖醉酒,夜间在野草覆盖的小径上行走,前面有一个跟随他的人为他探路。突然探路者慌慌张张地跑回来向他报告说:"前面有一条大蛇横在路中,无法通过,请求退回。"刘邦乘着酒兴,豪气冲天,说:"壮士们往前走,不必惊慌!"于是他走到了队伍的前面,拔剑怒斩白蛇,蛇身被砍成两截,小路畅通。刘邦继续前行,因酒后体力不支,卧到在地。后面的人来到刘邦斩白蛇的地方,见一个

夔纹瓦当 秦
这是目前已知瓦当中较大的一件,直径约40厘米,瓦当上夔凤纹图案纹路遒劲、匀整。

泗水亭
此亭在今江苏省沛县,据《沛县志》记载,汉高祖刘邦曾做过泗水亭长。

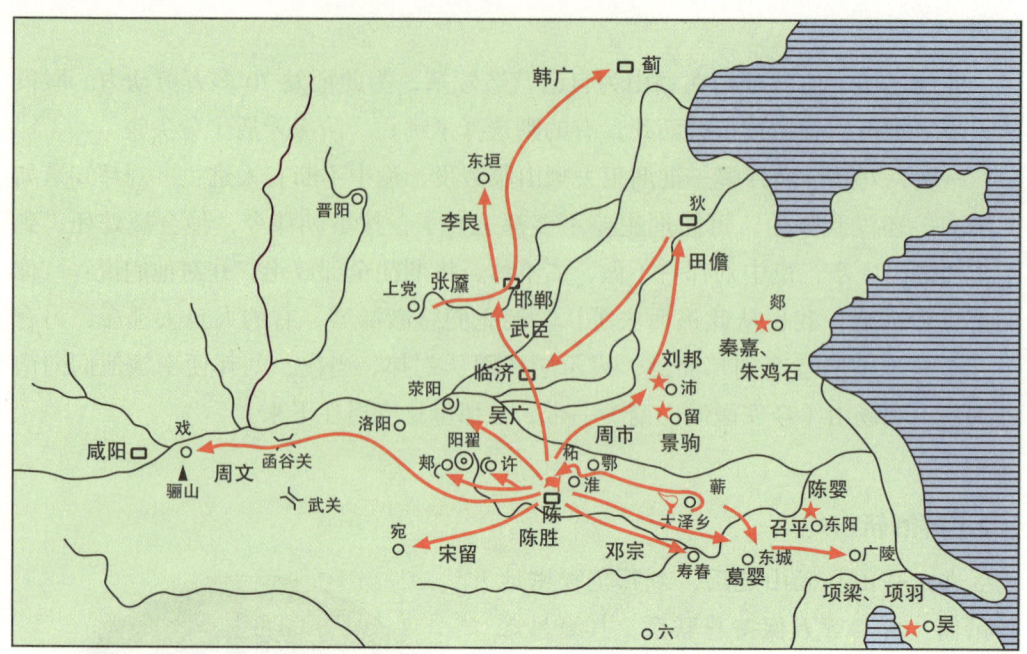

秦末农民起义示意图

老婆婆坐在路旁哭泣,惊问其故。老婆婆回答说:"我的儿子,也就是白帝之子,在此被赤帝的儿子斩杀,所以我在此痛哭。"别人以为这个老婆婆在睁着眼睛说瞎话,气愤异常,欲动手打她,老婆婆突然间就消失得无影无踪。他们大吃一惊,待到刘邦酒醒之后,就给刘邦细细描绘了刚才发生的事情。刘邦听了,心中暗暗高兴,从此更加自负。他的名声更大,投奔他的人不断增多,到陈胜起义爆发时,芒、砀山中已经形成一支数百人反秦队伍。

【3】沛县起义

公元前210年,秦始皇驾崩,其子胡亥即位,是为秦二世皇帝。秦二世暴虐较之其父有过之而无不及,人民群众生活在水深火热之中。

秦二世元年(公元前209年)七月,陈胜在蕲县大泽乡揭竿而起,拉开了秦末农民起义的序幕。

陈胜起义爆发后,各地纷纷响应,沛县县令为了保全自己,也试图响应农民起义,并接受萧

秦始皇铜车马错金银铜饰件 秦

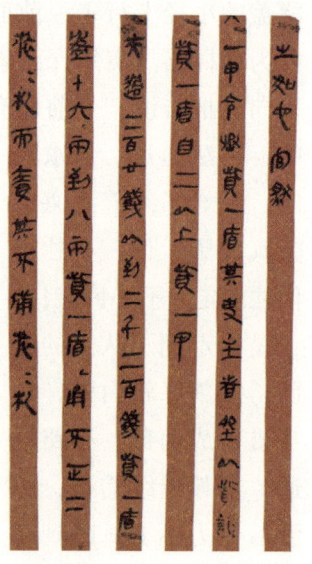

编年竹简
竹简逐年记载秦代历次战争等大事,是留存至今最早的一部历史书原物。

何和曹参的建议,派吕雉的妹夫樊哙去砀山迎接刘邦。但当刘邦率领一支几百人的武装队伍走近沛县时,沛县县令就反悔了,企图抗拒起义,引起城中人民的极大愤慨。刘邦当机立断,下令攻打沛县县城,城中人民积极响应,内外夹击,打开城门,刘邦进驻沛县县城。沛县父老和萧何等人共同拥戴刘邦为沛公,举起红色的旗帜,宣布起义。

三、入关破秦

【1】薛县会议

在刘邦沛县起义的同时,项梁及其侄项羽也在会稽郡吴县起兵反秦。刘邦、项梁以及英布、彭越、陈婴等为首的各支队伍,奉陈胜为共同的领袖,共同冲击着秦二世胡亥的统治。另外,一些六国旧君主的后代,如自称齐王的田儋、魏王魏咎、赵王赵歇等人,也打着反秦的幌子,企图恢复旧贵族的统治。秦二世元年(公元前209年)十二月,陈胜被杀,农民起义受到挫折。魏咎乘机策动丰邑的雍齿反叛了刘邦。刘邦竭力回攻丰邑,没有得手。一直到秦二世二年四月,刘邦才在项梁的支援下,重新夺回丰邑。

陈胜牺牲,农民起义军分散作战,容易被秦军各个击破。为了统一起来抵抗秦王朝的军队,秦二世二年六月,项梁召集各支起义军的将领,在薛县召开军事大会,刘邦也参加了这次会议。会议共推楚怀王的孙子熊心为王,仍号楚怀王,名义上,他是各支起义军的共同领袖。但由于项梁的实力居各路起义军之首,因而实际上他才是最高统治者。

薛县会议后,刘邦与

秦末农民战争示意图

项梁、项羽联合作战，在东阿、城阳、濮阳等地多次击败秦军主力。

刘邦屡建战功，而项梁却屡胜而骄，疏于戒备。在秦二世二年九月的定陶大战中，起义军被秦军战败，项梁本人也被杀害，项羽率领起义军继续与秦军作战。

【2】进军关中

定陶一战以后，楚怀王由盱台迁到彭越，农民起义军就确定了入定关中的战略决策。

秦二世二年（公元前208年）九月，楚怀王与各路将领约定："谁先入定关中就给谁封王。"当时，秦军仍实力很强，经常击败农民军，所以大家都不认为率先攻打关中是件有利的事情。但项羽欲报秦军杀死项梁之仇，要求与沛公一起向西攻打关中。楚怀王的一部分老将认为项羽为人猾贼、狠毒，不如派遣较为忠厚、仁义的刘邦向西进攻。况且楚军已经多次进兵攻打关中，在此以前陈王和项梁都失败了。另外，关中的百姓受秦朝的暴政之苦已经很久了，现在如果能派忠厚长者前往，不使用侵伐这种残暴的手段，应该能够攻下关中。楚怀王采纳了老将们的建议，最后决定以宋义为上将，项羽为次将，范增为末将，统率起义军主力北上救赵；令刘邦率部向西攻打关中。十一月，项羽在巨鹿大败秦军，歼灭了秦军主力，扭转了定陶失利以来的不利形势，为刘邦进军关中解除了后顾之忧。

刘邦于秦二世二年闰九月从砀山县出发，在城阳、成武、粟县等地大破秦军。次年二月进至高阳，接着进入陈留，一路避实击虚，迂回而前。秦二世三年三月间，从陈留攻开封不下，随即北上，与秦将杨熊首战于白马，再战于曲遇，大破杨熊。后刘邦又开始把战场引向西南的颍川、南阳等地，他先

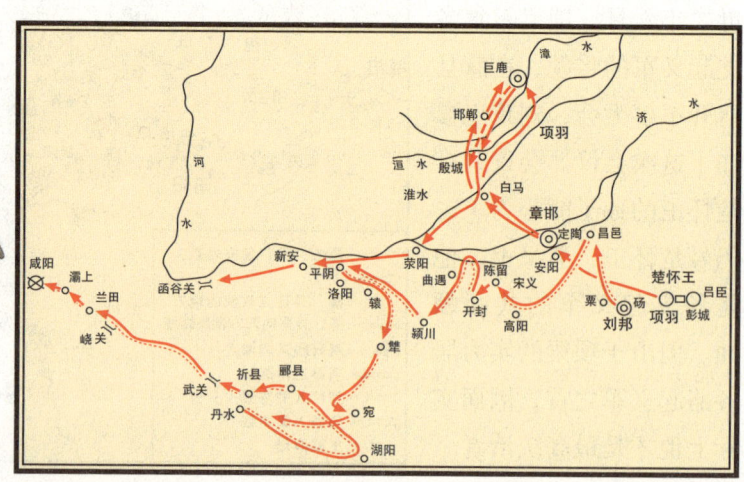

立射俑 秦　　　项羽刘邦灭秦示意图

攻颍川、辕、阳翟等地，接着从辕南下，经阳城向南阳挺进。六月，刘邦在东大败秦南阳郡郡守吕，吕退守南阳郡郡治宛城，后投奔刘邦。宛城的投降，从政治上瓦解了秦军，因此从宛城向西，丹水、胡阳、郦、析等地守将纷纷投降。八月，刘邦乘胜前进，一举攻克武关。关中大震，把持朝政的赵高见大势已去，就杀死了秦二世，派人向刘邦求和，条件是与刘邦"分王关中"，被刘邦严词拒绝。刘邦的兵锋直指咸阳，赵高见求和不成，又立子婴为王，子婴不愿被赵高所左右，计杀赵高并派兵拒守关，垂死挣扎。刘邦军绕过关，在蓝田大破秦军，扫除了进军关中的最后一道障碍。十一月，刘邦进抵灞上，随即向咸阳进发。秦王子婴出城投降，秦王朝并没有像秦始皇所想的那样，一世、二世直至千世万世，而是被农民起义的浪潮迅速推翻了。

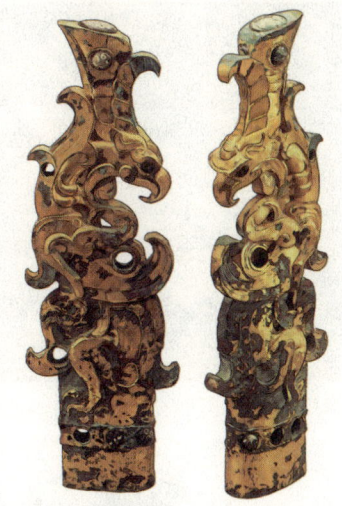

鎏金嵌料鹰形镦　秦

四、楚汉相争

【1】刘项分歧

秦皇朝灭亡之后，农民军反秦的斗争转化为农民军领袖之间争权夺利的斗争，其中最主要的是刘邦和项羽这两大反秦主力之间进行的长达五年的楚汉战争。

刘邦进入关中不久，项羽也赶向关中，力求抢夺推翻秦王朝的胜利果实。项羽无论是凭威望还是凭实力，完全可以主宰天下。在秦二世二年十二月间，项羽率军攻破了刘邦派兵防守的函谷关，进驻鸿门（今陕西临潼东北），西南距灞上仅40里。刘邦的部将曹无伤企图投降处于优势地位的项羽，于是他派人向项羽进谗言：刘邦意欲自立为关中王，任命子婴为相。楚军谋士范增也提醒项羽：刘邦在关东贪酒好色，如今不恋酒色，其志不小，应该及时攻打他，不可错失时机。项羽深以为是，决定于次日清晨出兵攻打灞上。当时项羽拥兵40万，号称百万，而刘邦只有区区10万的兵力。刘邦被迫听从部将张良的建议，采取了求和的方式，亲自到鸿门项羽大营中说好话。

【2】鸿门宴

项羽要进军灞上的消息传出后，其叔项伯深为其好友、时任刘邦部将的张良的安危担忧。他连夜飞骑灞上，通知张良逃走避祸。刘邦、张良乘机以礼相待，并当即结成儿女亲家。

鸿门宴壁画

刘邦对项伯说:"我进入关中后,登记户籍,封闭府库,未敢擅取丝毫财物,一心等待项将军的到来。至于派兵守卫函谷关,也是为了防止意外。我日夜盼望项将军的到来,岂敢背叛?希望您能替我说个明白。"项伯欣然应允,并与刘邦约定,让他次日亲自去拜谢项羽。项伯连夜赶回楚营,转达了刘邦的心意。他还对项羽说:刘邦具有丰功伟绩而去攻打他,是没有道理的,不如以礼相待。其时,项羽重兵在握,并不在意刘邦,况且师出无名,于是便听从项伯的建议,撤销了次日清晨进攻灞上的计划。

项羽像

次日,刘邦率领张良、樊哙和侍卫如约前来。项羽大摆盛宴款待刘邦。范增几次示意项羽,让他下手杀死刘邦,项羽不理不睬。于是,范增让项庄借舞剑助兴的名义,借机刺杀刘邦。

项庄依计行事,一边舞剑,一边靠近刘邦。项伯看穿了项庄的诡计,拔剑掩护刘邦。张良离席外出,告诉樊哙说:"项庄舞剑,意在沛公。"

樊哙立即拿着剑、盾,推开卫士,闯进军帐。项羽大惊,按剑发问:"来客是谁?"张良为他们作了介绍,项羽随即命左右赐给樊哙大杯的酒和猪肉一块。樊哙举杯而饮,并以剑为刀,以盾为案板,将猪肉切碎吃尽。项羽问他:"壮士还能喝酒吗?"樊哙答:"我死都不怕,区区一杯酒哪里会推辞?"接着樊哙义正词严地指出,刘邦先入咸阳,却专等项羽到来,劳苦功高。项羽不但不加以封赏,反而听信小人之言,企图杀害他,这种做法与亡秦没什么两样,完全不可取。一席话说得项羽哑口无言。

在席上主宾面面相觑之际,刘邦以上厕所为借口离席。刘邦意欲不辞而别,但又怕惹怒了项羽,正在犹豫不决之间,樊哙说:"如今人为刀俎,我为鱼肉,何辞为!"于是刘邦率领樊哙和少数侍卫,从小路赶回灞上。估计刘邦已经走出很远,张良才对项羽说,沛公不胜酒力,先行回去了,特托他送给项羽玉璧一块,赠给范增玉斗一双。项羽别无选择,只好收下玉璧。范增大为恼火,拔剑击破玉斗,冲着项羽说:"唉!竖子不足与谋,将来夺取将军天下的人,一定是沛公无疑了,我们等着当俘虏吧!"鸿门宴上,杀机暗藏,虽是宴会,实为战场。在这一场战争中,胜者无疑是刘邦。

【3】西楚霸王

鸿门宴后几天,项羽领兵攻入咸阳,洗劫了咸阳城,杀死秦王子婴,火烧秦宫,大火绵

张良像
刘伯温诗曰:汉家四百年天下,尽在张良一供间。

延三月不绝,秦留下来的图书、珍宝被焚烧殆尽。他在烧掉咸阳后,决定分封天下。项羽的手下劝说项羽:关中形势险要,且又富庶,将军应在这里建都称霸。但项羽见秦宫已经破败不堪,且又惦记家乡,便回答说:"富贵不归故乡,如衣锦夜行,谁知之者!"项羽这种衣锦还乡的狭隘思想,被时人讥笑为"沐猴而冠"。

汉王元年(公元前206年)二月,项羽分封天下,尊怀王为义帝,定都长沙郡的郴县。自封为"西楚霸王",建都彭城。他借口巴蜀也属关中而封刘邦为汉王,又把关中地区分割成三国,将三位秦朝降将封在那里为王,与楚怀王"先入关中者为王"的约定背道而驰。项羽的排挤与违约令刘邦及其手下气愤异常,但刘邦接受

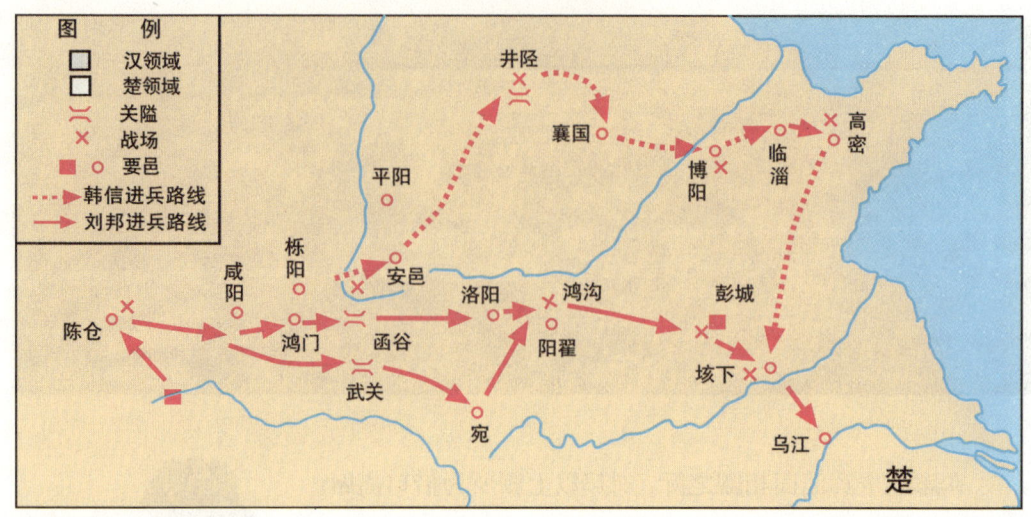

楚汉相争示意图

萧何的建议,放弃了与项羽硬拼的想法,忍辱负重,接受封号,到汉中去安抚百姓,积蓄力量,以图东山再起。由于项羽分封不公,所以战争不可避免地又开始了。

汉王元年五月,齐地首开战端,七月,东方的田荣已占领齐地全境。刘邦见时机已到,于八月组织大军从陈仓道出兵,明修栈道,暗渡陈仓,夺得三秦,占据关中。夺得关中,是刘邦与西楚霸王项羽争夺天下的第一步,刘邦为了把关中建设成为与项羽争天下的基地,颁布了一系列深得民心的措施,巩固他自己在关中的统治。

【4】逐鹿中原

公元前205年初,刘邦率兵出关向东挺进,先后征服河南王,灭掉韩王,打败魏王和殷王。在灭掉殷王后,刘邦为了在舆论上占上风,弥补实力的不足,决定为被项羽杀害的义帝发丧,在丧礼上,刘邦脱衣袒臂,号哭三天。埋葬了义帝后,刘邦传檄各地,号召诸侯共同讨伐谋杀义帝的项羽,正式对项羽宣战。但与项羽直接

望江楼
在陕西省汉中市城内,相传是刘邦受封汉王时兴建宫廷的基址。登楼可眺望汉江,俯瞰全城。

交手，刘邦总是吃败仗。公元前205年，乘项羽攻齐之机，刘邦率56万人偷袭彭城成功。攻下彭城后，刘邦喜出望外，只顾搜罗财色、大摆宴席，而疏于防范，结果项羽仅率3万精兵就收复了彭城。刘邦率军南退，部下或死，或伤，或落水而亡，损失惨重。刘邦仅率数十骑突围而去。

回到关中后，刘邦策动九江王英布举兵叛楚，牵制项羽兵力。随后派韩信等攻占魏、赵两地，汉楚双方在荥阳、成皋一带相持，展开了你死我活的争夺。楚汉战争共五年时间，而两军在荥阳、成皋之间争夺的时间就有三年。在这种旷日持久的相持中，汉军粮多而士气高涨，楚军缺粮而士气低落，刘邦的军事力量在相持中也逐步由劣势变为优势。项羽被迫同意跟刘邦讲和，双方约定以鸿沟为界，以西为汉，以东为楚。

【5】四面楚歌

公元前203年秋，项羽引兵东归，刘邦听从张良、陈平的建议，撕毁"以鸿沟为界"的协议，乘胜追击。公元前202年初，刘邦的军队将项羽的军队重重包围在垓下（今安徽灵壁东南陀河北岸）。为了动摇项羽军心，刘邦命汉军四面哼唱楚歌。熟悉、缠绵的楚歌在军帐四周飘荡，项羽听了大惊失色。他自知大势已去，心情异常沉重，面对美人虞姬和心爱的乌骓马，不禁悲上心头，慷慨高歌：

彩绘骑马俑　汉
这个骑马俑群共有俑583个，形态各异，造型生动，色彩丰富，构成了威武严肃的军事阵势。

力拔山兮气盖世，时不利兮骓不逝，骓不逝兮可奈何，虞兮虞兮奈若何！

凄凉的歌声，催人泪下，军营中弥漫着一种悲惨的气氛。

当天夜里，项羽带领800多名壮士骑马突围。天明时渡过淮河，从骑仅剩百余人。到了阴陵（今安徽凤阳南）时，项羽迷了路，他便向路旁老农问路，却被农夫骗进了一片沼泽地中，被汉军快骑追上。项羽引兵向东，在经历一番生死搏斗后，

霸王别姬图

项羽带领二十余骑来到乌江（今安徽和县境内）边上，乌江亭长要用船载他过江。项羽不肯。他苦笑着说："上天要亡我，我还要渡江干什么呢？况且当初我带领八千江东子弟渡江西征，而今没有一个人归还，我有何面目去见江东父老！"于是将所骑的乌骓马送给了乌江亭长，自己下马步行，与汉军短兵相接。项羽杀汉军数百人，自己也负伤十余处，最后自刎而死。后人的"至今思项羽，不肯过江东"之句便是对这段历史的描绘。

至此，历时五年的楚汉战争最终以刘邦的胜利而告终。

五、创建帝业

【1】轻徭薄赋

楚汉战争结束后，刘邦于汉高帝五年（公元前202年）二月初三在汜水南边的定陶登上皇帝宝座，起先定都洛阳，后接受娄敬和张良的建议，迁都关中，汉高帝七年二月，迁往已初具规模的长安城。刘邦以秦为前车之鉴，在楚汉战争结束之后，注意休养生息，轻徭薄赋，给人民群众以喘息的机会，因而刘邦在继承秦制的同时，把除秦苛法、与民休息作为施政的指导方针。

刘邦在开国之初就多次颁布政令以稳定政权和恢复生产。高祖五年，刘邦下诏奖励耕织，规定：入关灭秦的关东人愿意留在关中为民的，免徭役十二年，回关东的可免徭役六年；恢复因饥饿而卖身为奴者的庶民身份，无爵者晋爵为大夫，原本为大夫的晋爵一等，免除这些人本人及全家的徭役。高祖十二年二月，他又连下二诏，

陶仓　汉

西汉前期当权者为改变秦朝的急暴统治，实行"无为而治"、"与民休息"的政策，促进了生产的恢复和发展，这件陶仓是当时社会经济得到恢复和发展的一种象征。

小半两铜钱　汉

西汉前期继承秦朝的币制，政府仍铸"半两"铜钱，同时允许诸侯王、大工商业主自行铸钱，促进了经济的恢复和发展。西汉半两重量比秦半两减轻，俗称小半两。小半两铜钱是西汉前期的主要货币。

布告天下,朝廷立意要轻徭薄赋,而各郡国对朝廷贡献过多,这是由于朝廷没有对各郡国应对朝廷进贡货物的数量进行规定,现下诏规定了数额,并规定进奉日期应是每年的十月。汉初实行的十五税一制,更是轻徭薄赋政策的一个明显例证。

【2】知人善用

刘邦的知人善用是备受人们称赞的。在灭秦和楚汉战争中,知人善用是他取胜的法宝,而称帝后的知人善用则是他创建帝业的关键。对于这一点,刘邦十分清楚。

称帝后不久,刘邦在洛阳南宫大设酒席,宴请群臣,他问大臣:"列侯和各位将军不要欺骗我,请如实相告。我之所以能够在敌强我弱的情况下打败项羽,原因何在?而项羽在敌弱我强的情况下却失去天下,原因又在哪儿?"高起、王陵奏道:"陛下您仁厚而爱护别人,项羽傲慢而喜欢轻侮别人。陛下您派人攻占城池要地,就把所攻打的城池分封给他,您这是与天下人共享利益,而项羽是嫉妒贤能之人,对有功之臣不但不加以封赏,

韩信像

反而加以迫害,不赏识有贤能之人,反而猜忌他,不分给作战胜利者以土地,反而独享天下之利。这些都是他失去天下的原因啊。"

刘邦听后,语重心长地说:"你们只知其一,不知其二。要说运筹帷幄之中,决胜千里之外,我比不上子房。镇守国家,安抚百姓,供应粮饷,确保军队运粮之道畅通,我比不上萧何。统领百万之众,战必胜,攻必取,我比不上韩信。这三个人,都是人中豪杰。我能够发现他们并任用他们,这就是我能够取得天下的原因。项羽只有一位精明能干的谋士范增,还不能够正确任用,这就是我打败他的原因啊!"

刘邦用人不注重出身经历,而是因才而用,凡是能为他的政治目标献策出力的,他都加以任用。例如张良是六国时旧贵族的

萧何像

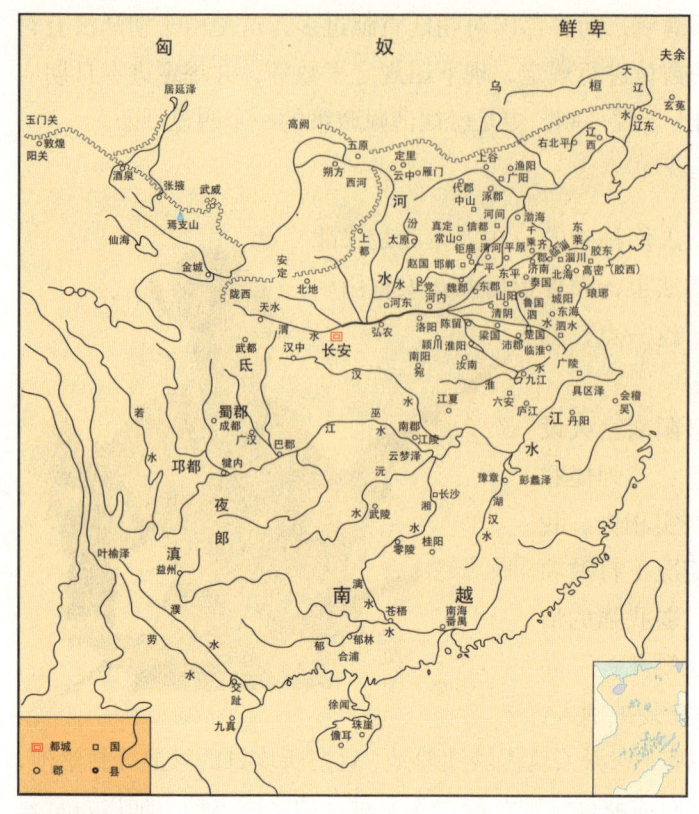
西汉疆域示意图

张良像

后裔,萧何、曹参原是政府下层官吏,而韩信、彭越、英布、樊哙、夏侯婴等人都是平民出身,其中彭越曾经为"盗",英布壮年时因犯法被秦政府处以黥刑,罚为徒隶,发配骊山修建皇陵,后不堪重负,带领一帮兄弟逃亡到长江一带,成为扰民的大盗。刘邦不计较他们出身卑微,大胆地加以提拔和重用,把一大批小人物推上政治舞台,使他们在反秦起义、楚汉战争和汉初平叛战争中发挥各自的作用。

刘邦对待儒生的态度经历了一个由鄙视到重视的过程。由于刘邦自幼出身农民家庭,没有受过多少教育,壮年后率领一帮队伍东征西战,取得反秦和楚汉战争的胜利,完全是靠武力夺取了天下。据此他认为儒生们谈古论今,对打天下无益,因而对儒生的作用极为鄙视。汉朝初立,儒生陆贾在他面前言必称《诗》、《书》,久而久之,刘邦听得不耐烦,便破口大骂:"老子我在马背上打天下,哪里用得上《诗》、《书》!"陆贾不卑不亢,据理力争:"在马背上能够得天下,但怎能在马背上守天下?文武并用,才是国家长治久安的途径啊!"陆贾的当面反驳虽然令刘邦感到有点尴尬,但他深知陆贾说得在理,最终还是接受了陆贾"文武并用"的观点。他命叔孙通带领一百几十名儒生制定朝仪。叔孙通圆满地完成了任务,刘邦非常高兴，立即封赏叔孙通为"太常"，任命那些参与修定朝仪的儒生弟子为"郎"。后来刘邦因平定英布叛乱而经过山东，还亲自准备祭品，祭祀了孔子。

【3】加强集权

东汉史学家班彪如此评价："汉家承秦之制，并立郡县，主有专己之威，臣无百年之柄。"这句话说明汉代继承了秦朝的中央集权制和郡县制，使得皇帝有集权的趋势，但汉代的臣子也有秦代臣子享受不到的权力，那就是汉初的分封制。刘邦称帝后分封了七个异姓王，即燕王臧荼、韩王信、楚王韩信、梁王彭越、淮南王英布、赵王张敖、长沙王吴芮，这些王各自为政，为国家的稳定留下了隐患。

汉初的政权机构，沿用秦朝旧制，变动较小，皇帝处于权力金字塔的顶端。中央机构有三公九卿，地方实行郡县制。皇帝通过手中所控制的大大小小的官吏，层层管制，形成了一个庞大的封建制的国家机器。

争功图
此图描绘汉初天下始定，各位将领争功的场面，最后叔孙通奏议立礼仪规范，使高祖体会到做皇帝的高贵。

刘邦在楚汉战争前还军灞上时，就曾经用"约法三章"来管束部下，规定："杀人者死，伤人及盗抵罪。"称帝后，简单的约法三章已不能适应全国统一的新形势了，于是他任命丞相萧何主持制定法律。萧何在保留《秦律》六章的基础上，补充了《户律》、《厩律》、《兴律》三章。虽然这些律令如今已经基本失传，但从零星的材料来看，这些律令都是统治阶级维护王权、剥削劳动人民的工具。

在制定律令的同时，刘邦还力图通过定朝仪来显示自己的威严与身份。由于刘邦出身山野，其任用的将领和官吏也大多数为平民出身，他们对以前秦宫的朝仪规范所知

博山炉　汉

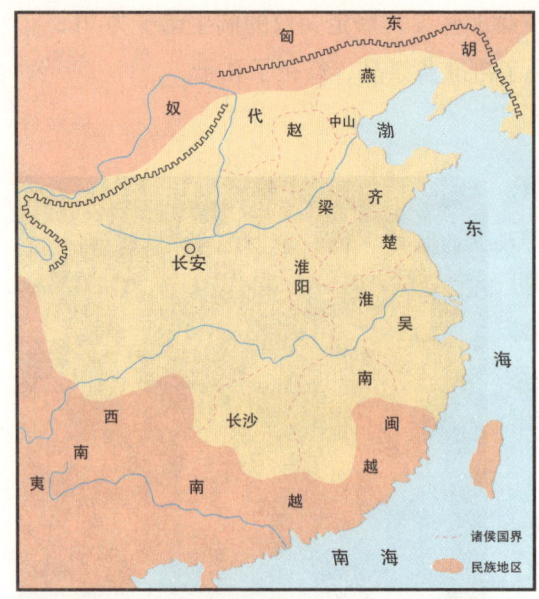

西汉初年各封国示意图

汉未央宫椒房殿遗址
位于陕西省西安市未央区未央宫乡大刘寨村西。椒房殿系皇后居住的宫殿。由正殿、配殿和附属建筑组成。配殿内有巷道五条,这在秦汉宫殿建筑遗址中为首次发现。

甚少,群臣在宫廷集会时常常目无尊长、大呼小叫,有的还醉酒狂呼、拔剑击柱,这令刘邦十分不满,制定朝仪规范势在必行。

汉高帝六年(公元前201年)十月,长安长乐宫落成典礼召开,群臣举杯相庆,刘邦乘机提出定朝仪一事,并任命叔孙通主管此事。叔孙通曾经是秦朝的博士,熟悉秦朝的礼仪规范,他以秦仪为蓝本制定出汉朝仪,不仅体现了封建的等级制,更突出了专制君主的独尊地位,使得刘邦在实行新朝仪的第一天,大发感叹:"吾乃今日知为皇帝之贵也!"

六、强化皇权

【1】计除韩信

西汉初年,刘邦大封功臣,异姓王有七人,史称"异姓诸王"。这些王侯据有关东广大区域,势力强大,朝廷奈何不得。异姓王的存在为汉朝的长久稳定留下无穷隐患。

汉高帝五年(公元前202年)七月,距离刘邦称帝不到半年,燕王臧荼首先叛乱,刘邦亲自率兵征讨,两个月以后,臧荼成为阶下囚,刘邦又立长安侯卢绾为燕王。九月,颍川的原项羽部将利几谋反,没多久即被刘邦平定。一时举国上

韩信像
《汉书》曰:狡兔死,走狗烹;飞鸟尽,良弓藏;敌国破,谋臣亡。司马光道:汉之所以得天下者,大抵皆信之功也。

下，谈兵色变，有人告发楚王韩信意图谋反，刘邦决定采纳陈平的建议，采取智取的办法。他假装巡游云梦（古大泽，在今湖北南部和湖南北部），命令各路诸侯于十二月在陈县会集。韩信见到诏令后，虽然有点儿疑惧，但自认为没有什么过失，便前往会见刘邦。武士当即将韩信逮捕押往洛阳，刘邦废其王号，改封他为淮阴侯。韩信因此非常忧郁。

骑马俑　汉

他经常称病不上朝，还常常发牢骚："果真像别人所说的那样，'狡兔死，走狗烹；飞鸟尽，良弓藏；敌国破，谋臣亡'。天下已经安定，我固当亡。"

汉高帝王六年，匈奴来攻，刘邦命韩王信抵御匈奴，后在马邑战败被围。韩王信便投降匈奴，帮助匈奴兵攻打太原。次年冬，刘邦在东垣扫荡韩王信的叛军。韩王信逃亡匈奴，命令其旧将曼丘臣、王黄立赵利为王，与匈奴联合拒汉。高帝十年，有人说韩信与陈豨谋反。陈豨是刘邦子代王如意的部下，如意年幼，长期留居长安，代王相陈豨独自掌握王国大权。据说，陈豨与韩信商定反汉，以韩信为内应，陈豨带将守边，内外呼应。高帝十年的秋天，刘邦借"太上祖驾崩"的名义召见陈豨，陈豨借口身体不适，不应召见，并与王黄、曼丘臣一同造反，自立为代王。

刘邦亲自赴邯郸坐镇，派周勃等率军北征。当时陈豨部将侯敞、王黄、张春四

汉代烽燧遗址

周勃像

处招兵买马，号召反叛，叛乱几乎波及华北全境。而刘邦则处于劣势，他多次以羽檄征集彭越、英布等人，但无人应召。最后刘邦采用重金收买陈豨手下部将的计谋，方得以将陈豨打败。到了高帝十二年，周勃斩陈豨于当城（今河北蔚县）。

刘邦亲自征讨陈豨时，要求韩信随军出征，韩信以身体有病为借口，没有一同前往。后来有人检举韩信想利用刘邦出征的机会，策划在长安动手，与陈豨里应外合。高帝皇后吕后与丞相萧何设计将韩信骗入宫中处死，并诛灭了其亲人家属。至此，在反楚战争中立下赫赫战功的韩信不复存在了。

【2】平定英布

高帝十一年（公元前 196 年）三月，梁王彭越的部下告发他谋反，刘邦不动声色地遣使前往梁王王都定陶，乘其不备，一举将彭越逮捕，押往洛阳。刘邦念其战功，没有将其处死，只是将其贬职为民，发放蜀地。恰巧在去流放地的途中，彭越偶遇从长安去洛阳的吕后。彭越自以为遇见了大救星，恳求吕后向刘邦求情，殊不知吕后为人刚毅，心肠狠毒。她假装答应了彭越的要求，将彭越带回了洛阳。她不但没有践约为彭越求情，反而对刘邦说让彭越这种有才能、有威望的人去蜀地是自留祸患，不如斩草除根。刘邦认为其妻言之有理，改判彭越死刑，并灭其全族。

韩信与彭越的死对英布震动很大，同病相怜的处境使得他不得不首先防范。他暗中部署兵力，小心刺探周围各郡的动静。后来有人将英布的活动报告给刘邦，刘邦派遣使者到淮南国查明情况。英布得知此事，如惊弓之鸟，于高帝十二年七月宣布反叛。叛乱之初，英布气焰很高，他认为刘邦已 61 岁高龄，又身患疾病，无法

金银镶嵌筒形金具　汉

也不会再带兵出征了,他信心十足地东进击杀了荆王刘贾,占据了大片的土地。刘邦深知年老体衰,意图让太子刘盈率兵出征。但太子宾客认为英布是善于用兵的猛将,诸将曾经与高祖一同打江山,平起平坐,威望较高,恐怕未必肯听太子的调遣,因此太子的出征前景令人担忧。于是他们策划让吕后去请求皇帝亲自出征。刘邦思前想后,觉得别无选择,只好不顾年老体衰,于十月亲率大军东征,连连打败英布的队伍。高帝十二年十月,刘邦与英布在蕲西短兵相接,英布不敌,逃往江南晋阳(今江西波阳东),被当地人杀死于乡民田舍。英布所发动的叛乱是刘邦在位期间最大的一次叛乱,这次叛乱的平定,对汉王朝的长治久安起了重要的作用。

【3】匈奴和亲

匈奴在秦朝末年,乘关内战争频仍之机,不断南侵,扩张势力。匈奴贵族往往与汉初异姓王相勾结,发生叛乱,严重威胁汉王朝的安全。高帝六年(公元前201年)十月,韩王信勾结匈奴兵阻击刘邦的征讨。刘邦屯32万大军于晋阳,派探子到匈奴刺探军情。他们回来都说匈奴势单力薄,攻克它可以不费吹灰之力。唯独最后回来的刘敬独陈己见,说他在匈奴所见多为老弱之辈,他怀疑匈奴故意暗伏奇兵以迷惑汉军的视线,认为汉军不可以贸然攻击匈奴。其时,汉大军已经向晋阳进发,刘邦怕刘敬之言动摇军心,便以"妄言阻军"为名将刘敬下狱,自己亲率先锋部队匆匆北进,结果被匈奴冒顿单于的40万骑兵团团围困在平城东北的白登山。幸亏有了陈平的妙计,贿赂给匈奴单于的正妻阏氏大量的金银财宝,才得以脱身。刘敬的推断被血的事实证实,刘邦将刘敬释放,封为建信侯,而把那些劝他进攻匈奴的探子全部杀死。

但匈奴仍是刘邦的一个心病。冒顿单于频繁南侵。刘邦深知汉朝初建,国力不振,各方面困难重重,同匈奴和好是上策。于是他向刘

青铜羊饰 匈奴

匈奴是北方强大的游牧民族,其制军政合一,整个民族都是一支组织严密的军队。单于是匈奴的最高军事统帅,下设有左贤王、右贤王等。匈奴最盛时,军队由20个部族组成,总计有兵力30万骑兵。讲究腰带饰是北方民族的共同特征,多以草原的动物为图案,具有浓郁的草原风格。此饰以羊为主题,生动可爱。

豹形金牌 匈奴

敬讨主意，刘敬上和亲妙计，刘邦依计而行。高帝年冬天，刘邦以宗室女假称长公主，远嫁冒顿单于，用联姻代替战争，双方的战争告一段落。刘邦首创和亲的政策，开创了用联姻来促进多民族团结的先河，为以后各个朝代所仿效。

【4】高歌《大风》

高帝十二年十月，刘邦平定了英布后，路过故乡沛县，便停留下来小住了数日。他在沛宫中设酒款待故人，乡亲在一起开怀畅饮，高谈阔论，乡亲们还召集了120

彩绘杂技乐舞俑群 西汉

个小孩为高祖唱歌助兴。酒到浓时，高祖击筑伴奏，往事历历在目，回想艰难与荣耀，他不禁感慨万分，唱起了自编的楚歌："大风起兮云飞扬，威加海内兮归故乡，安得猛士兮守四方！"高祖边歌边舞，热泪盈眶，他对沛县的父老乡亲们说："游子一旦想到故乡就备感伤心。我虽定都关中，但沛地仍是我魂牵梦绕的地方，我死后的魂魄还要来到这里。我是从沛公的位置开始诛暴安良，才得以拥有天下，我要把沛地作为我的汤沐邑，并免除沛地百姓的赋税徭役，以后沛县的百姓世世代代不必交捐纳税。"百姓听了十分高兴，每日陪同高祖谈笑。这样，高祖在故乡一住就是十几天才有离开的念头，沛县的父老乡亲盛情挽留。但高祖认为自己带有大批人马，恐地方百姓无法供应，执意

汉鎏金乳钉纹铜壶 西汉
汉代手工业取得了巨大的成就，分工日见严密，专业程度大大提高，产品的众多、技艺的精湛都是前代甚至当时世界的其他地区所无法达到的。此是当时贵族家中的酒器，利用鎏金银和镶嵌的工艺，灿烂夺目。

彩绘乐舞队 汉
乐舞队出土于湖南省长沙市马王堆，为汉朝贵族所有的私人乐队，是比较典型的小型管弦乐队，由两名吹竽手和三名鼓瑟手组成，粉面朱唇，眉目清晰，形象逼真，两千年前的乐声如在耳边。

要离去。沛县人见刘邦如此设身处地为他们着想,深受感动,又把县里所有的东西贡献给刘邦,高祖又停留三日,在城西设帐痛饮。沛县的父老又请求刘邦免除丰邑的赋税。刘邦说:"丰邑是我出生的旧地,我深深怀念它、爱护它,但丰邑人民曾经跟随雍齿归附魏国而反叛我,因而我不愿免除他们的赋税。"但经过沛县百姓一而再、再而三的请求,高祖还是答应一并免除丰邑的赋税徭役,并封沛侯刘濞为吴王。

"汉并天下"瓦当　西汉

刘邦是一位杰出的政治家,平叛之后回到故乡,他在纵情歌酒的同时,并没有认为在获得一连串的平叛胜利和分封了一批同姓王之后,便可以高枕无忧了,反而意识到"守四方"的重要性,高歌"安得猛士兮守四方"!

七、高祖驾崩

【1】临终遗言

刘邦平定英布时,曾被流矢所中,后病情恶化。吕后为其请良医医治。医生入宫觐见,高祖询问病情,医生进言:"皇上的病可以治好。"高祖听说不但不高兴,而且责骂医生:"我一介平民,仅凭三尺长剑而纵横天子,难道不是天意吗?我的命是上天决定的,即使神医扁鹊复活又能怎样?"他不愿继续治疗,赐给医生5000斤黄金,将他赶走。

刘邦的病日益加重,吕后问他:"陛下百岁后,萧相国既死,谁可以代替他?"答曰:"曹参可。"吕雉又问除了曹参还有谁,刘邦回答说:"王陵也可以为相,但是他憨厚耿直,可以让陈平辅佐他。陈平虽足智多谋,但他一个人却难成大事。周勃稳重宽厚,质朴少文,但能够安定刘家天下的一定是周勃,可以任命周勃为太尉。"吕后再问,皇上叹息道:"这以后的事已经不是你我所能知道的了。"

四月甲辰日,长乐宫传出噩耗,高祖驾崩。高祖去世,办理丧事乃是当务之急,但吕后却并不急于发丧。她和审食其谋划道:"许多大将与皇帝一样出身平民,如今他们虽北面称臣,但心中并不乐意。现在要让他们侍奉没有资历的少主,恐怕难以服众,如果不将他们全部诛杀,可能会导致天下大乱。"郦将军得知此事后,急忙前去会见审食其说:"我听说皇帝已经去世,皇后不但不发丧,反而企图谋杀各位将领,此举万万不可。如果皇后这样做了,天下就危险了。陈平、灌婴驻守荥阳,拥有40万大军,而樊哙、周勃率20万大军平定燕一带地区，假使他们听说皇后欲诛杀诸将，回兵一击，天下很快就会灭亡。"审食其迅速进宫将郦将军的话转告给吕后，吕后深以为是，才在丁未日宣布发丧，并下诏大赦天下。

【2】刘盈继位

刘邦驾崩，其次子刘盈继位，是为汉惠帝。

刘盈的继位，颇费几番周折。刘邦共有八子，长子刘肥是刘邦与其情妇所生，没名没分，故不能继承帝位。次子刘盈，是刘邦与原配夫人吕雉所生，当立太子。刘邦在称帝后不久，即将刘盈立为太子。随着吕后的年老色衰，刘邦开始专宠年轻貌美的戚夫人，爱屋及乌，因而对他和戚夫人所生之子刘如意非常重视，而且他发现刘盈过于仁弱，不适宜当皇帝，便意欲废刘盈而立刘如意为太子。这一打算遭到吕后和满朝文武的反对。张良出主意，让吕后以刘盈的名义请来隐而不仕的"商山四皓"，作为刘盈的老师。"商山四皓"是指东园公、角里先生、倚里李和夏黄公四人，他们都是汉初名士，刘邦对他们十分敬重，曾几次请他们出山，都被婉言谢绝，现见四人愿意出山为太子师，便感叹说："盈儿有这四人辅佐，已是羽翼丰满了，不可能再动了。"于是打消了废太子的念头。

但诚如刘邦所言，刘盈生性懦弱，他继位后，大权旁落于其母吕后之手。他对吕后的行为非常看不惯。吕后想杀害刘如意，将刘如意召进长安。惠帝知道吕后的心思，于是将刘如意接到宫中，与他共同起居，不给吕后下手的机会。但是防不胜防，惠帝元年（公元前194年）二月，惠帝去打猎，吕后乘机派人用毒酒将如意毒死。吕后又残忍地将戚夫人斩手、去足、剜眼、割耳、饮哑药，让她住在厕所中，称为"人彘"，并让惠帝去参观。惠帝观后大哭，从此一病不起，派人告诉吕后说："此非人所为，臣为太后子，终不能治天下。"从此惠帝不理朝政，终日饮酒作乐，于惠帝七年八月忧郁而死。年幼的太子即皇帝位，吕后以太后身份临朝理政，刘家政权落入吕氏之手。后周勃等击败吕氏，迎代王刘恒为帝，开创了"文景之治"的盛世局面。

高祖陵

吕后陵

汉高祖和吕后合葬之长陵
高祖陵和吕后陵在同一陵园内，位于咸阳市窑店乡三义村北，刘邦和吕后同茔而不同穴，实为两座陵墓，西为高祖陵，东为吕后陵。陵园四面墙垣的中央各开一个门作为通道。

汉武帝刘彻

　　汉武帝刘彻（公元前156~前87年），是西汉王朝的第六代皇帝。他在位54年，是中国历史上在位时间最长的皇帝之一。汉武帝雄才大略，颇有建树，他当政时期是中国历史上最强盛的时代之一，也是中国历史上最灿烂的时代之一。人们往往把汉武帝的功业和秦始皇相比，史称"秦皇汉武"。

一、武帝出生

公元前156年的一天深夜，汉景帝忽得一梦：一头红色的猪从天而降，只见这头猪身裹祥云，从太虚幻境来到宫中。紧接着，高祖刘邦也飘然而至，对景帝说："王夫人生子，应取名为彘。"汉景帝猛然惊醒，才发现是一场梦。

这王夫人本名娡，母亲臧儿，本是项羽所封燕王臧荼的孙女，因家道衰落，嫁给同乡的王仲为妻，生下王娡。王娡聪明伶俐，容貌俊美清雅，完全没有村姑的俗气。据传，有一相面术士见到王娡以后，大惊失色地称赞道："此女贵不可言，当匹配天子，生天子，母仪天下！"这时王娡已经嫁人，其母想方设法把她送入宫中。当时还是皇太子的汉景帝见她貌美，遂纳入自己宫中。汉景帝即位后封王娡为"美人"，宫中都称她为"王夫人"。

长信宫灯 西汉

此灯以宫女执灯为造型，其臂高举过灯，巧妙地起到烟道的作用，宫女形象生动真实，整体设计更是精巧别致，是一件罕见的汉代艺术珍品。

说来也奇怪，第二天临近午夜，王夫人果然产下一男婴，婴儿的啼哭声从王夫人住处传出，消息立刻传到汉景帝那里。汉景帝听说后兴奋异常，急忙乘驾赶到王夫人住处。新生儿被裹在襁褓里，发出响亮的啼哭声。景帝满脸喜色地走上前去，端详着自己的第九个儿子。儿子在父亲充满慈爱的注视下，竟然停止了哭声。王夫人欠身榻上，温柔地对景帝说："请皇上给皇儿赐名吧！"汉景帝这时又想起了昨夜梦中的情景，于是给他起名彘。刘彘就是后来大名鼎鼎的汉武帝。

刘彘自幼聪明，3岁能背典籍，无遗漏，汉景帝大为惊异，于是大为宠爱。一天，景帝把刘彘抱在膝上，

汉景帝像

问道:"我儿愿意当皇帝吗?"刘彻用稚嫩的声音答道:"做皇帝不由儿臣,我愿天天在父皇膝前嬉戏,不失为子之道。"景帝暗暗惊叹:"3岁小儿竟如此口齿伶俐,真是天资聪颖啊!"

二、初登大宝

汉武帝的童年和少年的宫廷生活,决定了汉武帝一生的命运,并给他54年的皇帝生涯打上了深深的烙印。

汉武帝虽然也是汉景帝的儿子,但是按照当时的继承顺序,皇帝的位子根本轮不到他。汉景帝在公元前153年就立皇子刘荣为太子,与此同时封刘彻为"胶东王"。但是刘荣的母亲栗姬和刘彻的母亲王美人都不是皇后,和栗姬相比,王美人并不怎么得宠。公元前151年,汉景帝废薄皇后,眼看皇后之位就要落到栗姬手中。但是,栗姬自从亲生儿子被立为太子后,就目空一切,专横跋扈,脾气越来越乖戾。汉景帝终于忍无可忍,景帝七年(公元前150年)

朱雀衔环杯 西汉
该器造型丰满别致,制作精美,朱雀所衔环可摆动,为汉代出土文物中不可多得的艺术珍品。

正月,他不顾朝臣反对,下诏废皇太子刘荣为临江王,将栗姬打入冷宫。

皇太子之位暂时空缺,诸子为争夺皇位继承权展开了激烈斗争。刘彻被立为太子,他的姑母长公主刘嫖起了关键的作用。长公主是窦太后的女儿,汉景帝的同母姐姐,她不仅受到窦太后的宠爱,与汉景帝的关系也非常密切。长公主生有一个女儿,名阿娇。长公主一心想让阿娇当皇后,她本来想把阿娇许配给太子刘荣,可遭到栗姬的回绝,长公主由此和栗姬结仇。王美人抓住这一机会,极力讨好长公主。碰巧一天年仅五六岁的刘彻到长公主家玩耍,长公主见他聪明可爱,于是抱在膝上问道:"我儿想要娶个媳妇吗?"刘彻答道:"想。"长公主指着左右侍女问刘彻:"她们之中你喜欢哪一个呀?"刘彻摇摇头,表示一个也不喜欢,最后长公主指着自己的女儿问他:"阿娇好不好?"刘彻这才高兴地说:"好!我要是能娶阿娇做媳妇,一

云纹漆钟 西汉

珠玉首饰　汉

定要给她盖一座金屋,让她住在里面。"长公主听了非常高兴,便有意把阿娇嫁给刘彻,后来在征得汉景帝同意后,把阿娇许配给了刘彻。这样,长公主和刘彻的关系更近了一层,看到刘荣的太子之位被废,长公主和王美人乘机活动,终于说服汉景帝。景帝七年四月,汉景帝立王美人为皇后,接着立7岁的胶东王刘彻为皇太子,改名彻。

刘彻从公元前150年被立为太子,到公元前141年汉景帝驾崩,继承皇位,其间做了九年太子。在这九年中,聪颖过人的皇太子深得汉景帝的宠爱。他一方面协助汉景帝处理政务;另一方面博览群书,广泛涉猎琴棋书画、诗歌辞赋,这为他以后五十余年的政治生涯奠定了基础。

公元前141年,汉景帝深感时日无多,便为已年满16岁的皇太子举行了隆重的冠礼。冠礼大典之后,汉景帝医治无效,正月二十七日驾崩于未央宫。国不可一日无君,皇太子在汉景帝灵前继承皇帝大位,君临天下,一代名君汉武帝登上了皇帝的宝座。

三、独尊儒术

西汉王朝建立以后,休养生息,一直奉行清静无为的黄老思想,在政治上因循守旧、不求革新。尤其是汉武帝的祖母窦太后,更是喜好黄老之术,干预朝政,谁也不能在她面前说黄帝、老子的不好。早在景帝时候,窦后曾召治《诗》的博士辕固生问《老子》一书的要义。辕固生本是儒生,崇尚儒学,鄙视黄老之术,竟然在窦太后面前直言不讳地贬斥《老子》。窦太后大怒,命辕固生去猪圈与野猪搏斗,想让野猪把他咬死。幸亏在一旁的景帝觉得辕固生直言无罪,偷偷给了他一把利刃,辕固生一刀刺中野猪的心脏,才捡回了一条命。从此,没有人再敢在窦太后面前贬斥黄老。

汉武帝从小在宫中长大,受到良好而全面的教育。特别是他兴趣广泛、胸怀广阔,所以在做了皇帝之后,尽管还是16岁的少年,但他血气方刚、雄心勃勃,立志要干一番轰轰烈烈的事业。但是,因循守旧的黄老思想与他的品性格格不入。相

松塔形墨　汉

中国自古代以来,最迟到西汉初期,开始将粉状的墨做成小型的粒状,使用时加以研磨,后来工艺更为先进,把墨制成锭状,可以直接在砚台上研磨。此松塔形墨黑如漆,烟胶细,手感好,经1800余年仍完好如初。

反，儒家思想倡导君子自强不息、刚健有为，主张尊君和隆礼，更符合汉武帝的性格。但是，汉武帝刚刚掌握政权的时候，窦太后还活着，汉武帝还不敢明目张胆地推崇儒学，只能暗暗地培植自己的势力，选拔具有儒家思想的人才。

建元元年（公元前140年）十月，刚刚即位不久的汉武帝便下诏天下郡国推举贤良的人才进行对策，也就是对地方推举的贤才进行考试。汉武帝对这次择贤十分重视，亲自主持并出题，策问"治国之道"。在百余人的对策中，广川（今河北枣强）人董仲舒的对策深得汉武帝的赞赏。

董仲舒从小钻研儒家著述，以治《公羊春秋》而著名。他以儒家思想为基础，杂取阴阳五行等诸家思想，建立了一个庞大的儒学体系，为汉代儒学的发展奠定了基础。

董仲舒像

在给汉武帝的对策中，董仲舒说："治国之道出于上天，天不变，道也就不会变化。大一统是天地间的正道，自古及今，畅通无阻。而今负责教化的人来源不同，每个人的见解截然不同，以至于在位的不能坚持一个原则，法令制度也是屡屡变化。下面的人又苦于不知道如何遵循。臣很愚钝，但臣认为应该这样：凡是不在儒家经典之内的其他各家各派学说，以及与儒家思想相违背的各种学说，都应该断绝，不得与儒家学派并存。把那些邪恶荒唐的思想消灭后，道德和纲纪才可以统治，

嵌贝铜卧鹿 汉
此镇出土于河南省陕县后川。镇可以避免起身落座时折卷席角。汉镇绝大多数做成动物形，"鹿"与"禄"音同，表达了人们祈求富贵的愿望。这件卧鹿铜镇，背嵌大货贝。实用性和装饰性达到了完美的统一。

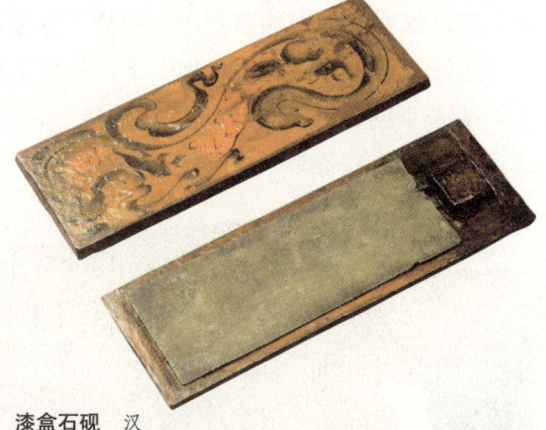

漆盒石砚 汉
中国文化从西汉时开始进入繁荣期，文房四宝在此时已定型为笔、墨、纸、砚，并且出现了各种精美的样式。此为西汉的文房用具，出土于山东省临沂市金雀山汉墓，砚为沉积岩类变质的板岩，有一方形研墨石，盆外表漆，有古朴端庄的图案。

51

法令才可以明白，人民才会遵从正道，这样百姓也就好统治了。"

董仲舒所阐述的这一思想，就是后来史称"罢黜百家，独尊儒术"的开端。曾任太子太傅的丞相卫绾，深知汉武帝意在独尊儒术，志在进取，又见他对董仲舒"罢黜百家，独尊儒术"的建议非常赞赏，所以上疏奏道："凡是下面所推举的贤良人才，如果是治申、商、韩非之术的，或者是倡导苏秦、张仪言论的，扰乱国家政治，请求陛下全部罢免他们。"武帝当即批准奏请。

这样，董仲舒"罢黜百家，独尊儒术"的建议，经过丞相卫绾的奏请、武帝的批准，正式成了汉王朝改革旧制、推行新政的指导思想。

四、颁布"推恩令"

汉武帝深知，要想在政治上有所作为，贤能人才的辅佐是必不可少的。因此，汉武帝在即位之后多次下诏求贤。汉武帝和董仲舒"天人三策"的问答已经成为著名的政治文献。他读了司马相如的赋以后，极想见到其人。主父偃、徐乐、严安被召见的时候，武帝说："从前你们都在哪里呢？为什么现在我们才能够相见？"由此可见汉武帝对人才的渴求。

汉武帝虽然独尊儒术，用人以儒家为主，但对学习其他诸家的贤能人才，也并非一概排斥。只要是有独特才能，能为国家所用而又不反对国家大政方针的人，他一律委以重任。张汤、赵禹熟悉法令，武帝就让他们去做管理司法的廷尉。汲黯学习黄老之术，最初见汉武帝的时候衣冠不整，汉武帝连见都不愿见，可是后来发现汲黯为人质朴、颇有才能，于是多次封他做郡守，列于九卿。正是这些精英，在创造西汉盛世的宏伟事业中，发挥了重要的作用。

建元二年（公元前138年）十月，代王刘登、长沙王刘发、中山王刘胜、洛川王刘明来京朝见武帝，武帝设宴款待。在宴会上，中山王刘胜突然放声大哭，向武帝哭诉官吏侵夺欺凌诸侯王的种种事情。刚刚继承皇位的汉武帝，既要限制诸

丝缕玉衣 汉
这是南越王穿的葬服，用红色丝线将2291片玉片编缀而成。玉衣是皇帝、诸侯王和皇帝宗亲的专用葬服。目前全国共发现四十多件玉衣，丝缕玉衣则仅此一件。

侯王势力的膨胀，又要利用血缘关系维护统治。为了笼络宗室，汉武帝下诏增加优待诸侯王的礼遇，以显示天子对诸侯王的恩德。可是这样一来，诸侯王的不法行为又嚣张起来，他们交结公卿，在自己的封国内不遵守汉朝法令，残杀无辜，严重威胁到西汉王朝的统治。

"齐铁官印"封泥　汉

这是汉朝分封的齐王所有的封泥。封泥是古代封存信件、公文用的。盛行于战国、秦汉。人们捎寄信件时，为了保密，就用绳将简牍捆扎起来，然后在绳子的结节处用胶泥包裹起来，并捺印上印文。

汉武帝对诸侯王的骄奢淫逸深感忧虑，可是苦于没有应对之策。这时新受宠的主父偃看透了汉武帝的心思，于是向武帝奏道："陛下，如今诸侯的势力不断增加，臣以为实在不是国家的福份啊！"主父偃的话语正中武帝下怀，于是点点头问主父偃："那么大夫对此有何高见呢？"

主父偃成竹在胸地说："臣以为可行推恩之策。现在诸侯王的子弟有的多达几十人，而只有嫡长子才能继承王位，得到封地，其他王子虽然也是诸侯王的亲生骨肉，却享受不到尺寸的封地，这就使得仁孝之道不能充分表现出来。古时候诸侯王的封地不过百里，力量弱小，容易控制，可一有机会就要叛乱，朝廷剥夺土地更要激起叛乱。现在诸侯已经传了两三代，子孙众多，天子应加恩，让人人都为侯，这样诸侯化大为小，诸侯子孙得到封地都会感念陛下的恩德，而皇上名为推恩，实是削弱诸侯。这样，还用朝廷强力去削夺吗？臣不敏，愿陛下采择施行。"

武帝听了，夸赞道："此真可谓一箭双雕！"于是汉武帝采纳主父偃的建议，颁布"推恩令"。从公元前127年到公元前91年，汉武帝共"推恩"分封王子侯178人。有的诸侯王国最多分封为33个侯国，一般的也都分封为十多个侯国。这样，诸侯王的势力受到严重削弱，他们再也无力对抗中央了。

汉武帝在削弱地方侯国势力、加强中央集权的同时，在中央也采取一系列措施，裁抑相权，加强皇权。西汉初年，丞相的权力是相当大的，并且还享受特殊的待遇。丞相可以佩带着宝剑上殿，见到皇帝也不必下跪，皇帝反而要起身致意；如果皇帝和丞相在路上相遇，皇上要为之下车。

如此繁文缛节、卑躬屈膝，怎么能让雄才大略的

云纹漆钫　汉

汉武帝忍受？所以，他一方面尽量任用一些对自己唯唯诺诺的人物为相。另一方面，武帝对丞相要求严格，稍不如意就当廷斥责，甚至治罪处死。在武帝统治时期，先后有十三人担任丞相，其中因过自杀或被迫自杀的就有五人，真可谓"伴君如伴虎"。

五、开疆拓土，安抚四夷

汉武帝即位以后，西汉王朝经过汉初六七十年的发展，残破凋敝的社会经济已逐步得到恢复和发展，封建国家和民间积累的财富显著增加。同时，由于吴楚七国叛乱的平定、诸侯势力的削弱，在加强了自己的统治后，汉武帝开始向外开拓疆土。

在对匈奴的战争中，大将卫青、霍去病立下了汗马功劳。

卫青出身卑贱，后来到平阳公主家做一名骑奴，公主外出时伴行。卫青的姐姐卫子夫是平阳公主家的歌女。一次，汉武帝到平阳公主家做客，楚楚动人的卫子夫让汉武帝怦然心动，于是纳入宫中，立为妃子。卫青因此被任命为建章宫监，后来又升为太中大夫。

霍去病是卫子夫姐姐的儿子，卫青的外甥。他身材魁梧，精于骑射。18岁时成为武帝的随从，深受武帝喜爱。汉武帝为他建造了一座宅院，命他去看，他却说："匈奴未灭，何以家为！"

在卫青、霍去病的率领下，汉武帝多次派兵征讨匈奴，公元前127年的漠南战役、公元前121年的河西战役和公元前119年的漠北战役，是三次决定性战役。此后，匈奴主力被消灭了，从此衰落。

汉代西域示意图

汉武帝在派兵出击匈奴的同时,为切断匈奴的"右臂",也为了发展经济文化交流,还一再派张骞出使西域。

早在公元前139年,刚刚掌权三年的汉武帝听说西域有个叫大月氏的国家不满匈奴人的统治,可是苦于无人相助。汉武帝下诏招募使者,汉中人张骞欣然应召。于是汉武帝任命张骞为大汉使者,以堂邑氏的胡人奴仆堂邑父做向导和翻译,并配置了一百多个随从人员,由张骞带领,浩浩荡荡地向西域进发了。

在途经匈奴境内的时候,张骞一行被匈奴人发现,结果张骞一行被扣留下来成了阶下囚。张骞在匈奴一待就是十年。一次,张骞等人乘匈奴人防守不严之机偷出马匹,一阵狂奔,西驰而去。逃出来后,张骞继续出使西域。

卫青像

在西行途中经常没有食物吃,就靠随从甘父射猎充饥。这样,经过长途跋涉,张骞等人终于到达了西域,见到了大月氏国王,可是这时他们已经不想抗击匈奴了。张骞在西域活动了一年,始终没有达到和大月氏联盟的目的,只好返回,在返回的途中,又被匈奴人扣留一年。这样,直到公元前126年,张骞等人才回到长安,见到汉武帝。

张骞这次出使西域,历时十三年,途中两次被匈奴截获,出发时一百多人的使团,回来时只剩下他和甘父两个人了。这次出使虽未达到联合大月氏夹攻匈奴的目的,但却详细了解了有关西

张骞墓
张骞墓位于陕西省城固县团结乡饶家营北约200米处。

彩绘陶指挥俑　汉

域地区的风土人情和气候状况。

为了联合西域各国，继续打击匈奴，公元前119年，汉武帝再次派张骞出使西域。这时，汉朝已设置了河西旧郡，由内地到西域的交通畅通无阻，张骞顺利到达了西域。张骞在西域各国的活动，加强了天山南北各民族与汉朝的联系，并同乌孙国建立了和亲关系。从此以后，西域各国同中原地区的政治关系和经济文化联系日益密切，贯通中西的丝绸之路开通了，西域逐渐成为西汉王朝西北边疆的一部分。

汉武帝在派兵出击匈奴、加强同西域联系的同时，对东南和西南地区的少数民族也进行了安抚和平定，使这些地区归附了汉朝。西汉政府在这些地区设置郡县，加强了东南和西南地区同内地的联系，使统一的多民族国家的疆域进一步扩大。

六、重视农业，垄断经济

在小农经济占统治地位的时代，农业是国家的命脉。西汉自开国初，即十分重视发展农业生产，视农业为国家之本。武帝承父、祖既定国策，也十分重视发展农业生产、兴修水利。

汉武帝初年，黄河决口，泛滥成灾，百姓流离失所。武帝命汲黯、郑当发兵10万治理黄河，但屡塞屡决，二十余年，不见功效。公元前109年，天旱少雨，汉武帝认为这是治理黄河的大好时机，决定全面治理黄河。这年四月，汉武帝任命汲仁、郭昌为治河官，发卒数万，堵塞瓠子河口，并亲临现场督促施工。官兵见皇上在烈日下亲自指挥，士气大振，终于完成了堵塞河口的巨大工程。奔腾万里的黄河之水，终于被驯服于大堤之内。为了减轻洪水暴涨时对瓠子口的冲力，

牛耕画像石 汉
在秦汉之前，"木耕手耨"的人力耕作仍普遍存在，牛耕并没有在农业生产中占主导地位。西汉时期大规模地推广了牛耕，牛耕在中原地区逐渐盛行。至东汉时，牛耕逐渐向长江和珠江流域推广。这块画像石反映了汉时期江南地区使用二牛抬杠式犁耕的情景。

他们又开挖两条水渠，使之流入大禹治水的旧道。从此以后，黄河在八十年间没有发生大的水灾。汉武帝亲临黄河指挥筑堤，可以说是他一生中的丰功伟绩之一。

汉武帝不仅治理了黄河，而且还修凿了其他许多著名的水渠，如漕渠、六辅渠、白渠等，这些河道的开凿为农业生产的发展奠定了基础。农业是汉王朝主要的生产部门，也是其财政来源的基础。农业生产的发展，促进了工商业的繁荣和封建国家的强盛，为汉武帝的政治、军事活动提供了雄厚的物质基础。

楼车复原模型

但是，汉武帝在即位之后的二十余年间，对外进行军事扩张，连年征战，耗资巨大；对内挥霍无度，穷奢极欲。强盛的外表下掩盖着衰亡的危机，国家财政逐渐陷入困境。然而这时的富商大贾却由于拥有冶铁、煮盐、铸币之利而暴富，他们不顾国家死活，我行我素，甚至与国家争利，这样使本来已经困难的国家财政雪上加霜。面对严重的财政困难，汉武帝走投无路，只好改革经济，采取一系列强有力的措施。说起汉武帝的经济改革，有一个人不能不提，这个人就是桑弘羊。

桑弘羊是洛阳一个大富商的儿子，13岁时就入宫做了侍中，此后一直待在汉武帝身边，参与谋划国家大事，而处理经济问题则是他的拿手好戏。

公元前120年，汉武帝任命盐商东郭咸阳和冶铁商孔仅二人为大农丞，总领全国的冶铁煮盐事务，并派桑弘羊协助二人共行理财之事。东郭咸阳、桑弘羊和孔仅三人经过一年的筹划，在公元前119年向汉武帝提出了盐铁官营的计划。根据这一计划，原来归少府主管的盐铁业划归大农令主管，并由国家垄断生产，严禁私家生产经营，违者除没收器具外，还要处以重刑。这一计划公布后，全国哗然，一些富商大贾公然站出来反对，许多朝臣也不支持。汉武帝不顾朝臣和富商大贾的反对，毅然批准了这一计划。结果政府的财政收入明显增加，效果显著，汉武帝非常高兴，于是提升了桑弘羊等人的职务。

紧接着，在公元前113年，桑弘羊又向汉武帝提出了币制改革的建议，汉武帝也欣然采纳。他下令取消郡国铸币的权力，禁止私人铸币，改由官府铸造，把铸币权收归中央，从而一扫私人铸币之风，币制改革大获成功。

黄釉陶仓　汉

井盐画像砖　汉

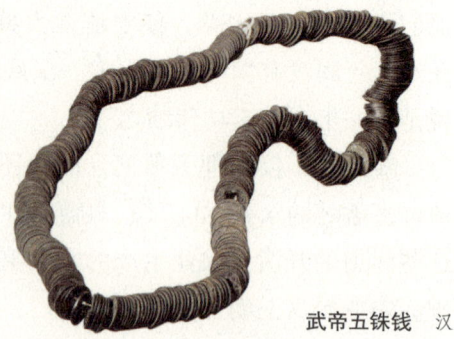

武帝五铢钱　汉

由于盐铁官营和币制改革的成功，国家的财政形势大为好转，汉武帝颇感欣慰，对桑弘羊的理财能力更加信任。桑弘羊也不负汉武帝重望，经过深入调查研究，反复思考，他又提出了均输和平准制度。所谓均输制度，就是在各郡国设立均输官，负责运输各郡国的贡纳物品。所谓平准制度，就是平抑市场物价，由大司农在京城设立平准官，将各地运到长安的货物，在京师市场上出售，利润上交国家。并且"贵则卖之，贱则买之"，平抑市场物价。这既保证了对京师百姓的供应，又打击了投机倒把的商人。

统一货币、盐铁官营和均输平准制度的实行，是桑弘羊改革经济、增加政府财政收入的得力举措。他在不过多地增加农民负担的情况下，满足了国家巨额的财政需求，确实为汉武帝立下了一大功劳，所以他一直受到汉武帝的信任和重用。公元前100年，桑弘羊被武帝任命为大司农。从此，桑弘羊为武帝理财十三年，充分发挥了他的理财能力，使西汉社会经济发展到一个鼎盛时期。

七、好大喜功

元鼎年间（公元前116～前111年），汉武帝的政治、军事、经济发展达到了顶峰。继大败匈奴之后，又开通了通往西域的道路，平定了两越、西南夷，大汉王朝开疆拓土，声威远播。随着盐铁官营、统一货币、均输平准等经济改革初见成效，国库又重新丰盈。此时的汉武帝可算得上功德卓著，恩泽四方了。

有些官员和儒生趁机讨好汉武帝，建议汉武帝进行改制封禅。汉武帝本来是个好大喜功、独裁专制的皇帝，对炫耀圣武、神化皇权的封神之事很是热衷。特别是汉武帝听说封禅是延年益寿、白日飞天的一个重要途径，就更增加了兴趣。元鼎四年（公元前113年）六月，在今山西河津南有一个叫锦的巫师，在祭祀土神时，挖出了一个大鼎。这只鼎与其他的鼎不同，上面刻有花纹，但无文字记载，地方官将此事上报朝廷。公卿大臣们都认为"宝鼎"出土,是上天显示祥瑞。武帝大喜,下令将宝鼎迎至甘泉宫。这时一些趋炎附势的官员纷纷上书恭贺道:"相传从前泰一帝造神鼎只造了一个。这'一'也就是大一统,象征着天下万物都统一于'一'。后来黄帝造宝鼎三个,象征天、地、人。再往后,禹收纳天下九州牧贡金,铸造了九鼎,象征着天下九州,并用它们烹煮牺牲,祭祀上帝鬼神。只要遇到圣明的君主在世,它们就

山东泰山风景

会出现。现在宝鼎在甘泉宫,光彩四射、变幻神奇。而且在迎回宝鼎时,天空还飘过黄白彩云,原野上有麋鹿奔来。这接连出现而又互相配合的祥瑞,都说明陛下与天地合德,是受命于天的帝王。"这番话说得武帝心花怒放、神采飞扬,更坚定泰山封禅报功的决心。

无字碑
此碑置于山东泰山玉皇殿大门西则,高6米,宽1.2米,厚0.9米,形制古朴,不著一字,故名。对此碑有两种说法:一说因秦始皇"焚书坑儒",故于碑上"一字不鐫";一说汉武帝登封泰山,为显示自己"受命于天"、"功德盖世"的超凡气概,立碑于古登封台前,史称"立石",即今无字碑,至今仍莫衷一是。

此后,汉武帝积极筹划泰山封禅事宜,时常与公卿、儒生博士们议论封禅的程序和礼仪。汉武帝按照古代先整兵耀武,再解散军队,然后才举行封禅的原则,在公元前110年颁布诏书:"南越、东瓯都已平定,而西蛮、北夷尚未平定。朕将置十二路将军,亲自掌握兵符,统帅这十二路大军巡视边陲。"于是亲率18万大军离京出巡,北到长城,东到大海,然后来到泰山脚下,准备进行泰山封禅活动。

泰山封禅是报功于天地的盛典,参加者都感到万分荣幸。司马迁的父亲太史令司马谈,因为被汉武帝留在了洛阳,竟然气得一病不起。他拉着儿子司马迁的手,痛哭流涕地说:"现在圣上承千岁之统,封禅泰山,这是

旷世盛典，而我却不能同行，这就是命啊！"

汉武帝来到泰山后，先在泰山脚下的小山梁父祭祀地神。祭祀过地神后，武帝命凡是担任侍中的儒生一律头戴皮帽，将笏板用丝带系于腰间，参加射牛仪式，并随武帝在泰山东坡祭天。

此后，汉武帝单独与侍中、奉车都尉等人一起登上泰山，再行祭天之礼。从山上下来后，又在泰山脚下东部的肃然山再祭地神。祭祀的时候，汉武帝身穿黄色衣服，在音乐的伴奏下，行叩拜之礼，并以江淮地区出产的三条脊棱灵茅献神，用五色土建造祭坛。祭坛上放满了从远方运来的美味佳肴和珍禽异兽。

龟凤纹铜薰炉　汉

一切仪式结束后，汉武帝改年号为元封元年，下令此次巡行的所到之处，历年所欠的田赋及今年应当交的税赋一律免除，赐天下有爵者人增一级，并规定从此以后，天子每五年举行一次大典，各诸侯国都要在泰山脚下建造馆舍。汉武帝的这次封禅奢侈豪华、极讲排场，充分显示了他好大喜功的个性。

汉武帝不仅好大喜功，而且在生活上穷奢极欲、挥霍无度。他不仅封禅泰山，而且还多次巡游全国，游历名山大川，见诸历史记载的就有二十多次。每次巡游，汉武帝随行的官员、军队多则十余万骑，沿途百姓供应粮蔬果品，修整道路、宫馆，郡国官员都要负责接送，负担沉重，这些都给各地百姓造成了严重的灾难。武帝好大喜功，每次出巡的时候，都要将各国使臣全部带上，遇到大都会或人口稠密的地方，都要大摆场面。每到一处，都要让宾客参观各地仓库中储存的物品，以示汉朝之强。为了表示汉王朝的博大胸怀，公元前121年，匈奴浑邪王来投降的时候，汉武帝下令边郡调集2万车辆前往迎接，因朝廷一时不可能有这么多的马匹，无法凑足，气得汉武帝要杀掉长安县令。

相传，汉武帝不仅喜欢大规模的外出巡游，而且还经常微服私访、游历民间。一次，他在终南山打猎，到处追逐飞禽走兽，结果践踏了大片农田。看到自己辛苦种植的禾苗被毁，田主破口大骂，并向官府报了案。地方官闻讯前来抓捕，才发现是当朝皇帝。又有一次，他外出私访时，夜宿客店，被店家怀疑是强盗，结果差点丢了性命。

四乳家常富贵镜　汉

汉武帝成年以后，他的后宫嫔妃之多，在历

史上是罕见的，据记载诸宫美人加起来有七八千之多。他可以三天不吃饭，但不能一天没有女人陪伴。为了满足自己奢侈腐化的生活，汉武帝大兴土木，修建了无数的宫室楼台。他在长安城内建起了建章宫、明光宫、柏梁台，在长安周围还建有长杨宫、五柞宫等六宫。为了便于巡游，汉武帝还在全国各地建造了许多行宫。

八、迷恋神仙方术

秦汉时期，阴阳五行、神仙方术之说盛行，成为社会普遍接受的信仰。汉武帝自幼受神巫文化的熏陶，对鬼神的存在深信不疑。他当了皇帝以后，君临天下，有着至高无上的权力和享受不尽的荣华富贵，可是无法左右自己生命的日渐衰老。为了能够使自己延年益寿、长生不老，汉武帝迷恋神仙方术，一生接触过无数的巫女和方士，却每每受骗上当，给后人留下许多可笑而又可悲的荒唐故事，但他仍深信不悔。

玉天马羽人 西汉

公元前121年，汉武帝宠幸的妃子李夫人得病身亡，汉武帝为此朝不食、夜不寐，非常怀念李夫人。齐地有个叫李少翁的方士，自称有招引鬼神的法术，可以引鬼魂与生人相见，来京求见汉武帝。这李少翁本来是一个少白头，可他却对武帝说自己已有200多岁。汉武帝见有如此奇人，喜出望外，便让李少翁请李夫人回来。李少翁于是要了李夫人的衣服，在一间很清静的屋子里，用今天投影的原理，在帷幕上投出了李夫人的幻影。汉武帝尽管没有能与李夫人言谈，但是毕竟在恍惚中看到了他朝思暮想的李夫人。汉武帝认为李少翁果然有法术，遂拜李少翁为文成将军。李少翁受到汉武帝宠爱，整日与他谈论神仙的事情，表示想要见见神仙。李少翁于是欺骗汉武帝说："陛下要想与神仙交往，就必须把宫室、被服等弄得如同神物。"武帝果真让人把宫殿的房顶、柱子、墙壁都画上五彩的云头、仙车，被服也绣上了这类东西，可是等了一年多，根本见不到神仙的踪影。李少翁见骗术要败露，于是又想了一招来欺骗汉武帝。一次，李少翁在陪同汉武帝去甘泉宫的途中，看到有人牵着一头牛，李少翁便指着牛对汉武帝说："陛下，这头牛肚子里有奇书。"汉武帝半信半疑，于是命人剥开牛肚子，果然在里面发现了一张帛书，上面写着一些让人无法看懂的隐语，汉武帝感到很奇怪，于是就放在手中细细端详。幸亏汉武帝还没有糊涂到无知的地步，经过辨认，发现是李少翁的笔迹。

东王公和西王母画像石　汉

汉武帝当即醒悟，明白是李少翁从中做了手脚，于是杀掉了李少翁。

汉武帝虽然让李少翁欺骗了一次，成为天下人的笑柄，但他对神仙方术的迷恋却并没有因此而停止。过了不久，又有一个叫栾大的方士求见汉武帝。他对汉武帝说："我从前在海里来往，碰到过仙人安期生，拜他为师，学到一些法术。我可以用法术点石成金、堵塞黄河、炼出长生不老之药。"对这样的鬼话，汉武帝竟然也相信了。他马上封栾大为五利将军、天士将军、地士将军和大通将军，京城中的侯王将相见汉武帝如此厚待栾大，也纷纷备下厚礼奉赠。但栾大似乎不稀罕这些官衔，于是汉武帝又加封其为乐通侯，并把公主下嫁给了他。可是过了一年多，栾大既没能堵塞河口，也没有能够炼出黄金，汉武帝这才明白自己又受骗了。

但是汉武帝迷恋神仙鬼怪的悲剧并没有到此结束，接着又发生了"巫蛊之祸"。巫蛊，是古代的一种迷信活动，是指巫师使用巫术诅咒转而嫁祸于人。

公元前92年的一天黄昏，汉武帝正在宫中闭目养神。朦胧之间，看见一身穿黑衣的魁梧男子，手提利剑，闯入宫中，即要行刺。武帝急忙起身高喊："有刺客！快快拿下！"宫中侍卫闻声而至，却未见任何踪影。侍奉在汉武帝身边的几名宫女也根本没有看到刺客，她们心里明白，是老皇帝神情恍惚中的梦境，可是谁也不敢说出真相。汉武帝却不肯罢休，在宫中和京城接连搜寻了十一天，毫无结果。武帝暗想："我明明看到了刺客入宫，却为什么查不到呢？难道是鬼神作怪？"

恰在这时，卫皇后的外甥公孙敬声倚恃与汉武帝的特殊关系盗用军费1900万钱，事发后被捕入狱。当时官府正在追捕一名游侠朱安世，公孙贺便上书汉武帝，请求让公孙敬声捕拿朱安世以赎罪。可是未曾料想，朱安世在狱中上书汉武帝，揭发公孙敬声与汉武帝的女儿阳石公主私通，并在汉武帝经过的甘泉宫埋下木偶人诅咒汉武帝。汉武帝查实以后大怒，将公孙贺父子处死并灭门九族，卫皇后的两个女儿诸邑公主和阳石公主也被杀。

粉彩双层长方形漆奁盒　汉

自从公孙贺父子巫蛊案发后，

从宫中、朝廷直至民间，掀起了一股揭发巫蛊之风。一些酷吏乘机兴风作浪，江充便是其中一人。这江充原是赵敬肃王的门客，有一个妹妹嫁给了赵太子丹，但是后来江充却得罪了太子丹，便逃到长安，告发太子丹的隐私，得到汉武帝的信任。江充因此被任命为绣衣使者，负责督察京城及周围地区的社会治安。有一次，江充发现皇太子的家臣驾车行使在皇帝的专用车道上，便当场扣下了他们的车马。皇太子刘据派人向他求情，江充不理，由此与太子交恶。

双龙穿璧图　汉

死后成仙是每个富人贵人的愿望，这种观念也浸透在墓葬文化中。这是长沙马王堆汉墓中木棺的彩绘图案，色彩对比鲜明，双龙姿态遒劲，从玉璧中盘桓而出，该图案充分表现出古人对龙的崇拜，同时也昭示了当时人们对神仙世界的一种向往。

巫蛊事起之后，汉武帝便命江充搜查巫蛊，江充自认为得罪太子，害怕将来太子报复，于是就利用搜查巫蛊的机会来陷害太子。他先向汉武帝报告说宫中有蛊气，然后从不得宠的妃子、夫人宫中搜起，一直搜到卫皇后宫中，据说果然在太子宫中找到了木偶人。皇太子刘据得知后，十分恐惧，害怕无法辩白，于是先发制人，发兵叛乱，结果失败。卫皇后在宫中自杀，皇太子刘据逃到湖县后，由于官兵追捕，也被迫自杀。

九、汉武帝之死

汉武帝迷恋神仙方术，巡游无度，奢侈腐化，不仅浪费了大量人力物力，增加了人民负担，而且上行下效，使整个统治集团日趋腐化。广大农民穷困破产、无以为生，流亡农民越来越多，终于导致天下大乱。公元前99年，农民起义此起彼伏，遍及大江南北、黄河上下，汉武帝急忙调集军队，经过血腥镇压，终于遏制住了农民起义的浪潮。

太子被杀，出兵匈奴又几乎全军覆没，所有这些挫折，使汉武帝不得不冷静地思考自己的所作所为。因此，晚年汉武帝的思想常常处于忏悔的状态之中。公元前89年，汉武帝

长乐未央瓦当　汉

汉武帝茂陵　汉

绿釉孔雀九枝灯　汉

再一次封禅泰山之后，对随行的官员说："朕自即位以来，所作所为狂悖，使天下愁苦，追悔莫及。从现在起，凡是有伤害百姓、浪费天下财物的事情，一律停止。"大臣田千秋趁机进言说："方士们论神仙之事很多，但都无法验证，请陛下停止求仙一类的事情。"武帝同意了，把所有靠装神弄鬼混饭吃的方士都给罢免了。

公元前89年，汉武帝任命田千秋为丞相，并封为"富民侯"，以表自己"思富养民"之意。当桑弘羊提出募民轮台（今新疆轮台）屯田时，汉武帝下诏拒绝，并陈述了自己以前频繁征伐的悔过之情，表示从今以后"务在禁苛暴，止擅赋，力本农"，也就是严厉禁止各级官吏的残暴行为，禁止官府擅自征收赋税。这就是历史上有名的"轮台罪己诏"。

公元前88年，又发生了马何罗谋逆事件，虽然这次事件没有成功，但自此汉武帝心绪不宁，身体愈发不好，他预感到自己可能将不久于人世。于是，在后元二年（公元前87年）二月十二日，汉武帝颁布诏书，立8岁的皇子弗陵为皇太子。

二月十四日，汉武帝驾崩，终年71岁，葬于陕西茂陵。功过是非，留与后人评说。

新帝王莽

　　新帝名叫王莽，是王曼之子，是汉元帝皇后王政君之侄，新朝的唯一皇帝。他为人虚伪狡诈、阴险毒辣，但又很有谋略，他篡汉自立，建立新朝，托古改制，却倒行逆施，祸国殃民，最后天下大乱，他也被起义军杀死，连尸骨都不得存留。短命的新朝也只有他这一位皇帝，就灭亡了。

一、外戚入宫，谦恭得权

王莽，字巨君，魏郡元城人（河北大名县东），生于汉元帝初元四年（公元前45年）。

王莽的先人，乃是战国时期齐国的贵族田氏，后来秦始皇灭六国，统一天下，田氏就衰落了。秦朝灭亡时，他的先祖田安被项羽封为济北王，由于齐国已经灭亡，田安就将田氏改为王氏。到了汉朝，王氏日益衰落，仅有一个叫王贺的做过几天绣衣御史。王贺的儿子王禁，妻妾众多，生有8子4女。其中嫡女王政君因貌美被送进宫，后来为汉元帝刘奭生下长子刘骜，而被封为皇后。王家成了皇亲国戚，从此就发迹了。王家8子中，长子王凤官至大司马，次子王曼早亡未得封赏，其他兄弟都官至高位。而王莽，正是早亡的王曼的次子。

王莽生得很丑，班固的《汉书》记载，他"侈口蹷颐，露眼赤精，大声而嘶，才七尺五寸"。也就是说王莽身高1米73，长着大嘴短下巴，两眼突出似金鱼眼，嗓门也大，声音嘶哑。虽然有些夸张，不过也可见他的长相实在难看。王莽能从王家脱颖而出，靠的是他的行动。

竟宁元年（公元前33年），汉元帝病逝，刘骜继位为汉成帝，王政君被封为皇太后，王家的显赫达到了顶峰。虽然王家因王政君而发迹，可是王莽一家却因为父亲与哥哥都早死，备受家族的冷落。此时，年仅13岁的王莽与寡母相依为命，生活清贫，根本无法与那些飞黄腾达的堂兄弟们相比。不过他并不沮丧，而是精心照顾寡居的母亲和兄长的遗孀，细心教导年幼的侄子。他自己也努力结交贤士，拜当时著名的学者陈参为师，勤奋学习。当他的那些堂兄弟、表兄弟们声色犬马度日时，王莽已经成为一个洁身自好、待人谦恭的文雅儒士。他对家族中那些掌权的伯父、叔父们也十分恭敬孝顺。王莽的这些行动，赢得了人们的广泛赞誉，这些都为他日后的政治生涯打下了良好的基础。

汉成帝阳朔三年（公元前22年），王莽的大伯父、独掌朝政大权的王凤一病不起。王莽这个侄子在王凤的床前侍奉，端汤递药，殷勤照顾。王凤病了好几个月，王莽就没有离

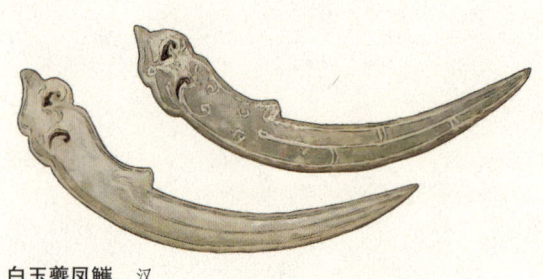

白玉夔凤觽 汉

开过，日日衣不解带地照料他，比他的儿子们还要孝顺。王凤对此十分感动，他临终前，嘱托王太后和外甥汉成帝关照王莽，二人都答应了。这样24岁的王莽才走上了仕途。

王莽的第一个职务是黄门郎，虽然官位比较低，但能跟在皇帝身边，升迁的机会自然比较多。王莽做官后一如既往地谦虚谨慎，清廉俭朴，他很快就站稳了脚跟。王家8子中的第五子王商，此时官至大司马，他也很欣赏王莽，认为这是一个可造之才，就向汉成帝上书，表示愿意将自己的封地分一部分给王莽，实际上就是想皇帝给王莽封侯。而王莽平日的表现也得到了朝中不少名臣的赞誉，他们也纷纷向皇上进言赞扬王莽。于是，在永始元年（公元前16年）五月，王莽被封为新都侯，封地为南阳郡新野的都乡，食邑有1500户，同时他还被提拔为骑都尉、光禄大夫、侍中。这样，30岁的王莽位极人臣，进入了朝廷的权力中心，他的政治生涯向前跨出了一大步。

持镜女陶俑　汉

王莽成为朝中重臣之后，并没有得意忘形，他仍然礼贤下士、谦恭自律，这样王莽的人气更旺了，他也赢得了更多的机会。公元前8年，王家8子中的第七子，大司马大将军王根病重请辞，正在物色新的接班人。而王莽就从终日声色犬马的王家子弟中脱颖而出，进入了王根的视野。不过这次王莽有一个强有力的竞争对手，叫淳于长。淳于长是王太后的姐姐王君侠之子，是王莽的亲表兄弟。成帝的宠妃赵飞燕能当上皇后，淳于长出了不少力。是他向王太后进言册立赵氏为后，说这样不会威胁到王家的专政。赵飞燕当上皇后，为了感谢他，就怂恿成帝赐他关内侯，后又封为定陵侯，这样淳于长的官位和权势比王莽还大。不过王莽是个很有心计的人，他一面在叔父王根的病榻前殷勤照顾，赢得了王根的好感，一面派人收集淳于长为恶的证据。淳于长也确实劣迹斑斑，他不仅做了高官后就骄横跋扈，而且与汉成帝废

赵飞燕歌舞图
赵飞燕是汉成帝的第二位皇后，汉成帝死后，她在王家的逼迫下自杀。

后许氏的姐姐许孊私通,还娶其为妾。许皇后通过贿赂他,求得成帝恢复她婕妤的身份。淳于长帮许后达成了此事后,居功自傲,竟然觊觎许后的美貌,经常调戏她。王莽将淳于长的这些丑事都上奏给成帝,结果成帝震怒,以大逆之罪处死了淳于长。这样,王莽就顺利得到了大司马的位置,这一年,他38岁。

二、党同伐异,篡汉立新

王莽能有今天,全是他克己修德,用行动赢来的。所以,他当上了一人之下、万人之上的大司马,不仅没有飞扬跋扈,甚至还比以前更严格要求自己。他得到的赏赐和俸禄都用来礼遇贤良,而自己却更加节俭。王莽的夫人接待公卿贵族的眷属时,竟然穿着普通的布衣,被人误认为奴婢。不过这次王莽的苦心还没见成效,就被赶下了台。

绥和二年(公元前7年),纵欲过度的汉成帝暴毙,因无子,就由定陶王刘欣继位,即汉哀帝。哀帝乃是汉元帝的孙子,元帝的宠妃傅昭仪是他的祖母,他的皇后是傅昭仪的从弟之女。哀帝上台后,他的外戚祖母傅家和母亲丁家就与王氏争权。哀帝也痛恨王氏专权,就对他们进行打压。这样王莽不得不辞职隐退,回到封地新野。不过王氏专权近30年,势力极大,哀帝也无法彻底剪除,太皇太后王政君也只是退隐后宫,暂不理事。也正是因为她的地位稳固,才给了王莽重回朝廷的机会。

王莽回到新野后,并没有灰心,继续结交贤士,勤俭自律,以便博取声望,伺机再起。在这期间,王莽一直关注朝廷动向,寻找回京的机会。他的次子王获误杀了一个家奴,这居然让王莽看到了机会。他狠心地逼儿子自杀为奴婢偿命,以此来博取民心。果然,此事经过王莽党羽的宣传,震惊朝野。许多大臣有感于王莽的正义无私,上书哀帝,为他请命。

元寿元年(公元前2年),在众臣的呼吁下,王莽以给太皇太后侍疾之名,重回了长安。一年后,哀帝病逝,无子。临终前,他将大权及玺绶都交给自己的男宠、大司马董贤。可董贤无能,哀帝一死他什么也不会做。结果71岁的老太皇太后王政君再次扬威,她从董贤手中夺得传国玉玺,又逼得董贤自杀,然后将汉王朝的军政大权都交给了王莽,自己

辟邪双兽

退居幕后摄政。这样，45岁的王莽走上了专政之路。

王莽在董贤死后就重新当了大司马，由于长期以来积累的声望，他得到了许多朝中大臣的支持，这样，王莽很快就牢牢掌握了朝政大权。因为哀帝无子嗣，汉元帝的孙子、中山王刘兴的儿子刘箕子与他血缘最近，就继承了皇位。刘箕子继位时，改名刘衍，即汉平帝。刘衍8岁称帝，年幼体弱，自然是王莽专权最理想的傀儡皇帝。王莽为了达到长期专权的目的，他不准平帝的母亲卫氏等人入京，从而彻底孤立了小皇帝。他对其他的外戚也不放过。汉成帝的皇后赵飞燕曾残酷杀害皇子，以致成帝无嗣；而哀帝的皇后傅氏骄奢跋扈，行径恶劣。王莽以此为由，逼得她们自杀，然后又将丁氏、傅氏两家外戚赶出了京城。这样，王莽彻底掌控了大权，朝中都是他的党羽，他从此再无敌手。

白玉舞女片饰　汉

王莽的野心也不再掩饰，他开始不断地要求太皇太后赐给自己尊贵的封号。元始元年（公元1年），王莽被封为"安汉公"。为了使自己的地位更稳固，元始三年（公元3年），王莽逼使12岁的平帝刘衍娶了自己15岁的女儿为皇后。王莽有了国丈的身份，自然更加尊贵，他又想要更高的尊号，为自己篡权奠定基础。公元4年，王莽获得了"宰衡"的封号，位居所有诸侯王公之上，他还命御史为自己刻了一枚"宰衡太傅大司马"的印章以显示尊荣。

王莽的野心越来越大，篡位的企图也更加明显，这些都引起了逐渐长大的傀儡皇帝刘衍的不满。王莽察觉了平帝的不满，就对他动了杀心。公元5年腊月，王莽毒死了年仅14岁的小皇帝刘衍。王莽本打算篡汉自立，但感觉时机还不成熟，就决定再立一个傀儡皇帝。于是，他拥立了2岁的孺子婴为太子，自称"摄皇帝"，代太子处理朝政，他的排场仪仗与皇帝无异。此时，王莽的野心已经路人皆知。不过他羽翼已丰，年迈的太皇太后王政君也拿他没办法了。

从居摄元年（公元6年）起，东郡太守翟义、长安人赵明等先后起兵反莽，但都被王莽镇压下去了。到了居摄三年（公元8年），王莽觉得改朝换代的时机已经成熟，就决定代汉自立。

王莽为了让自己称帝名正言顺，费尽了心思。他先将居摄三年改为初始元年，以便去掉"摄皇帝"的"摄"字。接着他又认为，要想让天下人认同自己称帝是天命所归，就需要有符命。所谓"符命"，就是编造的"天符之命"，或者"圣王受命之符"。于是，各地的政治投机分子纷纷制造符瑞来讨好王莽。其中梓潼县有一个无赖叫哀章,他伪造了两个铜匮,一个刻上"天帝行玺金匮图",一个刻上"赤帝行玺某传予黄帝金策书"。这个"赤帝某"就是指斩蛇起义的汉高帝刘邦,而"黄帝"就是指王莽,意思就是天帝和汉高帝刘邦传位给王莽。哀章将这两个铜匮献给王莽,王莽如获至宝,于是光明正大地逼 5 岁的孺子婴禅位给自己,宣布代汉自立。由此,54 岁的王莽终于登上了皇帝的宝座,他改国号为"新",尊年迈的汉室太皇太后王政君为"新室文母太皇太后",还改长安为常安。

错金银马雕　汉

三、托古改制,新政迭出

王莽于始建国元年(公元 9 年)元旦正式称帝,他封妻子王氏为皇后。王莽本有 4 个儿子,长子王宇因反对他篡汉被他逼死,次子王获因误杀奴婢也被他逼死,三子王安受了刺激,神志不清,他只好立四子王临为太子。对孺子婴,王莽既不敢杀又不敢放,怕他被有心人利用来推翻自己的政权。于是王莽就封孺子婴为安定公,将大鸿胪府改为定安公府,把这个 5 岁的小孩子囚禁在里面,不准任何人与他说话或接触,这样囚禁了 15 年,将他活生生地摧残成一个白痴。

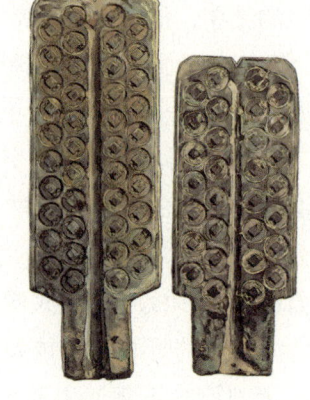

上林三官铜钱范　汉

王莽称帝时,自西汉中期就积聚起来的社会危机已经非常严重了。为了缓和社会矛盾,巩固新朝统治,他依托《周礼》来进行"复古"改制,称之为"新政"。新政的内容有很多,包括了政体的各个方面。其中最重要的就是"王田令"和"私属令"。

"王田令"参考了夏商周三代的井田制模式,称天下的土地都是王田,不准自由买卖,朝廷按人口来分配土地,其标准是"一夫一妇田百亩,什一而税",任何人都不得多占。这个王田制,其实就是均田制,王莽想以此来解决土地兼并和贫富分化问题,从而缓和阶级矛盾。不过这个改革必然会损害豪强贵族们的利

铸币铜母范　新莽

益，激起他们的强烈反对。同时，农民们被束缚在"王田"里，生产积极性也没有了。在举国上下的一片反对声浪中，王莽不得不下诏废除了"王田令"。

"私属令"是把所有的奴婢都更名为"私属"，严禁买卖，违者严惩。这个政令的目的是为了抑制奴婢增多，但同样也损害了贵族官僚地主们的利益，遭到了他们的激烈反对。而各级官员们打着"新政"的旗号，搜刮民脂民膏，百姓的日子就更加困苦，社会矛盾更加激化。

铜牛灯　汉

除了这两项新政，王莽又仿照《周礼》颁布了"五均""赊贷"和"六管"。所谓"五均"，就是工商业经营和物价都归政府统管。所谓"赊贷"就是发放贷款，百姓遇到丧葬、祭祀或经营方面的困难，都可以得到政府的低息或无息贷款。所谓"六管"，就是国家专管六项经济事务，"五均赊贷"为一项，它与国家专营盐、铁、酒、铸钱，征收山泽生产税等，并称为六项。这几项改革表面上看都是造福百姓，其实不过是换个敛财方式而已。负责执行这些政策的都是豪强巨贾，他们互相勾结，鱼肉百姓，引得民怨沸腾。

王莽还对官僚制度进行了改革，他中和了上古官制和汉代官制，制成了新朝的官僚制度，不过这一改革也没有什么作用。他还对货币进行了4次改革。货币品种多，重量与币值关系又不合理，结果越改越乱，造成严重的经济混乱。地主官僚利用币制敛财，以致"民涕泣于市道"，"愁苦死者什六七"，人民生活更加困苦。

四、危机四伏，黔驴技穷

王莽的新政遭到了上至贵族地主，下至黎民百姓的强烈反对。这样，王莽的新朝危机四伏，贫苦的百姓走投无路，只好起义造反。而王莽还没顾得上平息国内的叛乱，又与边境的匈奴发生激战。匈奴单于不满新朝统治，大举入侵，其他各少数民族也纷纷举兵反对王莽。这样国内、边境乱成一团。

就在王莽的政权摇摇欲坠之时，统治集团内部也乱了起来。他手下的权臣王舜、甄丰和刘歆等人都想趁机夺位。结果让王莽察觉，他大怒之下，将这些人全部杀死，连子孙都屠戮干净。经过此事，王莽再也不相信自己的手下，整天疑神疑鬼，看谁都不顺眼。没想到王莽正防备朝臣，自己的后院也起火了。王莽的孙子王宗企图取代爷爷，自己做皇帝，他正在与舅舅吕宽等人密谋此事，不想事情泄露，

四神瓦当　汉

王宗畏罪自杀。王莽气得快死，将儿孙们都赶走，亲人也不敢相信了。地皇三年（公元22年），王莽的皇后病危，将皇太子王临召回京城。结果王莽疑心太子不轨，将太子也赐死了。王莽就这样逐渐成了孤家寡人，他众叛亲离，新朝也四面楚歌了。

王莽面对内忧外患，实在不知如何才能拯救自己，他已经黔驴技穷了，所做的救亡措施都成了后人的笑柄。一次，有个郎官上疏，说要天下太平，必须立"民母"，还说黄帝就是娶了120个民女成仙的。王莽似乎抓住了救命稻草，马上派人四处采选淑女。又有一个手下见他如此害怕，就献计说："当年黄帝曾建华盖而成仙。"王莽于是命人建起九重的巨大华盖，将这作为自己成仙的车。每次外出，他都让这辆仙车在前面开路，还让拉车的300壮士齐声高呼："登仙！登仙！"还有人向他进言，说依古制，国家有难时，要用哭来向上天求救。王莽就真的带着文武百官到长安郊外哭天。也许是王莽心情太压抑，总算找到了宣泄口，他痛哭不止，竟然哭晕过去了。为了壮大哭天的声势，王莽还号召百姓和太学生们都去哭，并免费提供饭食。哭得伤悲的，就授予郎官一职。结果，短短几天，就有5000多人当上了郎官。

地皇四年（公元23年），绿林起义军拥立汉室子弟刘玄称帝，年号定为"更始"，

七牛虎耳铜贮贝器　汉

刘玄就是更始帝。王莽就更加惶惶不安了，为了掩饰自己的惊慌，王莽娶杜陵史家女为皇后，并举行了盛大的婚礼。为了显示自己春秋鼎盛，王莽还染黑了胡须做新郎。不过这些都丝毫不能挽救他败亡的命运。这年六月，王莽军与绿林军在昆阳（今河南叶县）交战，王莽军全军覆没。十月，绿林军攻入长安，火烧未央宫。王莽被响应起义的商人杜吴杀死，又被起义军乱刃分尸，尸骨无存。

王莽54岁称帝，建立新朝，在位14年，终年68岁。他死后，新朝也就此结束。王莽篡汉自立，他托古改制，不但没有缓解西汉末年的社会危机，反而激化了社会矛盾，义军四起。而他自己也落得粉身碎骨，还成了后人的笑柄。

汉光武帝刘秀

光武帝刘秀出身于西汉末年的豪强地主家庭，早年参加绿林军，经过南征北战，推翻了王莽政权，统一了全国，建立了东汉王朝，是我国历史上著名的封建皇帝之一。

一、出身稼穑，志在天下

汉哀帝建平元年（公元前6年）的一个深夜，济阳县令刘钦家里忙忙碌碌，其妻樊氏又喜添贵子。当时正值县里传出一个吉祥的消息，说某地生长出一棵"嘉禾"，一茎上长九个谷穗。刘钦便将儿子命名为"秀"，意思是特别优异。刘钦一共有三个儿子，长子刘縯，次子刘仲，刘秀是幼子。

少年时期的刘秀性情谦虚，胸无大志。他的兄长刘縯喜欢结交天下豪杰，对王莽篡夺汉室十分不满，想以自己的力量去匡复汉室。他见弟弟总是老样子，心忧如焚。

有一天，刘秀在地里锄草，刘縯率领宗室兄弟与宾客侠士，忽啦啦围过来。刘縯指着刘秀，问众人说："我小弟刘秀喜欢耕作，能够喂饱一个人的肚子，跟汉高祖刘邦的哥哥刘仲不是很像吗？"众人哗然大笑。刘縯又说："诸位如果能成大事，不要忘了提携一下我的小弟。"众人七嘴八舌，都在嘲讽他。刘秀脸涨得通红，顿时醒悟："天下大乱，从事耕作不是长久之计。"于是，他用脚一踏禾苗，扔了锄头，愤然变色说："大丈夫生长于天地间，你们能够建功立业，我亦能名载史册。"

公元22年，南阳发生大灾荒，刘縯的宾客拦路抢劫，牵涉到刘秀，为躲避官司，刘秀来到他的姐夫邓晨家。在新野，他听说阴家有个女儿，叫阴丽华，为新野第一美女，因此在和朋友谈及将来的

光武帝涉水图　明　仇英

理想时，刘秀想起了在长安见到的皇帝出巡时，在前面为皇帝开路中的二千石官执金吾的威风，也十分向往阴丽华的美色，便说了句："做官要做执金吾，娶妻当娶阴丽华。"

二、舂陵起兵

公元 17 年，琅邪海曲吕母首先举起反对王莽的义旗。王莽，字巨君，是汉元帝皇后的侄儿，官拜大司马，总揽朝政。公元 9 年，王莽废掉汉帝，改国号新，自己做了皇帝。在他统治期间，苛捐杂税繁多，以致民不聊生，到处都爆发农民起义。当时最著名的起义军有赤眉、绿林两支。

大泉五十陶范　新莽
此为王莽新朝的陶范。

早在新野的时候，刘秀和姐夫邓晨经常贩卖粮食到宛（今河南南阳）。在宛地，刘秀结识了当地大商人也是宛地大姓的李通。李通的父亲李守，是王莽新朝的官吏，李守懂星历，喜欢谶记。他看到由于王莽的倒行逆施，使民怨沸腾，农民起义此起彼伏，一些豪强地主也兴兵自保，感到刘朝统治不可能长久，作为皇族众多的南阳，很可能出现一个重兴汉王室的刘氏，作为宛地大姓的李氏，应当起来辅佐刘氏，做乱世英雄，成复国元勋。因此，他便以"刘氏当兴，李氏为辅"的八字谶文，让儿子李通结交刘氏起事。

新莽地皇三年（公元 22 年）十月，当绿林军的新市、平林军北进南阳后，刘秀在李通的怂恿下，和其兄一起在宛地兴兵，响应绿林军，自号"舂陵兵"。起初，南阳豪强们对起事反莽持半信半疑的态度，但当他们见到平日里小心谨慎的刘秀也加入起义军时，便说："连刘秀都参加了，我们还有什么可怕的呢？"众人也都参加了进来，使舂陵兵起事时就有了七八千人。

刘縯、刘秀起事后，深知以自己的力量不可能与王莽相抗衡，更别说恢复汉室。因此，他们便派人和新市、平林兵联系，使三支队伍联合到了一起，他们共同打长聚，攻唐子乡，智取湖阳（今河南唐河）。但占领湖阳后，军中因分财不均而发生内讧。刘秀马上出面，令刘氏子弟拿出自己所分得的财物，全部送给平林、新市军的士卒，从而平息了这场内讧。这件事，不仅显露出刘秀出色的组织才能，而且显示出他的智慧和远见，也使农民军对刘秀的大度而感到钦佩。

攻取湖阳后，大军又攻占了棘阳（今河南新野）。在棘阳，刘縯、刘秀与在宛县起事失败后逃亡的李通、邓晨等会见后才知道，李通起事失败后，全家被害，

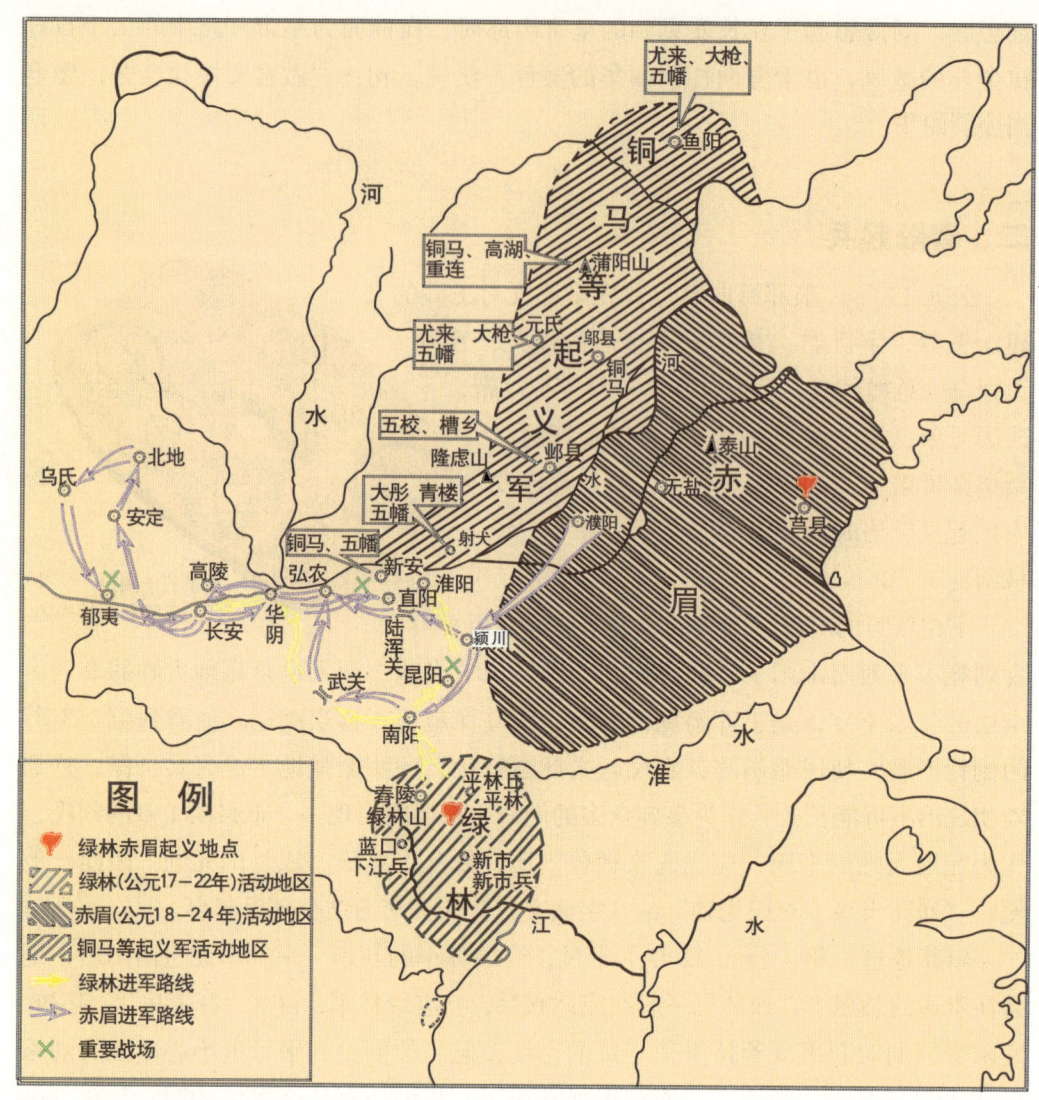

绿林、赤眉、铜马起义示意图

李氏一门宗族被害64人，并在宛市焚尸示众。李通一家的被害、王莽新朝的暴行，激起了农民军的义愤，当即决定攻打宛县，为李通报仇。在进攻宛县时，起义军与在宛县南三十多里的小长安聚和王莽军队不期而遇。由于起义军缺乏心理准备，加上当时又是浓雾遮天，仓促应战的起义军大败而退。刘秀单骑突围，半路上，遇到正在逃命的妹妹刘伯姬，便与她共乘一骑，没跑多远，又碰到姐姐、邓晨的妻子刘元也在拖着三个失魂落魄的女儿逃命，刘秀急忙停下，大叫："快点上马！"刘元见马上已是两个人了，不可能再骑上四个人，便说："你走吧，追兵马上赶来了，一匹马不可能救那么多的人，不要因我们而一齐遇难，只要你能早建大功就行了！"

刘秀不忍丢下姐姐和三个小外甥女,刘元再一次催刘秀快逃,她说:"快点跑吧,就算是忘掉了我们,就当我们已经死了,只要你能逃出去,我们就放心了!"刘秀强忍悲痛,策马而去,刘元和三个女儿都被王莽军杀死。在这次战斗中,刘秀的二哥刘仲也遇害身亡。

进攻宛县的失利,使起义军不得不死守棘阳。不久,王常所领导的下江兵赶到棘阳,使起义军实力大增。十二月,在一个寒冷的夜晚,刘縯、刘秀指挥的起义军偷袭了王莽军队存放粮食辎重的兰乡(今河南泌阳),夺取了王莽军的全部辎重。第二年正月,在王莽军惊魂未定之际,一举消灭敌人2万余人,王莽军两名主帅也在战斗中丧生。刘縯、刘秀率军乘胜追击,在阳(今河南南阳)城下,以破釜沉舟的决心和王莽军又进行了一场恶战,斩敌3000余人,使起义军逼近宛城。刘縯所

彩绘立射陶俑　汉

指挥的这一系列胜利,使王莽又惊又怒,立即悬赏捉拿刘縯,赏赐捉到刘縯者食邑五万户,赏黄金十万斤,封上公,并命官署和全国乡亭在衙门旁画上刘縯的画像,每天早上命令士兵用箭射它。

起义军的节节胜利,使各路起义军决定建立自己统一的政权组织。新莽地皇四年(公元23年)二月,各路起义军在阳协议推举刘秀族兄刘玄为帝。因刘玄曾担任平林军的更始将军,所以称为更始帝,建元为更始元年。农民军领袖王匡被封为定国上公,王凤被封为成国上公,刘縯为大司徒,刘秀仅任太常偏将军。五月,刘縯率领大军攻克宛城,六月,刘玄进入宛城,以宛为首都,建立起较为完整的政权组织。

三、昆阳大战

在刘縯进攻宛县的同时,王凤、王常和刘秀也率2万多起义军向颍川(今河南禹县)、洛阳进军,新莽地皇四年三月攻克了昆阳(今河南叶县)、定陵(今河南舞阳)和郾城(今河南郾城)。更始政权的建立和连连胜利,使王莽非常恐慌,特别是农民军占领昆阳,对王莽威胁最大,因为昆阳是南阳盆地的一个重要门户,占据了昆阳,向西可攻洛阳,向东可长驱直入黄淮平原。所以王莽决定孤注一掷,调集全国精兵40余万,号称百万,和农民军决一死战。

面对百万王莽军,农民军退守昆阳,许多将领心生畏惧。大家都想分散突围,

弃城而逃。在这关键时刻,刘秀站出来对诸将说:"如今确实是我军人少,粮食又不足,而王莽军队又有上百万之多。但如果我们齐心合力抗击敌人,胜利的可能性还是有的。可如果分散兵力,必败无疑,况且现在义军大部分都在进攻宛城,不可能分兵支援我们,一旦昆阳失守,不到一天,其他各部包括攻宛城的军队也将灭亡。今天我们不能同心同德、共图大事以成功名,难道要守着自己的老婆、孩子和财富吗?只怕到那时连性命也保不住了!"刘秀越说越激动,一时忘记了自己在义军中仅是一个太常偏将军。同时,听了刘秀这番话,一部分主张分散突围的将领认为刘秀在讥笑自己只会守着老婆、孩子和财富,是鼠目寸光之徒。他们气愤地说:"你有什么胆略,竟然来指责我们。南阳士大夫都说刘氏兄弟文武全才,今日怎么没见你有什么良策?"一时营帐里的气氛陡然紧张起来。面对这些纷纷责问自己的众将领,刘秀没有去反驳,而是诚恳地说:"我愿意让士兵们去送死吗?我也不愿意。但退一步讲,现在王莽的军队已经兵临城下,如果发现我们撤走,能不追击吗?用不了一天,我们都得死在敌人的刀下。"听了刘秀的话,一度紧张的气氛开始慢慢缓和下去,将领们开始认真思考刘秀的话是否有道理。这时,王常也说:"弃了昆阳,不但保不住妻子儿女,也保不住自己的性命。大敌当前,

彩绘兵马俑　　汉
1965年陕西咸阳杨家湾长陵陪葬墓出土。该陪葬墓共出土彩绘兵马陶俑2500余件,包括步兵俑1800多件、骑兵俑580多件和战车模型。它模拟当时军阵的真实情况,反映了当时军队正由车骑并用向以步兵为主力的转化。

只有同心合力,才能战胜王莽的军队。"正在讨论的时候,有人来报,新朝大军已经到了城北门,诸将面面相觑,却没有了主意。刘秀说:"现在城里只有八九千兵力,出城与王莽军队决战是行不通的,昆阳城池坚固,易守难攻,只要我

持戟青铜骑士俑出行仪仗　汉

们拼死抵抗,便可以与王莽军队相较量。只是我们没有粮草,恐怕坚持不了多久,最多能顶住一个月。当务之急,是派人到郾城、定陵一带召集援兵,然后里外夹击,破敌解围才有希望。"大家都同意刘秀的意见,最后决定由王凤、王常率主力坚守昆阳,消耗、牵制王莽军队,刘秀率十二骑突围去定陵、郾城,调集救兵。

刘秀等十三骑在千军万马中,杀出一条血路,突围到了定陵。定陵守将急忙把疲惫不堪的刘秀一行迎进府内,欲设宴款待。刘秀说:"不必了,只要填饱肚子就行。现在王莽40万大军围困昆阳,昆阳危在旦夕,我们要将全部诸营兵马,发往解救。"当时,定陵城中还有起义军缴获的财物没有运走,定陵守将请求分一部兵力把守定陵。刘秀愤怒地说:"不行。王寻、王邑率大军前来,兵多将广,我们必须全力以赴,才有胜利的希望。这次若破了新军,大功告成,财富珍宝,岂止是这里的一万倍?如果这次被新军打败了,昆阳守不住,定陵、郾城也要陷入王莽军队手中,到时候我们连脑袋都保不住,守住这些财物又有什么用?"守将恍然大悟,说:"愿意听将军号令。"刘秀又到郾城,集中定陵、郾城两处近万人的兵力,向昆阳奔去。大军行动缓慢,刘秀自己做先锋,率领一千骑兵,冲在前面。

当时,王莽军队中为首的将领王寻、王邑正在加紧进攻昆阳,见刘秀兵少,想杀他个下马威,派几千骑兵与刘秀对阵。刘秀想:"这是一场硬仗,要以少胜多、制服强敌,必须激起将士们的勇气。"于是他一马当先,闯入新军骑兵阵中,左砍右劈,杀敌几十人。

起义军将士见刘秀奋勇冲杀,非常惊讶地说:"刘将军平时见小敌怯阵,今见大敌,反而勇猛异常。小敌容易立功,大敌几乎可以丧命。刘将军为人仁厚、大智大勇,请大家帮助刘将军。"于是各路将士都勇敢冲上去,新军哪里抵挡得住,纷纷逃窜而去。

这时,王寻、王邑怕乱了整个军营,下令向后退却,许多将士向刘秀请战,就

这样杀进去，或者救出昆阳城内的弟兄，或者同他们会合，共同防守。刘秀果断地否定这两种建议，他说："吸引住新军，有利于宛城主力攻克宛城，我们要设法冲破王莽军队的防线，并消灭他们。"为了鼓舞士气、扰乱新军人心，刘秀特意放出宛城已被起义军攻克的消息。同时分析双方形势，利用起义军打了胜仗的气势，决心采用迂回战术。他组织三千敢死队，令大队做好准备，佯装进攻，掩护敢死队突袭新军大营。敢死队一旦成功，大队立即发动进攻。

刘秀亲自率三千敢死队，直扑新军大营。将士个个英勇，杀得新军狼狈逃窜，新军主帅王寻被当场杀死，王邑急忙退回大营。

刘秀在昆阳城外打的胜仗，使城内汉军无比振奋，于是他们七八千人马全部冲出来，几处兵马合在一起，越战越勇，大败新军。新军主帅王邑慌忙渡河，侥幸逃得性命。昆阳大战，是更始政权军队同王莽军队的一场大决战，以王莽军队主力折损殆尽告终。

在昆阳大战中，刘秀充分显示了他智勇双全的军事才华，一下子从被起义军诸将领所轻视的地位，一跃而成为举足轻重的人物，奠定了他在起义军中的领导地位。

四、河北崛起

在昆阳大战取得胜利的同时，刘縯也攻克了宛城。刘縯兄弟的成功，形成了对无功而居帝位的刘玄的威胁。不久，刘玄找了个理由将刘縯杀害了。面对兄长被杀，刘秀认真分析形势之后，特地从父城来宛，向刘玄请罪，深深自责。回到住处，刘秀也是"深引过而已"，饮食言语一如平常。刘秀的韬光养晦之计，果然骗过了刘玄等人，特意封刘秀为武信侯，并被任命为"破虏大将军"。

但刘秀的内心世界还是被一个人看破了，这就是冯异。冯异是刘秀攻打父城时抓到的俘虏，原来是王莽的郡掾。尽管刘秀在攻打父城中多次因冯异固守而没有如愿，但当他听说冯异很有才能时，还是以热情的态度召见了冯异，并把他留在身边，作为谋士。冯异见刘秀在极度悲痛中强行压抑着自己的感情，也知道他这样做的原因。于是劝刘秀找机会自立旗帜，与刘玄分庭抗礼。

起义军攻下洛阳后，刘玄想迁都洛阳，命令刘秀为司隶校尉，

四骑吏图

先到洛阳整修官府。刘秀于是设置属吏,用正式的公文通知所属郡县,处理政务完全按照汉的旧制。从此,百姓都归服刘秀。

更始政权把京都搬到洛阳后,任命刘秀为代理大司马,北渡黄河,到河北去安抚慰问。更始元年(公元23年)十月,刘秀奉旨渡过黄河,抵达河北,终于脱离了牢笼,开始独立地发展自己的势力。进入河北后,刘秀对所经过的郡县,公正审理诉讼刑狱,恢复汉朝制度。刘秀每到一处,都引起官民的一片欢腾。

当刘秀进入河北,来到邺城(今河北临漳),遇到了不远千里、一路追赶而来的邓禹。邓禹是南阳新野人,是刘秀在长安游学时的同学。当听到刘秀巡行河北时,邓禹一路尾随而来。刘秀在他乡遇到老同学,高兴异常,便开玩笑地说:"我现在已

邓禹像

经有了封官授爵的权力了,先生这么远前来,是不是想谋取一官半职呢?"邓禹也笑着但是很认真地说:"要我当官我是不愿意,只是愿阁下的恩德和威望普照四海,我能作为您的属下尽一尺一寸之力,以使我的声名记载在史册之上。"当天晚上,刘秀和邓禹长谈了一夜,更加坚定了刘秀立足河北、统一全国、匡复高祖之业的决心。

汉更始元年十二月,邯郸人王郎也在邯郸称帝,占据了河北的大部分地区。王郎发布檄文:捉到刘秀的,封十万户。在公元23年年底到公元24年年初的这段时间里,刘秀一直处在王郎的追击下,疲于奔命,几次陷入绝境。但最后,更始二年五月,刘秀终于攻占了邯郸,杀死了王郎。

在此后一年多的时间,他运用镇压和怀柔两种手段,消灭了河北地区的数十万起义军,基本上控制了河北地区。河北统一后,刘秀的部下都劝刘秀称帝,但都被刘秀拒绝。

更始三年(公元25年)六月,刘秀找来冯异问起各地的军情。冯异明白刘秀的意思,知道刘秀认为称帝的时机已经成熟,便对刘秀说:"更始帝刘玄必败无疑,宗庙社稷现在全部系在您的身上,希望您能接受大家的建议称帝,匡复汉室。"

刘秀于是就在更始三年六月二十二日即位称

冯异像

帝，改年号为建武，史称光武帝。十月，刘秀率军攻克洛阳，便把洛阳作为都城。刘秀称帝后，便开始努力统一全国。公元27年消灭了赤眉军，此后又依次平定了渔阳的彭宠、秦郡的秦丰、梁地的刘永、齐地的张步、庐江的李宪、天水的隗嚣、巴蜀的公孙述、五厚的卢芳。到公元40年重新统一了全国。

五、光武中兴

刘秀建立东汉政权后，面临的是几十年战乱后满目疮痍的局面，如何恢复社会经济、巩固自己的统治，便是摆在刘秀面前的重大课题。

【1】强化中央集权

建政权后，刘秀首先得妥善安置了开国功臣。

对这些跟自己一同打天下的开国功臣，刘秀一方面给他们以高爵厚禄，给予优厚的待遇。同时，刘秀不忘在各种公开场合回忆这些功臣和自己打天下的艰难历程，以示不忘他们的功劳。有一次，刘秀在宴请群臣时问各位功臣说："你们如果不是跟我一起打天下，你们自己揣度一下现在能得到哪种爵禄？"邓禹回答说："我可以当文学博士。"刘秀说："你太谦虚了，你至少能当个功曹。"其他各位都

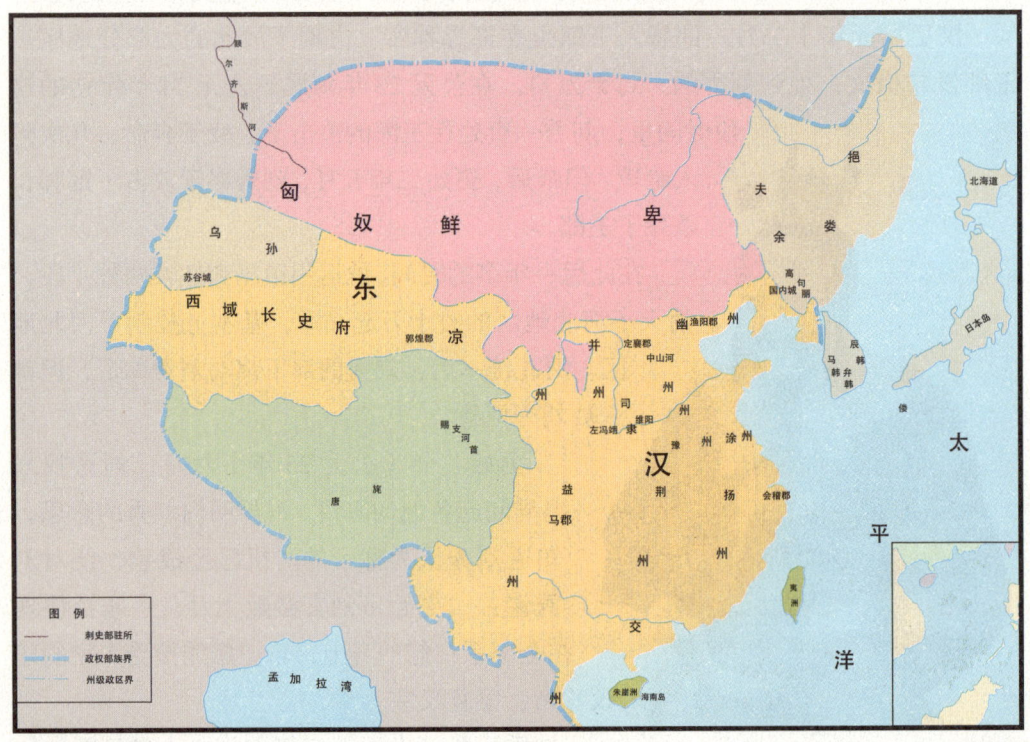

东汉疆域示意图

一一回答，刘秀也是一一评点。轮到马武时，马武说："我可以当捉拿盗贼的尉。"刘秀一听大笑起来："你能当尉？你只要能保证不会因做盗贼而被亭长捉住，就差不多了。"由于君臣关系相当融洽，东汉的功臣们很少有像西汉初年那样人人自危的。

但在另一方面，刘秀不忘时时告诫功臣们不要居功自傲。公元26年，刘秀在封邓禹、吴汉为侯时，一面封侯，一面下诏告诫说："人心要知足，不要只顾一时的放纵快活而忘记法纪刑罚，诸位的功劳都很大，要想世代相传，就应当如临深渊、如履薄冰、战战兢兢，不可一日大意。"

为防止外戚干政的问题再次出现，刘秀规定：凡是后族、宫戚，一律不得封侯参政，并对其进行了严密的防范。公元33年，刘秀想封外戚阴兴，阴兴极力推让，认为"家贵已极，不可复加"。刘秀对他这一举动深表赞许。就这样，刘秀既不愿外戚权势增长，又有意鼓励

汉匈奴归义亲汉长铜印 汉
这是汉代中央政府赠给匈奴族首领的官印，驼纽为其基本纽式。

他们谦退，所以光武年间，外戚都没有很大的权势。为了加强皇权，光武帝从建立东汉王朝起，就不断加强对官吏的法律监督，强化专制主义中央集权制度。如东汉时期的三公，名义上司徒掌民政，司空掌水土工程，太尉掌军事，但实际上，三公没有实际权力。一方面，三公之下有九卿，分掌庶政；另一方面，军国大事、典要机密、刑政诛赏的权力，已转归尚书，三公权力得到了极大的削弱，加强了中央集权。

【2】选贤任能

封建官僚机构是由封建官吏组成的，刘秀深知治理国家首先必须有贤明的人才。他沿用了西汉的察举征辟制度，颁布了"四科取士"的诏书。"四科"是选择官吏的德才标准：一是品德高尚，志节清白；二是有知识，是通经的儒士；三是熟悉法令，能够熟练地依法办事；四是有魄力才干，遇事不会犹豫，能独当一面。通过这种制度选拔上来一批官吏，但刘秀对他们要求非常严格，不仅要求他们严守

君车出行图 汉

铜车 汉
西汉时期，国家十分重视人才的征辟和任用，对各郡推荐的人才，政府派车接到都城考察任用，史称"公车"。

法度、勤于职守，还经常亲自对他们进行考核，选优汰劣。对违法官吏，严加处罚，就是对尚书近臣，只要有过错，也要进行处罚。

正是在刘秀的这种政策下，东汉开国初年出现了一批忠正耿直的官员。董宣，陈留人，曾任宣怀县令，后任洛阳令。有一次，光武帝的姐姐湖阳公主的家奴光天化日之下在洛阳城内仗势杀人，事后藏在湖阳公主家不敢出门，官吏们对此无可奈何。几天后，湖阳公主出门，那家奴以为在湖阳公主身边不会出事，便随同驾车。董宣闻讯后，在洛阳厦门亭挡住公主车马，厉声指责公主管教不严，并让人把那名家奴拉下车，亲自就地斩首。湖阳公主哪能忍受如此羞辱，跑进宫去向光武帝哭诉，光武帝听后大怒，立即召董宣进宫，准备将其鞭打至死。但董宣入宫后，面不改色，平静地对光武帝说："我请求说完一句话再死。"光武帝问："说什么？"董宣说："陛下圣德，中兴汉室，却纵容家奴枉杀平民，如此下去，不知陛下将怎样治理天下？"说完一头向楹柱撞去，顿时血流满面。光武帝马上让左右扶起董宣，放弃了将董宣鞭打至死的念头，让董宣向湖阳公主叩头认罪。董宣自认为没罪，不肯服从，左右用手压着他的头，企图让他把头低下，可董宣双手撑地，死不低头。湖阳公主见状不满地说："皇上在做平民的时候，也藏过逃亡和犯死罪的人，官吏都不敢上门，现在身为天子，难道威力反倒对付不了一个县令吗？"光武帝苦笑着说："天子和平民是不一样的。"光武帝让人把董宣的头包好，并赐他到太官府吃饭。饭后，董宣把碗反扣在桌子上，光武帝问他这是什么意思，董宣回答说："我吃饭不敢有余粒，如同奉职尽忠不遗余力一样。"光武帝深为他尽责尽忠的精神所感动，称之为"强项令"，也就是硬脖子县令的意思。董宣担任洛阳令五年，对各种不法行为严加打击，被人称为"卧虎"。74岁那年，董宣死在任上。光武帝专门派使者前去吊唁，只见董宣身覆一布被，妻子儿女相对而泣，家中仅有大麦数斛，破车一乘。光武帝听说后，伤感地说："董宣廉洁，死后才真正知道。"

【3】休养生息

刘秀深切地认识到，要使国家真正地长治久安，必须安民，与民休息，才能保持社会稳定，才能发展社会生产。

首先，是给老百姓一个安定的社会环境。刘秀生长在民间，经历过王莽的残暴统治，知道耕作的艰难及百姓的痛苦。因此建立东汉后，通过废除王莽时期的繁苛法令，恢复汉初的简政轻刑，给百姓创造一个宽松的社会环境。此后，他多次下诏裁减各地的监狱，不断地告诫各级官吏尤其是地方官吏要体恤百姓、宽松执法。光武帝年初，派卫飒担任桂阳太守。卫飒到任后，了解到桂阳地处边远、礼俗落后，便从教育入手，设立学校，端正风俗，不长时间便使境内风气大为改观。桂阳郡的浈阳、曲江等地原来是越族居住的地方，沿着河岸靠山居住的，多是一些在战乱中逃进深山的百姓，他们因为地处偏僻，也不向官府交纳田租。卫飒组织人凿山开道五百多里，一路设置亭传、邮驿，不仅方便了那里的交通，也减轻了人民的负担，百姓逐渐搬到道路两边居住，使当地经济迅速发展起来，也开始向官府交纳田赋了。

漆具组件 汉

纹饰华美精妙。工艺鎏金皆非常精湛，具有很高的欣赏价值，也是研究汉代工艺美术最佳的资料。

其次，是有效减轻人民的负担。光武帝认为官吏的奢侈、官僚机构设置无度以致冗官无数，是百姓的最大负担。因此他在位期间，始终提倡节俭。公元37年，一国使者向光武帝献上一匹可日行千里的名马和一柄宝剑，光武帝接受后便下诏把这匹千里马送去驾鼓车，把宝剑赐给骑士。在光武帝的垂范下，节俭在东汉初年形成风气。在提倡节俭的同时，光武帝对冗官进行裁汰。公元30年，光武帝在河北、江淮、关中刚刚平定的情况下，下诏归并了郡、国十个，县、邑、道、侯国四百多个。并官省职，直接减少了行政开支。

再次，是提高奴婢的社会地位。西汉中期以来，大量的平民沦为奴婢，成为严重的社会问题。为此，光武帝曾连续六次下诏释放奴婢。同时，他还在一年之内连续下诏三次，禁止杀、伤和虐待奴婢，使奴婢的地位有所提高。

最后，就是设法解决土地问题，使百姓和土地结合在一起，便于发展社会生产。西汉中期以来，大规模的土地兼并使土地急剧集中。但那些占有土地的豪强们却不如实地向国家申报土地、交纳田赋。为准确地掌握全国的垦田数目和户口名籍，打击豪强，保证赋税收入和徭役征发，光武帝于公元39年下令在全国"度田"即丈

绿釉陶楼 东汉

量土地,同时也核定人口。但在度田过程中,官吏们和豪强相互勾结,或抵制清查,或隐瞒不量,而对百姓土地却是多量,连墙头地角、房前屋后也不放过。光武帝了解到这种情况后,曾经先后诛杀了大司徒、河南尹及郡守十多人,引起了一场大规模的地方骚乱。地方上的豪族大姓纷纷起来叛乱,光武帝用镇压和分化相结合的手段,好不容易才平息了叛乱。

光武帝刘秀通过集权加强了中央的统治,通过休养生息使人民安心从事生产,经济得到发展,社会比较稳定,这一历史时期被称为"光武中兴"。

六、封禅大典

在秦汉时代,对每一位皇帝来说,举行封禅大典,都是非常重要的事情,这被认为是帝王在国家兴盛的时候,到泰山受命报功。刘秀即皇帝位,建立东汉王朝,功勋卓著,被看作是中兴之主。经过三十多年的努力,国家政治局面稳定,社会经济也有了比较明显的发展,使得王莽末年国家衰败的景象大大改观。如此功劳,在东汉的一些大臣看来,以封禅的形式向上天报功,是十分必要的。公元54年,张纯上书刘秀,建议举行封禅大典,其他大臣也纷纷上奏章建议。但是刘秀对举行封禅大典却持异常慎重的态度,不肯轻易举行,尽管大臣们一再规劝,但他认为国家距离国泰民安还相差很远,举行封禅报功为时尚早。

建武中元元年(公元56年),刘秀经过再三考虑,决定举行封禅大典,为此他在洛阳做了大量准备。正月二十日,刘秀从洛阳出发,经过鲁地,到达泰山。诸侯王、列侯以及京城中的文武百官都随同他,声势非常浩大。在举行仪式之前,他还派人到泰山先刻好石碑,上面刻了一篇石文。这篇刻石文,实际上是他对自己一生重大活动和贡献的总结。刻石完毕后,刘秀在泰山脚下祭天,然后登上泰山,正式举行仪式。整个过程,完全按照国家的郊祀礼进行,非常隆重。

公元57年,也就是举行封禅大典的第二年,光武帝刘秀死于洛阳南宫前殿,终年62岁。他在遗诏中嘱咐臣子们不要为他的葬仪铺张,不要因此影响日常政务。

汉光武帝陵
位于河南省孟津县铁谢村附近,陵墓封土堆高20米,周长1400米。陵园内古柏苍劲挺拔,阴郁幽静。陵前有清乾隆五十六年(1791年)石碑一通,上刻"东汉中兴世祖光武皇帝之陵"。

汉明帝刘庄

　　汉明帝名叫刘庄,是东汉光武帝刘秀的第四子,东汉王朝的第二位皇帝。他继续了光武帝的中兴之治,不仅使得国力更为强盛,还遣使西域,恢复了中原和边疆少数民族的交往;引入佛教,促进了中西文化的交流。在他的统治下,东汉王朝各方面都有很大的发展。

一、子凭母贵，荣登帝位

刘庄能当上皇帝，他的母亲起到了很大的作用。刘庄的母亲叫阴丽华，是新野的豪门千金，生得美丽，艳名远播。刘秀对她一见钟情，曾感言"娶妻当得阴丽华"。后来刘秀在29岁时，娶了19岁的阴丽华为妻。得偿所愿的刘秀对她很是喜爱，即使后来做了皇帝也未改变。

刘秀30岁时，正在河北征战，为了得到权贵的支持，他又在真定娶了定恭王的外孙女郭圣通。对这个政治联姻的妻子，刘秀自然不喜欢。后来刘秀做了皇帝，要立皇后了，他想立阴丽华为后，而这时政局动荡，他的地位还不稳，仍然需要实力强大的贵族支持。虽阴丽华也出生豪门，但郭圣通家族势力更显赫，而且郭圣通此时已经生有一子，而阴丽华还未生育。多方思虑后，刘秀立郭圣通为后，阴丽华为贵人，郭氏生的儿子立为太子。尽管阴丽华只是个贵人，但刘秀与她在一起的时候还是最多，有时出征也带着她。刘庄就是建武四年（公元28年），阴丽华随刘秀出征彭宠，到达元氏时生下的。

刘庄生就一副帝王相，他方脸宽额，气色红润，很像传说中的上古贤君唐尧。而他又是刘秀最喜欢的阴氏所生，所以很得父亲的欢心。刘秀根据刘庄出生时的"赤色"面容，给其起名为"阳"。他当了太子后才改名为刘庄。

刘庄虽因为母亲而得父皇的宠爱，但能被立为太子，主要是凭借他自己的聪明才智。刘庄很小就显示了过人的智慧。他从小师从经学大师桓荣，10岁就能读懂《春秋》，不仅熟悉其中的攻战之术，还能领会其精妙之处。刘秀有这么个神童儿子，也感到很自豪，就经常带着小刘庄上朝，让他增长见识。

刘庄12岁时，光武帝颁布"度田令"，下令核查全国的土地和人口，并亲自听取各地官员的汇报，刘庄就站在朝堂上旁听。刘秀发现陈留县报上来的文书里有这么一句话："颍川、弘农可问，河南、南阳不可问。"一时不解，就问身边的大臣，却无人能答。这时小刘庄说他可以试一试。刘庄说："河南是京都所在地，许多大臣都在这里有田庄、封地，而南阳是父皇的故乡，许多皇亲都在那里，地方官怎敢去查问呢？所以，这两句话是他们用

碧琉璃杯 东汉

以互相提醒的。"经小小孩童的一席话，皇帝和众臣才恍然大悟。后来光武帝派人诘问陈留吏，情况果然如此。于是皇帝派出专人去检查两地，才把"度田令"顺利推行了。经过此事，刘秀也更看重这个爱子，改立他为太子的计划也开始酝酿了。

建武十七年（公元41年），刘庄14岁，进爵为东海王。这一年，宫廷之中发生了巨大的变动。长年失宠的郭皇后，对刘秀和阴丽华都满怀怨恨。刘秀就以"怀势怨怼，数违教令"为由，废黜了郭皇后，改立阴氏为后。皇太子刘彊见母亲被废，自己地位肯定不保，就主动请求让位。

牛形铜灯　东汉

不过刘彊一向行为规矩，刘秀也不好马上废掉他，就将此事拖了下来。后来刘彊又多次恳求，刘秀也觉得时机成熟了。于是，在建武十九年（公元43年），他下诏封刘彊为东海王，15岁的原东海王刘阳为太子，并改名刘庄。建武中元二年（公元57年），刘秀去世，刘庄即位，为明帝。

二、铁腕治国，遣使通边

刘庄30岁即位，第二年改元，年号永平。在东汉的十几位皇帝中，除了刘秀，就属刘庄是大龄继位了。不过他锻炼了多年，已经积累了丰富的治国经验，完全有能力将光武帝的中兴事业代入一个更强盛的时期。

刘庄当上皇帝比较顺利，但治理国家却面临很多难题。首先就是他的众多兄弟对他不服。东汉推崇儒学，刘庄是以第四子的身份继承大统的，兄弟们都认为于礼不合，就毫不把他这个皇帝放在眼里。甚至他的同母弟弟山阳王刘荆，还伪造了废后郭氏弟弟的手笔，写信给东海王刘彊，劝刘彊造反。不过刘彊胆小懦弱，将送信的使节和信件原本都送到洛阳交给刘庄。刘庄虽然震怒，但感到自己势力太小，就把此事隐瞒下来，决定先韬光养晦。

刘庄采用三条策略，一是把忠于自己的老臣如邓禹、刘苍等团结在周围，组成政权核心；二是对阴皇后和被废的郭皇后同样看待，善待太子，拉拢那些拥护自己的兄弟；三是大赦天下，在更广泛的层面上赢得百姓的拥护。这样，仅用几个月的时间，他把京城的军权握在了手中，朝中官员也换上了自己的心腹。刘庄同时发出诏令，抚恤百姓，赈济贫民，以便缓和社会矛盾，巩固皇权。

鄯善国柳中城遗址
鄯善即楼兰，为汉代西域三十六国之一。

经过这样一番整治，刘庄皇位坐稳了，威信也树立起来了，就开始全心全意地治理国家。光武帝已经打好了东汉王朝的基础，刘庄要做的就是建设好它。刘庄刚即位时就颁布了一份诏书，强调要"继体守文"，即继承先统，恪守规矩，这也是他的执政方针。他吸收了光武帝的治国经验，又作了一些改进。他继续限制"三公"的权力，防范外戚干政，并与各诸侯王交好，以此来加强皇权。他还整顿吏治，选拔贤才充任各级官吏，又进一步轻徭薄赋，与民休息，以此来维护稳定，发展经济。刘庄还倡导儒学，重视礼仪，积极兴办各类学校，以此来储备人才，教化民众。在刘庄的努力下，东汉王朝很快就出现了欣欣向荣的景象。

刘庄在稳定东汉中央政权的同时，也不忘关注边防的问题。早在刘秀统治时期，北方匈奴、西北诸羌及西域各族、东北乌桓与鲜卑，还有西南一带的少数民族，势力都有所发展，他们不时骚扰东汉边境。

建武中元二年（公元57年），刘庄刚即位，陇西的羌族就发生了叛乱，他决定出兵镇压。这年九月，郡太守刘盱的守兵和张鸿带的援军都被叛军打败了。刘庄又增兵4万，由马武统领，前去平叛。直到第二年七月叛乱才平息。而这一年，乌桓又爆发叛乱，辽东太守祭肜领兵镇压。而北匈奴的滋扰从公元65年至公元72年间，也从未间断过。明帝派使节出使匈奴，想平息战乱，也都不成功。

永平十六年（公元73年），东汉国库充足，刘庄就决定正面出击匈奴。不过他并不打算硬碰硬，而是先派将军窦固和耿秉屯兵凉州（今甘肃武威），然后联合南匈奴、乌桓与鲜卑等族夹击匈奴，获得全胜。同时，大将窦固派班超出使西域，宣讲大汉对西域的政策，赢得了西域各国的臣服。其中也遇到了一些波折。正当班超在鄯善时，匈奴也派使者

班超像
班超，字仲升，东汉扶风安陵（今陕西咸阳）人，班彪之子，班固之弟。公元62年随兄班固至洛阳，以文为生，后投笔从戎。公元73年，奉明帝之命与窦固一起北击匈奴，班固任司马，机智勇敢，杀敌无数。后出使西域以肃清匈奴势力，被任命为西域都护，使50余国归汉。公元95年，班超被封为定远侯，公元102年去世。

来到这里。班超果断出击,一个晚上就把匈奴使团的100多人都杀了。西域各国惊恐不安,纷纷向大汉表示臣服,鄯善王还把自己的儿子送到洛阳为质,其他小国也纷纷效仿。永平十六年,大汉与西域的交往在中断65年后又恢复了正常。第二年,刘庄重置西域都护,由班超担任。

三、重儒引佛,交融中西

明帝与他父亲光武帝一样,崇尚儒学。明帝一朝,皇亲贵族、诸侯大臣的子弟们都要熟习经史,尤其是郭氏、阴氏、马氏等外戚的子弟还要进入皇帝专设的南宫学校,接受名儒耆老们的教导。明帝倡导"以孝治天下",这种风气在全国都盛行,连守城的卫兵都能背诵孝经。明帝很重礼仪,当时有一套从天子到百官的车服等级制度,就是他亲自与东平王刘苍一起制定的。明帝还重师道,他对曾教导过自己的博士桓荣一直尊以师礼,即使他后来做了皇帝,还经常去听桓荣的课。桓荣老年多病,明帝就经常派太医去诊治;桓荣病逝,明帝以弟子之身为其举哀。上行下效,整个社会都很快形成了尊师重道的良好风气。

刘庄不仅用德行来教化世人,连册立皇后也以德为标准。刘庄的皇后是伏波将军马援的小女儿。马援,是光武帝时期有名的传奇人物。他不仅是一代名将,也是一位智者。刘庄24岁时,13岁的马家三小姐入选太子宫中。她德、才、貌俱全,入宫后不仅赢得了太子的欢心,而且得到了皇后阴丽华的赞誉。刘庄即位后,她被封为贵人。三年后,大臣联名请求册封皇后,21岁的马氏就凭着"德冠后宫"毫无争议地成了最佳人选。马氏深谙处世之道,她做了皇后还是谦恭勤俭如前。她从不为亲族谋求私利,也从不干涉朝政,只做好自己的本分。皇太子刘炟非她所生,她也尽心抚养栽培,母子之间感情甚笃。马皇后在处理国家政务上也很有见识,刘庄对此很是赏识,经常征求她的意见。刘庄册立马皇后,得到了一位德才兼备的贤内助,是他这一生最得意的事情。

约束外家
此图描绘的是东汉明德马太后训诫宗族亲戚不要骄横越礼的故事。马太后是东汉名将马援小女,明帝皇后。她曾以西京败亡之祸为戒劝阻章帝封爵诸舅,以防止外戚专权。

刘庄虽然重视传统道德,但

对外来文化却也不排斥。佛教是在西汉末年传入中国的，到明帝时期，其传播速度就加快了。刘庄虽然以佞佛为借口，镇压了刘英等人，其实他自己并不反对佛教，而是采取了兼收并蓄的方针。

据记载，永平七年（公元64年）的一天晚上，留宿南宫的刘庄做了一个奇怪的梦。在梦中他见到一个身高丈六、头顶放光的金人从西方飞入皇宫，盘旋几圈后，金人又向西飞走了。刘庄梦醒后，感到很迷惑。第二天一早，他就召集群臣，讨论这个奇梦。博士傅毅说："臣听闻西方有神，人称为佛，正如皇上所梦。"刘庄深信不疑，还真的就派了蔡愔、秦景等十多人出使西域拜求佛经、佛法。

永平七年（公元64年），蔡愔等人踏上了"西天取经"之路。在大月氏国（今阿富汗至中亚一带），他们遇到了印度高僧摄摩腾、竺法兰，还见到了佛经和佛祖释迦牟尼像，就恳请两位高僧赴大汉弘扬佛法。永平十年（公元67年）在东汉使者的引领下，二位高僧用白马驮着佛经、佛像来到了京都洛阳。汉明帝以隆重的礼节迎佛经、佛像和高僧，并安排二僧暂住负责外交事务的官署鸿胪寺。第二年，刘庄下诏在洛阳西雍门外修建僧院，为铭记白马驮经之功，取名为"白马寺"。白马寺是中国第一座佛教寺院，被称为祖庭。"寺"是取高僧所住的鸿胪寺之"寺"，后来就成为了中国寺院的一种泛称。佛教由此在中国传播开来。

白马寺山门
白马寺有中国佛寺"祖庭"之称，始建于东汉永平十一年，因汉明帝"感梦求法"，遣使迎天竺沙门摄摩腾与竺法兰回洛阳后，按天竺式样为两位沙门所建的精舍。"白马"之名则取自"白马驮经"的典故。

永平十八年（公元75年）八月，明帝刘庄病逝于洛阳东宫。他在位18年，终年48岁，葬于显节陵（今河南洛阳东南），庙号"显宗"，谥号"孝明皇帝"。汉明帝英年早逝，令人惋惜，但他与民休息的政策、连通中原边疆的举措、促进文化繁荣的行为，都给后世带来了深远的影响。

魏武帝曹操

  曹操是我国历史上一位杰出的政治家、军事家,也是一位杰出的文学家。他出生在动荡的战争年代,指挥过官渡之战、赤壁之战等著名战役,建立了曹魏政权,他传奇的一生至今仍为人们传颂。

一、少年阿瞒

曹操，字孟德，小名叫阿瞒，于汉桓帝永寿元年（公元155年）出生在沛国谯县（今安徽亳州）一个属于宦官集团的大官僚家庭里。他的祖父曹腾，是汉桓帝时很有地位的宦官。从生理上说，宦官是不可能生儿子的，曹腾为了有人能够继承自己的香火，便领养了一个儿子，他就是曹操的父亲曹嵩。汉灵帝时，政治腐败不堪，皇帝公开标价出卖官位，曹嵩花一万文钱买了个太尉的官职，太尉是当时中央政府的三公之一，地位很高，他还担任过司隶校尉，大司农等官职。此外，曹操的许多叔叔、伯伯们都在中央和地方做大官。

少年时代的曹操任性放荡，爱好射箭习武，他目无礼教，从不受礼俗约束。不过他机敏过人，能随机应变。周围的人都认为他不务正业，看不起他，只有梁国人桥玄、南阳人何颙非常器重他。桥玄对曹操说："天下将要大乱，没有治世之人是不能拯救天下的，能够安定天下的人，就只有你了！"

碣石

碣石位于辽宁省绥中县万家镇，北距海岸450米，为石英花岗岩。当年，曹操为统一北方，征伐辽东，路经此地，一时感慨万千，高吟："东临碣石，以观沧海，水何澹澹，山岛竦峙。树木丛生，百草丰茂。秋风萧瑟，洪波涌起。日月之行，若出其中。星汉灿烂，若出其里。幸甚至哉，歌以咏志。"是为四言诗绝顶之作，苍凉恢弘，气度非凡。

桥玄将曹操介绍给当时在品评人物方面最有威望的许劭。许劭看到曹操后，对他的评价是"治世之能臣，乱世之奸雄"。这件事情传到士大夫官僚们的耳中，大家开始对曹操注意起来。

二、步入仕途

公元174年，曹操刚20岁。他被地方官以"孝廉"的身份推举做郎官，出任"洛阳北部尉"，从此开始了政治生涯。洛阳北部尉的职责是负责洛阳北部的治安。曹操上任后，决定从小官做起，把京城的秩序整顿好。他特制五色大棒十几根，悬挂在县衙大门的两旁，明申禁令，颁布治安条例，凡是有违犯者，无论是豪强权贵，还是平民百姓，一律用五色棒打死。有一次，皇帝宠信的太监蹇硕的叔父，依仗权势，触犯夜禁，曹操依令行事，将其捉回县衙，命人将其处以棒刑。从此，京城之中无论是什么样的人，都不敢违犯禁令，治安状况大为好转。

黄巾起义爆发后，曹操被任命为骑都尉，随皇甫嵩前往镇压颍川的黄巾军，因作战勇敢被提升为济南相（太守）。济南（今山东历城东）是侯国，按东汉制度，被分封的王只能享受封国内的赋税收入，无行政权力，由中央派来的国相处理政事。济南所属十几个县，县官多上通外戚宦官，下结地方豪强，贪赃枉法，鱼肉百姓，将地方搞得一塌糊涂。曹操上任后，检举了十几个贪赃枉法、欺压百姓的县官，结果有八个被朝廷罢免了官职。从此，济南的吏治大为好转。

行刑图与议事图 汉

三、初立资业

【1】讨伐董卓，建立兖州根据地

何进掌政时，曹操任典军校尉，参与何进谋杀宦官的行动。后来董卓带兵进洛阳，曹操不愿与他合作，逃出洛阳到陈留。在陈留，他拿出一部分财产作为训练军队的费用，并在陈留太守张邈和他的好朋友卫兹的帮助下，招兵5000人，组成军队，准备讨伐董卓。当时起兵讨伐董卓的还有冀州牧韩馥、渤海太守袁绍、兖州刺史刘岱、河内太守王匡等，因为袁绍的声望最高，被推举为盟主。

关外侯印 汉
曹操最初所建立的军队名为"青州兵"，军纪严整，制度森严。此印为当时军队中高级将领的印绶。

讨伐董卓的行动很快就失败了，曹操感到自己兵力太少，又无固定根据地。要想站稳脚根，必须立即扩充军队，建立自己的根据地。公元192年，青州的黄巾军攻入兖州，杀死兖州刺史刘岱。曹操趁机进入兖州，被兖州官吏推为兖州牧。接着他又在寿张（今山东东平西南）

和农民军激战,结果农民军大败并向济北方向退走,曹操穷追猛打,青州黄巾军30万人被迫向曹操投降。曹操从中挑选健壮青年,组成一支能征善战的精锐部队,号为"青州兵"。

【2】挟天子以令诸侯

自从董卓被杀后,汉献帝不久便落在董卓部将李傕、郭汜的手中,二人为争夺汉献帝,在长安发生争执。李傕放火烧掉宫殿,将献帝劫持到军营之中;而郭汜则扣住公卿大臣作为人质。

后来双方和解,把献帝和大臣放了出来。献帝和大多数将领主张回洛阳,而李傕、郭汜不愿离开老巢,表示反对。皇帝和大臣们最终逃到将领杨奉的军营中,

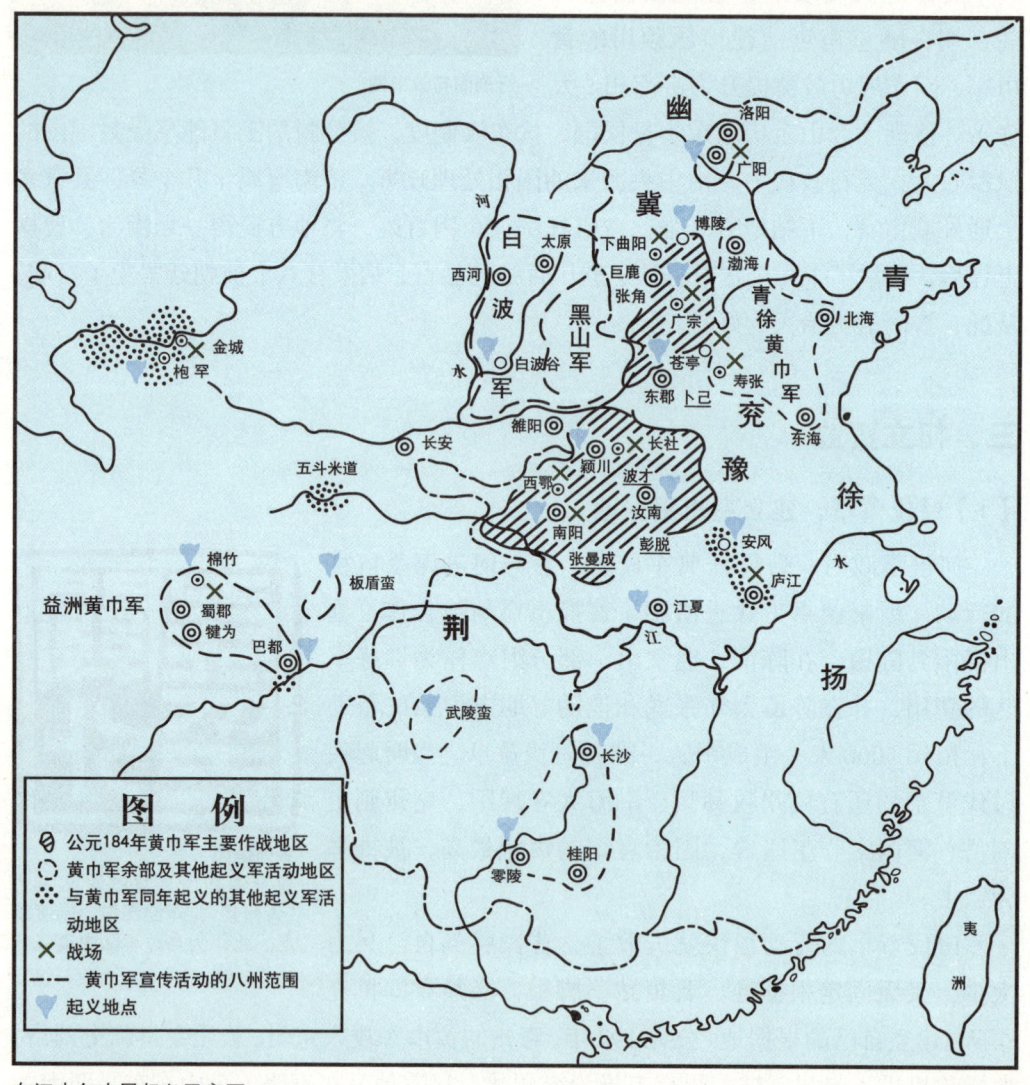

东汉末年农民起义示意图

在杨奉等将领的护送下，逃回残破的故都洛阳。

曹操听说献帝回到洛阳，认为这正是奉迎皇帝的好机会。曹操手下谋士荀彧劝曹操说："现在皇帝东奔西逃，人们担心皇帝的命运，如能在这时奉迎献帝，正符合人们的愿望。用忠于帝室的行动来镇住割据一方的豪杰，这是一个很重要的策略，应该当机立断，及早行动。"曹操接受荀彧的建议，亲自率军到洛阳去迎献帝，把汉献帝接到许县，同时把年号改为建安，献帝任命曹操为大将军，封武平侯。于是，曹操开始总揽朝政，"挟天子以令诸侯"。

【3】颁布屯田令

因为董卓的烧杀和军阀的混战，中原地区农业生产遭到严重的破坏。各个地方的军队普遍缺乏粮食，曹操看到这种景象，清楚地认识到，地方残破，州里萧条，对自己很不利，尤其是军粮的缺乏对自己的威胁更大。

"苍天乃死"字砖 汉
此砖是曹操先世宗族墓的壁砖，字砖中"苍天乃死"四字与黄巾起义的口号不谋而合，起义军广泛传布太平道，表达民众推翻汉朝的普遍心情。

建安元年（公元196年），他接受部下枣祗的建议颁布"屯田令"，实行屯田。实施屯田令，就是将农民以军事组织的形式编制起来，组成屯田客来开垦和耕种国家所拥有的土地。屯田的实行必须有两个前提条件：一是国家要掌握大批公有土地；二是有一定的劳动力和物力。屯田的收入是这样分配的：屯田客若用自己的耕牛耕种国家土地，就将收入的50%交给国家；若用官家的耕牛耕种，则将收入的60%交给国家。屯田客不再负担兵役和徭役。屯田的管理机构是：屯田的基层组织是屯，每屯有五六十人，由屯田司马管理，屯田组织不属于郡县，自成系统，中央设大司农，总管全国民屯，郡设典农中郎将和典农校尉，相当于郡守；县设典农都尉，相当于县令。屯田还有一种形式是让士兵一面耕种，一面防守，叫作"军屯"，以营为生产

耕耙图 三国
三国时期，魏在淮南、淮北大规模推行军屯，蜀汉在成都平原兴修水利，屯田耕作；吴在江南地区植桑屯田，三个国家农业都很发达，为发展经济、振兴军事提供了重要的保证。这幅出田图形象地反映了当时屯田耕作的情景，是当时社会风尚的表现。图中农夫身穿镶黑红缘的白长衫，右手牵牛，左手举鞭，赶着一头拉犁耙的牛在耙地。

水田附船陶器　汉
东汉末年,曹操占据北方,实行屯田,这样既能解决军粮问题,又可操练军队,控制军纪。汉代规定,作战士兵每人以月供应粮物,粮物的进出都有严格的手续,曹操更是规范了这一程序,并且更为严密。此器即是军屯的士兵在水田中劳作的形象反映。

单位,每营有六十个"佣兵"。几年的时间,屯田地区的谷仓全都堆得满满的,在曹操的统治地区,每年可以收获粮食上千万斛。屯田使曹操解决了当时最严重的农业生产问题、军粮问题、社会安定问题,为曹操统一北方奠定了物质基础。在长期的战争中,曹操深知粮食的重要性,所以十分重视保护农业生产。有一次曹操正在骑马前进,忽然马受惊,顿时将一大片庄稼踩倒。曹操下马后,对主簿说:"我的马踩坏了麦苗,违反禁令,请按军法议罪。"主簿说:"您是一军的主帅,怎能治罪?"曹操说:"制定法令的人,自己违犯了,如果不治罪,又怎能统率部下呢?"主簿说:"法令是针对一般将士的。按照古书《春秋》定的礼规,对尊贵的人是不施刑的,况且将军是因战马受惊而误入麦田,我看就不必议罪了。"曹操道:"既然主簿不肯议罪于我,我就自己来执行法令吧。"说完,拔出佩剑,将自己的头发割下一绺,算是割发代首。割头发在古代也叫一种刑罚,叫髡刑。因为头发是父母所给,是不能随便损坏的,否则就是不孝。曹操作为一军主帅,当然不能因这点小事而自杀,但他能以身作则,割发代首,不将自己置身法外,这已经非常可贵了。这件事在全军中传开,将士们无不肃然起敬,军队纪律更好了。

四、官渡之战

曹操在政治上取得主动权;在经济上实行了屯田,有了坚强的后盾,于是他开始实行统一中国的行动。此时,他的四面都有强敌,东有吕布占据徐州;南边是袁术,占据淮南扬州;西边是张绣,占据荆州南阳;北边是袁绍,占据着青、冀、并、幽四州地盘。曹操决定采用北和袁绍、先弱后强、由近及远、分化拉拢、各个击破的战略方针,他首先对韩遂、马腾采取安抚政策,让他们不致轻举妄动;关中地区,他把自己大将军的头衔让出来,封给袁绍,以此稳住袁绍。所有的一切都安排妥当后,曹操开始首先攻打张绣,以此作为他统一中原的第一战。

公元197年,曹操的大军攻到南阳郡的宛县,张绣率军投降。后来张绣对曹操的行为不满,一天夜晚,趁曹军不防,发动突袭,曹军损失惨重。曹操只好逃到舞阴休整。公元199年,曹操再次进攻张绣,张绣在谋士贾诩劝说下,第二次投降,曹操不计前仇,封张绣为扬武将军,并让儿子曹均娶了张绣的女儿,结成儿女亲家。张绣降服,曹操实力大增,已有足够的力量对付袁术。公元197年,曹操正准备"挟天子以令诸侯"时,袁术急忙称帝,并定都寿春。他为

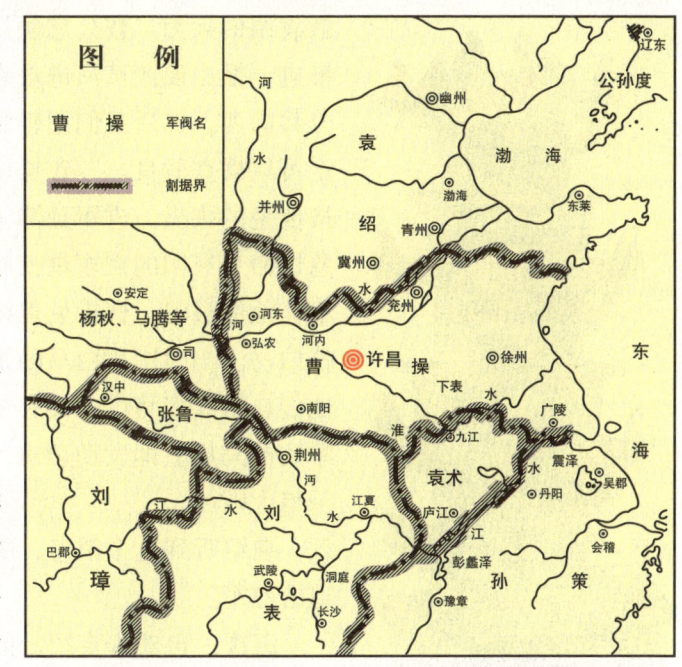

东汉末年群雄割据示意图

了保住自己的皇位和对抗曹操,设法拉拢占据徐州的吕布,表示愿意与吕布结为儿女亲家。曹操闻听此事后,以献帝名义下诏书表扬吕布杀董卓之功,借以笼络吕布。吕布便后悔将女儿许给袁术之子,连忙将已上路的女儿截回,并杀死袁术派来的使者。

吕布的做法激怒了袁术,袁术派几万骑兵攻打吕布,由于吕布勇猛,袁术一败涂地。当吕布使袁术力量大大削弱,再也无力与曹操相对抗时,曹操便派大军进攻袁术,袁术吓得赶紧退缩淮南,从此势力逐渐削弱,不久病死于寿春。然后曹操下令围攻吕布,两个月后,吕布粮草断绝,只好投降。曹操认为吕布作战勇猛,很想收在麾下,但吕布反复无常的性格让他不寒而栗,最后吕布被杀。

公元200年,历史上著名的官渡之战爆发。

当时袁绍占据着黄河以北,曹操占据着黄河以南及长江以北的大片土地。实际上,袁绍兵多将广,有数十万人,还占据着青、冀、幽、并四州,不但军粮充足,而且军事力量也远胜曹操。

公元200年春,袁绍派10万精兵来同曹操决战。他的大军开进黎阳(今河南浚县东北)安营扎寨,并派大将郭图、颜良进攻白马(今河南滑县东)。当时,曹操的部下刘延驻守白马,坚守不出。曹操虽亲率大军驻扎在官渡(今河南中年县),但是兵力也很少,只有三四万人,没有办法分兵来救。曹操很是着急。谋士荀攸向曹操献计说:"我军兵少,面临强敌,正面交锋恐怕不易得手,应该分

绿釉陶望楼　东汉

散袁绍的兵力。曹公您领兵向延津（今河南延津北）推进，摆出要渡黄河进攻袁绍后方的阵势，袁绍一定分兵向西，然后我们用轻骑突袭白马，攻其不备，一定可以擒获颜良。"曹操认为荀攸说得很有道理，便按他说的去做，进军延津。袁绍知道后，十分惊慌，急忙命令黎阳的袁军星夜赶到延津渡口，截住曹军，不让他们过河。曹操见袁绍中计，便立即率领轻骑直扑白马。当时围攻白马的是袁绍的大将颜良、郭图，他们自恃兵多将广，又有黎阳作后盾，麻痹轻敌。曹军到白马后立即发动袭击，颜良、郭图毫无防备，被杀得大败。

袁绍听到这个消息，决定孤注一掷，全军渡河，追击曹军。

沮授一再劝告袁绍，但袁绍向来刚愎自用，不听劝告，率大军渡过黄河朝延津以南而来，并派大将文丑率精兵追击曹军。曹操见袁绍军追来，下令以后军为前军，绕道西进；令徐晃率 600 多名精锐骑兵在树丛中埋伏起来。文丑率大军追到，见路上扔满车辆物资，士兵们纷纷跳下马抢东西。这时曹军突然杀出，袁军仓促应战，大败而逃。文丑被徐晃一刀砍死，袁军士兵逃降的不计其数。

袁绍一再战败，一心想跟曹操决一死战。沮授经仔细分析，认为袁军新败不宜决战，曹操虽胜，但兵少粮缺，只要与曹长期对峙，曹操必败。袁绍骄傲成性，无人能劝，亲率大军直逼官渡。官渡离许昌不到二百里地，是许昌的屏障，也是南北咽喉要道。一旦官渡失守，许昌危在旦夕。这时曹操只有死守官渡。曹军作战勇猛，又占有地利，袁绍攻了好几次，都无功而返，两军处于相持状态。

粮草缺乏的曹军被困官渡已一个多月，再也坚持不下去，曹操决定退守许都。荀彧正在许都留守，知道后便给他来信，让他再坚持一下，事情可能会有转机。在袁绍那里，许攸一眼看破曹操困境，认为曹操兵少，此时又去集中力量与袁军对抗，许都一定空虚；如果派一支精锐轻骑去偷袭许都，一定能攻下，也能把献帝控制在手中，再来讨伐曹操，曹操必被擒。即使许都攻不下，也会造成曹操首尾不能相顾的局面，曹操必败。但袁绍并不听从他的建议。

许攸见袁绍骄横顽固，必败无疑，便星夜离开袁营，投奔曹操而去。曹操听说许攸来投靠，连鞋都顾不及穿上，就跑出去迎接，拍手大笑。许攸见曹操这么重视人才，认为他是位明主，便献计说，乌巢是袁绍存放辎重粮草的地方，如果派精兵偷袭，不出三天，袁绍必败。曹操惊喜万分，便依计行事。

十月的一天晚上，曹操留下曹洪、荀攸留守大营，自己亲自率兵直捣乌巢。为了蒙混过关，他们都换上袁军的旗号、服装。当袁军盘问时，他们便欺骗他们说是袁绍派来加强防备的，就这样轻易地到了袁绍屯粮的地方，赶紧用火把将粮囤点燃。袁军见粮囤突然着了火，还不知道是怎么一回事，曹操就率领部下奋勇冲杀过来，仓促之间，袁军毫无防备，四散而逃，淳于琼被当场杀死。

乌巢被烧，袁绍决定偷袭曹操大营，切断他的归路，而不派兵去乌巢。张郃、高览被袁绍派去攻打曹军大营。张郃深知，如果粮草被烧，袁军将无法支持，必败无疑，他便去劝袁绍，但没有效果。张郃只好硬着头，同高览领着几万大军攻打官渡曹军大营。他们刚到达官渡，就遇到曹军的顽强抵抗，

斧车　东汉

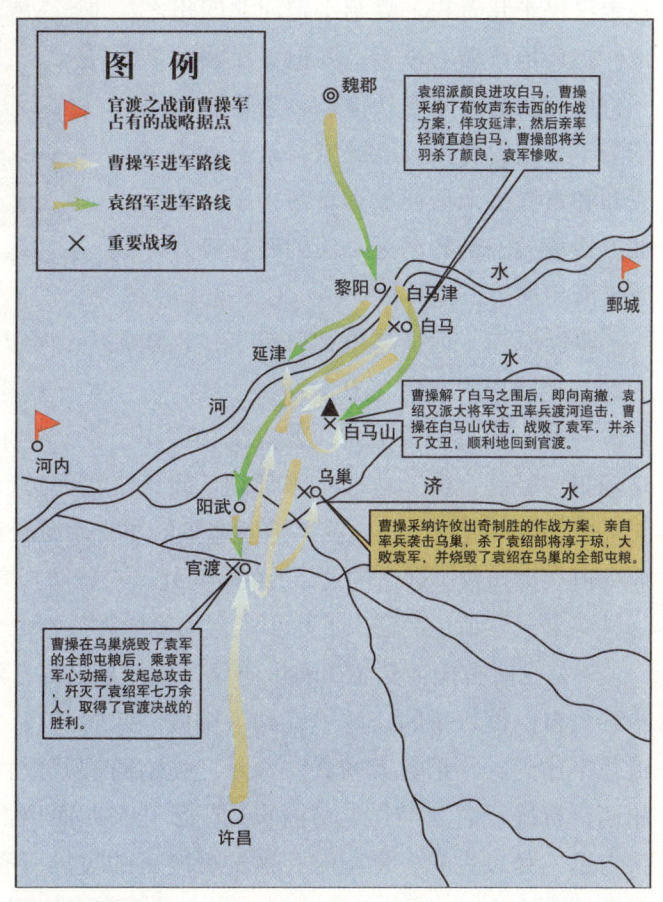

官渡之战示意图

背后又受到从乌巢得胜回来的曹操的猛攻。张郃见袁绍成不了大事，便与高览率军投降了曹操。

袁绍经此打击,实力大大削弱,袁绍的士兵不攻自乱,曹操率军奋力冲杀,袁军大败。袁军7万多人被杀死,袁绍慌忙带着儿子袁谭和800骑兵,向北逃窜。官渡之战结束后,曹操继续向袁绍的地区进兵。公元202年,袁绍病死。公元205年,曹操对袁谭发动进攻,袁谭兵败被杀,袁绍的另外两个儿子袁熙和袁尚逃往乌桓。公元206年,曹操攻下了冀、青、幽、并四州,北方统一。

五、平定乌桓

乌桓,也叫乌丸,是我国北方的一个少数民族,是东胡的一支。在群雄忙于逐鹿中原时,三郡乌桓的骑兵攻破了幽州,掠走汉民十几万户。袁绍平定河北四州之地,封乌桓首领为单于,并把养女赐婚单于,用和亲的策略安抚他们,于是乌桓便依附于袁绍。曹操攻破邺城,杀了袁谭,袁熙和袁尚战败后便投奔乌桓去了。为了北方边境的安全和消灭袁氏的残余势力,曹操准备征讨三郡乌桓。

乐舞杂技画像砖　东汉

曹操深知,远征乌桓并非易事,须在人力、物力等各方面做好充分的准备。为此,他动用大批民工开凿两条水渠,一条是平虏渠,一条是泉州渠,解决军粮运输问题。经过一番准备,曹操统领大军出发,他采纳了郭嘉的建议,留下了大量辎重,轻装疾进。曹操本来计划从无终沿渤海湾,取道山海关一线前进。但过无终后,连日大雨不止,滨海地区地势低洼,烂泥淤积,给行军造成了很大困难。而乌桓兵得知曹军进击的消息,在险要处一一设防扼守,曹军沿途不断地遭到阻击。这样一来,曹军几乎陷入了寸步难行的境地。

幸好这时曹操请到了田畴做向导,从蓟县出发,经过卢龙塞,穿越五百里高山绝谷,自白檀、平冈、鲜卑庭到了柳城。此时袁尚、袁熙和乌桓的蹋顿单于才知道曹军已到,集结数万骑兵。八月,在距离柳城数百里之遥的白狼山,两军突然相遇,曹操登高观察,见乌桓骑兵分散开来四面出击,便命令张辽为先锋,集结兵力迅速猛攻右翼。乌桓骑兵被这种凌厉的攻势所震慑,很快便惊散崩溃,蹋顿单于等皆被杀死,袁尚、袁熙逃奔辽东,归降者达到20余万人。

后来,袁熙、袁尚也先后被消灭。曹操大军开进了柳城,三郡乌桓被彻底征服了。曹操凯旋的时候,把从前被乌桓掳去和逃往塞外的汉族人民十多万户全部带了回来。从此，北方混乱的局面结束了，社会经济得到了正常发展。

曹操为了纪念这次出征，写下了《步出夏门行·观沧海》这首千古名诗，其中最著名的两句是："老骥伏枥，志在千里；烈士暮年，壮心不已。"这年，曹操已经53岁了。

六、赤壁之战

曹操平定乌桓、消灭袁氏残余势力后，完全控制了幽、冀、青、并、兖、豫、徐和司隶一共八州的地方，形成了独占中原的局面。当中原大地群雄争霸、混战不已的时候，长江以南的江东地区也有一股势力正在不断壮大，那就是孙氏父子。

孙权的父亲孙坚始据江东，后传权于其兄孙策，势力相当稳固。公元200年，孙策被人用毒箭射伤，救治无效，英年早逝。临死前，将大业交给年仅19岁的弟弟孙权。孙权采纳鲁肃的建议，把"坐江东，观成败"作为原则，进一步稳定在江东地区的统治。公元208年，孙权在部下周瑜、鲁肃的帮助下消灭了黄祖，成为江东霸主。

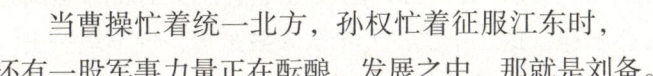
周瑜像

当曹操忙着统一北方，孙权忙着征服江东时，还有一股军事力量正在酝酿、发展之中，那就是刘备。

刘备，字玄德，涿郡涿县人，据说是西汉中山靖王刘胜的后代。刘备小时家里很穷，靠贩鞋为生，好结交朋友，与同郡张飞、河东关羽结成生死之交。他在中山（今河北定县）商人的资助下，组织起地方武装。黄巾起义爆发后，刘备起兵先后依附公孙瓒、陶谦、曹操、袁绍，但因势力太小，所以在征战中常常失败。

袁绍失败后，刘备投奔荆州刘表。刘表给他一部分兵马，让他屯驻新野（今河南新野）。刘备到荆州后，充分认识到要想建大业，必须有一批有才智的人来支持自己，便开始搜罗人才。这时，有人向他推荐人称"卧龙"的诸葛亮，刘备听到后相当高兴，带着关羽、张飞前去拜访，去了三次才见到诸葛亮。刘备由于得到诸葛亮的辅佐，很快便形成一支不容轻视的力量，加入军阀割据战争。

公元208年，曹操率大军南征，直指荆州。当曹操的军队还没有到达时，盘踞这里的刘表就病死了。他的两个儿子——长子刘琦、次子刘琮向来就不和睦，在刘表临终前几个月，刘琦出任江夏太守；刘琮被部下拥戴，继任荆州牧。刘琮是个贪生怕死的人,听说曹操来攻荆州,暗地派人投降,曹操兵不血刃地占领了襄阳,当时刘备和诸葛亮正在与襄阳一水之隔的樊城(今湖北襄樊)操练兵马,他还不知道刘琮已经投降。曹操大军逼近时,单凭自己的力量抵抗曹操已不可能,便与诸葛亮率军向江陵(今湖北江陵)退去。刘备在荆州很有影响,当他撤退时,有十多万百姓纷纷随他南下,辎重数千辆,男女老幼互相搀扶,所以每天走得很慢。曹操看出刘备想退守江陵的意图,亲自率五千骑兵,昼夜急行三百多里,直奔江陵。曹军在当阳长阪追上刘备,大败刘备。曹操顺利占据江陵,而刘备却逃到刘琦驻守的夏口。此时刘备的军队除关羽的一万水军和刘琦的一万多步兵外,其余损失殆尽。

　　曹操席卷荆州的消息传到江东,孙权部下的文武官员都异常震动,有些人主张投降,孙权犹豫不决。在曹操进兵荆州以前,孙权就曾派鲁肃到荆州去探听虚实,鲁肃在当阳劝刘备把军队移驻到长江南岸的樊口(今湖北鄂城),以便和东吴互通声气。刘备乘机派诸葛亮和鲁肃一同前往柴桑(今江西九江)去见孙权,商议联合抗曹的策略。这时候,孙权接到曹操的恐吓信,声称孙权若不投降,他将率80万大军直捣江东。曹操的威势使一些人吓破了胆,长史张昭就是其中之一。他认为只有投降才是上策。针对这种观点,周瑜批驳说:"曹操挥师南下,后边有关西马超、韩遂的威胁,后方一定不稳定。再说曹军习于陆战,不习水战,他们与我们较量是舍长就短。另外,现在是寒冬十月,曹操军马粮草不足,北方士兵远涉江湖之间,水土不服,必生疾病。这些都是曹操致命的弱点。曹操号称80万大军,据我观察,曹操带来的军队不过十五六万,已疲惫不堪;从刘表那里所得军队,最多不过七八万,且人心不稳。这二十二三万军队人数虽多,但不堪一击。将军只要给我5万精兵,就足以打败曹操,请将军放心。"一番话说得孙权非常激动,他拔出宝剑,砍掉奏案的一角,厉声说道:"诸将吏谁再敢说投降二字,就和这

水陆攻战画像石　　陶船　　东汉
船为长条形,首尾较狭,中宽,平底。船内设置前、中、后三舱,船前有锚,船后有舵。船内六人,分散各处作各种姿势,反映水手的分工。

奏案一样！"

于是，孙权以周瑜为左督（总指挥），程普为右督，鲁肃为赞军校尉（参谋长），率精兵3万，与刘备大军一齐进驻长江南岸的赤壁（今湖北嘉鱼），与江北曹操的军队隔江对峙。曹军因水土不服，不少人染上了疾病。北方人不习惯乘船，在船上站立不稳，眩晕呕吐，别说作战，就连正常行走都困难。为了解决晕船的问题，曹操下令将战船用铁链互相连接起来，以减轻船身的摇晃。这样一来，士兵在船上有如履平地之感，精神又都振作起来。周瑜的部将黄盖发现这一情况，便向周瑜建议使用火攻。为了麻痹曹操，以便在展开火攻时尽量接近曹营，周瑜决定让黄盖诈降。曹操接到黄盖的投降信，以为是自己的威势使江东将领害怕了，遂相信了黄盖的投降，并约定好投降的时间和信号。

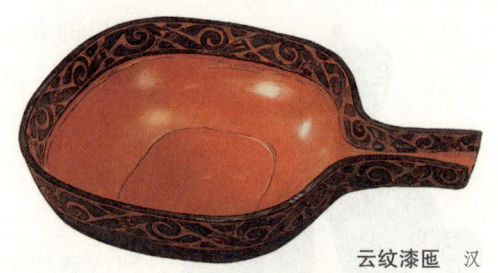

云纹漆匜　汉

建安十三年（公元208年）十一月的一天，黄盖带领10艘大船，船上装满干柴，浸上油液，外面用帷幕盖好，插上约定的旗号，又在每艘大船后边拴上小船；大船在前，小船在后，直奔曹营。在接近曹营水寨时，黄盖命士兵举火，并齐声高喊："黄盖来投降了！"曹军信以为真，丝毫不加防备，还纷纷走出船舱来伸长脖子观望。两军相距不过二里地时，黄盖命令解开快艇，同时在各船点起火来。曹军这才发觉上当，但要避让已经来不及了。

风猛火烈，船驶如飞，转眼间曹军水寨顿时淹没在一片烟山火海中。周瑜和刘备率领精锐跟在黄盖后面，乘势猛攻。曹军士兵，顿时陷入一片混乱，被烧死、淹死和杀死的人不计其数。曹操败走华容道。刘备、周瑜水陆并进，乘胜追击，一直追到南郡。曹操在战斗中损兵折将。恰在这时，又传来孙权围攻合肥的消息，必须派兵驰援。曹操只得留下曹仁、徐晃驻守江陵，乐进驻守襄阳，自己率领其余的队伍踏上北归的路途。这场历史上著名的以少胜多的赤壁大战，以曹操的失败而告终。

赤壁之战结束后，曹操再也无力南下，统一全国的愿望化成了泡影。孙权稳定江东，并且向岭南地区发展。刘备占据荆州，向益州发展。

七、降服鲜卑

当曹操征服三郡乌桓后，乌桓族的势力大大削弱，但在乌桓西面的鲜卑族又逐渐强大起来。公元218年，代（今山西阳高）、上谷（今河北怀来）二郡塞外的三个单于，联合近塞的鲜卑族部落酋长轲比能，侵扰河北边境。

公元218年，曹操派三子曹彰领兵征讨鲜卑。当曹彰到达涿郡边界时，乌桓、

鎏金铜羽人　东汉

鲜卑的联合骑兵突然来袭。这时曹彰手下只有步兵1000人，战马数百匹。曹彰采纳田豫的建议，利用地势布成圆形的阵势，命令步兵在外，弓弩手暗藏在内，联军来时，一齐发射，结果乌桓、鲜卑的联军无法前进，便退散了。曹彰亲率士兵追杀，一直追了二百多里，到达桑乾（今河北蔚县东北），距离代郡也只有二百多里路了。曹彰部下的将官认为新到远地，人马劳乏，曹操又有不准越过代郡的命令，劝曹彰不要轻敌冒进。曹彰说："领兵出征，只要对我们有利就要前进，怎么能事先规定一个限度呢？况且趁敌人去得不远，继续追击，一定可以获得大胜；如果放任敌人逃走，又算得上良将呢？"说完，他立刻上马，命令士兵说："后出者斩！"结果只用一天一夜的时间，就赶上了联军，打死打伤和活捉乌桓和鲜卑联军好几千人。这时，鲜卑轲比能知道无法获胜，便带兵退走塞外，并向曹操表示降服，北方边境重新恢复了安定。

八、建安风骨

建安是东汉献帝的年号，从公元196年至公元220年。这个时期，东汉王朝在政治上分崩瓦解。与此相反，文学史上的"建安"时间，则以充满新文学的生气而著称。这种在文学史上具有划时代意义的"建安文学"，这一时期的代表人物，就是曹操。

曹操和他的儿子曹丕、曹植，父子三人被称作"三曹"，是建安文学的核心人物。聚集在曹氏父子周围的建安文人，首推"建安七子"。他们中虽然有些出身卑微，但都受到了曹操的重用。如王粲，从京都跑到荆州，流离奔波，却得不到刘表的重用，后来归附曹操，就一再被加官重用。陈琳，字孔璋，曾替袁绍起草讨伐曹操的檄文，痛骂曹操；后来袁绍失败，陈琳归降曹操，曹操因爱惜其才，不

文姬归汉图　明　仇英

但未加以处罚，反而重用他。除了他们两个，还有鲁国的孔融，字文举；北海的徐干，字伟长；陈留的阮瑀，字元瑜；汝南的应玚，字德琏；东平的刘桢，字公干。这七个文人被后世称为"建安七子"或"邺下七子"。

建安七子图

另外，东汉著名的女文学家蔡琰（字文姬），在军阀混战时被匈奴掳去，后来曹操派人用金币把她赎了回来。

曹操不仅是建安文学的倡导者和组织者，也是建安文学队伍中一个极为重要的人物。曹操所写的诗歌流传到现在的有二十多首。他在叹息征讨董卓无功时，曾经以悲伤的心情写出了题为《蒿里行》的一首诗，生动具体地刻画了汉末社会的残破景象：……铠甲生虮虱，万姓以死亡。白骨露于野，千里无鸡鸣。生民百遗一，念之断人肠。

曹操还写了一首诗来表达他对远征战士的同情，其中有几句是：

奈何此征夫，安得去四方。戎马不解鞍，铠甲不离傍。冉冉老将至，何时返故乡？

九、曹操之死

公元217年冬季，刘备发动了对曹操的西方战略要地汉中的进攻，曹操不得不在同年九月亲自率领援军赶到长安，就近指挥汉中的战事。公元219年年初，曹操的大将夏侯渊在定军山被刘备杀死，同时又传言刘备的部将关羽出兵江陵，进攻襄阳、樊城，曹操只好退回长安。魏文帝黄初元年（公元220年）正月，曹操由于长期鞍马劳顿，得不到休息，

三国鼎立示意图

病情加重，不久就死去了，终年66岁。

从曹操起兵陈留到病死洛阳，共经历三十多年。其间，曹操先后消灭了长江以北的陶谦、吕布、袁术、刘表、张绣等地方豪强势力，结束了北方军阀混战的局面，统一了北方，发展了北方经济，为广大中原地区的人民创造了一个相对安定的生活环境，其历史功绩是不可磨灭的。

曹操死后不久，其子曹丕代汉称帝，国号"魏"，即为魏文帝，曹操被追尊为太祖武皇帝。从此，三国鼎立的局面得以形成。

蜀汉昭烈帝刘备

汉昭烈帝名叫刘备，是蜀汉王朝的开国皇帝。刘备是西汉中山靖王刘胜之后，刘弘之子。他以仁厚著称，善于用人，皇族意识很强，以光复汉室为己任，在乱世之中开创了蜀汉基业。

一、桃园结义，乱世起兵

刘备，字玄德，东汉延熹四年（公元161年）生于涿县（今属河北）。从血统上说，刘备确实是"帝室之胄"，他的先祖刘胜，是西汉景帝刘启的儿子、汉武帝刘彻的兄弟，曾受封为中山靖王。刘胜一生享尽荣华，死了都是金装玉裹。今人在河北满城出土的金缕玉衣就是他的，可见其荣耀。不过，由于汉武帝实行"推恩令"，把诸侯王的属地一代代分割给子孙，到了刘备的父亲刘弘这一代，就剩下一个汉室皇孙的名义了。

刘备的父亲刘弘曾做过州郡一级的小官，不过他死得很早，留下刘备与母亲相依为命。刘备从小家境贫寒，只好自己编织一些草鞋、凉席拿到街上去卖，以此来维持生计。

刘备从小就不喜欢读书，他喜欢结交豪杰，想做大人物。渐渐地，刘备在涿县一带认识了不少朋友，有了一点名气。

刘备一直都想做大事，在他24岁时，机会终于来了。东汉灵帝光和七年（公元184年），爆发了黄巾大起义。东汉朝廷派兵镇压起义军时，各地的军阀豪强也纷纷打着讨贼的旗号起兵，占地为王，扩充自己的实力。刘备也在地主乡绅的资助下，趁机招兵买马，拉起了一支队伍，参与镇压起义军。这期间，他结识了一生中最重要的两个人物：张飞和关羽。关张二人是应招而来的，他们与刘备意气相投，于是就在桃园结拜为兄弟。后来这二人为刘备的江山大业立下汗马功劳，桃园三结义成为了历史上的一段佳话。

凭着镇压黄巾军的功劳，刘备被封为安喜（今河北定县东）县尉。胸怀大志的刘备对小小的县尉一职并不满足，正好这时郡太守派下来巡查的督邮到处敲诈勒索。督邮见刘备没有给他送礼，就要撤他的职。刘备一气之下，带人冲到督邮的住处，把他绑到树上，用马鞭狠狠地抽了100多鞭，还不解气，要杀督邮，吓得他连连求饶。刘备就把自己的官印挂在他的脖子上，然后扬长而去。当时东汉朝廷忙着剿灭黄巾军，也没人来问刘备的罪。

刘备弃官后，就带着自己的一帮人马去投奔早年结交的好友、幽州军阀公孙瓒。公孙瓒任他为平原县令，后来又做

陶井　汉

了平原国相。此时天下大乱,军阀混战,百姓流离失所,许多有才之士也颠沛流离。刘备虽然官位不大,但他为人正直,待人宽厚,且他在平原既能抵御外敌,又能积聚粮草,于是许多人都来投奔他。刘备对投奔而来的人非常照顾,与他们同桌而食、同席而卧,很得人心。刘备的好名声就渐渐传开了。

此时军阀混战更加激烈,袁绍率兵攻打公孙瓒时,曹操也带兵讨伐徐州牧陶谦。陶谦派人向公孙瓒求救,公孙瓒自顾不暇,就派刘备去援助陶谦。这时刘备的实力很弱,他手下除了1000多士兵,就是几千归附的饥民。他带着这样一群人来到徐州,陶谦只好又给了他4000兵士,任他为豫州刺史,让他据守小沛(今江苏沛县)。不久,陶谦病重,临死前,他嘱咐部下麋竺,说:"只有刘备才能安定徐州。"就这样,刘备接管了徐州,一跃而跻身到大军阀的行列。

兵器架　汉

二、四处流浪,寄人篱下

刘备成为徐州牧后,还没来得及大发展,就惹上了麻烦。临近徐州的淮南大军阀袁术,本想趁着陶谦新死,自己占据徐州,没想到让刘备抢了先,于是袁术就率兵攻打刘备。刘备手下兵力不足,勉强迎战,没想到袁术又勾结了吕布来围攻他。刘备抵挡不住,只好去投靠曹操。吕布趁机自封为徐州刺史。

刘备为人仁义,赢得人心,名气已经传遍了天下。曹操见他来投奔,十分高兴,就举荐他为豫州牧。豫州牧只是一个虚衔,不过也给刘备带来了更高的声望。曹操又分了一些兵力给刘备,让他回小沛收集余部,攻打吕布。曹操又亲自率军夹击吕布,将吕布活捉了。吕布向曹操求饶,表示愿意归顺。曹操爱惜吕布勇猛,有些心动。刘备在旁边,就以吕布侍奉丁原与董卓之事来提醒他。曹操想想,也觉得这样出尔反尔的人的确不能用,就杀了吕布。曹操带着刘备回到许昌,又上表推荐他做了左将军。

刘备来到许昌后,见到了被曹操挟持的汉献帝刘协。刘协一直不满做傀儡皇帝,正与董承、王服等人密谋诛杀曹操。因为刘备是汉室后裔,他们见到刘备十分高兴,刘协还称刘备为"刘皇叔"。从此刘备的皇叔之名天下皆知,成为他以后最大的政治资本。刘备一直想兴复汉室,自然答应与他们合作起事,并从董承手中接过了汉献帝血书的"衣带诏"。

关公秉烛夜读图

刘备虽答应参与诛曹，但他为人十分谨慎。曹操是个多疑的人，表面上厚待刘备，实际上对他戒心很重。刘备也怕遭曹操猜忌，就深居简出，对外事一律不关心，他甚至在自己住的院子里锄地种菜。一日，刘备正在浇菜，曹操派人请他，刘备只得胆战心惊地去见曹操。拜见后，曹操不动声色对刘备说："在家做得大好事！"说者有意，听者更有心，这句话吓得刘备面如土色。曹操又转口说："你学种菜，不容易。"这才使刘备稍稍放下心来。

二人在小亭中坐下，煮上一壶青梅酒开怀畅饮。曹操兴起，谈论天下英雄。他让刘备说说当世谁是英雄。刘备随口说是袁绍，让曹操否定了。此时天空阴云密布，大雨将至。刘备问曹操谁能当英雄，曹操单刀直入说："当今天下英雄，只有你和我两个！"刘备以为自己的野心暴露，吓得筷子都掉了。正巧此时雷声大作，大雨倾盆。刘备灵机一动，从容地低下身拾起筷子，说是因为害怕打雷，才掉了筷子。曹操见刘备如此懦弱，也就放松了对他的戒备。青梅煮酒论英雄也由此得来。刘备怕曹操再猜忌自己，就暗中备好了退路。等到曹操再次想到刘备时，他早已跑得没了踪影。

刘备离开曹操后跑到徐州，立即杀了徐州刺史车胄，然后将汉献帝血书诛曹的诏书公告天下，公开打起了反曹的旗帜。很快就有郡县响应，归附了刘备。曹操追悔莫及，马上出兵攻打刘备，但未能取胜。

建安五年（公元200年），董承等人还没行刺曹操，就被曹操发觉了。曹操处死他们后，得知刘备也参与了密谋，他盛怒之下，就亲自领兵去讨伐刘备。刘备寡不敌众，只好去投奔袁绍。而刘备的妻子和大将关羽都被曹操擒获。曹操爱惜关羽的才华，就厚待关羽。关羽见此时形势不利，又为了保全刘备的家眷，就投降了曹操。但是关羽很重义气，他向曹操提了三个条件：一是只降汉室不降曹操，二是要求曹操礼待刘备的妻儿，三是一旦得知刘备的消息，他立刻去追随。关羽对刘备的这番情意，连曹操也很感动，加上他实在是喜欢关羽，就答应了关羽的请求。

刘备去投奔袁绍，这时袁绍与曹操的争战已经持续了很久。袁绍以为自己多了一分抗曹的力量，十分高兴，就以隆重的礼节接待他。不久，那些溃散的兵士又跑回来追随刘备，刘备的元气就逐渐恢复了。袁军与曹军相持在官渡（今河南中牟附近），袁绍让刘备带兵袭击曹军的后方。这时，得知刘备消息的关羽，带着刘备的妻儿逃了过来，张飞也回来了。

刘备见兵力完全恢复，就改为率军攻打曹操的根据地许昌。不久，袁绍在官渡之战中全军覆没，刘备没了依靠，就南下投奔荆州太守刘表。

云纹漆鼎　汉

刘表与刘备同为汉室宗亲，他才能平庸，虽拥兵10万，但没有太大的作为。他客客气气地接待了刘备，不过心里却对这位同宗很猜忌。他就让刘备驻扎在荆州北部的偏远小城新野（今河南新野），防备曹军南下。

三、三顾求贤，三分天下

刘备一向很有雄心壮志，但是起事以来一直不顺，没有自己的根据地，四处寄人篱下，十分狼狈。好在他并不灰心，始终积极努力。刘备在刘表麾下暂时安定下来后，就仔细分析自己失利的原因，他得出结论：自己实力不足，虽有关羽和张飞这样的猛将，但缺乏出众的谋士。于是，他决定寻访贤才。

刘备求贤的路并不顺利。襄阳谋士徐庶前来投奔，他很有才干，一到刘备军中就指挥军队打了好几场胜战，夺下了樊城。结果曹操知道了这事，就派人把徐庶的母亲捉去，又伪造徐母的家书，把徐庶骗到了曹操这边。不过徐庶感激刘备的知遇之恩，发誓不会为曹操出谋献策。这也就留下了"身在曹营心在汉"的佳话。徐庶走前，向刘备推荐了更有才华的诸葛亮。正是有

三顾茅庐图

了这个神机妙算的南阳卧龙,刘备才成就了一番事业。

为了显示自己的诚意,刘备带着关羽和张飞亲自到诸葛亮隐居的隆中去拜访。恰巧诸葛亮外出未归,刘备只好失望而归。不久,刘备又带着关张二人,冒着风雪二次拜访,不料诸葛亮又外出闲游了。刘备不死心,又要带着关张第三次拜访。关张二人吃两次闭门羹,心中有气,就说诸葛亮也许徒有虚名,未必有真才实学,不愿意再去。张飞性格鲁莽,更是要用绳子把诸葛亮捆来。刘备责备了二人,坚持再请诸葛亮。三人来到诸葛亮家,诸葛亮正在睡觉,刘备不敢惊动,耐心等候,直到诸葛亮醒来,才彼此坐下谈话。诸葛亮才华出众,并不甘心隐居度过一生。他也想以自己的学识,做出一番事业,只是还没有遇到伯乐。诸葛亮见刘备实在是很有诚意,就答应出来全力帮助他。这也为后人留下了"三顾茅庐"的典故,他们的谈话被称为"隆中对",也流传千载。

有了诸葛亮的相助,刘备的政治生涯开始发生转折。

曹操在官渡之战后,统一北方,实力大增,就率兵南下,直取荆州。曹军还没到,刘表就病死了,次子刘琮继位。刘琮软弱无能,听说曹军30万将至,吓得赶紧投

古隆中

降。刘备势单力薄,只好率领部下突围退走。逃走途中,刘备夫人甘氏与幼子阿斗,被曹军重重包围,幸亏猛将赵云死命相护,才得以脱险。曹操占了荆州后,又占领江陵,声势更大,就沿江东下,准备消灭刘备,然后吞并东吴。

刘备势力单薄,为了保全自己,在诸葛亮的建议下,他决定联合东吴一起抗击曹军。东吴孙权也考虑到唇亡齿寒,只有与刘备联合才能保全。于是,孙刘联军,在周瑜和诸葛亮的指挥下,在赤壁火烧曹军船只,然后趁势追击,曹军溃败。曹操带着残兵败将逃回了北方,再也没有实现一统天下的梦想。这就是历史上赫赫有名的赤壁之战。

赤壁之战后,刘备趁机占领了荆州。接着,就向益州进发。益州主要包括四川一带,不仅地势险要,而且物产丰富。益州牧刘璋也是汉室宗亲,软弱无能,他畏惧曹操,就派手下张松去拜见曹操,可是曹操对张松很冷淡。张松又顺便去拜访了刘备,刘备对他十分热情。于是,张松回去后就在刘璋面前说曹操的坏话,又极力称赞刘备。刘璋降曹的事就没有成功。而刘备站稳荆州后,就带兵攻打益州。由于地势险要,刘备用了三年多的时间,终于逼迫刘璋向他投降。

诸葛亮在"隆中对"里为刘备规划的宏伟蓝图,至此就真正实现了。荆州和益州两州之地被刘备纳入囊中后,他就有实力去与曹操、孙权分庭抗礼。自公元184年涿县起兵,到现在整整30年,54岁的刘备终于完成了三分天下的大业。

四、成都称帝,白帝托孤

刘备艰难地夺取了益州,不过接下来他打了一场胜战。由于汉中地势险要,是巴蜀的咽喉要道,刘备占领了益州,就想进一步夺取汉中。不想曹操动作快,派夏侯渊、张郃、徐晃等人镇守汉中。公元219年,蜀魏为争夺汉中,在这里发生了起决定性作用的著名战役——定军山之战,蜀汉老将黄忠刀劈夏侯渊于定军山下,挫败了曹魏之锐气,使蜀汉夺取了汉中。刘备乘胜把附近的几个郡也拿到手。公元219年秋天,凭借雄厚的基础,59岁的刘备在手下的拥戴下,做了汉中王。

刘备当了汉中王,他的事业达到了顶峰。

刘备塑像

古蜀道

不过，他的势力日益强大，引起孙权的不满，双方关系开始恶化，争夺的焦点集中在荆州。荆州本是赤壁之战后，孙权借给刘备牵制曹操的。在刘备占领益州后的第二年，孙权就要讨回荆州。刘备自然不肯，就找借口拖延。这就是后人常言"刘备借荆州，一借永不还"的典故。孙权要不回荆州，恼怒之下，就伺机要对刘备开战。公元219年，刘备与曹操在汉中交战时，关羽以荆州为基地，也出兵进攻曹军镇守的襄阳和樊城。关羽"水淹七军"，擒于禁，斩庞德，败曹仁，令曹军闻风丧胆。曹操派人联合孙权，孙权觉得夺回荆州的机会来了，就与曹操共击关羽。关羽因为屡屡得胜，有些骄傲，战略不当，结果被魏吴两军击败杀死。关羽一向骁勇，威名赫赫，他兵败被杀的消息传到蜀汉，全国震惊。刘备万分悲痛，愤而决定攻打东吴，夺回荆州，为关羽报仇。

这时，曹操突然病死，他的儿子曹丕继位为魏王。没过多久，曹丕就篡汉称帝了。接着又有谣传，说汉献帝已经被害死。刘备是汉室子孙，一向以兴复汉室为己任。于是，蜀汉章武元年（公元221年），在诸葛亮等人的拥护下，61岁的刘备在成都称帝，国号为汉，即后人所称的蜀汉。刘备就是蜀汉昭烈帝，他封诸葛亮为丞相。

因为荆州失守，刘备以后想进

蹬弩放箭图　东汉

中原就只有汉中一条路，十分被动，所以他一称帝，就立刻起兵伐吴，其实此时刘备的实力根本不足以与魏、吴抗衡。大将赵云等人纷纷劝阻，可刘备一意孤行。刘备让诸葛亮留在成都辅佐儿子刘禅处理朝政，然后下令调集全国的人马准备出兵。他派人通知了车骑将军张飞率兵到江州与他会师。可因为张飞性格粗暴，经常打骂部下，将士都对他十分不满，结果他刚到江州就被手下张达、范疆暗杀了。这样，刘备还没出兵，就损失了一员大将。

刘备举全国之力讨伐东吴，来势汹汹，很快就兵临秭归。蜀军击败吴军，拿下秭归，打开了通向东吴的门户。公元222年，刘备率蜀军沿江而下，继续攻吴。孙权见刘备声势浩大，就派人求和，却遭到了刘备的拒绝。这年六月，两军相持在猇亭（今湖北宜昌）。因为天气炎热，刘备就下令蜀军在山林茂盛处安营，又下令各营结成连营，以防吴军各个击破。其实刘备对军事并不太懂，身边也缺少将才，他犯了兵家的大忌。各营在山林中相连，天气又热，若用火攻，将无处可逃。吴将陆逊很有眼光，早就看准了这一点。两军相持已久，趁着蜀军懈怠，陆逊指挥吴军火烧连营。蜀军惨败，刘备带着残兵逃到白帝城。

猇亭惨败使得蜀军元气大伤，刘备难以承受这个沉重的打击，在白帝城一病不起。章武三年（公元223年）四月，刘备病情严重，他急召太子刘禅与丞相诸葛亮到白帝城。太子无能，刘备担心他无法继承大业；丞相诸葛亮才华盖世，

刘备墓的神道

刘备也担心他不够忠诚。于是，刘备嘱托诸葛亮："你才华盖世，胜过曹丕十倍，必能定国安邦，成就大业。若太子可以辅佐，你就辅佐他；若他无能，你就代他自立吧！"诸葛亮听了这话，立即拜倒在地，哭着说："臣一定辅佐太子，鞠躬尽瘁，死而后已。"刘备安排好了身后事，大限已至。刘备称帝两年，享年63岁。他在乱世中创立了蜀汉基业，他的宏图伟志为人敬仰，他善于用人也为后人所称道。

吴大帝孙权

孙权，三国时吴国的开国皇帝。他承袭兄长之职上位，礼贤下士，从谏如流，处事果断，精明能干，最终开创了吴国的霸业，成为三国时期与曹操、刘备抗衡的枭雄，促使三国鼎立的局面最终形成。

一、少年英年,秉承兄志

孙权,字仲谋,吴郡富春(今浙江富阳)人,是长沙太守孙坚的次子。孙权10岁时,父亲孙坚为帮袁术抢夺荆州战死。孙权就随兄长孙策去投奔袁术,从此,正式开始了军营生活。孙氏兄弟带着人马征战南北,很快成为江南最大的豪强。

孙权虽然年幼从军,但他聪慧有谋,而且性情豪爽,襟怀坦荡,好养侠士,很快就有了一定的声望,甚至赶上了他的父兄。孙策出兵江东时,年仅14岁的孙权为他出谋划策,立下卓绝的战功。孙策很赏识弟弟的才干,就委任他为阳羡(今江苏宜兴一带)县长。这一年,孙权才15岁。

公元200年,曹操与袁绍打仗,孙策想出兵偷袭许昌,结果还未出兵,就被吴郡太守许贡手下的门人刺伤而死,年仅26岁。临终前,孙策把官印授予孙权,希望他带领江东将士,与天下英雄一争高下,并嘱咐部下支持孙权。这样,年仅19岁的孙权就挑起了统辖江东的重任。

孙策新丧,江东形势不稳。孙权年少,势力孤单,内忧外患,困难重重。幸

南京古石头城遗址
这里古为长江故道,江涛逼城,形势险峻。东汉末,孙权依山傍江筑石头城,作为军事堡垒。所谓"石城虎踞"指的就是这里。

亏孙策为他留下了两个得力助手：张昭和周瑜。当时许多江东豪杰见没了孙策，对年轻的孙权并不放在眼里了，他们有的徘徊观望，有的想另投新主。关键时刻，周瑜从巴丘率兵前来，稳住了军心。接着周瑜又和张昭一起，说服群臣团结起来，共同拥护孙权。江东的人心这才逐渐安定下来。孙权在二人的帮助下，终于度过了最艰难的时期。

干栏式铜仓　汉

形势一稳定，孙权就开始集中精力发展江东。他以师傅之礼待功勋老臣张昭，并把内政交给张昭打理。张昭注重对百姓施行仁政，他减轻赋税、徭役，鼓励发展生产，促进贸易往来，在他的治理下，江东经济很快就繁荣起来。孙权又把军事交给周瑜全权负责。周瑜招募兵士，扩大队伍，更新武器装备，又重点训练水军，使孙权的军事力量也很快增强了。孙权对两位大员委以重任，他自己也没闲着，就专门抓招揽人才之事。他招纳名流，礼贤下士，许多文武人才都投奔江东。三国名士鲁肃，诸葛亮之兄诸葛瑾等投身到孙权的麾下。

孙权有了这些人力物力储备，就开始征伐不服自己统治的人。庐江太守李术不愿听从他的统领，于是孙权带兵讨伐李术，最后李术兵败被杀。在孙氏家族内部，孙权的叔伯哥哥孙辅想夺权，就写信给曹操，邀他一起对付孙权，不料送信的人把信给了孙权。孙权不动声色，把孙辅的心腹杀个干净，又把他赶到东部监管起来。经过这样一番努力，孙权的统治终于稳固了。

孙权站稳了脚，就开始考虑图谋霸业的事。谋士鲁肃为他规划了兴国的步骤：第一步是稳定后方，第二步是剿灭盘踞江东的军阀黄祖，第三步是讨伐驻守荆州的刘表，将长江流域全部占领，这样，就可以称帝以图天下了。孙权很认同鲁肃的建议，就决定照此行事。孙权还任命鲁肃与周瑜一起统帅军队，鲁肃就成了他的第三大得力助手。

孙权治理江东几年，辖内已经比较稳定，建安十三年（公元208年），26岁的孙权开始进行他宏伟蓝图的第二步：讨伐黄祖。黄祖时任江夏太守，占据长江上游。孙权以大将吕蒙为先锋，杀了黄祖部下都督陈就，最终黄祖兵败溃逃，吴军占领夏口（今武汉）。从此江东浑然一体，都成了孙权的领地。

二、火烧赤壁，三国鼎立

孙权两步都走得很顺利，就想进一步夺取荆州，谁知被曹操抢先了一步。曹操不愿看着孙权坐大，成为自己的劲敌，就趁着他攻打黄祖时，进兵荆州。此时刘表刚病死，其子刘琮继位，懦弱无能，一听曹军兵临城下，就吓得赶紧投降。曹操很轻松地拿下了荆州，继续进军，攻打刘备和孙权。

此时刘备势力弱小，根本不堪一击，孙权的实力同样也无法与曹操抗衡。刘备听从诸葛亮联吴抗曹的建议，派他出使东吴商谈联合之事。曹操老奸巨猾，派人给孙权送来书信，威胁说自己80万大军即刻就要讨伐吴军，吓得东吴群臣失色。朝堂之上，主张联刘抗曹的和投降曹操的两派各持己见，争论激烈。最后，孙权还是听从鲁肃的建议，决定与刘备联合，抗击曹操。

蜀军有神机妙算的诸葛亮统筹，吴军有智谋过人的周瑜统帅，双方的合作很顺利。他们冷静分析：第一，曹军号称80万，其实是夸大其词，至多也就十五六万；第二，曹军远来，肯定疲惫不堪，士气不高；第三，曹操降服了刘表手下人马，但这些人心中并不臣服，曹军人心不齐；第四，曹军大多是北方人，不习水战，而江东乃水泽之地，地理上也处于劣势。而己方兵虽少，但兵精心齐，又占有地理上的优势，可以一战。

建安十三年，曹军与孙刘联军在赤壁对峙。由于曹军不习水战，所以曹操命部下用铁链将战船相连，战船排排成组，气势恢弘。这样也正好给了孙刘联军一个用火攻的大好机会。十二月，孙刘联军在赤壁火烧

东汉斗舰复原图

赤壁大战图

曹军，曹军船只相连，无法调度，烧死淹死不计其数，曹军惨败溃逃。这就是历史上以少胜多的著名战役——赤壁之战。

赤壁之战后，曹军元气大伤，孙权和刘备的实力都大大增强了。荆州被刘备趁机占有，不过刘备实力不如孙权，就谎称暂借，以后归还。孙权想夺取荆州，但刚经过大战，实在不宜再起干戈，并且孙权也想利用刘备来牵制曹操。荆州之事就这样耽搁了

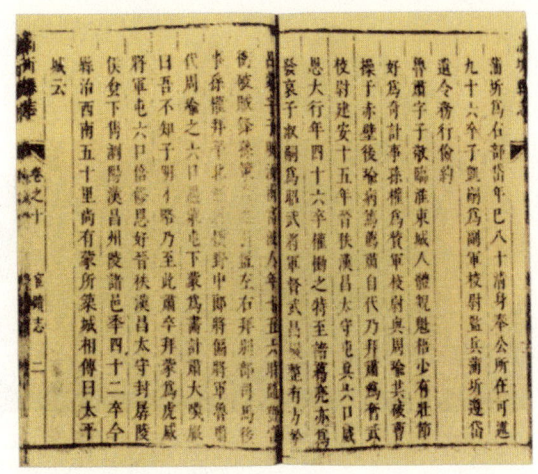

《蒲圻县志》有关赤壁之战的记载

下来。战后曹军实力削弱，不敢轻易来犯。孙权于是乘胜扩展地盘，用一年多的时间把势力拓展到交州（今广州）一带。孙权把都城从柴桑（今江苏九江）迁到秣陵（今南京），用石头建城，并改名为建业。刘备也趁机攻取了荆州附近大部分地区，并把治所迁移到江陵。孙、刘、曹，三分天下开始形成，三国逐鹿中原的大幕也渐渐拉开了。

三、如愿称帝，昏聩误国

魏、蜀、吴三足鼎立，为了各自的利益，他们相互间既联合又征战。孙权实力不断增强，他夺回荆州的计划也从没放弃。他多次催促刘备归还荆州，可刘备百般托词，就是不还。孙、刘于是反目。公元219年，恢复元气的曹操又与刘备在汉中打起来。驻守荆州的关羽出兵袭击襄阳和樊城，他水淹七军，大获全胜。曹操于是又与东吴联合，抗击蜀军。孙权早想夺回荆州，就与曹操夹击蜀军。他派大将吕蒙统兵攻打荆州，驻守荆州的关羽孤立无援，又十分轻敌，结果兵败被杀。于是孙权顺利地夺回了荆州。孙权夺荆州，杀关羽，使得蜀汉震惊。刘备更是决定举全国之力，要夺回荆州，为关羽报仇。

此时曹操已经病死，其子曹丕继位，并篡汉自立称帝。孙权就向曹丕称臣，与曹魏进一步搞好关系，好全力对付刘备。刘备在成都称帝后，于公元222年率军亲征，讨伐东吴。孙权派陆逊为将，率兵迎战。两军在猇亭（今湖北宜昌）相持。刘备不懂军事，在六月酷暑时节，命令蜀军在山地丛林中安营，并连成一片。陆逊乘机火烧蜀军，刘备败逃到白帝城，并且病死在那里。

解除了刘备这个威胁，孙权并不敢掉以轻心。猇亭之战后，孙、刘实力都削弱了，

关羽擒将图　明　商喜

孙权最担心的还是北方的曹魏。于是,他仍然低调行事,一面对曹魏俯首称臣,一面与蜀汉积极搞好关系。不过,他对曹魏低头只是暂时的,曹丕让他把儿子送到魏国为质,他就没答应,可见他雄心未泯,只是暗中积聚力量而已。等到局势稳定下来,孙权就正式与曹魏反目了。公元229年,孙权正式称帝,国号为吴,改元黄龙,历史上称他为吴大帝。

孙权少年得志,一生兢兢业业、英明果断,可当了皇帝,就开始昏庸起来了。孙权称帝时47岁,人到暮年,脾气大变。他变得好大喜功,宠信小人,猜忌忠臣,做事情也独断专行,与以前的雄姿英发相比,简直判若两人。

为了监视朝廷官员,孙权还在东吴嘉禾三年(公元234年)专设了校事、察战两职。这样一来,贤臣们更加与皇帝疏远了。很快,孙权的身边就剩下一群谄媚逢迎的小人,朝政也日益腐败。孙权对自己的儿子也不放心,在太子孙登病逝后的9年时间里,第二任太子孙和被废黜,他的四子孙霸被处死,最后幼子孙亮被立为太子。孙权几废太子,对吴国的政权产生了

白帝城

很大的影响,也为后来吴国灭亡埋下了祸根。

东吴太元元年(公元251年)冬,孙权到南郊祭天地后就中风了,从此病势日渐沉重。第二年四月,孙权病终,时年71岁,谥号"大皇帝",庙号"太祖"。他称帝后在位23年,开创了吴国大业,一生既为枭雄,又为昏君,不过后人对他褒扬的还是占多数。

晋武帝司马炎

晋武帝名叫司马炎，是司马昭长子，西晋王朝的第一位皇帝。他结束了动乱的三国争雄时代，使中国再次统一。他在位前期励精图治，与民休息，繁荣了西晋经济；但到了后期就耽于淫乐，纵欲无度，在他的影响下，西晋淫靡之风盛行。

一、长子得立,以柔治国

司马氏篡夺曹魏政权是经过几代人努力的。司马懿曾是曹操手下名将,后来又为曹丕征战多年。他足智多谋,多次打败蜀汉丞相诸葛亮的北伐,在曹魏政权中占有举足轻重的地位。曹芳称帝时,司马懿已经独揽大权。后来司马懿病死,长子司马师继续专政。到了曹髦即位,司马师病死,弟弟司马昭承袭兄长的职位,继续专权。有了父兄多年积累的基业,司马昭就等着时机成熟,篡位自立了。

司马炎是司马昭的长子,他雄才大略,又跟随在祖父、伯父和父亲身边多年,积累了不少征战和从政的经验,是个很能干的人。按照封建时代以嫡长子为嗣的规矩,他本应是毫无疑问的继承人。

可父亲司马昭却更喜欢另外一个儿子司马攸。司马攸为人亲和平易,重贤好儒,是位很有才华的儒雅之士。司马昭把他过继给自己的哥哥司马师为子,打算立为世子。后来司马师死了,司马昭仍然想将司马攸立为世子。但是许多朝臣都反对这种做法,他们的理由是历史上废长立幼引起的祸端实在太多。司马昭最终同意了群臣的意见,司马炎这才有惊无险地坐上太子之位。公元265年八月,司马昭中风不治病逝,司马炎继位。十二月,司马炎取代曹魏,自立为帝,国号为晋,定都洛阳。他就是晋朝的开国皇帝晋武帝。

司马炎当上皇帝后,并没有放松,因为朝中的局势他心里十分清楚。司马家两代三人的努力换来天的大业,不过都是建立在对曹魏皇室及附属势力的残酷杀戮之上的,所以司马政权并不得人心。另外,蜀汉

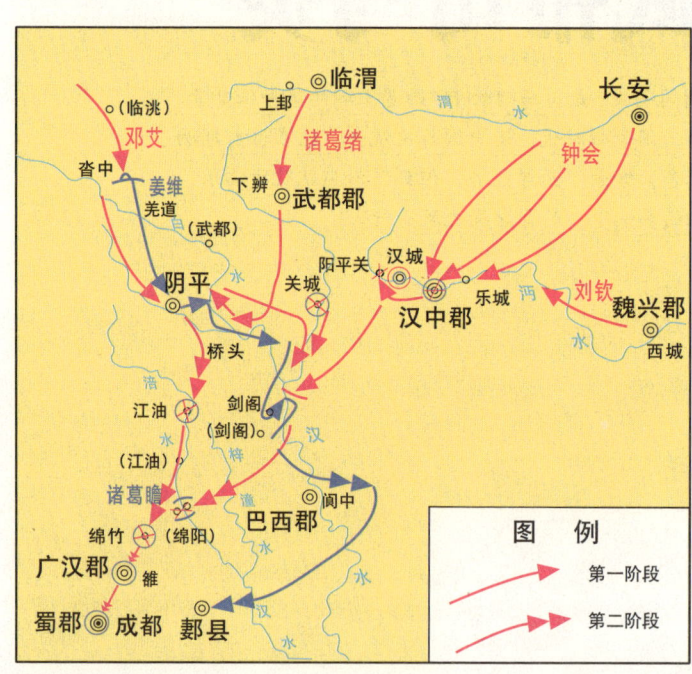

魏灭蜀之战示意图

虽然灭亡了,但东吴还存在,虽然实力不比西晋,但经过三代帝王的积淀,根基还是很雄厚的。

内忧外患并存,司马炎决定先治理好内政。首先,他善待魏蜀亡国之君。他封魏元帝曹奂为陈留王,并允许他保留天子仪仗,上书不用称臣;他又封蜀后主刘禅为安乐公,并加封为驸马都尉,还解除了对汉室的禁锢。这一举措缓和了内部矛盾,也稳定了原曹魏和蜀汉的人心。而此时东吴的皇帝孙皓贪婪残暴,倒行逆施,司马炎的措施也赢得了东吴的人心,为日后灭吴打下了基础。其次,司马炎对百姓实行怀柔政策。经过多年战乱,社会动荡,民生凋敝。晋朝政权要想稳固,就必须宽仁行政,而皇帝司马炎也的确是以无为与宽松政策作为立国精神。公元268年,司马炎在诏书中明确指出,要用无为之法统领全国,以保大晋江山。他要求群臣考证法典,减轻刑罚。又给郡国下了五道诏书,要求他们端正自身,勤于民事,抚恤孤寡,发展农业,并削减官吏,减轻百姓负担。司马炎的举措很得人心,西晋的经济也开始迅速复苏。

姜维像
姜维为蜀汉战斗到最后一刻。

司马炎不仅优抚百姓,而且提倡节俭,并以身作则。司马昭病逝,在后事安排上,司马炎要求不扰民,俭葬,并且陵墓十里之内让百姓居住。一次,司马炎生病,朝中官员纷纷携礼探望,他一律拒收。在众多礼物中,有一件名贵的雉头裘,是太医司马程据所送。司马炎将之拿到朝堂之上,当着群臣的面烧毁,并下令以后一律不得献奢侈品。司马炎在政事上也很清明,他对臣下十分公正。太常丞许奇之父因犯法被司马昭杀了,司马炎却仍然任用许奇,并毫不吝惜地称赞其才华。司马炎曾与右将军皇甫陶因政事而争执,散骑常侍郑徽为讨好皇帝,就上表请求治皇甫陶犯上之罪。结果,皇甫陶没事,郑徽却被罢免了。

二、慧眼识才,内外一统

司马炎把国内治理得井井有条后,他就想完成一统天下的雄心。他前面的障碍就是东吴。不过形势对他十分有利,西晋的国势蒸蒸日上,而东吴在暴君孙皓治下,民不聊生。

不过司马炎并没有贪快急进,而是慎重筹划,他先屯兵东吴边境,然后再伺机灭吴。司马炎慧眼独具,挑选了一个很有才干的将军统兵,这个人就是羊祜。羊

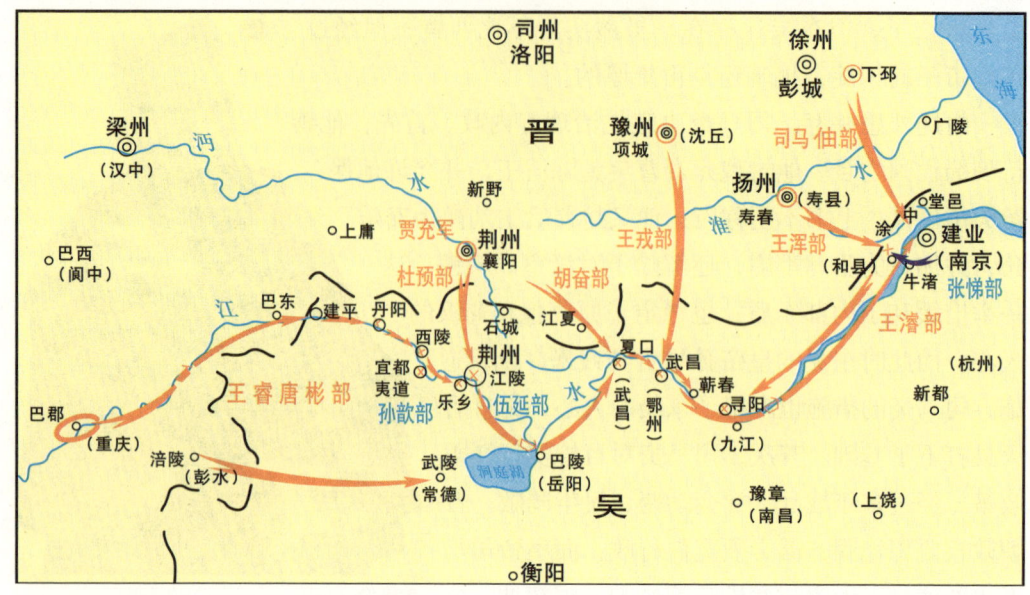

晋灭吴之战示意图

祜学识渊博，清廉正直。泰始五年（公元269年），司马炎命羊祜坐镇襄阳，都督荆州诸军事，与东吴南北对峙。羊祜到任后，发现荆州的形势并不稳固，百姓生活不够安定，士兵的军粮也不足。于是羊祜首先把精力放在发展荆州方面。他用了将近10年的时间，做好了灭吴的军事和物质准备。他屯田练兵，兴办教育，安抚百姓，并与吴国人坦诚相待，凡投降之人，去留可以自己决定，还禁止拆毁旧官署。羊祜的攻心战术十分有效，他也深得吴人的信任，吴人对西晋的敌对态度也逐渐转变，甚至有人称他为羊公。不过东吴驻守在此地的名将陆抗也很有才，他采取了与羊祜一样的怀柔攻心战术，这样西晋也不敢轻易发动灭吴的战争。羊祜、陆抗两军相对，边境地区十分安定。可惜吴主孙皓暴虐至极，激起了全东吴人的反对，他们对西晋社会安定，经济繁荣的景象非常向往。这些都是陆抗个人努力达不到的。后来陆抗去世，羊祜立即上表请求伐吴，不过晋朝国内群臣认为时机未到，表示反对。公元278年，羊祜抱病回到洛阳，不久病故。临终前，他举荐了大将杜预。这样，司马炎伐吴的计划，就由杜预来完成了。

　　杜预是一员儒将，运筹帷幄，才干不在羊祜之下。杜预首先袭击了东吴守将张政，并大败张政军。东吴皇帝孙皓生性多疑，对臣子又十分残暴，张政根本不敢禀报战败之事。杜预就大张旗鼓地将一部分东吴俘虏送至吴都，结果孙皓大怒，立刻把张政调离军中。杜预略施小计，就赶走了劲敌。他的才干，也得到了司马炎的赏识。趁着司马炎高兴，杜预就联合了许多大臣，一起上书，请求出兵伐吴。公元279年，司马炎终于下达灭吴的命令。

二十多万晋军兵分六路深入吴境。有了前面羊祜十来年的筹备,加上西晋实力雄厚,而东吴国力衰竭,灭吴之战进行得很顺利。公元280年初,晋军攻到吴都建业,吴主孙皓投降,东吴灭亡。西晋的统一大业终于完成。

青瓷仓院 三国
此院落平面方形,围墙环绕,双坡檐顶,大门上有一门楼,四角设角楼,正中有房舍,四角设圆形仓座,为魏晋时期民居的重要资料。

国家统一,外患消除后,司马炎就把主要精力放在恢复经济、发展生产上。他出台了许多英明的措施。首先,他继续优待魏蜀吴三国皇室的遗属。东吴旧主孙皓也封为归命侯,继续享受安定舒适的生活。其次,司马炎对广大农民实行"占田制",用以取代原来的"屯田制"。"占田制"规定男子可占田70亩,女子占田30亩,这样就大大提高了农民的生产积极性。农村安定下来,生产迅速恢复。农业发展了,人口增加了,国库自然也充足了。

司马炎灭吴后才三年,西晋人口就增加了130多万户,农业和手工业、商业等得以迅速发展,西晋初期的经济开始呈现出繁荣之景,历史上将这一时期称为"太康之治"。

三、羊车巡幸,痴儿承嗣

历来许多皇帝都有做明君的志向,可大多数都善始不能善终,司马炎也一样。天下一统,国家安定了,他就开始荒淫享受起来。为了表达孝心,同时也彰显自己的功绩,他大修祖庙,装饰得富丽堂皇,耗费人力物力无数。

接着,美色自然不会少。他下了一道令人瞠目结舌的诏书:"禁天下嫁娶。"历史上再荒淫的皇帝,也没有为了自己选美,不准天下所有老百姓先结婚的,这实在是历史上的创举。这一荒诞的旨意竟然还付诸行动了。泰始九年(公元273年),全国一切嫁娶全部停止,举国上下所有女子,包括订婚待嫁的,都必须参加选美。结果司马炎的后宫一下就有了美女5000多人。他还觉得不满足,又把东吴昏君孙皓后宫的几千美人都接收了,结果后宫美人过万,实在惊人。美女太多,司马炎挑不过来,干脆每天坐着羊拉的车,在宫中四处游荡,羊车停在哪里,就拉上几个美人宠幸。后宫美人众多,为了争得皇帝的宠幸,纷纷在门口插上竹枝,洒上盐巴,吸引拉车的羊能停在自己门前。

司马炎在衣食住行上也苛求奢华,甚至超过了有史以来的所有皇帝。上有所好,下必盛焉。有了司马炎带头,朝中权臣、皇亲贵戚竞相攀比。太尉何曾、尚书任恺等就以奢侈闻名,他们锦衣华服,堪比王侯,饮食日费万钱,还嫌不够精致。驸马王济府上,侍宴的婢女都锦衣绸裙,烹制的乳猪,竟然是用人乳喂养,又用人乳烹制而成。而另一个驸马王敦,在公主的住处如厕,发现旁边放有一盆香枣,就吃了几颗,后来才知道是用来除臭塞鼻用的,王敦因而受到宫女的耻笑。除了朝臣皇室竞比奢华,整个洛阳城都是以夸富为荣。当时京都有两大富豪:一个是晋武帝的舅父、后将军王恺,还有一个是散骑常侍石崇。二人为了斗富,做了许多令世人瞠目的事。石崇听说王恺家里洗锅用饴糖水,就命令自家厨房用蜡烛当柴火烧。王恺为了挣回脸面,又在自家门前大路两边,夹道四十里,用紫丝编成屏障。石崇又用比紫丝更名贵的彩缎,铺设了五十里屏障。如此种种,西晋整个社会都风气败坏。

皇帝荒淫无道,引得不少正直大臣都有怨言。一次,他率群臣到京城南郊祭祀。礼毕,他问身边大臣刘毅说:"朕能和汉代哪位皇帝相比?"他以为刘毅会说出汉高帝、文帝、景帝一类。谁知刘毅答:"可比桓、灵。"这二人都是汉代荒淫无道的国君。司马炎听了很生气。为了找回颜面,他说:"桓、灵二帝怎能与朕相比,朕面前至少有你这样敢说实话的诤臣。"

司马炎由于纵欲过度,身体很快就亏下去。他自己感觉时日不多,就考虑到继承人的问题。按嫡长子继位的规矩,他的长子司马衷9岁就被立为太子了。不过司马衷是个白痴,根本当不了皇帝。朝中很多大臣纷纷提议立齐王司马攸。司马攸是司马炎的弟弟,才华出众,原本就是与司马炎竞争太子之位的人,司马炎当然不愿意。司马衷虽然痴傻,但他有个聪明伶俐的儿子。一次,宫中失火,司马炎想到火场去看看,5岁的小孙子拉住他说:"爷爷,您贵为天子,怎么能去那些危险的地方呢?"司马炎感到很惊奇,他从小孙子身上看到了希望,最终决定把皇位传给司马衷,好将来把江山传给聪明的孙子。

太熙元年(公元290年),司马炎因病逝世。他在位25年,终年55岁,葬于峻阳陵,谥号"武皇帝",庙号"世祖"。他曾雄姿英发,统一全国,把西晋带入了强盛的时代;他又荒诞淫靡,损毁了来之不易的基业,留下一个乱摊子,为西晋后来灭亡埋下隐患。

金谷园图
此图描绘的是西晋富豪石崇与小妾绿珠在金谷园中的宴乐情景。

宋武帝刘裕

公元420年，东晋大将刘裕废掉东晋皇帝，自己称帝，建立刘宋政权。由此，在中国历史上存在170多年的南朝拉开了序幕。南朝依次经历了宋、齐、梁、陈4个王朝，其结束的标志为公元589年陈朝被隋文帝所灭。刘裕是刘宋的开国皇帝，在位期间，他整顿朝纲，抑制豪强兼并，关心百姓生活，减轻农民负担，重视教育，减轻刑罚，有效地巩固了政权，也为后来的"元嘉之治"奠定了基础。

一、出身贫寒，名起京口

刘裕，字德舆，小名寄奴。祖籍彭城（今江苏徐州），据史书记载，他是汉高祖的弟弟楚元王刘交的后代，曾祖刘混随着晋室南迁到京口（今江苏镇江），到了他的父亲刘翘这一代，家道中落。因刘翘早逝，刘裕自小尝尽生活的艰辛，曾以卖草鞋为生。

刘裕虽然出身贫寒，但从小就有大志向，一心想做一番惊天动地的大业。带着雄心壮志，刘裕走进军营，成为东晋北府军冠军将军孙无终的司马，由此开始了他一生的戎马生涯。不久，他又成为了北府军名将刘牢之的参军。

淝水之战后，东晋外部威胁解除，孝武帝不思进取，满足偏安局面。而摄政的会稽王司马道子专权，致使朝政腐败不堪。浙江新安太守孙泰是五斗米道的教主，利用传道聚众企图反抗东晋朝廷，结果被司马道子诱杀，他的侄子孙恩逃入海岛翁州，聚众伺机报仇。

公元399年，孙恩、卢循等人在会稽起兵反抗晋朝，东晋朝廷派前将军刘牢之去镇压。身为参军的刘裕机智有谋，勇敢善战，多次克敌致胜，战功卓越。刘裕从此起家，升任为建武将军、下邳太守、彭城内史，成为东晋的一员虎将。

好运要来，挡也挡不住。平定孙恩叛乱不久，刘裕又迎来一次飞黄腾达的机会。他牢牢地抓住了这次机遇，从此彻底改变了他自己的命运。公元402年，荆州都督桓玄发动叛乱，东晋朝廷以尚书令司马元显为骠骑大将军、征讨大都督，以刘牢之为前锋都督，发兵讨伐桓玄。不料，司马元显是个贪生怕死之辈，不敢出战，而刘牢之又被收买，率北府军投降了桓玄。因此，桓玄未费一枪一卒就进入东晋都城建康，夺取了朝廷大权。

桓玄掌政后，对北府军存在着极大的戒备之心。为了瓦解北府军势力，尽快实现自己代晋称帝的目的，他对

京口北固山图　明　宋懋晋

宋武帝刘裕

北府军将领进行了清洗。桓玄先后杀害了吴兴太守高素、辅国将军竺谦之、高平相竺朗之、辅国将军刘袭、彭城内史刘秀武、冀州刺史孙无终等北府军将领,曾经为他夺取政权起了重要作用的刘牢之也被迫自杀身亡。一时间,北府军将领人人自危,但此时的刘裕却镇静自如,他深知桓玄要杀的是那些掌握了兵权的高级将领,杀完这些人之后,必然会起用像他一样有资历的军官。果不其然,不久刘裕便被任命为中军参军,成为桓玄控制北府军而倚赖的骨干。后来,又因为破卢循有功,刘裕加官彭城内史、深得桓玄的弟弟桓修的倚重。

刘裕虽然在表面上对桓氏忠心耿耿,但是他心中却另有谋算,暗地里加紧活动,团结了一大批北府军的中下级军官司,等待时机准备取代桓玄。刘裕的这些小动作也引起了桓玄妻子刘氏的注意,她就时刻提醒桓玄,说刘裕有龙势虎志,不可能久居人下,应该尽早除之,不然将来会成为大麻烦。不过桓玄因杀了许多北府将领,

持盾武士俑　东晋

正在用人之际,所以对于妻子的劝言只能抛在一边,想着等关陇平定之后再来处理这一问题。

但是刘裕没有给他太多的时间。公元403年十二月,桓玄废掉晋安帝,自立为国君,国号楚。时隔两月,即公元404年的二月,刘裕与何无忌、魏咏之、檀凭之等人以匡复晋室为名,在京口起兵讨伐桓玄。同一天,刘毅也在广陵起兵响应。起义军共同推举了刘裕为统帅,主持讨伐大计。三月,刘裕率军与桓玄手下的猛将吴甫之在江乘交战,刘裕十分勇猛,他身先士卒,率先冲入战阵,士兵见状,深受鼓舞,个个奋勇直前,最终大胜吴甫之部,斩吴甫之于马下。随后,刘裕见士兵气势昂扬,于是率兵乘胜进攻,他与檀凭之各带一路人马与皇甫敷决战。不料,檀凭之战败身亡,刘裕成了孤军,最后被桓玄军层层包围,眼看就要丧命于此。但天不绝人,就在这危急时刻,刘裕的援军赶到,乱箭射死了皇甫敷,刘裕才死里逃生。

桓玄在刘裕的步步紧逼之下,一方面组织力量派扬州刺史桓谦出兵抵抗,另一方面则悄悄预备舟船,准备在失利后逃跑。桓谦所率大军大部分为北府人,这些士兵都畏服刘裕,毫无斗志。刘裕兵锋正盛,乘胜而来,很快就大败桓谦。桓玄见大势已去,慌忙坐船逃跑。

刘裕率军直接进入建康,他派刘毅、何无忌追击桓玄,自己则坐镇京师。面对

被桓玄搞得乌烟瘴气的建康,刘裕显示他治理的能力。在十几天的时间内,刘裕抓住主要矛盾,拨乱反正,同时自己以身作则,严于律己,很快就恢复了建康的秩序。随后,刘裕又迎回了白痴皇帝司马德宗,让他重登帝位。刘裕自己则以南徐、南青两州刺史的身份率北府兵回镇京口,后来他又加领南兖州刺史,北府兵也就全部掌握在刘裕手中。

二、入京辅政,功成自威

公元408年,刘裕在他的主薄刘穆之的建议下,入京议事。之后,朝廷任命他为扬州刺史、录尚书事。由此,刘裕集军政大权于一身,曾经取桓玄而代之的梦想终于实现了。

为了建立他的威望和巩固他的权力,刘裕随后进行了一系列重要的讨伐。公元409年二月,南燕慕容超派兵攻破了东晋的宿豫,不久,又侵扰济南。刘裕经过认真思考后决定征讨南燕,因为如果胜利,他不仅可以获得更多人的拥护,也可使自己的功名声望越来越大,盖过那些对自己有威胁的人。

也正如刘裕估算,军队还未动,豫州刺史刘毅搬

德清窑黑釉四系罐　东晋

出"宰相远行,易倾动国家的根本"这样的理由来阻挠。但他丝毫不为所动,决意亲自出征。这年四月,刘裕率水军自建康出发,到达下邳后,改由陆路行军。六月,即到达广固。这时,南燕慕容超慌了,连忙向后秦求助,但是后秦姚兴迫于刘裕大军的实力,也不敢轻易出兵。最终,在刘裕的指挥下,北府军顺利攻下广固,生擒慕容超送到建康,后来慕容超被斩首,南燕灭亡。胜利的结果也如刘裕事先预测,他的声望得到很大的提高,超过了祖逖、桓温等人,朝中没有其他人压过他。

消灭南燕后,刘裕又急忙回师迎战卢循起义军。在他到达建康之前,刘毅已经率军2万阻击卢循、徐道覆。但是,由于刘毅过于自大,指挥无方,导致大军在桑落州大败于卢军,刘毅只带了几百人狼狈地逃了回来。而此时回到建康的刘裕军也由于此前不断征战,很多人受伤了,真正有战斗力了也只有几千人而已。因此,在朝廷中许多人都认定刘裕不可能取得胜利,

持刀陶俑　晋

纷纷劝说刘裕迁都。

不过，此时的卢循并不知道东晋的实况，他从被俘士兵口中得知刘裕回来的消息，心里就害怕起来，一直在犹豫着要不要继续进攻，这也就为刘裕布防赢得了关键的时间。后来，在徐道覆的强烈建议下，卢循才勉强同意进攻建康。但此时的建康城已经在刘裕的带领下做好了防卫准备，卢循在城下进攻了无数次，都未能取得任何进展。两个月时间很快就过去，卢循还是一无所获，最终因兵疲粮缺，只好退兵浔阳。

因以逸待劳地防守，刘裕的军队得到很好的休整，卢循撤退后，刘裕就亲率大军追击，在破冢（今湖北江陵）、大雷（今安徽望县）等地大败卢循军。取得几次胜利后，刘裕便返回建康，派遣其他将领继续追击，最终卢循、徐道覆一个兵败自杀、一人力战而死，起义被镇压。刘裕的威望也因此得到进一步的提升，官升至太尉。

三、剪除异己，扫清道路

在灭掉南燕、扫平卢循起义后，刘裕的威望达到了一个新的高点，但是此时的他如果称帝自立，还面临着一些阻挠，那是就反对他的势力。主要包括荆州刺史刘毅、豫州刺史诸葛长民、谯王司马休之父子等。

刘毅自桑落州遭遇惨败后，威信扫地，本想率兵追击卢循，挽回颜面，但是刘裕不许，不让他有立功机会。刘裕得胜回来时，下令迁刘毅为荆州刺史，刘毅对刘裕的怨恨之心更增一层。到了荆州之后，他就想利用荆州的军事力量，与刘裕争夺大权。

黑瓷鸡首壶 晋

刘裕明知如此，但一开始他也不露出要对刘毅动武的意图，而是暂时的忍让，麻痹刘毅，在暗地里则加紧做好讨伐的准备。刘毅请求要兼督交、广二州，刘裕十分痛快地答应了。不久，刘毅又要求与他关系很好的丹阳郗僧施为南蛮校尉后军司马，毛修之为南郡太守，刘裕虽然心中很不乐意，但是还是答应了刘毅的要求，但他也不放心，安插了自己的亲信刘穆之任丹阳尹这一重要职务。刘毅到江陵赴任后，独断专行，安插亲信，又擅自分割豫州文武、江州兵力达万余人作为自己的贴身部队。刘裕见此，勃然大怒，刚好此时刘毅又上表请求让他的堂弟刘藩担

青釉堆塑贴花谷仓　晋

任其副手，他觉得不能再忍下去了，是时候动手了。

于是，刘裕先捕杀刘藩、谢混等刘毅的同党，接着又亲率大军讨伐荆州刘毅，派手下两员得力战将王镇恶、蒯恩为前锋，火速前进。不到一个月时间，刘裕便拿下江陵城，刘毅兵败后逃亡，最终因走投无路自杀身亡。由此，刘裕除掉了一个大的障碍。班师回朝之后，刘裕又找一由头把反对他的诸葛长民杀掉。

刘毅身亡后，荆州刺史由司马休之继任，司马休之在治理荆州时颇得民心，形成了自己的势力。同时，他又不服刘裕，公元415年，司马休之及其儿子司马文思一起上书朝廷，指控刘裕罪状，动员军队，起兵讨伐刘裕。雍州刺史鲁宗之与其儿子竟陵太守鲁轨认为自己早晚也为刘裕所不容，因此，他们也起兵反对刘裕，响应荆州司马父子。刘裕此前正因找不到好借口加罪司马氏，现在终于有了出兵的由头。于是，他派女婿徐逵之为前锋，心想让徐立头功，功成之后便让他任荆州刺史。谁知徐逵之出师不利，兵败身亡。刘裕急令大将胡藩渡江，士兵一拥而上，最终大破敌军，攻克江陵。司马休之、鲁宗之等北逃投奔后秦。

至此，东晋国内刘裕再也没有对手。不过，在江南，还有谯纵称成都王，常威胁到荆楚之地。北方亦有后秦，刘裕要想收复中原，必须解决这一大患。

青釉骑兽烛台　魏晋

四、平定江南，攻伐北地

刘裕在出兵征伐刘毅、攻克江陵后，乘胜进军益州。益州地区被大族谯纵占据，形成了一个独立的王国。谯纵自称成都王，称臣于后秦，常常派兵会侵袭东晋。因此，刘裕此举誓在收复益州，统一江南。

此战刘裕并没有让有着丰富经验的毛修之、臧熹担任统帅，而是力排众议，选用了年轻的朱龄石，他认定朱有武干，又练吏职，可以担此重任。然后他又将猛将蒯恩、刘钟等分派给朱龄石，并配给2万大军。

青瓷水注　魏晋

朱龄石果不负重望,按照刘裕此前设计好的方案,顺利抵达巴蜀,经过一番激战,攻占成都,谯纵自杀身亡。益州被刘裕收复,江南一片平定。

收复益州,平定江南,刘裕的下一个目标便是北面的后秦。公元416年八月,刘裕的北伐大军从建康出发,一路北上西进。刘裕亲率水军自淮、泗入清河,逆黄河西上。此时的后秦,因饱受内忧外患,早已今非昔比,哪里是东晋精锐北府军的对手,东晋大将王镇恶、檀道济,一路斩将夺城,势如破竹,漆丘、项城、许昌、新蔡、仓垣相继收复,并一举拿下故都洛阳。后秦急忙向北魏求援,拓跋嗣派出10万精骑,但是并不真正进攻东晋军队,只在黄河边牵制晋军。

酒具　魏晋

刘裕怒了,指挥诸士兵摆出"却月阵",在战术上采用步、骑、车3个兵种协同作战。最终魏军抵挡不住,霎时间崩溃,"一时奔溃,死者相积"。此后,北魏再不敢小视刘裕,拓跋嗣吸取教训,听从谋臣崔浩的建议,不再与晋军为敌。消除了北魏的威胁,刘裕率主力抵潼关,直逼长安。

刘裕先派大将沈田子率1000多士兵当疑兵占领青泥。后秦后主姚泓看出了刘裕的疑兵之计,当即率领几万大军想先把沈田子1000多人全部消灭。不料,沈田子英勇无比,率领士兵以拼命的心态抗击后秦军队,1000多人竟将几万人杀得大败,姚泓带头逃跑,后秦兵败如山倒。紧接着刘裕派大将王镇恶由水路进军,再次大败后秦守军,攻下长安,姚泓带着自己的皇后和文武官员,向东晋投降,后秦灭亡。

可惜的是,刘裕攻灭后秦不久,在建康坐镇的刘穆之病亡,他怕大权旁落,就匆匆率军南返。以至于未能在攻克长安后,积极巩固和扩大战果,很快长安就在夏主赫连勃勃的攻击下得而复失。

武士俑　南北朝

五、荣登帝位,建朝刘宋

公元418年六月,刘裕被封为相国、宋公,加九锡,但此时他并不急于代晋自立。当时社会上流传的谶语说"'昌明'(晋孝武帝司马曜)之后有二帝",为了使谶语应验,刘裕就想在司马德宗之后再立一位皇帝。于是在当年十二月,刘裕指使中书侍郎害死白痴皇帝司马德宗，随后立琅琊王司马德文为帝。通过这一系列安排之后，刘裕才觉得可以安心当皇帝了。

公元420年六月，刘裕授意文武百官，要司马德文禅位。司马德文早就明白自己只不过是一个临时的皇帝，很快就宣布退位，刘裕终于登上了皇帝宝座，改元永初，史称刘宋。从此，中国历史进入南朝与北魏对峙的时期。

刘裕即位后，实行了一些安境保民的措施，受到人民的欢迎。如他下令赦免因逃避兵役、租税而流亡的流民，在限期内回家可以免租两年。实行"土断"制度，抑制豪强兼并，减轻赋税徭役等。

公元422年三月，刘裕病重，大臣们都请求为他祈祷神祇，但是他不相信鬼神，只命医官诊治，让侍中谢方明将他的病禀告宗庙而已。五月，刘裕自知活不长了，召太子刘义符交待后事，不久就病死。刘裕死后葬于建康蒋山初宁陵，谥"武帝"，庙号"高祖"。

青瓷羊尊　魏晋

梁武帝萧衍

萧衍,字叔达,是南朝齐高帝萧道成的族侄。他原来是南齐的官员,官至雍州刺史,后因南齐皇帝萧宝卷残暴无道而起兵反叛,建立梁朝。即位后,他提倡节俭,勤于政务,取得了显著的政绩。但是到了晚年,因看破红尘,萧衍醉心于佛教,不理政事,最终导致侯景之乱,被饿死在净居殿。

一、谋略出众，屡立奇功

萧衍自小天资聪颖，十分喜欢读书，年纪轻轻就在文学方面展露头角。当时他与沈约、谢朓、王融、范云等七人经常出入竟陵王萧子良的门下，被称为"竟陵八友"。

萧衍因为出身于贵族家庭，所以刚做官时就当了卫将军王俭的手下，升官的机会也就比其他人要多。王俭见萧衍很有才华、谈吐不凡，对他十分器重，提拔他做了户曹属官。因为萧衍办事果断机敏，深得上司同僚敬重，不久又被提升为参军。

公元493年，齐武帝病重，当时的大臣王融想在武帝去世后立萧子良为皇帝，以便控制掌握政权。后来事情败露，王融被抓进监狱赐死。对于王融的如意算盘和悲惨结局，萧衍早有预言，因此，他的好友范云由此对此异常敬佩。

带盖绿釉陶　南北朝

齐武帝萧赜去世后，继位的萧昭业只知道吃喝玩乐，根本不理政务，对大臣的劝谏也不接受。掌权的大臣萧鸾很生气，打算把他废掉，另立皇帝。萧鸾叫来大臣们商议此事，萧衍当即表示反对，认为废立皇帝是大事，不可轻率，不然会遭到诸位王爷的反对。萧鸾则不以为然，他认为诸位王爷没什么才能，基本上都是草包。他只对其中的随王萧子隆比较忌惮，因为萧子隆文武兼备，而且占据荆州。因此，只要把萧子隆召回京城看管起来，其他就万事大吉了。但是，他又不知道如何召回萧子隆。

萧衍听了以后就进行分析，认为随王也只不过徒有虚名，没有什么真才干。萧子隆没有什么谋士，所倚重的只有武陵太守卞白龙和司马垣历生，而这两个都是唯利是图的小人，因此，如果通过许诺高官厚禄，就可以把他们轻易地召回来。到时候，没有了左膀右臂，随王也就会跟着回来的。

萧鸾依计而行，召来萧子隆，解除诸王的威胁。不久，他就废了萧昭业，立新安王萧昭文为傀儡皇帝，自己掌握朝政大权。萧昭文在皇帝的位置仅仅坐了三个月，就又被萧鸾废掉。公元494年十月，萧鸾堂而皇之地登上皇帝宝座，改元建武，是为齐明帝。

萧鸾即位之后，把萧衍提拔为中书侍郎，后来又升为黄门侍郎、建阳县男，采邑三百户。由此，萧衍的军事、政治才干得到了充分发展，地位不断上升。

公元495年，北魏孝文帝元宏乘率30万大军大举南伐，沿淮河向东攻打钟离。又派大将刘昶、王肃领兵20万进攻司州，围攻义阳。萧鸾知悉军情后，先派左卫将军崔慧景、宁朔将军裴叔业率兵救钟离，又派遣萧衍和平北将军王广之领兵救援义阳。王广之贪生怕死，在部队行进到距义阳一百里的地方时，听说北魏军队人强马壮，再也不敢前进了。

这时，萧衍挺身而出，主动要求担任先锋向前进攻。王广之大喜，将手下精兵拨出一部分交给萧衍。萧衍率军连夜进发。萧衍带领军

山水画像　南北朝

队避开大路，抄小路前进，很快抵达义阳城外的贤首山。贤首山跟义阳只有几里路远，萧衍真是胆识过人，立刻命令士兵将旗帜插满了山上山下。

第二天一早，义阳城中被困的齐军看到远处旗帜飘扬，以为大批援军已经到了，士气大增。司州刺史萧诞立即下令打开城门，亲率齐军扑向魏军大寨，同时顺风放火。萧衍见义阳城出兵，也率山上齐军冲下山来。魏军前后受敌，顿时大乱，自相践踏，死者不计其数。王肃、刘昶只得率领残兵撤退。萧衍在这次大胜仗后因功而升任太子中庶子。

公元497年十月，北魏孝文帝元宏率领大军再次攻齐，接连攻下了新野和南阳，直逼雍州（今湖北襄阳）。雍州是汉水上游的重镇，雍州刺史曹武为了保住这一战略要地，率众顽强抵抗，但因实力不济总是被打败，雍州危在旦夕。齐明帝萧鸾急忙命萧衍和右军司马张稷赴援以及度支尚书崔慧景等率兵救援。他们到达时，雍州的五个郡已被魏军攻陷。

次年三月，萧衍等率兵进驻邓城（今湖北襄阳北），孝文帝率十余万魏军把邓城团团围住。萧衍知城中粮草和兵器缺乏，就与崔慧景商议："我们现在城中缺粮，如果让士兵们知道，肯定会发生兵变。我建议趁着敌人刚到，没有站稳脚跟，鼓舞士气率军冲杀，或许能够挽回局面。"

崔慧景心中害怕，萧衍说："北方军队都喜欢游动作战，他们不会夜里攻城的，不久自然回退兵的。"但是没有想到，魏军丝毫没有退却的迹象。不久，魏军集结完毕后，便向齐军展开攻击。崔慧景大惊，看着形势不妙，就打开城门逃跑。其他各部见统帅溜了，也纷纷逃散。在经过离邓城不远的闹沟时，逃兵们争先抢渡，

骑兵和步兵战斗图　南北朝

被魏军追杀,死亡无数。萧衍所带的部队由于平时训练有素,没有溃散,伤亡也不大,最终退到樊城,据城坚守。

这次战役后,齐明帝萧鸾为了加强雍州防务,特选萧衍为辅国将军兼领雍州刺史。萧衍到任后,延揽人才,积极经营,实力迅速膨胀。

二、起兵灭齐建梁

萧鸾病死后,他的儿子萧宝卷即位。萧宝卷即位后,不理朝政,残忍无道,先后杀掉了很多大臣,对于一些功臣也毫不留情。对于萧衍,萧宝卷也心存猜疑,认为萧衍有对朝廷图谋不轨的行为,于是派人前往行刺。但是,行刺者十分敬重萧衍,没有去杀萧衍,反而将此事告诉了萧衍。萧衍大惊,暗地里开始积攒力量,准备废掉萧宝卷。

公元500年十月,萧宝卷杀死了平叛功臣萧懿。听到哥哥的死讯,萧衍立即集结部众,发兵直指建康,准备推翻残暴的东昏侯萧宝卷。萧宝卷得知萧衍举兵起事的消息,当即下令辅国将军刘山阳率兵3000人至荆州,与南康王萧宝融会师攻袭襄阳。当时萧宝融年仅13岁,大小事情其实是由长史萧颖胄掌控。

萧衍利用计谋分化了刘山阳与萧颖胄,萧颖胄在部将的劝说下决心跟随萧衍起事。不久,萧颖胄杀了刘山阳,领众与萧衍会合。为了增强号召力,萧衍又联合南康王萧宝融。十二月,萧颖胄等向建康文武百官发布文告,列数齐帝罪行,并派兵进攻湘州、夏口等地。至十二月底,上庸(今湖北竹山)太守韦濬,华山(今湖北宜城)太守康绚等亦率众响应萧衍。随后,上雍太守韦睿,沟口戍副冯

黄釉乐舞俑群 南北朝

道根,华山太守康绚,梁、南秦二州刺史柳忱也都率众响应萧衍,这些人后来也都成了萧衍得力的战将。

公元501年三月,萧衍拥立南康王萧宝融为帝,在江陵即位,改元中兴。十月,萧衍等率军向建康发动进攻,经过激烈战斗,终于打败齐军,占据石头城,把宫城团团围住。在国难之际,茹法珍等奸臣仍然还向萧宝卷进谗言,说宫城被围完全是文武大臣的过错,怂恿萧宝卷大开杀戒。这使征虏将军王珍国异常愤恨,暗中派心腹给萧衍送去一个明镜,表示心迹。然后王珍国联合兖州刺史张稷带兵夜入皇宫,杀死还在醉生梦死、歌舞不断的东昏侯萧宝卷,然后将他的头颅送出,献给萧衍。

萧衍在攻占首都建康后,立即派兵四处征讨,各地刺史、太守纷纷投降归顺。次年正月,萧衍因赫赫战功升任大司马,掌管中外军国大事,还享有带剑上殿的特权,也不用向皇帝行叩拜大礼。

到了这一步,登基称帝似乎已经不成问题,萧衍也想废了萧宝融自己做皇帝,但他也不敢贸然行事,而是静待时机。萧衍原来的好友沈约深知他的心事,于是有一次委婉地向他提起此事,萧衍装做不明其意,推辞过去了。当沈约再一次干脆明白地提出来的时候,萧衍犹豫片刻,说了句:"让我想想再说吧。"过了一段时间,萧衍才答应了。

萧衍又召来范云,问他对称帝自立这件事的看法,范云的意思与沈约一样,同意拥立萧衍做皇帝。萧衍知道后,很高兴,于是开始与沈、范二人积极谋划登基事宜。可是此后一连过了十几天,萧衍都没有找沈、范二人商议。原来,此时的萧衍贪

灰陶高髻女俑 南北朝

恋起原来宫中的两个后妃来，把所有政事都忘到了脑后。范云对此非常着急，找了领军王茂一起来见萧衍，陈述其中利害关系，萧衍这才下定决心灭齐自立，以免夜长梦多。

为了清除隐患，萧衍又以谋反罪名把邵陵王萧宝信、晋熙王萧宝嵩、桂阳王萧宝贞等人杀掉。之后，萧衍上表请萧宝融东归。在这过程中，萧衍又派人作"行中山、为天子"的谶语，让各地儿童传唱，大造舆论攻势。与此同时，范云和沈约写信给和帝萧宝融的中领军夏侯祥，要他逼迫和帝禅让帝位给萧衍。等和帝的禅让诏书送到建康后，萧衍假装谦让，如此反复几次。最终在豫章王元琳率齐官819人、范云带领众臣117人一并上书称臣请求他早日登极称帝，太史令也陈述天文符谶，证明他称帝合乎天意时，萧衍才装着勉强接受众人的请求。公元502年的农历四月，萧衍正式在都城的南郊祭告天地，登坛接受百官跪拜朝贺，改国号为梁，即梁武帝。

萧衍即位后次日，就下诏降封萧宝融为巴陵王。不久，他派人给萧宝融送去生金，逼其吞金自尽。萧宝融死后，萧衍说他暴病而死，追认为"和帝"。又按照皇帝的规格举行丧礼，将他葬在恭安陵。

三、溺佛与悲惨下场

执政之初，萧衍吸取了齐灭亡的教训，勤于政务，不分冬夏春秋，每天都在五更天就起床，批改公文奏章，在冬天手都冻裂了。萧衍十分注重纳谏，下令在东府门前设立设立两个盒子（当时叫函），一个是谤木函，一个是肺石函，寻常百姓有什么建议和批评就可以投到谤木函里，一些功臣如果没有没有得到赏赐和提拔，就可以往肺石函里投书。

在生活方面，萧衍提倡节俭。每日饮食多为粗茶淡饭，甚至吃粥充饥。衣用更是简朴，史载他"一冠三载，一被二年"，居室里除了一张床以外，别无摆设。不仅如此，

鸡鸣寺
鸡鸣寺位于今南京城。原为梁同泰寺址，梁武帝萧衍曾舍身于此。当年同泰寺比现鸡鸣寺约大一倍。

萧衍还要求官吏也要清廉，经常亲自召见他们，给他们讲遵守为国为民的道理。他还分遣使者，巡视各郡，监视地方官吏，对于清廉的官员，予以提拔。

在农业方面，他曾下令"广辟良畴，公私畎亩，务尽地利，若欲附农而良种有乏，亦加贷恤"。对于流亡他乡的农民，允许他们回乡，恢复原有的田宅。在赋税方面，萧衍也多次减免租调或"三调"。

虽然取得了非凡的政绩，但萧衍与封建社会很多皇帝一样，猜疑心很重，害怕其他人夺他的皇位。因此，他将萧鸾诸子几乎全都杀掉。对一些功臣他也不加以重用，削减他们的权力。

萧衍对功臣吝啬，但是对于自己的皇室亲属却是恩礼有加，特别是对他的弟弟萧宏，很是纵容。萧宏是"奢僭无度"，聚敛财宝，甚至想谋杀萧衍。但萧衍不仅不加惩罚，反而加封官职。萧宏并不知恩，更加肆无忌惮。最后，竟和萧衍的大女儿永兴公主通奸，密谋篡夺皇位。结果派人刺杀萧衍时被发现，刺客被捕杀。永兴公主畏罪自杀，萧宏也忧惧而死。

如来立像　南北朝

萧综是萧衍的次子，他的母亲吴淑媛原来是东昏侯萧宝卷的妃子。萧衍当时入宫废掉萧宝卷时，见吴淑媛是个美人，就将其占为己有。吴氏跟了萧衍后，仅过了7个月就生下了萧综，生父可能是萧宝卷。但萧衍并没有歧视他，不仅封他为王，还让他做镇右将军。吴淑媛失宠之后，出于对萧衍的怨恨，就把其中原委告诉了萧综。从此，萧综便和萧衍疏远了。

公元525年，梁魏交兵，萧衍派萧综统兵作战。北魏派援军前来，萧衍担心萧综有失，便召他回朝。但让他伤心的是，萧综却投奔了北魏。北魏很高兴，授萧综为高官，封丹阳王，萧综改名为萧缵。萧衍闻讯，一气之下撤消了萧综封号，并把他的母亲废为庶人。后来，他听说萧综想回来，就派吴淑媛去慰抚，但萧综却犹豫未归。吴淑媛病后，萧衍感念不已，下令恢复萧综爵位。

这两次打击对于萧衍来说是很大的，他逐渐看破了红尘，开始信奉起佛法来。公元527年，萧衍亲自到了同泰寺，做了三天的住持和尚，还下令改年号为大通。萧衍信佛十分虔诚，戒掉女色荤腥，并下令全国效仿。后来，他又多次舍身佛寺，经常与僧人们探讨佛理。

萧衍和国内僧人的关系也很密切，宝亮、智藏、法云等人，都得到萧衍的器重。除此之外，他组织僧人编撰佛教著作，编成的作品至少有十二种。他还广造寺院，

造像　南北朝

所建寺院，有大爱敬寺、智度寺、光宅寺、同泰寺等十一座，各寺铸有佛像。在萧衍的推崇下，梁代佛教达到了南朝佛教的最盛期。

公元548年八月，侯景举兵反梁，一路攻破谯州、历阳，不久就兵临长江。而梁武帝萧衍丝毫不知侯景与萧正德勾结的事情，仍任命萧正德为都督京师诸军事，负责保卫建康。

萧正德乘机派了数十艘大船，把侯景从北岸的横江接运到南京的采石。侯景迅速包围台城，梁国各路援军虽然云集在建康周围，数量大大超过侯景军队。但是，由于各军将帅号令不一，互相钩心斗角，大都观望不战，致使侯景终于攻破宫城，软禁梁武帝萧衍。结果萧衍很快病了，后来不能起床，最后连饿带病加生气，一命呜呼，终年86岁。萧衍死后谥为"武帝"，庙号"高祖"。

北魏孝文帝元宏

元宏，原名拓跋宏，北魏献文帝拓跋弘的长子，后因倾慕汉族文化，把拓跋姓改为汉姓元。刚一出生，元宏就被献文帝立为太子。及至5岁，献文帝拓跋弘便将皇位让给了他。在此后的20年间，朝政一直由冯太后把持。公元490年，24岁的元宏开始亲政，开始大刀阔斧地进行汉化改革。公元499年，元宏在南征南齐的征途中病死，年仅33岁。

一、少小即位，太后临政

公元471年，北魏献文帝拓跋弘对当皇帝失去了兴趣，开始他想把皇位传给他的叔父拓跋子推，不过由于众大臣反对，于是就传位给年仅5岁的皇太子元宏。元宏自小聪明大度，机灵早熟，听到父亲要禅位于他，于是进宫向父亲推辞。献文帝问他为什么要推辞，小小的元宏回答道："我现在还很小，怎么能够替代父皇担当如此大任呢？"献文帝感叹地说："你既然现在就如此懂事，那么将来一定能够治理好天下！"遂于当年八月，正式下诏传位于元宏，改元延兴，自称太上皇帝。

北魏 骑马武士陶俑　北魏

拓跋弘当上太上皇帝后，其实并没有远离朝政，一些军国大事还需要他来定夺。公元472年二月，拓跋弘率兵击退柔然的进攻，十一月，他又亲自征讨柔然，一直杀到漠南,逼柔然后撤几千里。公元476年，冯太后派人毒死了拓跋弘，由于元宏年纪尚小，冯太后再次临朝主政。

冯太后祖父是北燕的国君冯弘，他的父亲冯朗投降了北魏，做了秦、雍二州的刺史，后来被杀。幸好冯朗的妹妹是太武帝拓跋焘的左昭仪，冯太后才没有被杀。自此，冯太后跟着她的姑母进了皇宫接受教育。直到她14岁那年，文成帝即位，冯太后被选为妃子，后来成为皇后。文成帝死后，冯太后果断联合其他大臣杀死专权的乙浑，临朝称制。

鲜卑山
位于今内蒙古自治区呼伦春自治旗阿里镇西北约10公里处的嫩江支流甘河北岸，山上有北魏拓跋鲜卑祖先所居石室——嘎仙洞。

临政后，冯太后十分注意对元宏的培养教育。元宏也十分勤奋努力，逐渐有了较高的汉文化修养，这为他后来进行大改革打下了基础。这一时期，冯太后也开始指导年少的元宏处理国家大事。

二、改革官制，实行均田

公元484年，18岁的元宏在太皇太后的协助下，实行了第一项改革——下令实施"俸禄制"，对北魏官制进行改革。北魏自建立以来就对官吏不设俸禄，官吏的收入在战时就靠抢掠，战争结束后便靠贪污。北魏统治者对这些官吏采取的态度就是听之任之，这就造成了北魏统治者与人民之间的尖锐矛盾。后来的北魏帝王也察觉了这个问题，也对贪污现象进行了一定的整治，但是始终没有解决官吏的俸禄问题。元宏实行俸禄制，发给官吏固定的俸禄，同时加强对贪污行为的惩罚，规定官吏如果在俸禄之外贪污绢一匹以上就予以处死。

本尊如来坐像 南北朝 云冈石窟

为了表达他治贪的决心，元宏先后处死了40多人。一时间，北魏的吏治出现比较清明的气象，贪污之风大为减少。

公元485年，孝文帝元宏采纳大臣李安世的建议，颁布"均田令"，承认私人占有土地。规定凡15岁以上的男子和妇女都可以得到下令授予的土地，男子可获得露田40亩，桑田20亩，妇女可得到露田20亩，奴婢和一般百姓也可以同样受田。同时限制豪强大族兼并土地，接着又调整租调制度，鼓励生产。规定一夫一妇每年只需上缴国家帛一匹、粟二石，大大减轻了农民的负担，吸引了众多的流浪者重新成为国家的编户。由于耕者有其田，农业生产迅速发展起来，从而促进北魏的经济发展。

弹琵琶陶俑 南北朝

公元486年，元宏采纳给事中李冲建议，下令实施"三长制"。三长制规定：五家为邻，设一邻长；五邻为里，设一里长；五里为党，设一党长。三长制与均田制相辅而行，均田制使耕者有其田，三长制则是检查户口、征收租调、征发兵役与徭役，有效地加强了中央政府对人民的实际控制。

三、迁都洛阳，易服改制

公元490年，太皇太后冯氏病逝，孝文帝元宏开始亲政，崇尚汉文化的他开始了更进一步的改革，首先进行的便是迁都洛阳。

当时北魏的都城在平城（今山西大同），平城属于战略重镇，而与之相对的，中原地区的洛阳不仅富庶，而且位置居中，十分适合作为新的国都。孝文帝深知，要想富强起来，必须将鲜卑民族融入到汉民族中去。为了便于学习汉族先进文化，同时加强对黄河流域的统治，孝文帝决定迁都洛阳。

作出这个决定后，孝文帝知道必然会遭到贵族、大臣们的强烈反对。因此，他灵机一动，不直接提迁都，而是先提出大规模进攻南齐，对于这个提议大臣们依然纷纷反对，认为现在不是攻齐的最佳时间。但是孝文帝不管这些，于公元493年，他亲自率领步兵骑兵30多万南下，从平城出发，用了九天时间到了洛阳。在洛阳停留之时，正好遇上秋雨连绵，足足下了一个月，到处泥泞一片，行军困难。反对的大臣们趁机又站出来阻拦，孝文帝将计就计，就对他们说："南征无功而止，岂不让人笑话，既然你们不愿意再南下，那么我们就暂停进军，先就把都城迁到这里，等待时机再一举攻灭南齐。"许多文武官员虽然不赞成迁都，但是听说可以停止南伐，也都只好表示拥护迁都了。

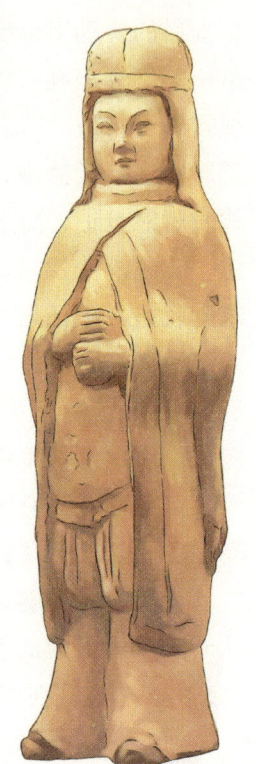

鲜卑服饰俑　北魏

随即，元宏令大臣李冲、穆亮等人开始筹划营建洛阳，又派任城王拓跋澄回平城说服留在那里的贵族。就这样，公元494年，北魏正式迁都洛阳，掀开了新的一页。

孝文帝迁都洛阳以后，决心进一步改革旧的风俗习惯。首先，他重用一大批主持改革、提倡

网纹玻璃杯　北魏

汉化的鲜卑贵族，还重用了许多有才干的汉族人。在这些人的支持下，孝文帝开始了更深一步的改革。

第一，禁止鲜卑贵族穿着胡服，一律改穿汉族衣服。

第二，禁止鲜卑贵族讲鲜卑语，一律改说汉语。

第三，官员及家属必须穿戴汉服。

第四，将鲜卑族姓氏改为汉族姓氏，把皇族由姓拓跋改为姓元。

第五，鼓励鲜卑贵族与汉族贵族通婚。

农耕图　南北朝

第六，采用汉族的官制、律令。

第七，学习汉族的礼法，尊崇孔子，以孝治国，提倡尊老、养老的风气。

第八，孝文帝规定，凡已迁到洛阳的鲜卑人，一律以洛阳为原籍；死于洛阳的鲜卑人，必须葬于洛阳附近的邙山，不准运回平城安葬。

这些措施以及前面"均田制"、"俸禄制"、"三长制"等的施行，将鲜卑族从旧的奴隶社会带入了一个崭新的封建社会，加速了当时北方各少数民族封建化的过程，使北魏政治、经济有了较大的发展，并且进一步促进了鲜卑族和汉族的融合，使鲜卑族成为当时最先与汉族融合的少数民族。

四、镇压叛乱，发展文化

随着改革的深入，一些抵制改革的鲜卑贵族与朝廷的对立情绪越来越高涨，其中太子元恂就是典型的一个。元恂不愿说汉语、穿汉服，把孝文帝所赐给他的汉族衣冠全部撕碎，仍旧结发为编发左衽。趁孝文帝出巡的机会，太子元恂秘密选取宫中御马3000匹，图谋从洛阳逃回平城。孝文帝抓住元恂后，亲加杖责，并废其太子位，囚禁于河阳。次年四月，他得知元恂又密谋谋反，便派人逼令元恂自尽。

不久，恒州刺史穆泰、定州刺史陆睿相互合谋，暗中勾结镇北大将军元思誉、安乐侯元隆、抚冥镇将鲁郡侯元业、骁骑将军元超及阳平侯贺头、射声校尉元乐平、前彭城镇将

胡人舞俑　南北朝

贴金彩绘菩萨像　北魏

元拔、代郡太守元珍等鲜卑贵族，起兵叛乱。孝文帝派任城王元澄出兵平叛，很快就平息下来。

此时，孝文帝元宏的改革已经深入人心。孝文帝对自己民族的落后有清醒的认识，于是他经常教育鲜卑贵族学习汉族文化，从更深的文化层次对他们进行改造。此外，他还创办学校，命人整理典籍，聚众研讨学问，对北方文化的复兴贡献颇多。

孝文帝对北魏艺术的发展也有很大贡献。由于他的提倡，孝文帝统治时期，佛教有很大的发展。仅洛阳就有100多所寺院，和尚尼姑2000多人。佛教的兴盛促进了佛教艺术的发展，驰名中外的洛阳龙门石窟，就是在孝文帝时期开始开凿的。

此外，在文化方面，北魏的书法也取得了很大成就。这一时期刻在墓碑上的字体，刚劲有力，气势雄厚，后人称之为"魏碑体"，直到现在还深受书法爱好者的重视与喜爱。

五、御驾南征，英年早逝

自亲政后，孝文帝元宏为了实现统一天下，几乎每一年都要举兵伐齐。公元497年，南齐内乱，元宏趁机召集冀、定、瀛、相、济五州丁壮20万人，御驾亲征，一路接连攻克新野、南阳、彭城。齐主萧鸾面对内忧外中患，忧虑再加上恐惧，竟然一病不起，于公元498年七月病逝。如果北魏军队此时一鼓作气，那么很有可能就统一中国了。但是，北魏自家也出现了叛乱，高车族因不愿配合北魏远征南方，举兵反叛。孝文帝几次派兵镇压，都未能平定。九月，急于回去平叛的孝文帝以"礼不伐丧"为由下令撤兵回国。在撤军途中，孝文由于劳顿过度病倒了，得知江阳王已经平定高车叛乱后，孝文帝便在邺城休整，直到第二年正月才回到洛阳。

公元499年三月，孝文帝再次率兵南征，大败南齐太尉陈显达、平北将军崔慧景。但是由于操劳过度，再加上长途跋涉，孝文帝元宏再一次病倒，而且迅速加重。元宏自知这一次将是他生命的终点了，于是赶忙召来彭城王元勰交待后事，任命相关人等辅佐太子元恪。不久，孝文帝便病死于谷塘原，年仅33岁。

隋文帝杨坚

　　隋文帝杨坚,是隋朝的开国皇帝。他出身于北周时期的一个贵族家族,后来承袭了隋国公的爵号。大成元年(公元579年),周宣帝传位于年仅8岁的宇文阐,是为周静帝。杨坚以"皇太后父亲"的身份辅政,由此,他把北周军政大权完全掌握在手中。在巩固自己的势力与地位后的第二年,杨坚代周自立,建立隋朝。之后他发兵灭了后梁与南陈,统一了全国。在位期间,他励精图治,推行了一系列的政策措施,其中诸如三省六部制、科举制度等措施对后世产生了深远的影响。

一、韬光养晦，代周自立

杨坚出生于西魏大统七年（公元541年），虽然后来他贵为天子，但在其青少年时期，并没有表现出什么过人的聪明之处。在校读书时，学习不用功，成绩也不好。但是，由于他的父亲官至极品，依靠父亲的功勋，从14岁起杨坚便开始做官，15岁被授官散骑常侍、车骑大将军、大兴郡公，之后官职更是一步一步得到提升。北周武成二年（公元560年），周武帝即位，此时的杨坚才20岁，但已经被任命为随州刺史。北周天和元年（公元566年），杨坚又娶了柱国大将军孤独信的七女儿，地位得到进一步提高。北周天和三年（公元568年），父亲杨忠去世，杨坚继承了其父隋国公的爵号。

鎏金细颈瓶　北朝

北周建德四年（公元575年），北周武帝亲率大军征伐北齐，杨坚奉命与广宁侯薛回率领水师从渭水进入黄河，西击齐兵。由于杨坚指挥有方，北周军队大获全胜。次年，周武帝再次出兵北齐，杨坚被任命为左三军总管。北周建德六年（公元577年），北周大败北齐，俘获了北齐因后主逃亡而即位仅两天的皇帝高延宗及太子高恒，北齐就此灭亡。杨坚则继续挥师北上，攻破冀州，平定北齐宗室任城王高湝。因为在北周重新统一北方的征伐中立下了大功，杨坚晋封柱国，并被封为定州总管。

杨坚地位的不断上升招来了一些大臣与贵族的妒恨，这些人想方设法想除掉杨坚。北周武帝可能听信了一些谣言，对杨坚也产生了怀疑。杨坚察觉了他的危险处境，于是便韬光养晦。为了打消皇帝的猜疑，杨坚把自己的长女杨丽华嫁给了皇太子宇文赟，此举暂时稳住了他的地位。

北周建德七年（公元578年），周武帝死，周宣帝宇文赟即位。周宣帝宇文赟昏庸荒淫，且滥施刑罚，致使上下怨愤。杨坚预感北周的统治不久将结束，便开始做代周自立的工作。他秘密拉拢一些大臣，

鎏金莲花烛台　北朝

隋文帝杨坚

扩大自己的势力。不过,这也引起了周宣帝的警觉,在一些人的挑唆下,他多次试探杨坚。一次,周宣帝在皇宫埋伏杀手,然后无故召杨坚进宫议论政事。他对杀手说,只要发现杨坚有一点无礼的举动,就将他杀掉。但是,杨坚心中早有准备,不管宇文赟如何激他,他都神态自若。宇文赟也无计可施,但是他又找不到借口,无法下手。他曾对皇后杨丽华大发脾气,直言不讳地说要消灭杨氏一家。

杨坚几经危险,心中不安。为了逃避周宣帝对自己的猜疑,他就想出了一个两全之策。他通过老同学、内史上大夫郑译透露自己想到地方上任职的想法。北周大象二年(公元580年),宣帝决定南伐,郑译就推荐了杨坚,宣帝随即同意,任命杨坚为扬州总管。这样,不仅宇文赟放心,杨坚自己也安定了。

不过,南伐大军还没有出动,荒淫的宣帝就病死了。而宣帝的长子宇文阐才8岁,根本没有能力统治朝廷。杨坚在侍臣刘昉、内史上大夫郑译的帮助下,伪造了周宣帝的遗诏,以皇太后父亲的身份辅政。之后,杨坚又以诏书的名义控制了京师卫戍部队,由此,北周朝廷的军政大权基本由杨坚控制。

贴金彩绘石雕菩萨立像 北朝

为了巩固自己掌控的军政大权,杨坚采取了一系列的措施。首先,他拉拢了一帮真正具有政治才能的人作为亲信,拒绝了扶持他上位的刘昉、郑译等人共掌朝政的要求,设立丞相府,自任丞相,把这些人置于自己的控制之下。这些亲信们为日后杨坚夺取北周政权奠定了重要基础。

建立了自己的统治核心后,杨坚开始清除宗室宇文氏的势力。对危及自己权力的宇文氏子弟,杨坚毫不手软,宇文泰的五个有实力的儿子被杀掉。对于没有直接威胁的宇文氏势力,杨坚采取安抚与欺骗的手段使其屈服。如位居上柱国、右大丞相的宇文赞被杨坚劝回家。

与此同时,杨坚又宣布废除周宣帝时期的严刑峻法,停止营建的洛阳宫,减轻农民的徭赋,以此来收买人心。通过这些措施,杨坚在京师的统治得到巩固。对于一些地方反叛势力,杨坚则一方面派出军队进行强力征伐,一方面又利用权力进行拉拢。经过半年时间,地方反叛势力被悉数弥平。

此时,杨坚离称帝自立只差最后一步,他也开始了代周自立最后的准备工作。

一切都准备就绪后，周大象三年（公元581年）正月，杨坚逼周静帝宇文阐退位，代周自立。他在百官的拥戴下，穿上早已准备好的冕服，登上帝王宝座。杨坚定国号为隋，改元开皇，以长安为首都。

二、知人善任，统一全国

在隋朝建立之前，杨坚就通过各种方法拉拢各方人才。由于他知人善任，用人不疑，很多人都甘心为他效力。杨坚麾下最杰出的人是高颎，他有着优秀的军事和组织才能。在平定尉迟迥反叛的过程中，高颎担任杨坚的监军。他在前线安抚诸将，鼓舞士气，最终取得了平叛的胜利。隋朝建立后，高颎被文帝任命为尚书左仆射，执掌朝政。开皇九年（公元589年），文帝又任命高颎为大元帅，领兵50万伐陈。朝廷中有大臣嫉妒高颎，于是就诬告高颎手握重兵，有谋反的企图。隋文帝听后，什么也不说，直接把这个大臣拉出去斩了。从这件事可以看出文帝知人善任，用人不疑的气度。

南陈后主像

在很长的一段时间里，隋文帝杨坚对高颎言听计从，并且把大权交给高颎让他放手去干。高颎也不负文帝的信任，尽心尽力地辅佐，同时也积极地举荐人才，为隋文帝进行的政治、经济改革献计献策。

除了文臣，隋文帝也特别重视对武将的选用。对于那些能征善战的军事人才，他不断进行提拔。这一时期得到重的名将有长孙晟、韩擒虎、贺若弼、史万岁、刘方、崔彭等人。也正是依靠这些人才，隋文帝才能最终完成平叛、卫国、统一的大业，这也为他改革政治、繁荣经济，创造了安定的环境，为后来开创的"开皇盛世"奠定了坚实的基础。

黄釉四系龙柄壶 南朝

开皇七年（公元587年）四月，为了扫灭南陈，统一全国，隋文帝修复了山阳（今江苏淮安）、江都（今江苏扬州）之间从淮河入长江的水道。之后出兵进攻江陵，灭掉后梁，为荡平南陈扫平了道路。开皇八年（公元588年），隋文帝以次子杨广为统帅，发兵50万大举进攻南陈政权。在这次战争中，武将们个个都取得了卓越的功勋。如贺若弼率先渡过天险长江，韩擒虎则活捉陈后主，杨素沿江东下扫除了残余势力。到开皇九年正月，陈朝各地纷纷归降于隋。隋文帝统一全国，结束了自西晋末年以来中国270多年来的分裂局面。之后，隋文帝还平定了地方豪强的叛乱。由此，一个统一的多民族封建中央集权国家又重新建立起来。

三、励精图治，开皇盛世

杨坚建立隋朝后，为了巩固政权，他采取了一系列有利于社会经济发展的政策措施，这些改革几乎涉及封建社会的各个方面，包括中央和地方的政治体制、赋税、土地制度、法律、钱币、对外关系等。

在政治体制方面，隋文帝废除北周六官制，恢复汉、魏旧制，基本确立了三省六部制度。在中央设三师、三公及五省。三师只是一种给予德高望重者的荣誉职衔，三公则相当于国家机关的顾问，没有实权，

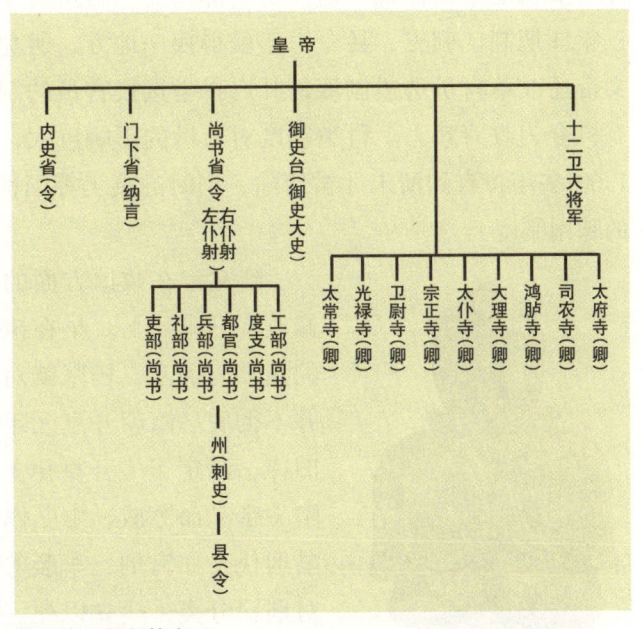

隋三省六部制简表

也不常设。真正掌握政权的是五省，五省包括尚书省、门下省、内史省、秘书省和内侍省，其中秘书省和内侍省不起重要作用，其他三省才是真正的政权机关。内史省负责决策，门下省负责审议，尚书省负责执行。尚书省是主持日常政务的机构，设有尚书令和左、右仆射各一人，下设有六部。六部包括吏部、礼部、兵部、刑部、户部、工部，吏部负责全国官吏的任免、考查、升降等；礼部掌管祭祀、礼仪及接待；兵部负责全国武官选用和管理兵器、军令等；户部掌管全国土地、户籍、赋税和财政收支等；刑部则掌管法律、刑狱等；工部负责的是各项工程、水利、交通等。三省六部制的确立，使得分工更加明确，组织更加严密，加强了中央集权。

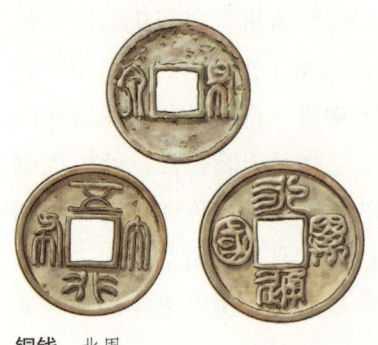

铜钱　北周

这套制度对唐朝及以后历代王朝影响都十分巨大，它的建立也表明了我国封建制度已经发展到成熟的阶段。

在地方上，隋文帝下令废除郡，实行州、县两级制。在此之前，北周实行的是州、郡、县三级制，出现了"民少官多、十羊九牧"的情况，造成了极大的财政浪费。隋文帝实行两级制度，并且合并了一些州县，淘汰了大批冗官，这样就节省了国家财政开支，又有利于政令的推行。

为了更加有力地控制地方，杨坚规定九品以上的官员全部由吏部任免，禁止地方官员就地录用僚佐。这些由吏部任免的官员每年都要接受考核。后来，又实行三年任期制，刺史、县令三年就得换一地方，避免出现地方割据势力。同时，隋文帝还改革官员选拔制度，开启科举选拔官员的制度，使各个阶层有才华的人都有机会为政府效力。科举制度对后世的影响巨大，在中国存在的时间持续了将近1300多年，直到清末才被废除，当时的英美等国都借鉴了科举制度作为政府文员的聘用制度。

青瓷武士俑　隋

隋文帝在政治方面的还有一项重要改革——制定与修改《开皇律》。早在执掌北周时代，因不满北周法律的残酷与混乱，杨坚就对当时一些法律进行了修改，但并不彻底。隋朝开皇元年，隋文帝命高颎等人参考魏晋旧律，制定了《开皇律》。开皇三年（公元583年），隋文帝又命苏威、牛弘修改新律。把北周时期的一些残酷刑伐（如宫刑、车裂等）删除，保留500条律令，并对刑罚分类，建立以死、流、徒、杖、笞为主的封建五刑制。隋文帝对法律的改革，减轻了它的残酷和野蛮性，在中国法制史上具有划时代的意义。

在政治改革的同时，隋文帝杨坚也着手解决土地分配和劳动力的问题。他在北齐、北周的基础上，继续实行均田制。规定每个男子可以分配露田（种五谷）八十亩，永业田（种桑麻）二十亩，妇女可分配露田四十亩。永业田不归还，露田在受田者死后归还。杨坚还多次下诏减免农民徭役和租赋，与民休养生息。同时，采取"大索貌阅"和"输籍定样"的方法查实应纳赋税和负担徭役的人口。为了加快发展水上运输和农业生产,隋文帝又命人开凿了许多大型水利工程。此外,隋文帝在乡间设置义仓,其中的储粮由百姓捐纳,以备饥荒时赈济灾民。

上述措施的实行,提高了农民劳动生产的积极性,国家增加了许多劳动力,财政收入也就不断增加,社会呈现一片繁荣景象。由此,隋文帝也开启了一段在历史上被称为"开皇之治"的盛世局面。

四、猜疑迷信,危机潜伏

隋文帝有着统一南北的伟大功绩,有着建立封建制度的卓越功勋,有着开创开皇之治的历史作为,可谓一个优秀的皇帝。但是,在这些辉煌功绩的背后,他也有着平庸鄙陋的一面——猜忌、喜怒无常、迷信佛教等。

虽然在统治的初期,为了巩固自己的势力,隋文帝知人善任,让其手下的大臣们放手去做。但由于他自己是代周篡位的,因此他十分注意加强专制统治,对于一些功勋卓著的文官武将又保持警惕,密切注意他们的言行,唯恐这些人走自己的道路,颠覆杨家天下。

杨坚经常派人四处查访,一旦发现犯错者,都会对其进行严厉处罚。如有一次,刑部侍郎穿了一条红裤子上朝,说这样可以官运亨通。但是文帝看到之后,把穿红理解成辟邪,上朝穿辟邪的衣服也就是说把皇帝看成了邪,于是马上下令推出去斩首。

彩绘贴金释迦牟尼石造像　南朝

到了他的晚年,曾经帮助他建立统治的一些功臣或遭杀戮,或被废弃,其实这些功臣们并没有什么过错,只不过成了杨坚猜疑的牺牲品罢了。

杨坚除了猜疑心很重,也非常迷信。对于佛道、符瑞、阴阳五行及各种鬼怪,杨坚都十分崇信。他让原来的和尚、道士重操旧业,并在各地营建佛寺,修塑佛像。在他的影响下,佛教在北周武帝之后再一

莲花纹银碗　东魏

次兴盛起来。此外，杨坚喜欢大兴土木。即位的第二年，他就下令在旧城西北兴建都城，命名大兴宫。开皇十三年（公元593年），杨坚又命杨素在岐州营造仁寿宫，为赶工期，数万民工累死。

杨坚的行为，使他失去了大批可利用的朝臣，同时也招来了许多小人。虽然在他的晚年，隋朝还处于繁盛的时期，但潜在的危险已经露出端倪。后来，又由于选错了继承人，他开创的大好江山也被葬送。

隋炀帝杨广

  隋炀帝杨广精明机智，而且凶狠毒辣。他弑父诛兄夺取皇位后，大兴土木，兴建东都洛阳，开凿大运河，劳民伤财；建迷楼，游江都，举国宣淫，祸国殃民。隋炀帝好大喜功，多次出兵远征高句丽，大肆征发人力、物力，穷兵黩武，致使民不聊生，英雄豪杰纷纷揭竿而起，反抗暴政。公元618年，隋炀帝被部将杀死，隋朝就此灭亡。

一、弑父诛兄

【1】沽名钓誉

杨勇是隋文帝的大儿子,是理所当然的皇位继承人,有一定的治国才能。被策立为太子后,他在处理军国大事的过程中所表现出来的治国才能深受杨坚夫妇的赞赏与信任。但杨勇喜欢奢侈豪华、声色犬马的生活,这对他来说是一个致命的缺点,因为隋文帝杨坚相当节约,非常痛恨奢侈浪费和大肆铺张。杨勇穿着华美,他的衣服极尽能工巧匠之能事;他喜好女色,府中美女如云。他对府中的姬妾特别感兴趣,

金玉象嵌兽面纹耳饰　隋

南北朝时期,北方民族爱金饰,南方士族爱玉饰,隋朝结束南北朝的割据局面,饰物风格也融合南北,并吸取突厥人的金银工艺,呈现多元化趋势,为唐朝饰物的繁荣奠定了基础。这件饰物,金内嵌玉,环以兽面纹,极为精致,为贵族用品。

唯独对隋文帝和独孤皇后为他选择的元妃十分冷淡。这些事令隋文帝和独孤皇后大为不满,渐渐失去了对他的宠爱。

这给素有称帝野心的杨广以机会,而且他也及时抓住并利用了这些机会。杨广知道自己的父皇杨坚素来痛恨奢侈豪华,所以他故意穿得非常朴素。当隋文帝到他府上来的时候,杨广就与自己的妻子穿上没有绣花的衣服,床帐也换上素色的绸缎,他还故意将乐器上的弦都摘去,并且有意在乐器上撒上一些灰尘,装出自己好长时间不听音乐的假象。杨广深知独孤皇后最痛恨宠爱姬妾而冷落妻子的行为,所以虽然他也金屋藏娇,纳了许多美女为妾,但表面上却装出和自己的妻子非常恩爱、相敬如宾、形影不离的样子。如果府中的美女怀孕,

隋文帝像

他一旦发现，便立即想法将孩子打掉；如果堕胎已晚，便在孩子刚刚生下时将其活活掐死。就这样，杨广给独孤皇后留下了极好的印象，认为他感情专一，不近女色。杨广的有意伪装收到了良好的效果，隋文帝杨坚夫妇对他非常赞赏。不仅如此，杨广还倾心结交了一些官员，对他们以礼相待，无半点傲慢之色，因此他在诸位官员中也获得了良好的声誉。这些受杨广知遇的官员为了讨好、巴结他，就在隋文帝面前对他大加称赞，夸奖他为人谦虚有礼，不摆架子，而且品行端正。这使得他声望大增。

【2】设计害兄长

杨勇的所作所为使隋文帝和独孤皇后大为失望，逐渐失去了对他的宠爱，并且隋文帝在言语中也时常流露出要废掉太子杨勇的意思。隋文帝的心思被杨广及其手下摸得一清二楚，他决定采取进一步措施，用计废掉太子，除掉自己通往皇帝宝座的一大障碍。

彩绘陶立女俑　隋

杨广的手下宇文述利用跟杨约去下棋的机会，用杨广送给他的金银财宝拉拢杨约，让杨约说服杨素，请杨素在独孤皇后面前多替杨广说好话。杨素听杨约说后，非常赞同，表示愿意为杨广效力。由于隋文帝对独孤皇后的话总是言听计从，于是，杨素利用参加宫廷宴会的机会，在皇后面前对杨广大加称赞，说杨广是如何谦恭孝顺、如何勤俭节约，大有隋文帝之风。独孤皇后听了深受感动，对此也深信不疑。杨素在明白皇后的意思后，大胆向隋文帝进言，说杨勇没有治理国家的才能，成不了大器，请隋文帝下决心废掉太子杨勇。由于杨素的积极活动，再加上杨勇自己也不争气，杨勇渐渐失去了隋文帝的信任，而隋文帝废太子的心意也变得坚决了。

在这种情况下，杨广加紧了活动，决定一不做二不休，尽早扳倒挡在自己走向龙椅的道路上的重大障碍。他命令段达把杨勇的近臣、东宫官吏姬威拉拢过来，

青铜镀金体纹带饰　隋
突厥金银业发达，隋代的金银制作从突厥人那里汲取了许多经验和工艺。这件饰物精工细致，制作华丽，小巧玲珑，运用青铜镀金技术，镂空镶嵌处理，为难得的精品。

让他作为监视杨勇行动的内线,并及时将杨勇的一言一行、一举一动报告给杨素。这样,杨勇每一个极小的错误,宫庭内外无人不知,从此对杨勇过失的议论也多了起来,杨勇的形象进一步受到损毁。

局势一步步向有利于杨广的方向发展,杨勇的情况越来越糟。有一次,隋文帝杨坚从仁寿宫回到长安,京城戒备森严的气氛让他感到极不舒服,将此事迁怒于太子杨勇。在次日早朝时,隋文帝希望众大臣向他揭发太子杨勇的过失,好为自己废掉太子找到借口,可大家只讲了些无关痛痒的事,令文帝大感失望。他发了怒,以京城戒备太严、让他感到不舒服为由,下令逮捕太子宫总管唐令则等人。为了服众,隋文帝授意杨素,指出了杨勇的第一大罪状,即抗旨不遵,说杨勇不但没有按照皇帝的旨意去办事,反而怒气冲冲,大发牢骚,说自己虽为太子,但地位却不如弟弟们,没有行动的自由。于是,隋文帝宣布太子杨勇为"不肖之子",并历数了杨勇的一系列过失和罪责,并说要废黜太子,以安天下。杨勇极为不满,但他激烈的言辞却给自己带来了灾难。

【3】立为太子

杨素等人为了将杨勇彻底扳倒,并没有就此住手,而是继续网罗杨勇的罪证,为杨广取替杨勇的太子之位四处奔波。

杨素在清查仓库时,搜出许多火燧和艾草,隋帝因此审问杨勇的手下姬威,因为姬威已被杨广收买,所以姬威趁此机会告了杨勇一状,说他别有用心。为了得到充足的证据,在杨素的努力下,杨勇的华丽服装、珍宝异器全部被公之于众,以此作为杨勇犯罪的最好物证。在铁证面前,杨勇只得低头认罪。公元600年秋,隋文帝杨坚下诏书废除太子杨勇,但留他一条性命。杨勇虽然被废,但能保住性命,也算是不幸中的万幸了。杨广终于取得了成功,很快,杨广被册立为太子。

高足金杯　隋
此杯为隋代酒器,焊接手法为突厥或西域的技术,杯为大口,口沿外翻,上有凸弦纹一周,系用一圆环焊上。下部为中空喇叭状的高足,足柄及底缘也各有焊上的凸弦纹一周。足柄上端先粘焊一圆片,然后再焊合于杯身。

隋翻领窄袖女服示意图
翻领窄袖女服是贵族妇女中流行的一种样式,其特点是领部高翘,袖部既窄又紧,穿上后更显身姿婷婷、美丽妩媚。

隋炀帝杨广

【4】打击异己

杨广被册立为太子后,并没有停止对杨勇及其同党的打击。他深知杨勇做了这么多年的太子,其根基一定非常深,拥护支持他的人也肯定不少,并且有些人对于杨广被封为太子一事也深感不满,越王杨秀便是其中一个。杨广非常害怕自己的这个弟弟背叛自己,就和自己的得力助手杨素想方设法地诬陷杨秀。杨素利用他经常在隋文帝杨坚耳边吹风的机会,不断向隋文帝进谗言,诋毁杨秀。本来就对杨秀有疑心的隋文帝迅速传旨召杨秀回京,还派使节去斥责杨秀。杨秀在此压力之下,只好承认自己有罪。善于演戏的杨广又故意出面替杨秀求情,希望父皇宽恕他。但隋文帝处置杨秀的决心已定,一点更改的意思都没有。于是杨广又从中搞鬼,落井下石,准备彻底搞臭、扳倒杨秀。他偷偷做了两个木偶,一个写上杨坚的名字,一个写上汉王杨谅的名字,两个木偶都被绑住手,以铁钉穿心,并用脚镣、手铐套牢,被埋在华山脚下。他派杨素带人去挖出。此时杨广的人

绿玻璃瓶 隋

隋朝疆域广阔,西及大漠,东至碧海,丝绸之路畅通无阻,并有开皇之治,物阜民丰,工商业发达,西方商人往来于各大城市间,玻璃器得以从西方流入内地。隋代玻璃工艺是擅长机巧制作的何稠研制成功的,他从绿瓷的特殊烧制工艺中受到启示,将琉璃加以改进,发明了吹制法,于是新的玻璃烧制法得以诞生。何稠的吹制玻璃法对后世玻璃器制作产生了极大影响,也奠定了现代玻璃吹制法的基础。这件绿玻璃瓶为隋朝玻璃器中的精品,色泽纯净、光亮异常。

又查到杨秀胡言乱语。这些罪状都被强加在杨秀身上,再加上四处搜集的证据,杨广一并呈献给隋文帝杨坚。杨坚看后,大为震怒,下令把杨秀软禁起来,杨广终于将自己的眼中钉拔除了。杨秀倒台后,与杨秀有关联的官员也未能幸免。

二、隋炀帝暴政

【1】初登帝位

杨广羽翼渐丰之时,隋文帝的身体也日渐衰弱下去。隋文帝退居仁寿宫养病,但杨广早已等得不耐烦了,他想早日登上皇帝的宝座。于是杨广又召杨素共商夺权良策。一个阴差阳错的事件加快了杨广夺权的步伐。有一次,杨广和杨素共谋篡逆的信被误送给了隋文帝。文帝看完信后,后悔不迭,同时他又听说了杨广意图奸淫自己的宠妾的事,就更加后悔了。他怨恨自己没有及早识破杨广的阴谋,更后悔自己听信了独孤皇后的话。于是,他让近臣立刻草拟诏书,决定废除杨广,重新将杨勇扶为太子。杨广知道父皇开始动手了,于是当机立断,将草拟诏书的人抓起来,又将宫门紧闭,并让右庶子张衡将隋文帝杀死,紧接

隋时期示意图

着派人杀了杨勇。

在公元604年,36岁的杨广终于登上了皇帝的宝座,他就是有名的暴君隋炀帝。

【2】剪除杨谅

汉王杨谅深受隋文帝的喜爱,他对太子被废、蜀王杨秀被囚的事情一直心怀不满,害怕有一天灾难会降到自己头上。他早有谋反的想法,当隋文帝还在世时,杨谅就借口防备突厥入侵,大肆扩充军备,积蓄了一定的力量。隋炀帝杨广登基后,杨谅想推翻杨广,总管司马皇甫诞恳切地劝阻杨谅,说杨谅的兵力不足以与朝廷对抗,起兵是不会有好结果的。此时杨谅起兵之心已定,这样的劝阻他是听不进去的,一气之下,杨谅囚禁了皇甫诞。在准备就绪后,杨谅学着汉代吴王刘濞打出的"诛晁错,清君侧"口号,也打出了"杨素反,将诛之"的口号,在并州起兵。

杨谅分兵五路,共同进攻,妄图一举攻克长安。隋炀帝在得知汉王杨谅起兵的消息后,立即派杨素率军前往镇压。杨素大军一路上所向披靡,杨谅的各路守军被打得一

青瓷四系螭耳天鸡尊 隋

败涂地。由于杨谅不听部将的话，未能抓住反败为胜的良机，在杨素大军的穷追猛打下，杨谅被逼无奈，最后只好投降。隋炀帝将他囚禁起来，杨谅最终凄惨地死去。

【3】大兴土木

隋炀帝杨广登上皇位后，为了巩固自己的统治、满足自己骄奢淫逸的生活，修建了一系列浩大的工程，而营建东都洛阳便是其中之一。

洛阳城从公元605年春开始动工到公元606年完成，前后耗时十个月，一座规模宏大的城池便出现在伊、洛之滨。这座都城由宫城、皇城和外廓城三部分组成。宫城是皇帝的宫殿所在地，富丽堂皇的宫殿鳞次栉比。皇城，是文武官员的官署。

外廓城是官吏的私人住宅和百姓居住的地方。这个规模巨大的建筑工程在短短的十个月内完成，工期紧迫，劳动条件极差，官吏督促劳役非常急，因此被征来服役的人中有十之四五死去，每月运载死尸的车辆，在东起城皋、北至河阳的路上络绎不绝。

隋洛阳上林西苑图
隋炀帝在东都洛阳城西建立了上林西苑，北起邙山，南抵伊阙诸山，西至新安境内，周围三百余里。苑内造三十六院，置四品夫人十六人，各主一院，庭植名花，院内有周围达十余里的海，海中造蓬莱、方丈、瀛洲诸山，山上建亭台楼阁，穷极华丽。

虽然兴建了东都，宫殿、苑囿已经很多了，但隋炀帝还嫌不够。为了满足自己的淫乐欲望，在兴建东都洛阳的同时，他又命人兴建富丽堂皇的显仁宫和西苑。

为了兴建显仁宫和西苑，隋炀帝命人到豫章（今江西南昌）采办木材。由于木材巨大，一根木头需用二千人拖拉，木头下边装有铁轮子，拖运这么一根木材需要数十万钱。同时，奢侈的隋炀帝还下令把在大江以南、五岭以北所能搜集到的奇材异石运到洛阳去，还寻求奇花异草和珍禽异兽，用来充实到苑囿中去。

显仁宫内宫殿众多，殿内雕刻精美，雄伟壮观。西苑有十六所宫院，

隋洛阳城城墙遗址
遗址墙体两侧用砖包砌，墙外加筑有河卵石和1.8米宽的砖道，并挖有一条宽13米、长205米的护城壕，由此形成了完整的城防系统。

每所宫院由一位四品夫人主持，里面有100名宫女及20名美女。其殿堂楼阁重重叠叠、金光闪闪，极尽豪华之能事。为了保持苑内一年四季都能看到绿树红花，在秋冬季节花木凋落的时节，隋炀帝下令用五色彩缎剪成花草树木来加以装饰。隋炀帝还经常在月色下领着数千名宫女，在西苑内骑马游览。每院的夫人争相向隋炀帝奉献美酒佳肴，并唱淫靡的歌曲，以此来讨好隋炀帝。

为了到江都游玩，他还下令自长安到江都，沿途建造四十多处宫殿。公元605年，隋炀帝下令在临淮兴建了梁宫；在扬子兴建了临江宫，里面有十几处馆所；同时在扬州兴建了长阜苑、上林苑等，其规模之大、其风景之秀丽居各地之首。其中，规模较大、装饰较华丽的要算是江都宫了，它包括回雁宫、九里宫、春草宫、光汾宫等十所宫殿，其殿宇楼阁鳞次栉比，在红花绿树的掩映下，显得格外壮丽。

隋炀帝一生所建宫殿甚多，其中有一座是很有名的，这就是精巧美丽、风格独特的迷楼。其楼阁高低起伏，错落有致，富丽堂皇，巧夺天工。迷楼最为独特的地方是，人要是误入其中，一天也转不出来。隋炀帝看到迷楼设计得如此独特，高兴地说："就是神仙到了那里，恐怕也会着迷的，就把这楼定名为迷楼吧！"

山东历城神通寺四门塔　隋
此塔为隋代唯一的石塔，也是中国现存最早的石塔，塔身平面为正方形，单层，高15.04米，四面均有拱门，俗称"四门塔"。石塔采用亭阁式造型，飞檐尖刹，风格朴素简洁，自具特色，开创了亭阁式的塔体造型。

隋炀帝一生修建宫殿无数，有人说隋炀帝没有一天不在修建宫室，在中国历朝历代的皇帝中，修建宫殿最多的就是隋炀帝。隋炀帝为了满足一己之乐，征用民众百万，耗费钱财无数，可以说，隋炀帝的宫殿苑囿是用广大人民的血汗和累累白骨堆积而成的。

【4】开凿大运河

　　隋炀帝在东都开工没几天，又开始了另一重大工程，那就是开凿大运河。隋炀帝开凿大运河，虽然有政治、经济等方面的考虑，但更多的是为了到江南游玩，搜刮江南的财富。

大运河以洛阳为中心，分永济渠、通济渠、邗沟、江南河四段。运河沟通了海河、黄河、淮河、长江、钱塘江五大水系，流经河南、河北、山东、安徽、江苏、浙江六省，流程5000余里，是当时世界上开凿时间最早、里程最长、最雄伟壮观的一条人工运河。

赵州桥石栏板 隋

赵州桥作为世界上第一座大跨度敞肩石拱桥，不仅在科学技术上有很高的成就，而且具有高超的艺术特色，其雕塑整体结构飘逸飞动，寓雄伟于秀美中，刀法苍劲，线条流畅，造型古朴，是隋代石雕艺术的精品。

大运河的开凿，前后经历六年时间，征发民工数百万。由于官吏督促严厉、工程紧迫，给广大民工带来了极大的痛苦。由于不停的劳动且忍饥挨饿，又受疾病折磨，半数以上的民工痛苦地死去。同时，为了开凿运河，隋朝增加了对沿途人民的税收，加重了人民的负担，人民不堪重负。这条人工运河给隋朝人民带来了无尽的苦难，但运河的通航对于南北物资的交流、经济的发展在客观上也起到了一定的作用。

赵州桥 隋

赵州桥又名安济桥，横跨在河北赵县交河上，建于隋大业（公元605～617年）年间，是在李春等匠师主持下建造的，赵州桥是世界现在最古老的单孔敞肩式石拱桥，比欧洲早了整整10个世纪，建成至今已1300多年，经受了数次大地震，依然挺立，被誉为"天下之雄胜"。

三、举国宣淫

【1】荒淫无度

隋炀帝不仅横征暴敛,鱼肉百姓,大兴土木,劳民伤财,他还贪恋女色,荒淫无度,连自己的庶母也不肯放过。

宣华夫人陈氏是隋文帝杨坚最宠爱的姬妾,经常侍奉在隋文帝身边。杨广在当太子时就对宣华夫人动了邪念,想霸占她,但隋文帝还在世,杨广无法得手。在隋文帝病重期间,一天,杨广像往常一样进宫去问候父皇的病情,正碰上宣华夫人在偏殿更衣。这勾起了他无限的欲望,他上前拦住宣华夫人,调戏说:"我杨广太仰慕你的美貌了,今天在这里相遇,实在是缘分,若蒙夫人错爱,我杨广一辈子也不会忘记。"说着,便想上前进行非礼。宣华夫人吓得赶紧跑到隋文帝面前,杨广见无机可乘,就暂时打消了这个念头。

伎乐图　隋
此图为宫廷中的宴乐图,从中可以发现隋代时西域胡琴已相当地普遍。

杨广当上皇帝后,旧情复发,仍念念不忘美艳的宣华夫人。这天,他派一个侍从送给宣华夫人一个金盒。宣华夫人心想,她以前得罪过杨广,这盒子内肯定是赐她死的毒药。但令她感到意外的是,里面装的并不是毒药,而是一个同心结。宣华夫人知道杨广的意思,羞愧难当,不想收下这个同心结,但在宫女的劝说下,她勉强接受了。当晚,隋炀帝就溜进太妃宫,霸占了自己的庶母。隋炀帝无耻到乱伦的程度,也算是亘古少有了。

隋炀帝喜欢到处游玩,每到一处,总不会忘记偷香窃玉。炀帝在西苑中有十六院夫人,每院有宫女100名、美女20名,供隋炀帝享乐。十六院夫人为了讨隋炀帝喜欢,争相敬献美酒佳肴,并唱起艳词淫曲。隋炀帝通宵达

彩绘奏乐女俑

旦，乐此不疲。隋炀帝虽然大造宫殿，但大多都不让他感兴趣。他说，宫殿虽然高大宽敞、雄伟壮观，但曲径通幽的情趣却丝毫没有。于是又令人造了迷楼，共动用数万人，一年便完工了。迷楼建成后，隋炀帝让许多妃嫔搬到里边去住，并从民间挑选数千名良家少女填充其中。隋炀帝天天泡在迷楼里，一连住几个月仍不想出去，只想在楼内过纸醉金迷的生活。

【2】三游江都

隋以前的中国古代历史上，许多有所作为的皇帝都亲自巡行天下，了解国情、体察民情，以便更好地维持自己的统治，但像隋炀帝这样频繁巡游的还真不多见。

隋炀帝一生中曾经八次巡游，其中四次北游，一次西巡，三次游江都。他在位时，待在京城长安的日子加起来还不到一年。他每次出行都劳民伤财，挥霍无度，天下百姓怨声载道，苦不堪言。

隋炀帝曾镇守过江都，所以对江都一直情有独钟。江都虽然经济并不发达，但地域辽阔、风景秀丽、物产丰富，是个令隋炀帝心驰神往的地方。

隋短襦及长裙示意图
短襦长裙是隋代女服的基本形式。它的主要特点是裙襦系得较高，一般都在腰部以上，有的甚至系至腋下，给人一种修长婀娜、俏丽大方的感觉。

第一次巡游江都时，隋炀帝下令建造了龙舟、楼船等大小船只数千艘。龙舟高四十五尺，宽五十尺，长两百尺。龙舟上有四层建筑，最上层是正殿、内殿和东西朝堂；中间两层是用金玉装饰得金碧辉煌的房间，有一百二十间；最下层是内侍宦官居住的地方。还有比隋炀帝乘坐的龙舟规模略小的翔螭舟，专供皇后乘坐。此外，还有各式各样的船只，多不胜数。

这些船动用拉船的民夫共计 8 万多人，其中拉漾彩级以上的有 9000 多人，而仅龙舟就需要 1080 个身穿华丽服饰的民夫拖曳着前进。其规模之大，前所未有。船队绵延 200 余多里，当第一艘船已出发 50 多天之后，最后一艘船才从洛阳驶出。隋炀帝船队浩浩荡荡、壮观无比，当然花费也很大，仅每天所需食物的数量就极其庞大。隋炀帝要求船队所经过的地方，500 里内都必须进献食物。进献食物多的州郡甚至用一百辆车来运送。所供食物中，空中飞的、水里游的、陆上走的，无所不有，吃不完的在出发时就扔掉。

隋炀帝龙舟出行图

他还下令营建离宫,从长安到洛阳营建了四十多处。隋炀帝于公元605年仲夏从显仁宫出发前往江都游玩,这是他第一次巡游江都。如果隋炀帝第一次巡游江都还有出于巩固其政权、加强对南方豪强士族的控制的考虑,那么隋炀帝第二次巡游江都则完全是为了玩乐。

俗话说得好,"人逢喜事精神爽"。自从隋炀帝西巡河右归来后,他一直处于极度兴奋之中。公元611年,隋朝各郡总共增加了24.3万名男丁,新归附的也有64.15万人,人口的增加说明他政策英明、治国有方,这当然是喜事之一。第二件喜事是隋炀帝对全国各地驻军的军械武器进行了一番考察,他看到的都是精美锐利的枪械武器。第三件事是这一年各藩部落酋长都聚集到洛阳,与隋炀帝同乐,显示出当时各民族之间关系和谐,亲如一家。第四件喜事是曾在武力威逼下拒不归顺的流求也在这一年俯首称臣。

这四件喜事令隋炀帝高兴不已。他认为自己这几年励精图治,辛苦劳累了几年没有白费。看到自己的治理成就,他飘飘然了,想好好放松一下,于是便打算第二次巡游江都。为了尽情享乐,他令人在江都营建江都宫等许多宫殿,最有名的当数位于城西北旧观音寺蜀冈东峰的迷楼了。此楼修建得气势恢宏、富丽堂皇,隋炀帝的奢侈腐化由此可见一斑。公元611年,隋炀帝第二次巡游江都。

镶宝石金项链　隋

公元616年初夏,隋炀帝第三次巡游江都。此次巡游不是临时决定的,早在平息杨玄感叛乱之后就开始准备。他前两次巡游江都时所建造的龙舟在杨玄感叛乱时全部被烧毁,于是隋炀帝下令重新建造龙舟,且规模比以前的更大,共建造了几千艘。

七月初,新建造的龙舟陆续送到东都,隋炀帝准备按计划巡游江都。由于隋炀帝奢侈腐化、横征暴敛,大兴土木，无限度地征发人力、物力，使得民不聊生，人民生活在水深火热之中，许多地方的人民揭竿而起。右候卫将军赵才见天下混乱，局势危急，劝隋炀帝不要再出去巡游了。隋炀帝勃然大怒，依罪处治了赵才。满朝文武大臣都不想让隋炀帝再次出行，又无人敢于进谏。建节慰任宗上书劝谏，却被杖责而死。奉信郎崔民象以"盗贼充斥"为由，力劝隋炀帝取消江都之行。隋炀帝极为生气，下令将崔民象的

灰陶女厨俑　隋

下巴用刀割去，并将他处死。隋炀帝对于劝阻江都之行的官员，大多处死了事，扫清了其前往江都游玩道路上的障碍。

到达江都后，隋炀帝别的事情一概不闻不问，只询问进献礼品的厚薄，送的礼品多的就升官，送的礼品少的就罢官。隋炀帝此时更加荒淫无度。宫里有房屋一百多间，每间房摆设讲究、非常豪华，里边都住着美女，每天由一间房屋的美女伺候隋炀帝。隋炀帝和皇后及受他宠幸的美女每天在不同的房间里吃喝玩乐，连随从的一千多名美女，也经常喝得烂醉。隋炀帝也知道此时天下已大乱，经常烦躁不安，并且萌生了迁都丹阳、保守江东的念头。就这样，隋炀帝一直滞留在江都，直到最终被部将杀死。

游春图卷　隋　展子虔
渤海人展子虔，历北齐、北周，至隋为朝散大夫、帐内都督，擅画亭台楼阁、人物鞍马，足迹遍天下，所画物象，生动有趣，颇为时人所重。其画善于创新，人物描绘工细，栩栩如生，开唐代人物画先河，后世誉为唐画之祖。此图是现存古代山水画的重要作品，也是迄今所保存的最早的卷轴山水画。画绘贵族仕女泛舟骑马，踏青赏春。他以圆劲的线条、浓丽的色彩描述景物，改变前代人大于山、水不容泛的比例，画面整体色彩典雅，富于装饰感，为唐画家李思训父子所取法。

四、远征高句丽

【1】一征高句丽

隋炀帝穷兵黩武，为了显示国威、炫耀武力，隋炀帝先后出兵数百万之众，三次征伐高句丽，给广大人民群众带来无尽的苦难。

隋炀帝在公元610年就计划征伐高句丽了。他下旨征收天下富人的捐税，用来购买战马；同时派人挑选精良的兵器和仪仗，如果查出有粗制滥造、不合乎要求的，立即将监制官杀死。隋炀帝还下旨，命令在山东置府饲养战马，以供给军队使用，征调民工运输粮食。运输粮食的车辆和拉车用的牛，全都有去无回，士卒累死者也超过半数。由于隋炀帝大批征发民力、畜力，导致农民错过农时，田地荒芜，粮食短缺，粮价暴涨，人民生活异常艰难。大业七年（公元611年）初，隋炀帝下诏征伐高句丽，命人建造三百艘战船。由于对工程的进展督促严厉，工匠、丁役们不分昼夜地在水中工作，不敢稍加休息，他们腰部以下都生了蛆虫，因生病和劳累致死的有十之三四。

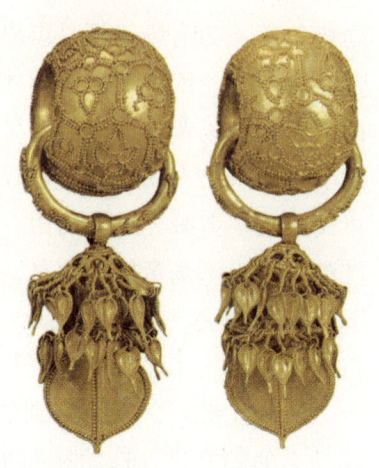

金制大耳环饰　高句丽
这件耳饰为金制，镂刻得很细致，富丽堂皇，出土于韩国庆尚北道庆州市普门洞高句丽墓中。

五月，隋炀帝命令河南、淮南、江南各郡制造兵车5万辆并送到高阳去，用以运输衣甲帐幕，但不用牛马拉车，而命令士兵自己拉车。七月，又命令征调江、淮以南的民工及船只，运输粮食到涿郡，运粮的船只首尾相接，绵延千余里。在做好战争准备后，隋炀帝决意征伐高句丽。大业八年（公元612年）正月初，隋炀帝在桑干水南面祭祀战神，誓师出征。初三，正式出兵，每天有一军出发，前后保持四十里的距离，一营接一营前进，连续四十天才出发完毕。各支军队首尾相连，鼓角喧天，旌旗飘扬。隋军在辽东初战告捷，高句丽军队组织几次反击，都没有取得胜利，于是他们坚守城池，拒不应战。隋军将高句丽军团团围住，每当隋军

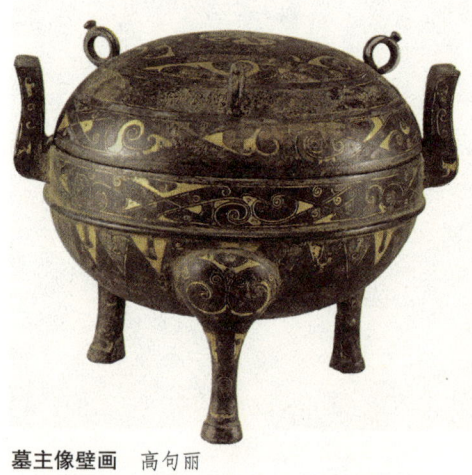

墓主像壁画　高句丽
此壁画位于今朝鲜黄海南道安岳郡五菊里的高句丽墓中，色彩明艳，人物端庄儒雅，衣饰冠物都与中原相仿，又具有高句丽本民族的特色，反映了高句丽王朝与中原王朝的密切联系。

快要攻陷辽东城时，城中的高句丽军队就声称要投降，东征将领们因奉隋炀帝旨意，每次总是先派人去奏报隋炀帝，等请示完回来，城中高句丽军队早已修整好了，又继续坚守城池，顽强抵抗。如此连续三次，隋炀帝仍没有意识到高句丽军队的意图。就这样，两军处于相持阶段。城池久攻不下，隋炀帝妄图速战速决的计划破灭了。此时，右骁卫大将军来护儿不听劝阻，孤军冒进，结果遭高句丽军伏击，来护儿单枪匹马杀出重围，活着逃回来的士卒不过几千人。

七月一战中，隋军被高句丽军队打得大败。从此战争形势发生了变化，高句丽军日渐占据了主动，隋军步步后退。当时，九路隋军渡过辽河的共有30.5万人，等回到辽东城时，只剩下2700人了。九月三十日，隋炀帝返回洛阳，第一次征伐高句丽以失败告终。

【2】二征高句丽

第一次对高句丽用兵惨败，隋炀帝对此并没有好好地总结一下。他对此次失败一直耿耿于怀，心中所想的只有报仇。

大业九年（公元613年）正月初二，隋炀帝下诏调集兵力在涿郡会合，修辽东古城用来贮备军粮。此外，隋炀帝还为其发动的第二次征伐高句丽的战争展开舆论宣传。

彩纹陶壶　高句丽
此为古代高句丽人日常所用的陶器，胎质细腻，略饰有彩纹。

四月二十九日，隋军发动了对高句丽的进攻，遭到高句丽军队的顽强抵抗，辽东城久攻不下。在此紧要关头，忽然听到杨玄感谋反的消息，隋炀帝大为恐慌，于是密令各路军队撤退。隋军的军械物资、攻城用具堆积如山，营垒、帐篷都原封不动地留了下来。隋军人心惶惶，匆匆逃跑。高句丽军队觉察到隋军的行动，但又害怕隋军使诈，所以不敢追击。直到高句丽军知道隋炀帝早已渡过辽水时，这才发动对隋军的进攻，结果只杀死了几千名老弱残兵。隋军安全撤回，第二次征伐高句丽以失败告终。

八角九层塔　高句丽
此塔位于韩国江原道平昌郡珍富面月精寺内，建于高句丽初期，高15米多。

第二次征伐高句丽又因杨玄感叛乱无果而

终，隋炀帝并不认为这是因为自己的所作所为有什么问题，因此隋炀帝在平定杨玄感叛乱后，又准备第三次发动对高句丽的进攻。

【3】三征高句丽

公元614年，隋炀帝又召集群臣讨论征伐高句丽的问题。众臣既不敢说是，又不敢说不是，所以议论好几天也没什么结果，可见隋炀帝的所作所为已失去了民心，连辅佐他的大臣都不敢也不愿再向他进谏。

公元614年初，隋炀帝调集多路大军进行了对高句丽的第三次进攻。士兵们由于不想再打仗了，所以经常有人逃跑，隋炀帝将逃跑的士兵用极其残忍的手段杀死，并将他们的血涂在战鼓上，但仍无法震慑住想逃跑的士兵。隋军初战告捷，大军长驱直入，直逼平壤城。高句丽王非常害怕，派使节到隋军营中，说愿意投降乞和，并且还送来人质以表示自己有求和的诚意。隋炀帝龙颜大悦，准备撤兵回京。至此，第三次征伐高句丽宣告结束。

骑兵俑 高句丽

但高句丽并未真正归附，如隋炀帝祭告太庙时，要求高句丽王来朝见，而高句丽王并没来，以这件事中就可以看出来。

隋炀帝三次征伐高句丽，给广大人民群众带来无尽的痛苦和灾难，导致民心尽失、群臣背弃，隋炀帝成了一个独夫民贼。俗话说得好，"失民心者失天下"，隋炀帝离灭亡的日子也不远了，他发动的对高句丽的三次征伐也是加速隋朝灭亡的一个重要因素。

相扑图壁画 高句丽
此壁画位于今朝鲜黄海南道安岳郡五菊里的高句丽墓中，绘两人相扑，其装束已和现代相扑相差无几。相扑运动始于中国的汉代，经中土及海路传入朝鲜半岛，后又传到日本，成为日本的传统运动之一。

五、隋炀帝之死

由于隋炀帝奢侈腐化，滥用民力，穷兵黩武，人民不堪忍受，怨声载道，于是各地的农民揭竿而起。起义迅速波及山东、河南、江淮等地。面对风起云涌的起义风暴，隋炀帝不但无视起义的威力，甚至不许臣属上报起义军的真实情况，而宠臣也懒得再得罪隋炀帝,只对隋炀帝报告好的消息。实际上,以隋炀帝为首的统治集团是掩耳盗铃,不敢面对严峻的现实。

大业十三年(公元617年)十一月,李渊率兵攻入长安,人民起义也风起云涌。面对着天下纷乱的局势,隋炀帝决定放弃长安和洛阳,迁都丹阳,以保住江都。众臣争论不休,迁与不迁一时相持不下。正当迁都问题还未有定论之时,又出现了禁军骚乱的问题。

隋代迷楼遗址
此为隋炀帝的迷楼遗址,他生前在此淫逸玩乐,死后在此与山水为伴,是为一代帝王的下场。

当时,江都的粮食吃完了,没有能及时供应上,于是军队中产生了慌乱。由于禁军中多为北方人,在南方待的时间长了,思念家乡,而隋炀帝欲迁都江南,使他们回家的希望更小了,于是有些人私下逃跑。隋炀帝把逃跑的人斩首示众,但也无法禁止士兵逃跑。想逃跑的人不仅有士兵,还有将官。赵行枢和杨士览相约逃跑,并把逃跑的计划告诉了将作少监宇文智及。宇文智及听后非常高兴,并说出了自己将要夺取政权的计划,得到司马德戡等人的同意。他们共同推举宇文化及为首领,宇文化及起初感到害怕,最终还是听从了他们的安排。

但仅凭他们几个人的势力太单薄,无法取得成功,于是他们想争取禁军的支持。司马德戡使用离间计,说隋炀帝为了防止禁兵逃跑,正在酿制毒酒,妄图把他们全部毒死。禁军听后,相约共同背叛隋炀帝,愿意听从司马德戡的指挥。

当晚他们便发动了政变,挟持了隋炀帝。宇文化及见还没有杀死隋炀帝,于是命人赶

唐高祖李渊像
唐高祖李渊,字叔德,陇西成纪人,相貌出众,人称"天中伏犀下接于眉,非人臣之像"。图中李渊头戴平巾帻,身穿红罗袍,腰系玉梁带,脚着长皮靴,为天子骑马时的装扮。

快动手。隋炀帝非常害怕,也知道自己末日已到,他叹息说:"我有什么罪过,竟到了该杀的地步?"马文举列举了隋炀帝抛弃皇室庙宇、巡游无度、穷兵黩武等罪状。隋炀帝稍微醒悟一些,但继续狡辩,说自己罪不至死。政变军士早已没有耐心再同隋炀帝理论,于是动手杀了隋炀帝的爱子赵王杨果,接着想动手杀死隋炀帝。隋炀帝不想被人用刀杀死,他想用鸩酒自杀。马文举等人不容他选择,命令狐行达用丝巾将隋炀帝绞死。

  隋炀帝之死,虽然由于宫廷政变,但实质上是各种矛盾交织的结果。隋炀帝奢侈腐化、滥用民力,使得广大人民生活在水深火热之中,苦不堪言。他们被迫揭竿而起,再加上统治集团内部矛盾尖锐,从而导致宇文化及发动政变,绞死隋炀帝,直接结束了以隋炀帝为首的隋朝统治政权。

唐太宗李世民

唐太宗既是乱世的英雄，又是治世的明君。在反隋建唐的过程中，他东拼西杀，战功赫赫，彪炳史册。统一战争结束后，唐太宗又发动玄武门兵变，弑兄杀弟，逼父退位。他登上皇帝之位后，一展宏图，使四夷臣服，歌舞升平，将唐朝的政治、经济和社会发展推到了顶峰，史称"贞观之治"。唐太宗晚年时大量服用方士炼制的"金石"之药，最终因服丹不当而暴亡。

一、卓尔不群

唐太宗(公元599～649年),姓李,名世民,是唐高祖李渊的次子,诞生于武功(今属陕西)别馆。

李世民的父亲李渊是北周开国功臣的后代。隋取代北周,隋文帝的皇后独孤氏是李渊的姨妈,所以李渊与隋文帝杨坚的关系十分密切。李渊历任谯、陇、岐等州刺史,以及荥阳、楼烦等郡太守。李世民从少年时就逐渐形成的爱好书法、喜好文史、勤于读书、足智多谋、

三彩马及牵马俑　唐

胸怀大志、心地善良等诸多良好的品质,与母亲的言传身教是有密切关系的。

李世民兄弟共四人,其上有哥哥建成,下有弟弟元霸、元吉,其中,元霸早年夭折。李世民名字的由来还有个故事。据《旧唐书》记载,在他4岁时,有一书生自称精通相术,拜见李渊时,说:"您是一位贵人,还有贵子。"见到李世民后,书生惊道:"龙凤之姿,天日之表,年将二十,必能济世安民矣!"李渊担心书生会将此话泄露出去,于是准备杀掉书生,但是转眼间书生就不见了,只好作罢。从此,李渊用"济世安民"中的"世民"二字作为李世民的名字。

李世民体魄强壮,自我要求严格,所射出的箭比一般人用的要远一倍。而且百步之外,世民亦能"射洞门阖",可见其箭术之精。他经常和父亲纵论兵策,其见识不同于一般,深受父亲赞赏。李世民做了皇帝后曾回忆道:"朕少好弓矢,自谓能尽其妙。"又说:"朕少尚威武,不精学业,先王之道,茫若涉海。"由此可见,李世民青少年时是个善于骑射的贵族少年,而且性格倔强豪放。

李世民16岁时,与13岁的长孙氏成亲。长孙氏,河南洛阳人,其先祖是北魏皇族拓跋氏,因担任宗室长,故改姓长孙。其父长孙晟是隋朝右骁卫将军。其家族和李氏家族一样,是军事贵族。李世民与长孙氏是门当户对。

在长孙氏与李世民成婚前,长孙晟病故,于是长孙氏和哥哥长孙无忌境遇孤苦,遂为舅父高士廉收养。高士廉素有才望,颇涉文史,于是哥哥长孙无忌"好学,该博文史";妹妹长孙氏则"少好读书,造次必循礼则",这为她日后成为唐太宗的贤内助打下了基础。

二、晋阳起兵

隋大业七年（公元611年），山东、河北发生水灾，农民无以为食，被迫流浪，隋炀帝却又要征调大量民夫，远征高句丽。这年十二月，王薄率先在山东长白山（今山东邹平南）发动起义。

一时间，农民起义风起云涌，并且在反隋斗争中形成了三支较大的武装力量：翟让、李密领导的瓦岗军在河南纵横驰骋；窦建德的起义军转战于山东、河北；杜伏威的农民军则控制了江淮地区。另外还有大量小股起义军。

此时，李渊正任太原留守，但是隋炀帝不信任他，于是派王威和高君雅为太原副留守，以监视李渊。

公元616年，突厥侵入北部边境，隋炀帝命李渊和马邑太守王仁恭合力抵抗。结果战事不利，隋炀帝于是派使者押李渊和王仁恭至江都治罪。李渊一方面托辞不赴江都，故意纵情声色；另一方面加紧策划，接受了李世民和刘文静关于起兵的建议。李世民又对父亲说："今盗贼（指起义军）日繁，遍于天下，大人（指李渊）受诏讨罪，贼可尽乎？要亡，终不免罪。不若顺民心，兴义兵，转祸为福，此天授之时也。"这表明年仅18岁的李世民已有远见卓识。李渊听后说："灭其以使促吾，吾当见机而作。"

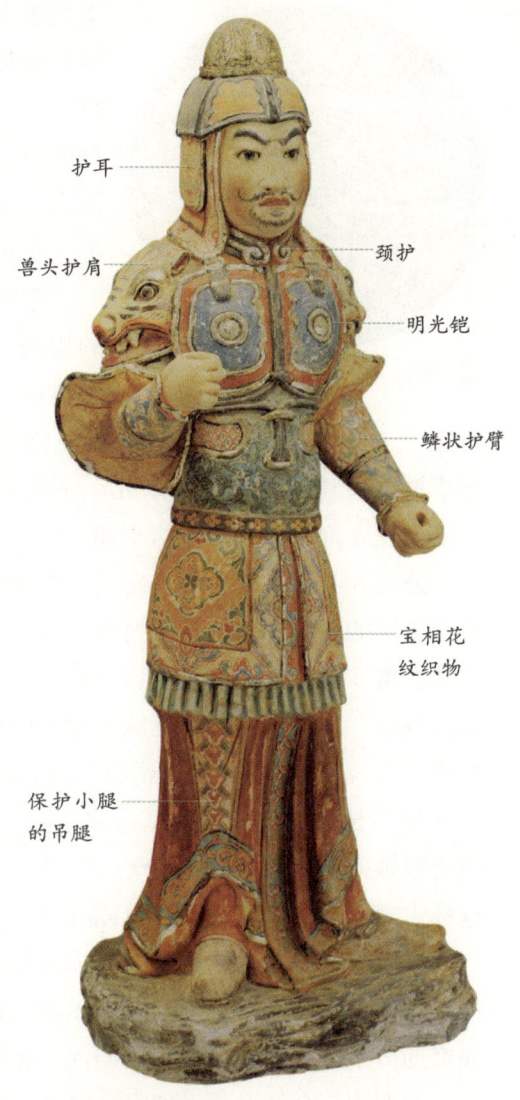

彩绘贴金武官俑 唐
此俑所穿铠甲颜色华丽，边缘绘绿、红、蓝等色构成的宝相花纹。

要起兵必须扩大兵力，李渊为太原留守，虽握有重兵，但是仍须招募一支自己的队伍。可是公开招募会引起高君雅、王威的注意。恰在此时，马邑人刘武周杀死了马邑太守王仁恭，占据马邑郡，起兵反隋，且自称皇帝，还勾引突厥直驱太原。于是，这为李渊公开募兵提供了借口。

李渊以讨伐刘武周为托词，召集各位将领商议，提出自己招募兵丁，高君雅和

骑兵攻城银碗 唐

王威迫于当时的形势,只好同意说:"公地兼亲贵,同国休戚,若俟奏报,岂及事机;要在平贼,专之可也。"于是,李渊命李世民与刘文静、长孙顺德、刘弘基、窦琮等人去招募士兵。不多久,便募兵近万人。这支队伍由李渊、李世民父子直接控制和指挥,是晋阳起兵的主力。

李渊父子大量募兵,毕竟无法完全掩盖其真实的想法,况且其所用将领长孙顺德、刘弘基是为了逃避征辽诏令而逃到太原的,而窦琮也是逃犯。高君雅、王威见此,怀疑李渊有谋反之心,于是就暗中策划利用晋祠祈雨的机会,将李渊父子诱骗来并全部杀死。不料此事被经常出入王、高家的刘文龙得知,于是刘文龙立刻将此事报告给李渊。因此,李渊决定先发制人。

公元617年初夏的一天夜里,李渊命令长孙顺德、赵文恪等人带领500壮士,和李世民的精兵一起埋伏于晋阳宫城外,严密封锁。第二天清晨,李渊与高君雅、王威在留守府大厅议事。按照计划,刘文静召鹰扬府司马刘政会入厅,说"有密状,知人欲反"。李渊故意让王威先看,但是刘政会不给,并说:"所告乃副留守事,惟唐公得视之!"李渊接过密状一看,是控告王、高暗引突厥入侵。王、高正待辩解,刘文静与长孙顺德、刘弘基等将王威、高君雅逮捕入狱。事也凑巧,第二天果然有突厥数万人进攻晋阳,民众以为是王、高所致,于是李渊趁机杀掉高君雅、王威。这标志着李渊父子正式开始晋阳起兵。

晋阳起兵后,李渊父子的目标就是乘虚入关,直取长安,以号令天下,建立新的王朝。在长安(今陕西西安)的统治者听说李渊带兵进攻,忙派大将宋老生和屈突通分别领兵数万,在霍邑与河东抵抗李渊大军。

大业十三年(公元617年)七月,李渊率军进攻宋老生驻守的霍邑,却逢秋雨连绵,无法开战,而且道路泥泞,军粮运输困难。相持数日,眼看军粮将尽,李渊准备退兵,李世民劝阻道:"今兵以义动,进战则克,退还则散;众散于前,敌乘于后,死之无日。"听了李世民的意见,李渊决定不撤兵。

八月,连日的阴天终于放晴,李渊遂下令攻城,并由李世民率兵诱敌出城,双方展开决战。李世民身先士卒,奋勇冲锋,"砍杀数十人,两刀皆缺,流血满袖"。霍邑一战,李渊大获全胜,斩杀了隋将宋老生,攻下了霍邑。随后,李渊率兵进攻河东郡,虽取得初战的胜利,但是隋将屈突通固守河东郡,李渊久攻不下。后根据李世民建议,李渊留下部分兵力包围和牵制屈突通,自己率主力部队渡过黄河,直取长安。

同时，李渊在关中地区的家属和亲族也纷纷起兵响应，其中有李世民的胞妹平阳公主、李渊的从弟李神通，李渊的女婿段纶也在蓝田县聚众万余人。

在这种有利形势下，李渊父子一路上采取收揽人心的办法，废除了隋朝的严刑酷法，还开仓济贫。一面收编关中各地的起义军，一面争取关中地主阶级的支持。数月中，李渊、李世民的军队已达20万人，并于十月开始围攻长安。十一月，长安城破，李渊率军进入长安宫，立年仅13岁的代王杨侑为帝，是为隋恭帝，并改元义宁，遥尊江都的隋炀帝为太上皇。李渊总揽军政大权，晋封为唐王。李建成为唐王世子，李世民为京兆尹、秦公，李元吉为齐公。

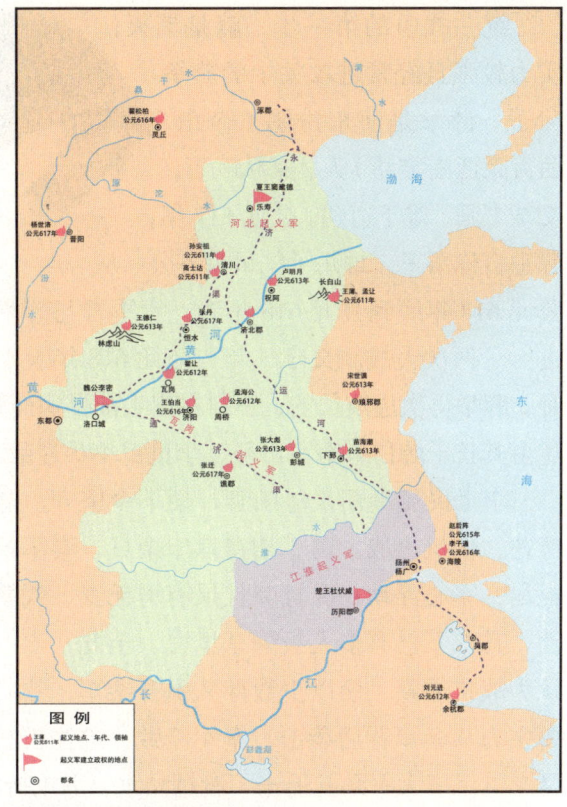

隋末农民起义早期示意图

义宁二年（公元618年）三月，隋炀帝在江都被部下杀死，隋朝灭亡。五月，李渊在长安称帝，定国号唐，李渊就是唐高祖，年号为武德。然后立世子李建成为皇太子，李世民为秦王，李元吉为齐王。

三、统一全国

从公元618年李渊称帝建唐到公元624年统一全国，共历时七年之久。从晋阳起兵到长安建唐，李渊是起了决定作用的，但是对于建唐、镇压各地农民军、消灭地主武装割据，这些任务大部分是由李世民领导完成的。

李渊建都长安后，面临的形势十分严峻，四周强敌遍布：薛举集团占据兰州、天水一带，并时常进攻关中；李轨集团占据武威一带，亦虎视关中；刘武周则占据马邑，并时常勾结突厥南下威胁晋阳；梁师都占据夏州朔方，在北面威胁着关中地区。因此，消灭四周强敌，完全控制关中、陇西地区（今甘肃省），以关中为根据地，再消灭关东群雄，从而建立统一的中央政权，就成为唐朝统治集团的必然选择。

统一战争的第一步,就是消灭实力较强且经常进攻关中的薛举父子。薛举是河东汾阴(今山西万荣西南宝鼎)人,家私巨万,交结豪强,雄于边朔。公元617年,薛举自称秦王,封儿子仁杲为齐公。从公元617年底到公元618年春,唐军曾与薛举进行了两次大战。义宁二年(公元618年)十一月,薛举再次进攻长安,不料在出兵前暴病而死,遂由其长子薛仁杲率军出征,李世民率兵迎敌。

李世民见秦军来势凶猛,便下令坚守,避其锋芒,伺机出战。两军相持六十余日,秦军粮食耗尽,军心浮动;况且薛仁杲有勇无谋、残暴成性,其部下已有多人投降李世民。至此,李世民认为战机成熟,便以少数部队引开秦军,然后亲领主力从秦军背后袭击。秦军溃败,逃往折。于是李世民率大军乘胜追击,渡过泾水,围攻折城。至半夜,守城秦军纷纷投降唐军,薛仁杲走投无路,只好于第二天出城投降。

三彩鞍马　唐
唐代骑兵极为强大,对军马的饲养非常重视,故而唐代各种马饰种类繁多,三彩军马俑很是普遍。此马身体强壮,四肢劲健,弯头站立,马体洁白,鬃毛深黄,身佩翠绿色的辔头、鞍具,系黄绿色杏叶形饰,装饰华丽,白、绿、黄等色交相辉映,形成强烈的对比,显得白马更富生气。

公元619年,占据河西王郡的大凉皇帝李轨,因内部矛盾重重而分崩离析,户部尚书安修仁与其兄安修贵发动兵变,并俘获李轨,将其押至长安,后处死。

同年,割据马邑的刘武周勾结突厥,向山西发起进攻。数支唐军先后迎战,均被其打败,镇守太原的李元吉闻风趁黑夜逃回长安。刘武周的先锋宋金刚则乘势打到了河东,"关中大骇"。

在这种不利形势下,高祖李渊准备放弃河西,固守关西。此时,秦王李世民审时度势,向李渊说道:"太原,王业所基,国之根本;河东富实,京邑所盗,若而弃之,臣窃愤恨。愿假臣精兵三万,必冀平殄武周,克复汾、晋。"

于是李渊征调关中全部兵力,由李世民率领由龙门渡过黄河迎战敌军。过黄河

秦王破阵乐图　唐

唐长安城南门遗址
遗址位于陕西西安,为明代修建,南城墙部分建在唐长安皇城墙基上。

后,李世民将大军驻扎在柏壁坚守,与刘武周先锋宋金刚之军队相持。期间,李世民时常离开营阵侦察地形。有一次,李世民仅带领很少的轻骑兵外出侦察敌情。骑兵四散而去,李世民与一名士兵登上一小山丘休息。忽然,敌军从四周包围了山丘,李世民与士兵都没有发觉。恰巧在这个时候,有一条蛇追逐一只田鼠,碰到了士兵的脸。士兵惊醒,发现敌军正在包抄上来,于是赶紧叫李世民上马。他们二人急驰没多久,眼看就要被敌兵追上。紧要时刻,李世民十分镇静,他手取大羽箭,张弓便射,一发就将敌兵的将领射死。敌兵见此,慌忙撤退,李世民得以安然无恙。

在相持中,李世民派出精兵切断了宋金刚的粮道。两个月后,宋金刚面对强敌无粮草供应,只好撤退。李世民则率领大军趁机追杀,"一昼夜行二百余里,战数回合"。一直追击到雀鼠谷(今山西介休县西南),终于追上宋金刚部队,"一日八战,皆破之,俘斩数万人。夜,宿于雀鼠谷西南,世民不食二日、不解甲三日矣,军中只有一羊,世民与将士分而食之"。刘武周、宋金刚失败后逃往突厥,均被突厥杀死。公元620年,李世民收复了太原。

公元620年夏,关东地区原有的李密、王世充、宇文化及、窦建德四支强大的军事力量,其中的李密、宇文化及都已失败,只剩下王世充、窦建德两大集团。在消除了来自于背后和侧面的威胁后,唐高祖李渊诏令李世民东征,直指河南一带的王世充集团。

王世充,本姓支,字行满,西域胡人。王世充集团本来是隋炀帝派来镇压瓦岗军的军事力量。打败瓦岗军李密后,王世充于618年在洛阳自立为帝,国号郑。

在唐军的猛烈攻击下,王世充原先所属州县的一些官员纷纷降唐。至公元620

陕西彬县明镜台
明镜台位于陕西省彬县城西,始建于唐贞观三年(公元 629 年)。相传唐太宗李世民为浅水原大战和王龙板大战中阵亡将士而建。

年底,洛阳城外的王世充所属州县大部分已落入唐军之手,洛阳城处在李世民大军的包围之中。

洛阳城坚壕深、军备充实,但在唐军的长期围困下,王世充在洛阳孤城中危在旦夕。为了解围,王世充向河北的窦建德求援。

窦建德是河北、山东一带势力最强的一支起义军的领袖,他出身农民,于公元 618 年称帝,定国号为夏。他的部下认为,唐朝在消灭了王世充以后,必将会进攻窦建德。因此,窦建德率领 10 万大军前来救援王世充。

这样,唐军的处境变得极为危险,内部出现了不同的主张:一种是主张退守新安,寻机再战;另一种是进占虎牢关(今河南荥阳西北),挡住窦建德前进的道路,然后趁机消灭他,如此一来,洛阳不攻自破。

李世民采用后一种主张,命屈突通等协助齐王元吉围困洛阳,自己率精骑 3500 余人急奔虎牢关,挡住窦建德的前进道路。

两军相持三个月。五月一日,李世民渡河,并假装粮草已尽,让士兵牧马于河北以迷惑窦建德,他本人则于当晚返回虎牢关。窦建德果然中计,第二天早晨全军出击,陈兵汜水,长达二十里,鸣鼓大喊而进,要与唐军决战。

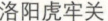

洛阳虎牢关

李世民胸有成竹,决定按兵不动,以逸待劳,等到窦军疲乏后再出击。果然,到了中午,窦建德的军队饥饿困乏,互争饮水,席地而坐,已无斗志。李世民看准战机,下令攻击,唐军铁骑直冲向窦建德军队的阵地。窦建德仓促应战,不久其阵势大乱,全线崩溃。唐军追杀三十多里,俘获窦军 5 万多人,窦建德本人中枪,退至本口渚时被俘。

虎牢之战后,王世充惊惶不已,准备突围南走襄阳,但是部下一致反对,王世充不得不自缚投降。河南、河北尽归唐朝所有。

同时,割据江淮一带的杜伏威归顺了唐朝。大将李靖平定了长江中游的萧铣。后来窦建德的部将刘黑闼、杜伏威的旧部辅公分别再次起兵作乱,都被李世民迅速扑灭。公元 624 年,江南也被唐朝平定。

至此,唐朝完全统一了中国。这一年,李世民 24 岁。

从唐高祖称帝到天下重新统一,前后共用了七年时间,其中起主要作用的人就是李世民。

四、玄武门之变

李世民在统一战争中功勋卓著,加深了太子建成、齐王元吉与秦王世民之间的矛盾,矛盾激化的结果便是唐朝初年的玄武门之变。事变中,李世民杀死建成、元吉,取得帝位继承权。

自晋阳起兵至攻克长安,李建成的战功与李世民几乎一样;但是在统一战争的过程中,李世民则更为突出,因而萌生了成为天下之主的心思。据《旧唐书·王远知传》记载,在与王世充作战时,李世民曾与房玄龄微服拜访过一个名叫王远知的道士。王远知一见到他们就问:"这里有一圣人,是不是秦王?"于是李世民只好以实

玄武门壁画

情相告。王远知又说:"你会成为太平天子,要好好珍惜机会。"李世民听后,一直记在心里。

公元 621 年,李世民平定王世充、窦建德后大胜而归,高祖李渊认为前代官职皆不足以称之,因此特设天策上将一职,位在王公之上。十月,李世民以天策上将领司徒、陕东道大行台尚书令。

李世民又设立文学馆,收罗四方文士,其中包括杜如晦、房玄龄等十八名学士,还从平定天下的战争中网罗了大批武将,如尉迟敬德、秦琼、程知节等。

李世民的声望、地位和权势日增,令太子李建成受到威胁。于是在魏徵的建议下,李建成向高祖请求领兵征战。高祖以李建成为陕东道大行台及山东道行军之帅,于公元 623 年率军讨伐刘黑闼、徐圆朗。这是建成在统一大业中立下的唯一重大战功。

李建成与李世民的矛盾,由于统一战争的结束而迅速激化,形成明争暗斗之势。

众学士登瀛洲

李世民建文学馆，广揽人才，杜如晦、房玄龄、孔颖达、李玄道、于志宁、苏世长、姚思廉、虞世南、蔡允恭、薛收、褚亮、陈德明、李守素、苏勖、颜相时、许敬宗、盖文达、薛元敬等十八人称为学士。后来薛收去世，召刘孝孙补入。令阎立本作画，褚亮作赞，题十八人名号、籍贯，称《十八学士图》，民间也称为"众学士登瀛洲"。李世民手下人才辈出，文臣武士如云，这为他夺取皇位、治国强兵打下良好基础。

在朝廷中，最受高祖李渊宠幸的裴寂则支持李建成，支持李世民的大臣有宇文化及、萧瑀、陈叔达等。在后宫中，秦王李世民曾得罪过高祖的宠妃张婕妤、尹德妃，于是这些人便常常在高祖面前说太子李建成的好话，说李世民的坏话。如此一来，朝廷和宫中都有人支持李建成，形势对李建成颇为有利。他们之间的斗争终于因为突厥的进攻而演变成流血事件。

公元626年夏，突厥南下犯边，太子李建成为进一步拉拢元吉，于是向高祖建议，让齐王元吉代替世民出征，被高祖采纳。这样，元吉当上了主帅。出发前，元吉请求高祖调秦王府中的大将尉迟敬德、程知节、段志宏、秦叔宝同他一起出征，并从秦王府挑选精锐士兵以补充元吉的军队，此举目的在于为杀害秦王做准备。建成与元吉密谋，在建成和世民为元吉宴别时，安排伏兵，先杀秦王李世民，然后再杀尉迟敬德。建成对元吉许诺，即位后立即封元吉为太弟。有人将建成与元吉的密谋报告给李世民，李世民忙与长孙无忌和尉迟敬德商量对策，决定先动手除掉建成和元吉。

六月三日，太史令傅奕向唐高祖李渊秘密奏报，说太白星再次出现在秦地，"秦王当有天下"。于是唐高祖询问李世民，李世民趁机向唐高祖告状，指控太子建成和齐王元吉淫乱后宫，并且设计谋害自己。高祖听后极为惊讶，决定第二天早朝时进行查问。

秦叔宝像

六月四日天还没亮，李世民命长孙无忌、尉迟敬德、侯君集、张公瑾等人率领精兵提前埋伏在宫城北面的玄武门，这是建成和元吉上朝时的必经之地。六月四日清晨，唐高祖李渊上朝，裴寂、萧瑀、陈叔达、宇文化及等均已入朝，只等建成兄弟三人到来。此时，建成、元吉已进入玄武门，一路走来。当二人行至临湖殿时，发觉情况有些异常，于是立即调转马头，准备回府。不料此时李世民突然出现，并且在后面呼喊二人，元吉

唐太宗李世民

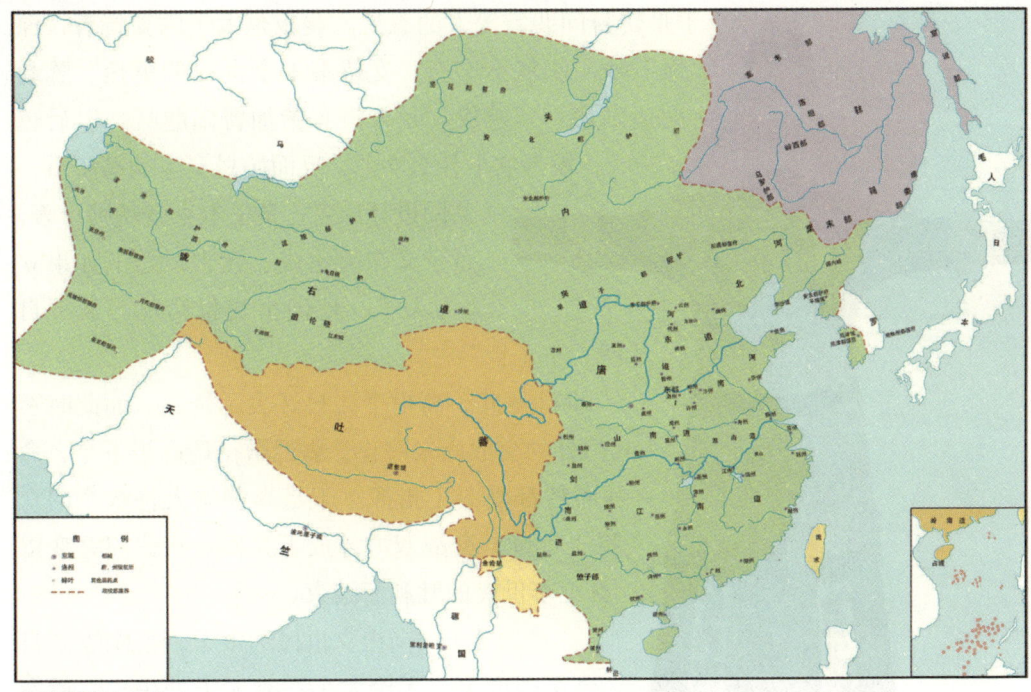

唐朝疆域示意图

　　回身张弓搭箭,射杀李世民,但是连发三箭,都没能射中。李世民的目标是李建成,他一箭就将建成射死。就在此时,李世民的部将尉迟敬德带着70多名骑兵赶到,朝建成、元吉射箭,元吉坠马后逃入树林中,李世民策马追赶,结果衣服被树枝挂住,也坠马落地。元吉力气很大,这时跑过来夺取了弓箭要射杀世民,恰巧敬德驱马赶到,元吉慌忙放弃世民向成德殿逃跑,结果被尉迟敬德一箭射死。东宫和齐王府的将士听说出事了,于是派兵猛攻玄武门。这时,尉迟敬德提着建成、元吉的人头赶到,东宫与齐王府的将士见主人已死,立即溃散而逃。

　　唐高祖对玄武门之事已有所耳闻,于是李世民派尉迟敬德进宫担任宿卫。唐高祖李渊见尉迟敬德头戴铁盔,身穿铠甲,手持长矛,大吃一惊,便问:"今日乱者谁邪?卿来此何为?"尉迟敬德回答说:"秦王以太子、齐王作乱,起兵诛之,恐惊动陛下,遣臣宿卫。"唐高祖李渊这才明白刚才发生的一切,

长孙无忌像
唐太宗评长孙无忌:长孙无忌善避嫌疑,应物敏速,决断事理,古人不过。他与尉迟敬德、张公谨、程咬金、段志玄同为玄武门事变的参加者。

于是转身问裴寂等人的意见。裴寂是太子的支持者，深感不妙，便默不作声。支持秦王李世民的萧瑀、陈叔达则说："建成、元吉没有参加晋阳起兵，以后也没有立下什么功劳，反而妒忌秦王功高望重，共同设计谋害。秦王本来就功勋卓著，而今又诛灭建成、元吉，陛下如果立他为太子，把国事交付给他，天下自然就无事了！"

事已至此，高祖李渊只好表示赞同。而此时玄武门外的交战尚未停止，尉迟敬德请高祖下令，命各府将都受秦王指挥。于是李渊派人将敕令向众将士宣读，交战双方才放下兵器。玄武门之变以秦王李世民的胜利而结束。

六月七日，高祖立世民为太子，诏书说："自今军国庶事，无论大小悉委太子处决，然后奏闻。"实际上，唐高祖已把国家的全部权力交给了李世民。

两个月后，唐高祖下达诏书，让位给秦王，自己当太上皇。于是李世民在东宫显德即位，改元贞观，即中国历史上著名的唐太宗，时年27岁。

唐将军铠甲示意图

五、贞观之治

从公元 627 年到公元 649 年，这段时间是唐太宗统治的时期。在这期间，封建统治较为开明，经济发展迅速，社会秩序稳定，历史上把这段时期称为"贞观之治"。

唐太宗经历了隋末农民战争，目睹了强大的隋朝怎样在农民起义的打击中分崩离析，因此他时时注意以隋朝的灭亡为教训，十分重视人民的力量。他常常说："君好比舟，民好比水，水能载舟，亦能覆舟。"因为有了这种认识，唐统治者为了实现长治久安，不得不对人民作出一些让步。

在经济上，唐太宗继续实行均田制。均田制规定：凡 18 岁以上的男子，分给口分田八十亩，永业田二十亩。口分田在农民死后要归还国家，由国家另行分配；永业田则归农民所有，可以买卖或传给子孙。与均田制相适应的赋役制度是租庸调制。租是指每年纳粟二石；庸是指每年服役二十天，可以让农民纳绢代役；调是指每年纳绢二丈、棉三两或布二丈五尺、麻三斤。唐太宗对租庸调制没有进行重大改革，但是在即位后他实行了轻徭薄赋的政策，减轻农民的负担。他尽量减少徭役的征发，即使非征不可的徭役也多改在农闲时征发。如公元631年，皇太子承乾年满13岁，需要举行加冠典礼，这样要征发各地的府兵作为仪仗队。唐太宗认为当时正是农忙的季节，不应该影响正常农事，于是下诏将冠礼改在秋后农闲时举行。

唐太宗还很重视兴修水利，朝廷设有专门的官员以"掌天下川渎陂池之政令"，另外还命各地兴修水利。他还经常派使者到各地考察官吏，劝课农桑。他以百姓之忧为忧，其中最典型是他吞食蝗虫。公元628年，长安大旱，发生蝗灾。有一天，唐太宗视察灾情，随手捉住几只正在地里啃食禾苗的蝗虫，说："人以谷为命，而汝食之，是害于百姓。百姓有过，在我一人。尔其有灵，当食我心，无害百姓。"说罢，便要生吃手中的蝗虫，众臣急忙劝阻，唐太宗又说："朕所期望，是移灾于朕，谈什么避免疾病！"于是将蝗虫吞于腹中。在唐太宗的积极的经济政策带动之下，贞观年间人口增加，生产也不断发展。

在政治上，唐太宗总结了前代的经验教训，对三省六部制进行了适当变革。唐代时的三省是指尚书省、中书省、门下省。尚书省是执行政令的最高行政机关，尚书省下设有吏、户、礼、兵、刑、工六部，尚书省的最高长官是尚书令，因为李世民曾任尚书令，为了避讳，便以左右仆射作为尚书省的最高长官。中书省主要管理军国大事的审议和决定，负责进奏章表、草拟诏敕等，因而有"中书出诏令"之说，其最高长官是中书令。门下省的职责是对中书省的决议进

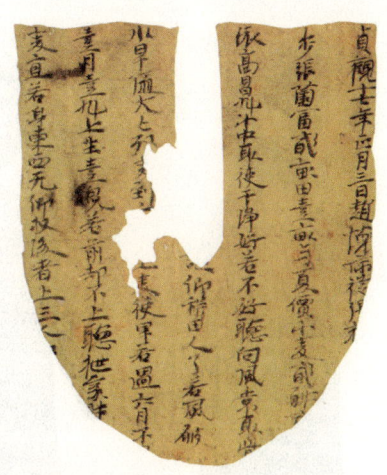

赵怀满租田契约 唐
此租田契被剪成鞋帮、鞋底状，文字不完整，其大意是赵怀满从张仁、张菌富处租田耕种，每年要向田主缴纳一定数额的田租，并限定六个月交齐。唐朝出租的土地有官田、寺观田、百姓田，佃人交租一般是粮食，即实物地租，租额有"对分制"、"定额租制"。从此契约中可见唐初虽然实行均田制，但官僚、地主仍然占有大量土地，租给无地或少地的农民耕种。

冒雨耕牛图 唐
敦煌石窟壁画中有不少描绘农耕生活的场景，此画可见天上乌云密布，大雨倾盆而下，农夫仍头戴席帽辛勤耕作。

粉彩高偏髻女陶俑 唐　　**粉彩高双髻女陶俑** 唐
女俑面颊圆润，似在凝神聆听，似在颔首会意。作者通过写实的艺术手法，把女子文静典雅的性格特点惟妙惟肖地表现出来。

行审查，不同意的可以驳回，其长官是侍中。三省六部制的实行巩固了中央集权，行政效率明显提高。也正是因为依靠三省六部制，唐太宗的政令才能畅通。

在地方上，唐实行州县制，设刺史和令为州、县长官。唐太宗十分注重地方官吏的选拔，常把刺史的名字写在寝宫的屏风上，并在每个人的名字下记录他的政绩，以决定奖惩。唐太宗规定，县令须有五品以上的中央官员保举，各州刺史必须由皇帝选拔任命。

为了选拔人材，他还确立了完整的科举制度。科举制度为地主阶级知识分子参与政权提供了机会。唐代科举制已实行分科，其中以进士科最重要。有一次，唐太宗在金殿端门俯视新科进士鱼贯而入的盛况，得意地说："天下英雄，入吾彀中矣。"

在文化教育上，唐太宗尊崇儒学。从贞观二年（公元628年）开始以孔子为先圣，在国学中设置庙堂，以备祀典，并下令各州县都置孔子庙。为培养更多通晓儒学的士人，唐太宗大力兴办学校。在朝廷设国子监、弘文馆、崇文馆，在地方设京都学及府、州、县学。国子监规模很大，曾有8000多学生。

唐太宗还十分重视历史的借鉴作用，他曾说："以古为镜，可以知兴替。"因此，在贞观年间，史书编纂取得了重要的成就，编了晋、梁、陈、北齐、北周、隋等朝的史书。除此之外，还开始编修国史。

在个人方面，唐太宗提倡节俭，并以身作则。唐太宗即位后，没有大兴土木，建造新的宫殿，而是住在隋朝时建造的已破旧的宫殿里。公元628年秋天，大臣们想为唐太宗建造一座楼阁，但是当年发生了天灾，于是唐太宗就把这件事阻止了。为了减少宫中的费用，唐太宗下诏释放宫女，其中一次就释放了3000人。他还严厉禁止厚葬，规定五品以上的官员和勋亲贵族都要严格遵行。在建造自己的陵寝时，唐太宗亲自制定规格：以山为陵，能放得下棺材即可。

经过唐太宗的励精图治，唐朝出了政治清明、社会安定、经济发展、文化繁荣的局面。犯罪的人也大大减少了，有一年，全国仅有29人被判死刑。天下百姓路不拾遗、夜不闭户，民风淳朴，呈现出太平盛世的景象。

六、求贤纳谏

在历史上，唐太宗的政绩最为人称道的莫过于求贤纳谏，这也是贞观之治形成的重要原因之一。

在青年时代，唐太宗就以善于笼络人才而著称。当了皇帝后，唐太宗更是把网罗天下人才作为安定天下、治理国家的前提条件。因此，他把举荐贤能作为宰相和大臣的首要职责，他曾对房玄龄、杜如晦说："公为仆射，当广求贤才，随才授任，此宰相之职也。"

对于那些举荐人才不力的大臣，唐太宗则会严厉批评，封德彝任宰相时，曾较长时间没有推荐人才。于是唐太宗对他说："政安之本，惟在得人。天下的事纷繁，你应该替我分担。你不向我推荐人才，我怎么可能一一去发现呢？"封德彝答道："臣怎么敢不尽心去推荐呢？只是现在没有出类拔萃的人才可以让臣推荐。"听了封德彝的话，唐太宗十分生气，于是就批评封德彝："以前贤明的君王使用人才都是取自当代，而不是向别的朝代借贤才，难道我们要等到傅说、吕尚那样的人才出现才能施政吗？何况哪个朝代没有人才，是你没有眼力不知道罢了！"

唐太宗除让大臣举荐人才外，自己也注意发现人才。公元629年，因天下大旱，唐太宗下诏求言，中郎将常何在奏章中提出二十多条建议，都很符合当时的情况，唐太宗十分高兴，但也十分奇怪，心想常何是武将，如何能写出这样好的奏章呢？详细询问后方知是常何的门客马周所写，太宗便立即召见马周。交谈后，他对马周十分赏识，于是留马周在门下省供职，后马周官至中书令。

唐太宗任用贤才，唯才是举。在他任用的贤才中，有出身寒门的马周、戴青、杜正伦、张立素、刘洎、岑文本、崔仁师等，有来自敌方的屈突通、尉迟敬德、李世勣、秦叔宝、程知节等，有出身贵族的萧瑀、陈叔达等，有选拔于怨仇的魏王珪、韦挺等。所以历史上说唐太宗"拔人物则不私于党，负志业则威尽其才"。

由于唐太宗重视选拔贤才，知人

文官图 唐
唐初多因袭隋制，帝王及文武百官均能戴图中所示的黑色帻，至贞观后，则为帝王、内臣所专用。

善任，因此贞观时期人才之盛，为历朝所少见。唐太宗在位期间，共用宰相27人，绝大多数是当时的杰出人才，这为改善吏治、促进政治清明提供了保证。

唐太宗在选拔、任用贤人的同时，还很重视纳谏。谏是指古代大臣给皇帝提出的意见或建议；皇帝听取这些意见或建议，称为纳谏。贞观初年，唐太宗曾对大臣说："人欲自照，必须照镜；主欲知过，必借忠臣。主若自贤，臣不匡正，欲不危败，岂可得乎？"他以隋炀帝"好自矜夸、护短拒谏"为鉴，鼓励大臣"事有不利于人，必须极言规谏"。他还从制度上进行改革，他下诏令规定：宰相和皇帝商讨国家大事时，一定要有谏官参加，让他们随时提出意见。唐太宗还规定：五品以上的京官，必须轮流在中书省当值，以便皇帝随时召见。

杜如晦像

由于唐太宗鼓励进谏，并且能够虚心纳谏，因此贞观年间出现了一批敢于直谏的大臣，如魏徵、刘洎、褚遂良等，形成了以进谏为忠的风气。在众多的谏臣中，最著名的是魏徵。

魏徵，字玄成，巨鹿曲城人，隋末参加李密领导的瓦岗军，曾任窦建德的起居舍人，窦建德兵败之后，入唐任太子洗马。玄武门之变前，魏徵曾建议李建成尽量培植自己的力量，及早除掉李世民。玄武门之变后，李世民召来魏徵责问道："你为什么在我们兄弟之间挑拨离间？"魏徵答道："当时我在太子手下，当然要尽忠于他，可惜太子没有听取我的建议，不然也就不会是今天这样了。"李世民早知道魏徵很有才华，又见他临危不惧、有胆有识，于是就对魏徵加以重用，先后任命他为谏议大夫、尚书左丞、秘书监、侍中等。魏徵先后向太宗进谏、陈事数百条，劝太宗以隋亡为鉴，偃武修文、居安思危、兼听广纳、明德省刑、轻徭薄赋、躬行节俭，使百姓得以安宁。

公元628年，通事舍人郑仁基的女儿年满16岁，花容月貌，长孙皇后得知后，请求太宗召此女入宫，聘为九华。当时诏书已经发出，只是还未派出册封的使者，魏徵得知此女已许给

房玄龄像

唐太宗李世民

鸿胪寺礼宾壁画 唐
唐朝是一个国际性的时代，对外交往极为广泛。数以万计的外国商旅、僧侣、使节和留学生来唐定居。长安城为那时国际文化交汇的大舞台。管理接待外宾的机构称为鸿胪寺。此图再现大唐盛世中外交往的历史画面。

了陆氏，于是忙向太宗进谏，太宗听后，立即以手诏回答魏徵，并表示自责，下令将郑氏女归还旧夫。由于魏徵敢于犯颜直谏，所以太宗在魏徵面前非常注意约束自己的言行。据《旧唐书》记载，有一次，唐太宗要去南山巡游，车马都已准备了，却又改变主意不去了，魏徵问唐太宗何故，唐太宗笑着回答说："本来是打算去，后来怕你不高兴，所以就不去了。"还有一次，唐太宗在御花园中玩弄一只新得的鹞鹰，正玩得尽兴，看见魏徵远远走来，太宗忙把鹞鹰藏在怀里。其实魏徵早就看见了，于是故意把汇报时间拖长。等魏徵走后，唐太宗发现鹞鹰已经闷死了。

古帖 唐　魏徵
魏徵常说乱世见忠节，板荡识诚臣。全唐诗收其诗仅一首，传世墨迹也只此一件，弥见珍贵。传说唐初虞世南书名远播，太子李世民从其学"戈"法，一日，李世民将写"戬"字，空书右半边"戈"旁，召虞世南补写。之后拿给魏徵看，并说："朕学虞世南，似乎已尽其法。"魏徵细看一番，评曰："天笔所临，万象不能逃其形，非臣书所可仰。今仰观圣作。唯'戬'字'戈'法逼真。"李世民大加赞叹，可见魏徵书法鉴赏力之高。

由于魏徵等人的进谏纠正了唐太宗的许多错误,因此唐太宗十分看重魏徵等人。公元643年,魏徵病逝,唐太宗悲痛不已,说:"人以铜为镜,可以正衣冠;以古为镜,可以见兴替;以人为镜,可以知得失。魏徵殁,朕失一镜矣!"

贞观之治的出现,与唐太宗善于用人和虚心纳谏是密不可分的。

七、统一边疆

贞观初期,唐朝边疆上存在着多支有威胁的力量,即北部的突厥和西部吐谷浑。唐高祖起兵时,曾一度向突厥称臣。公元626年,太宗刚即位,东突厥首领颉利可汗统兵10万,兵临渭水北岸。唐太宗亲自带部隔渭水列阵,怒斥颉利。在唐军严密防御下,颉利可汗不敢轻易进兵,于是太宗斩白马,与颉利在渭水便桥上盟誓,颉利引兵退去。

此后,唐太宗便积极积蓄力量,决心打垮东突厥。贞观三年(公元629年)十一月,唐太宗派兵部尚书李靖和大将李率兵十余万,分四路出击东突厥。第二年,李靖大败东突厥,俘虏了颉利可汗。三月,被俘的四夷君长请求上唐太宗"天可汗"的尊号,

骑骆驼乐舞三彩俑 唐

此后,发往西北各族首领的信件,皆称"天可汗"。根据温彦博的提议,唐太宗把投降的突厥人安置在幽州至灵州一带,并设六个都督府进行统治。

吐谷浑是鲜卑的一支,生活在青海一带,经常入侵唐朝的兰州、凉州。公元635年春天,唐太宗派李靖、侯君集进攻吐谷浑。李靖率唐军深入吐谷浑腹地,连续击败其精锐部队,首领伏允兵败自杀,伏允的儿子慕容顺向唐军投降。唐太宗封慕容顺为西平郡王。

随后,唐太宗又派兵征服高昌、西突厥,天山南路各小国纷纷归附唐朝。唐朝将安西都护府迁至龟兹,统领龟兹、焉耆、于田、疏勒四镇,称"安西四镇"。

对于处理唐与各民族的关系,除了

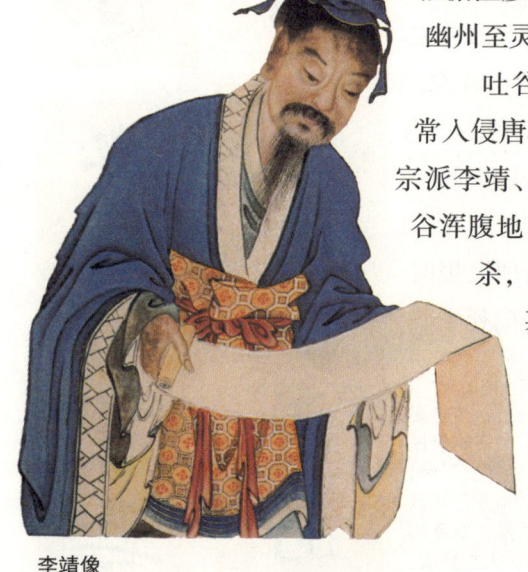

李靖像

必要的战争手段外,唐太宗更多的是实行开明的民族政策,他曾说:"自古皆贵中华,贱夷、狄,朕独爱之如一。"对于各少数民族,不管是主动归附的,还是被征服的,唐太宗都尊重他们的生活方式和风俗习惯,并且任命他们原来的首领担任各级官职以进行管理。

供养菩萨群像 唐

新疆吐峪沟在火焰山下,曾有青葱绿树、潺潺流水,是古丝绸之路上一个美丽的地方,晋时已开窟礼佛,唐代是它的繁荣期。这种壁画在石窟穹顶处,带有西方古典教堂的风格。它以圆心为中心点呈放射状,色彩鲜艳,形象完整,中心绘莲花,向外是十三条梯形条幅,每格内绘一供养菩萨。菩萨裸上身,着长裙,风姿绰约,神态生动。

另外,唐太宗还实行和亲政策,将宗室女嫁给少数民族首领,加强与各少数民族的联系。文成公主入藏便是突出的例子。吐蕃是藏族的祖先,唐初,吐蕃首领松赞干布仰慕唐朝的先进文化,多次派使臣向唐太宗求婚。公元641年,唐太宗命礼部尚书、江夏王李道宗护送文成公主入藏与松赞干布成婚。此后,双方关系更加密切,唐朝的先进技术和文化不断传入吐蕃,促进了吐蕃的发展。直到现在,拉萨大昭寺里还供奉有文成公主的塑像。

唐太宗对民族关系的处理,使统一的多民族国家得到进一步巩固发展,并且使唐朝声名远播,与亚洲各国建立了密切的联系,成为当时世界上最强大的国家之一。

步辇图 唐 阎立本

此图描绘贞观十五年(公元641年)唐太宗李世民接见来迎娶文成公主的吐蕃使者禄东赞的情景。图中李世民威严平和,端坐在宫女抬着的步辇上,另有几位宫女为太宗撑伞、张扇。画面左边站立三人:红衣虬髯者为宫中的官员,其后身着藏族服装者为吐蕃使者禄东赞,最后着白袍者为内官。作者不仅再现了这一具有伟大历史意义的事件,更鲜明生动地刻画了人物的不同身份、气质、仪态和相互关系,并具有肖像画特征。

八、晚年骄奢

唐太宗从发动玄武门之变,直至去世,在位23年,在内政外交上都取得了巨大的成功。但是到了晚年,唐太宗不再像贞观初年那样虚心、节俭,而是日益骄奢。

贞观二十一年(公元647年)四月,唐太宗命人修造翠微宫,七月又修造玉华宫,这些建筑耗费了大量的人力、物力。公元645年,唐太宗征战高句丽失败,准备再次用兵,于贞观二十一年十月下令征发江南、剑南农工造船。既役民力,又征"船庸",逼得剑南人民出卖田宅,甚至出卖子女,雅州、邛州、眉州的人民不堪忍受,于是爆发了农民起义。

在唐太宗晚年,唐宫廷还出现了废立太子之争,太子承乾放荡不羁、十分荒淫,他不近士人,不听规谏,后来甚至密结党羽,准备发动政变。公元643年他阴谋败露,被唐太宗废掉。唐太宗转而想立魏王泰,但是因魏徵等人反对而作罢。后经反复考虑,并由长孙无忌、褚遂良等人推荐,唐太宗立晋王李治为太子,即为后来的唐高宗。

辽宁朝阳北塔 唐
唐太宗在贞观十九年(公元645年)亲统大军征高句丽不克,十月,唐太宗驻营州,在大凌河畔举行祭典哀悼东征阵亡将士,并令地方官修塔祭祀。三座塔各据南、北、东三方,以方位分别称之为南塔、北塔、东塔,其中,南、北双塔为唐代所建。

公元645年,唐太宗在征辽途中,曾染重病,几乎丧命。公元647年,唐太宗又染风疾,于是大量服用方士炼制的"金石"之药,但病情更加严重。公元648年,一名印度方士逻迩娑婆自称能配制延年益寿的金石秘剂,因此唐太宗请他配制药物。不料服用金石秘剂后,唐太宗的病情更加恶化,于贞观二十三年(公元649年)五月病逝,时年52岁,葬于昭陵。

虽然唐太宗晚年不如贞观初期那样贤明,但就其一生来看,他仍是我国古代历史上一位少有的英明皇帝,也是一位杰出的政治家和军事家。

女皇武则天

  武则天,是中国历史上唯一的一位女皇帝,她从唐太宗的一位才人升至唐高宗的皇后,最后成为一代女皇,中间充满了无数曲折和斗争,她颇具争议的一生也给人们留下了深深的思考。

一、初入皇宫

武则天生于唐高祖武德七年（公元624年），先祖曾经是北朝魏、齐和隋朝的下级官吏，曾祖父武俭担任过北齐永昌王的咨议参军，祖父武华担任过隋朝的东郡丞。父亲武士彟凭借富厚的家财经商致富，结交权贵，招徕宾客。隋朝末年，当时的唐公李渊奉命到并州管理军队屯田事务，经常住宿在武士彟家里，与武家颇有交情。

后来李渊被任命为太原留守，就委任武士彟为府中掌管兵甲的铠曹参军。李渊、李世民起兵太原后，又任用他为大将军府铠曹参军，随同唐兵平定长安。武士彟虽无出生入死的汗马功劳，但因"从平京城"

九成宫避暑图
九成宫为唐代著名的宫殿之一，唐太宗李世民常至此避暑。此图殿阁高大，百官云集，众峰蜿蜒，山花掩映，飞瀑流泉。画幅右面清溪拱桥，画舫游船，一应俱全。此画用笔缜密严谨，一丝不苟，设色金碧辉煌。

之功，擢任库部郎中，拜光禄大夫，封太原郡公。公元618年，李渊称帝，在论功行赏时，武士彟被列为二等功臣，从此官运亨通，不断加官晋爵。公元620年，他又被加授工部尚书，晋封为应国公，后又调任利州（今四川广元）、荆州（今湖北江陵）都督。

武则天是武士彟的次女，自幼聪慧，很有才智。贞观九年（公元635年），武士彟病死，武则天当时才12岁。不久她便随母亲从荆州搬回长安居住。14岁时，她因容貌美丽，被唐太宗选入皇宫，充当才人。临行时，她的生母杨氏痛哭不已，但是勇于进取并满怀信心、对宫中生活充满憧憬的武则天却不以为然，她谈笑自若，毫无悲伤之感。当杨氏哭哭啼啼送别时，武则天反倒劝慰母亲说："进皇宫侍奉皇上不一定就是不幸福，母亲为什么悲痛呢？"杨氏难以改变女儿的心意，抹去了眼泪，强颜欢笑把武则天送出家门。

太宗初次见到武则天，见她长得亭亭玉立，两鬓稍宽，下颌丰美，两眉之下一双眼睛神采飞扬，显得精明能干。又见她明眸皓齿，妩媚可爱，太宗十分喜欢，当即赐号"媚娘"，封为才人。从此，宫里人都习惯地称她为"武媚娘"。

武则天性格刚烈泼辣。有一天，宫里发生了这样一件事：唐太宗得到一匹名马，叫狮子骢，体态高大，四肢有力，疾驰如飞，只有一处不尽人意，那就是它的性情暴烈，许多有经验的驯马老手都对它无可奈何。因此，太宗便问该如何驯服这匹烈马。这时，武则天恰巧在旁边，就对太宗说："我能制服它，但需三件东西。"太宗问："哪三件东西？"武则天说："第一件是铁鞭，第二件是铁锤，第三件是匕首。马不听话，就用鞭子抽它；还不听话，就用铁锤锤它；再不听话，就用匕首刺它。"

大家听了，都大吃一惊。他们从来没想到这样一个妩媚女子，性格却如此刚强，手腕竟如此残忍。

对宫中生活充满着美好憧憬的武才人，虽然刚入宫时以她的妩媚赢得了唐太宗一时的喜爱，但不久，武才人就失宠了，而且一直到太宗驾崩之时，她都很少被临幸。

但是，她幸运地认识了太子李治。唐太宗晚年有病，太子李治日夜侍奉皇帝，常住在父皇寝宫旁边，经常和朝夕侍奉皇帝的妃嫔在一起，一来二去，都比较熟悉。太子李治生于公元628年，比武才人小4岁，如今已是十八九岁，接近弱冠之年，也处于青春骚动的时期。武才人的美貌和含情脉脉渐渐打动了太子的心。太子尤其喜欢她的办事干练、性格刚强，于是二人渐渐萌发了一种不可名状的感情。太子李治一次在长安宫、两次在翠微宫与武才人一起侍奉太宗，两人朝夕相处、心心相印，最后终于发展到相爱。

二、入寺为尼

公元649年，唐太宗死去。按照宫廷的规矩，武则天被送进感业寺当尼姑。

武则天结束了锦衣玉食的宫廷生活，来到了偏僻的感业寺。当时，她还不到26岁。按照佛家的规矩，她不得不剪掉满头的秀发，做起了尼姑。乍披缁服，吃素食，她自然感到很不习惯。尽管她在宫中做的只是五品才人，官不甚高，却也有一定的身份和地位。但是如今来到了感业寺，这一切都不复存在，什么事都得从头做起。白天免不了做些打扫庭院、烧香供佛之类的杂事，在空闲时也要读些经书。好在她的母亲杨氏奉佛，她从小就披过"缁服"，对佛教并不太陌生，还算过得去。只是到

鎏金捧真身菩萨　唐

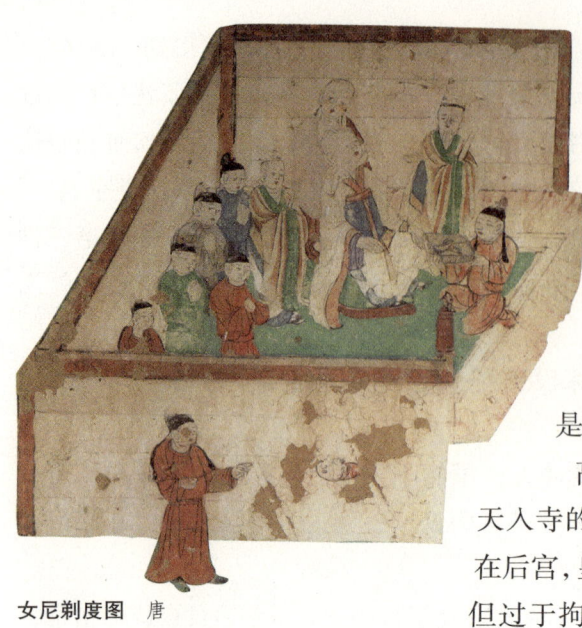

女尼剃度图 唐

了晚上，寺院里显得空空荡荡、冷冷清清，偶尔响起的钟声，打破了寺内的寂静。

武则天在青灯古钟的感业寺度日如年，她盼望着有那么一天，福音会重新降临到她的头上，她不能肯定高宗李治会真的来看她并接她入宫，但她必须相信李治，这是她唯一的希望。

高宗李治终于来看武则天了。在武则天入寺的两年里，高宗李治日子并不舒适。在后宫，皇后王氏以出众的淑静贤德而闻名，但过于拘谨，高宗并不爱她，而且王皇后是关陇豪族的后代，是关陇势力在后宫的延伸。高宗无形中成了被监视的对象，他不得不小心翼翼，否则就会有人来劝谏他、引导他，直到说得他厌烦为止。在朝堂上，他倚仗着舅父长孙无忌等顾命大臣，这些人对太宗忠心耿耿，对帮助劝谏、指点高宗执政非常尽心，高宗不得不谨慎行事，不敢有所放任。高宗本不是一位英明贤能的君主，但为了不辜负死去的父皇对他的期望，他不得不提起兴趣去处理朝政。但他对朝政事务少有自己的主张，不得不事事听命于大臣，这又使他羞愧自卑。高宗的心里话无处倾诉，但有一个女人可以让他暂时忘记种种烦恼，那就是萧淑妃。萧淑妃美丽动人，很会撒娇，高宗对她很宠爱。但淑妃任性骄纵，只可供玩乐，不足以倾吐心声。

这所有的一切使他思念起武媚娘来。高宗忙完登基大典和安葬唐太宗之后，一切恢复了正常，他才知道武才人已经离开后宫，在感业寺削发为尼。

高宗对媚娘思念不已，于是来到感业寺探望她。唐高宗令人召来武则天，见这位昔日光彩照人的武才人如今成了穿着缁服的女尼，面黄肌瘦，十分憔悴，过去那种容光焕发的风姿已消失得无影无踪，不禁悲泣流泪。而武则天见了高宗更是泣不成声，于是出现了"武氏泣，上亦泣"的动人场面。

从此，高宗一有机会就偷偷来看她。时而欢聚，时而别离，这样过去了半年，但高宗一直没有机会把她接回宫去。

三、后位之争

王皇后是并州祁县人,温顺善良,但她不能生育,高宗对此很不满意。这时,风姿绰约的萧淑妃乘虚而入,博取了高宗的宠爱,先后生下一子二女。萧淑妃想乘王皇后爱弛宠衰的机会,跻身皇后宝座。王皇后很快发现她的用心,于是二人明争暗斗起来。

皇帝与武则天在感业寺互相感泣的事被王皇后知道后,王皇后觉得应该把武则天接回宫中,一来可以讨得高宗的欢心,二来可以用武则天来离间高宗对萧淑妃的宠爱,她在正宫安排好武媚娘的住处。高宗知道后心花怒放,对王皇后的态度也热情了许多。

公元 651 年,武则天被接入皇宫,并没有立即加封女官,而是先做王皇后的侍女。不久,武则天被封为昭仪,名列九嫔之首。

王皇后做梦也想不到,武则天进宫之后,虽然萧淑妃很快就失宠了,武昭仪取代了萧淑妃,自己却依然没有得到皇帝的恩宠。王皇后不得不联合已败下阵的萧淑妃,共同在高宗面前诋毁武昭仪。

三彩陶女坐俑 唐

皇上迷恋武昭仪,喜欢她说话的腔调,喜欢她充满活力的身体。她对皇上既像爱人,又像对一个弟弟,甚至像对儿童、婴孩那样抚慰他,不厌其烦地听他讲朝政上的事,还鼓励他要果断、有主见,对大臣们不用那么恭顺,只要成了习惯,皇上就有了皇上的威信,臣下也懂得畏惧。高宗有了说心里话的人,从她那里得到的不是一般女人的矫情和对他小鸟依人般地依靠,而是带有母爱意味的柔情,让他有一种少有的自信和力量。这一点,才是高宗深爱武则天而疏远恭顺贤德的王皇后和恃宠撒娇的萧淑妃的真正原因。

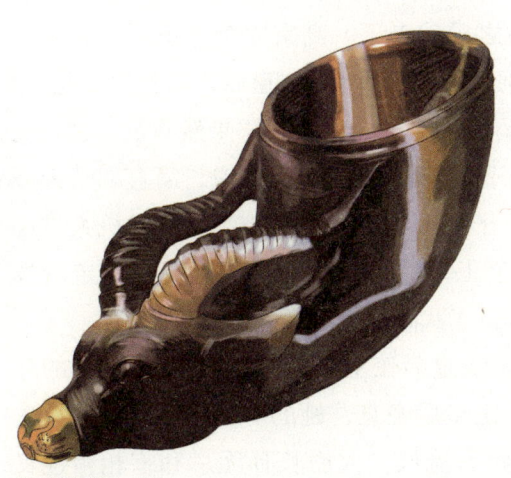

兽首玛瑙杯 唐
玛瑙杯选材精良,巧妙利用玉料的俏色纹理雕琢而成,从设计到工艺都可称为唐代玉雕艺术的精品,是唐代中外文化交流的产物。

高宗的宠爱给武昭仪带来了麻烦,

宫中贵妇图 唐

王皇后十分嫉恨她。武昭仪知道王皇后已经准备对付她，决心要同皇后较量一番。

公元654年初，武则天生了一个女儿，很讨人喜欢。高宗每天下朝之后，就来武昭仪的寝宫里看小公主，把她爱如心肝。王皇后一生没有生育子女，尤其喜欢小孩，也不时来逗逗小公主。有一天将近中午的时候，王皇后来逗弄了一会儿小公主，然后离去。武昭仪趁四处无人之际，便心一横，上去用手掐死了亲生女儿，然后轻轻盖好被子。果然，不多一会儿唐高宗就来了，武昭仪装得若无其事的样子，笑盈盈地前来迎接皇帝。当高宗低头一看，小公主满脸青紫，掀开被子一摸，身体已凉。高宗惊异万分，武昭仪见状哭得死去活来。高宗询问这是怎么回事，宫女们都异口同声地说，王皇后刚才来过这里，看过小公主之后就走了。高宗立刻意识到小公主是被王皇后杀死的，便怒不可遏地说："皇后杀了我的女儿！"武昭仪这一招栽赃陷害的狠毒手法果然奏效。这一突然事件对于贤惠婉淑的王皇后来说，简直如晴天霹雳，一下子打得她不知所措。武昭仪趁机大进谗言，加上王皇后久无生育，于是高宗决定废掉王皇后，立武昭仪为皇后。

围绕皇后废立问题，宫中展开激烈的斗争。王皇后宠衰，她的舅舅中书令柳奭首先被贬官流放。太尉长孙无忌和宰相褚遂良等顾命大臣迅速组成反对势力，阻止武则天入主后宫。与此同时，武则天也开始施展手段，分化朝臣，瓦解对立面，形

褚遂良像

成自己的势力。中书舍人李义府、卫尉卿许敬宗、御史大夫崔义玄、中丞袁公瑜等人很快集合在武则天的周围，决心与长孙无忌集团一决高低。

公元655年，唐高宗把长孙无忌、于志宁、褚遂良等几位宰相召入内殿，共同商议废立皇后的事。这是一次事关成败的讨论，高宗坐在殿上，武昭仪坐在帘内观察动静。

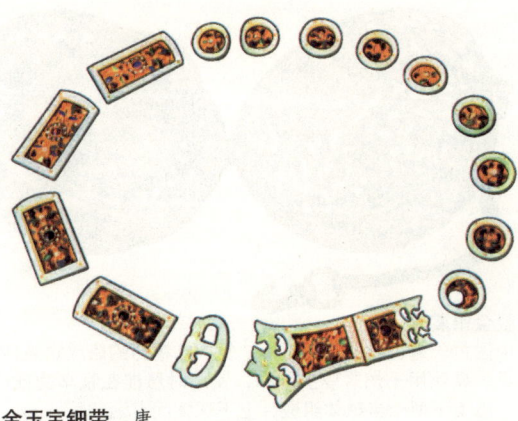

金玉宝钿带 唐
此带用料考究，铐、环、铊尾都用玉为缘，下面衬有金板。金板以鱼子纹为底，分别饰折枝忍冬纹和花纹。纹饰均以金框边，嵌珍珠和红、绿、蓝三色宝石，手工精细，充分显示了唐代贵族服饰的富丽豪华。

高宗说："皇后没有儿子，武昭仪有儿子，现在我想立昭仪为皇后，怎么样？"长孙无忌等坚决反对，冒死谏诤。褚遂良说："皇后出身名门，忠厚贤淑，又没有什么过错，不应该轻易废掉。而武昭仪出身寒微，又曾侍奉过先帝，立为皇后不合礼仪，万代以后，天下人会怎样说陛下，希望陛下三思。"

褚遂良在高宗面前无所顾忌，言辞冲撞，但他身为顾命大臣之一，还是从爱护皇帝的愿望出发，规劝高宗不要立父妾为自己的皇后，否则将会留下万代恶名。褚遂良似已破釜沉舟，说完后又把手中的笏放到殿阶上，解下幞巾，并叩头至流血，他说："退还陛下笏，请求陛下放臣回归故里。"

一向文弱仁厚的高宗这时也被褚遂良的过激行动给激怒了，喝令左右将褚遂良拉出殿去，此时在帘内的武昭仪听了，也气得暴跳如雷，忍不住破口大骂："为什么不把这可恶的家伙杀掉？"

幸亏众人说情，说褚遂良接受先帝遗命，有罪也不可用刑，褚遂良这才得以保全性命，不久被贬出京城。

为了抢夺皇后之位，武则天一党大肆活动，许敬宗在朝廷制造舆论说："种田的农民多收了几百石麦子，还想另娶个新老婆。何况天子富有四海，立一个皇后，有什么不可，这与别人有什么相干，却乱发议论。"许敬宗说的话显然是指责褚遂良与长孙无忌等人，但却说得很粗鲁，又把天子比喻成庄稼汉，在平日里要定为大不敬之罪。但现在却是一句时髦的话，因为它很符合唐高宗的心意，也无人追究。

正在双方对峙、唐高宗骑虎难下之时，他却意外他得到了身为三公之一的司空李勣的支持。

李勣本姓徐，隋末瓦岗义军的名将，降唐后高祖赐姓李氏。后来战绩卓著，出

鎏金银熏球 唐
中国古代熏香器的种类不少,但如此精巧的唐代银熏球却很少见。熏球用于燃香驱虫除秽,使用时悬挂在辇车旁或床帐间。它由上下两个半球体组成,上下球体间有活扣可开启;下半球体内有两个同心圆环和盛放燃香的香盂,安装好后通过盂身的轴与内外两环的轴互相垂直并交于一点,在香盂本身重力的作用下,盂体始终保持水平状态,无论熏球如何转动,焚香不会倾洒,外壳通体镂空,便于香烟逸散,令人叹为观止。

将入相,封为英国公,此前不久又晋升为司空,一时无人可比。他对改立皇后的问题,与长孙无忌、褚遂良等意见不同,又不好当着众宰相的面明确表示,所以此前召他们四大臣入殿讨论这事时,他借口身体不适回避了。有一天,唐高宗私下对李勣说:"立武昭仪为皇后的事,褚遂良就是不肯听从。他既然是先帝的顾命大臣,他不同意,这事就算了吧。"李勣听了没有直接说可与否,只是淡淡地说:"这是陛下的家事,不必征求外人的意见。"

这句话貌似不置可否,实则是说改立皇后是天子家的私事,完全可由皇帝自己做主,不必理会褚遂良等外廷大臣说三道四。高宗实际上是得到了李勣这一元老重臣的默许。

公元655年,高宗下诏,宣布废王皇后、萧淑妃为庶人,她们的父母和兄弟都被除名并流放到岭南。六天后,他又下诏立武昭仪为皇后。十一月初一,册立皇后大典举行,由元老大臣、司空李勣奉册玺绶,正式册封武昭仪为皇后,百官在肃仪门朝见新皇后,武则天终于夺得了皇后桂冠。

四、垂帘听政

武则天有政治野心,更有政治才干,她初时以当皇后为满足,渐渐地野心越来越大,还要参预朝政、掌握大权,甚至当国家的最高主宰——皇帝。

当时,以长孙无忌为首的元老重臣仍控制着朝廷,他们是武则天的政敌。为了排斥、打击他们,武则天先后以各种罪名将宰相韩瑗、来济等人以图谋不轨之罪远贬,然后集中力量对付长孙无忌。公元659年,武则天授意许敬宗编造朋党案,将长孙无忌牵扯进去。高宗不明真相,下诏削去长孙无忌的官爵,流放黔州(今四川彭水)。不久,许敬宗派人到黔州逼长孙无忌自杀。

因受其牵连,宰相于志宁被免官,韩瑗等人遭除名,不久被杀。长孙无忌集团被打垮。在打击长孙无忌的同时,武则天不断发展自己的势力,许敬宗、李义府等被擢升为宰相,掌握了大权。

武后势力的增大使她越来越骄横,渐渐地不把高宗放在眼里,高宗对此愤愤不平。公元664年,高宗偷偷将宰相上官仪召来商议对策。上官仪因为武后"专作威福",不免侵犯到他的宰相职权,因此也对武后心怀不满。他明白高宗的意思,便上奏说:"皇后专权,天下人都不赞成,应当废掉以顺人心。"高宗认为甚合自己的心意,便命他立刻起草诏书。

但是,废除武后也并非是一件轻而易举的事。正当唐高宗君臣秘密商谈废立之事时,武后的亲信已将此事飞报武后。武后闻讯大吃一惊,在侍女的陪同下,迅速来找高宗进行自我辩解。上官宰相起草的诏书正放在御案上,高宗尚未来得及签字画押,武后就风风火火地来到高宗面前。

广元千佛崖大佛洞立佛 唐
在唐代,武则天被人附会为弥勒佛下世。

一向仁厚文弱的高宗见到武后怒气冲冲的样子,立刻像老鼠见猫一样,刚才的勇气顿时烟消云散,甚至有些害怕。当武后说了几句辩解的话后,高宗好像消除了误解,马上又恢复对武后的感情,对她像原来一样。他怕武后对此事耿耿于怀就把责任往上官仪身上推,欺骗武后说:"我本来并没有这种打算,都是上官仪教我的。"

武则天诗封祀坛碑 唐
此诗大意是说武则天陪皇帝到少林寺,见先妃营建之所尚未完工,心感凄凉,即题诗一首,以述悲怀,并派臣下进行营建。

武后虽然心里明白此事皇帝为主谋,但又不想对高宗深究,于是便迁怒于上官仪。武后听说上官仪早年曾做过陈王府参军,宦官王伏胜也曾在废太子李忠手下做过事,便指示许敬宗出面,诬告上官仪、王伏胜与李忠谋反。高宗也知道二人冤枉,但他还是未详加探察以澄清是非,便于同年十二月将上官仪逮捕入狱,随即将他与其子上官庭芝、宦官王伏胜皆处以死刑,并籍没其家财入官,妻女也都沦为奴婢,平时与上官仪有往来的朝臣士大夫统统遭贬官流放。

上官仪被杀后,朝廷中再没有敢与武后作对的势力了。从此以后,高宗每次处理政事,武后都坐在幕后指挥。政事无论大小，官吏的升降，都由武后一人说了算，天下大权全归中宫，高宗不过是傀儡一个。朝廷内外称高宗、武后为唐室的两个皇帝。

武则天以皇后的身份掌握大权以后，通过修《姓氏录》来提高武姓本家和在职群臣的社会地位，还通过利用一批文学之士，逐步发展和扩大自己的势力。可是，正当她春风得意的时候，却与亲生儿子发生了冲突。

武则天亲生的有四个儿子，长子李弘，次子李贤，三子李显，四子李旦。公元656年，李弘被立为皇太子。他的性格与母亲完全不同，仁孝谦恭，尊敬大臣朝官，深得父皇的喜爱和大臣的信赖。他多次奏请，均不符合武后的意愿，武后对他很生气。李弘有两位异母姐姐义阳、宣城二公主，都是萧淑妃所生，被武后长期幽禁在别宫中，年届三十还未出嫁。一次，李弘在别宫见到了两位姐姐，又惊又怜，立即奏请高宗，让她们出嫁，高宗爽快地答应了。武后知道后很不高兴，怀恨在心。

公元675年，高宗的眩晕病很严重，便与大臣商议，欲使武后摄政。中书侍郎郝处俊认为皇后应处理内廷庶事，而皇帝才能治外廷政务；中书侍郎李义琰也劝阻高宗。由于群臣反对，高宗只好作罢，最后决定让太子监国。这样，李弘就成了武后独揽朝政的障碍。四月，武则天派人用药酒将李弘毒死在洛州合璧宫。高宗正想禅位给太子，突然得到凶讯，十分悲痛，下诏谥李弘为孝敬皇帝。

李弘死后不久，高宗立他和武则天的22岁的次子雍王李贤为太子。李贤聪明好学，颇有才干，又召集著名学者注解范晔的《后汉书》，在士大夫中声望很高，可是，李贤也跟武后性情不合。正议大夫明崇俨以符咒奇术得武后宠信，他揣知武后不喜欢李贤，就经常在武后面前说李贤命相不好，

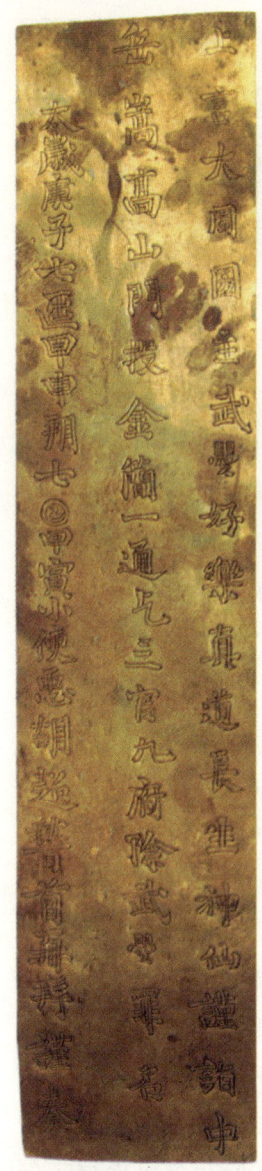

武则天金简　唐
金简正面刻文字63个，楷书，其中有武则天自造字5个，属于武则天登中岳时所用的器物。

不能继位，还是英王李显和相王李旦比较合适。宫中还有人议论，说太子是皇后的姐姐韩国夫人生的。这些话传到李贤耳中后，他深感不安。

武后又经常借故责备李贤，使李贤十分害怕，他便沉湎酒色。公元679年，武后派明崇俨到长安办事，明崇俨在途中被强盗杀害。武后怀疑是太子李贤指使的，但是一时查不出证据。后来，有人向武后报告说太子与家奴赵道生等人狎戏，

并送给赵道生等人很多金帛。武则天听了很生气,将李贤召到洛阳训斥,又命中书令薛元超、裴炎和御史大夫高智周等人一起审问他,并在东宫马坊里搜到数百件武器,认为是谋反的器具。在审问太子的私党赵道生时,他又供出太子让他带人杀死明崇俨的事。

执刑仪仗图壁画　唐

武后闻讯后大怒,要将太子废为庶人。高宗心软,多次提出宽宥太子,但武后不同意。她说:"做儿子的却心怀逆谋,是天地所不能容许的事情。一定要大义灭亲,决不能赦免他的罪!"八月,太子李贤被废为庶人,不久迁往巴州(今四川重庆)。

公元680年,就在李贤被废的第二天,高宗与武后的第三子英王李显继位为太子。这时高宗病情已日趋严重。永淳二年(公元683年)十二月,56岁的唐高宗驾崩。在死前,唐高宗召裴炎接遗诏辅佐太子,遗诏中还说有关军事、政治不能决定的事,应听武后的意见。七天后,李显即位,这就是唐中宗。

中宗尊武则天为皇太后,以裴炎为中书令,将宰相议政的政事堂从门下省迁到中书省。武则天之所以能容忍中宗李显继位,是因为中宗懦弱,容易控制。再加上高宗刚去世,武则天对外廷尚未完全控制住,当皇帝的时机尚未成熟。作为权宜之计,武则天让懦弱的李显当一阵皇帝,以安定大局,以后再想办法把他赶下台。

中宗继位后,做了许多荒唐的事。有一次,他想升迁岳父韦玄贞为侍中,顾命宰相裴炎不同意,认为韦玄贞已经由一个小州的官属连越好几级而晋升为京都附近重要州郡的刺史,却没有立一点功劳,而皇帝还要提拔他到宰相的高位,即使作为皇帝,提出这样的要求也太过分。于是裴炎苦苦劝谏,中宗惧内但对臣子很傲慢,大怒说:"我就是把天下奉送给韦玄贞,

波斯刻纹蓝玻璃盘　唐
这种刻花玻璃器的制作技术,属波斯玻璃的冷加工技术,即在制成的器型上打磨、刻划纹饰,再在打磨的纹饰上描金。从器型纹饰及加工技术分析,它的产地当在伊朗的内沙布尔或地中海沿岸,是唐朝中西文化交流的证明。伊朗是波斯故土所在,波斯也以玻璃制作著称。

恭陵 唐
恭陵位于河南偃师缑镇,是唐高宗太子李弘的陵墓。李弘与其母武则天政见不合,上元二年(公元675年)四月死于合璧宫,时年24岁,追谥为"孝敬皇帝"。陵冢现存封土为长方覆斗形,高50米,长163米,宽147米。

又有什么不可以,还吝惜一个侍中吗?"裴炎听了又气又怕,就禀告太后。太后没想到这个儿子竟没出息到这种地步,可以预料让他执掌天下会乱成什么样子,犹豫了很久,决定废掉中宗。二月初五,武则天在东都洛阳召集百官会于乾元殿,命令羽林将军程务挺、张虔率羽林军入宫警戒,选高级卫士到乾元殿上警戒。

在中宗和文武百官面面相觑之时,宰相裴炎出班,当众宣布皇太后的命令:中宗昏庸无德,不能为一国之主,立即废为庐陵王。当即命武士扶中宗下殿。中宗抗声说:"我有何罪?"武太后大声斥责说:"你想把整个江山给韦玄贞,还说无罪!"于是把中宗软禁在别殿,废为庐陵王,中宗的长子、皇太孙重照也受牵连被废为庶人。韦玄贞被流放到钦州。这时中宗即位还不满两个月。

扬州唐城遗址

第二天,武则天立第四个儿子豫王李旦为皇帝,这就是唐睿宗。武太后把睿宗安置在别殿,所有国政都不得过问,全由太后决定。武则天开始做改朝换代的准备。首先大力培植武姓势力,大封武姓,授侄儿武承嗣为太常卿、同中书门下三品,武三思为右卫将军,还有武攸暨、武攸宁、武攸归、武攸望等,都晋爵加官,还建立武氏五代祠堂,追赠武氏家族的五世祖先。

唐光宅元年（公元684年）九月，改元光宅，并更改唐百官名称，如尚书省改为文昌台，左、右仆射改为左、右相；门下省改为鸾台，侍中为纳言；中书省改称凤阁，中书令为内史。尚书六部也更改了名称，以天、地、四季命名，吏部称天官，户部称地官，礼部称春官，兵部称夏官，刑部称秋官，工部称冬官；御史分为左肃政、右肃政两台，左台纠察朝廷，右台纠察郡县；还改东都洛阳为神都，以便作为未来的京师。

玻璃球　唐
玻璃果作球形，一名阿那含果。共六件，一件为乳白色，两件为褐黄色，三件为绿色，均壁薄而半透明，中空。这几件玻璃果出土时，分别置于石雕前的两个三彩盘内，是佛教舍利塔内的供奉物品。

武则天一步一步逼近皇位的做法，引起了一些受排挤的唐朝宗室贵戚的不满。公元684年，先前被武则天贬黜的英国公徐敬业等人，公开打出反武旗号，起兵扬州。徐敬业是徐世勣（即李勣）的孙子，被推为统帅，称匡复府上将，领扬州大都督，以曾任御史的魏思温为军师，"初唐四杰"之一的骆宾王为记室，以匡复庐陵王为名反武。不过十天，就聚集起十多万人的队伍。骆宾王起草了《讨武檄》，檄文列数武则天残害忠良、生活腐化等罪状，揭示她想当皇帝的野心。

对此来势汹汹的反叛，武则天急忙调动30万大军，任命左玉钤卫大将军李孝逸为扬州道行军大总管、侍御史魏元忠为监军，日夜兼程，开赴江淮前线平定叛乱。在武则天强大的军事进攻面前，徐敬业损兵折将，节节败退，最后登船逃走。船行到海陵（今江苏泰州），为风暴所阻。部将王那相突然叛变，杀了徐敬业、骆宾王等人，提着他们的脑袋投降了李孝逸，而魏思温、唐之奇等余党也全被肃清。徐敬业反叛，从发动到失败仅四十多天。

在徐敬业反叛的时候，宰相裴炎没有积极组织力量平叛，而向武则天建议："睿宗皇帝年纪已经长大，却不亲理政事，这给那些反叛的人找到借口，如果太后把权力还给睿宗，那叛乱不必讨伐就自然平定了。"裴炎是山西闻县人，自幼受到良好的教育，熟读经史，尤其精通《左氏春秋》，后举明经科及第，官至侍中。高宗死后，他又受遗诏辅政。裴炎是在武则天为皇后时一手提拔起来的，又是佐命大臣。所以武则天在临朝执政后倚为股肱，委以重任，加爵至河东县侯。但裴炎本属是坚持孔子的"春秋大义"的，中宗荒谬霸道，他不得不依靠武则天来废黜中宗，改立新皇帝睿宗，然后自己辅政。没想到武则天又把睿宗踢到一边，临朝称制，弄了半天，裴炎辅佐的不是睿宗，而是太后。裴炎明里不敢说，暗中却在筹划如何让太后归政睿宗李旦。

正好碰上徐敬业起兵，裴炎在这种时候不提平叛之事，反而逼太后归政。监察御史田崔知道后，上书说："裴炎受顾托，大权在手，如果没有异图，何故请太后归政？"太后早已有疑，听了田崔之言，表示同意，命左肃政大夫骞味道、侍御史鱼承晔将裴炎逮捕下狱。后来查明裴炎与徐敬业有联系，并查到了谋反的证据，但著名将领程务挺、高级文官刘景先、胡文范和很多文武朝官都站出来，证明裴炎没有谋反。武则天很生气，就怀恨在心。很快，武则天以谋反罪将裴炎斩首于洛阳的都亭驿，那些替裴炎说话的人或被斩首，或被流放到偏远地区，武则天牢牢地掌握了中央大权。

五、一代女皇

武则天在杀了裴炎、镇压了徐敬业反叛之后，总是疑心天下臣民想推翻她。为了控制人心、巩固自己的统治，她奖励告密，重用酷吏，妄捕滥杀，树立淫威。公元686年，武则天下令铸造铜匦，设在都门，不管是谁，都可以把密奏投入铜匦之中。为了方便告密者，武则天诏令各州县，对进京投书告密者，沿途给予驿马和五品官待遇；告密属实，给官做。一时间告密之风盛行全国。通过告密，武则天物色到一批酷吏，专以诬告陷害、残酷刑讯为能事，著名的有李元礼、周兴、来俊臣等。通过酷吏苛刑、大开杀戒，武则天进一步剪除了唐宗室和反对势力，为登上皇位做好最后准备。

在舆论方面，武则天也为登基做了各种准备。公元688年，武承嗣暗中指使人在一块白石上刻了"圣母临人，永为帝业"八个字；又指使雍州人唐同泰带着这块石头连同奏表呈献太后，说是在洛水中得到的。武则天很高兴，把这块石头命名为"宝图"。五月，她亲拜洛水，接受宝图，又在南郊举行祭祀，以告谢上天。祭礼完毕，前往明堂，接受百官朝贺，自己加尊号"圣母神皇"。七月，武则天又将宝图改名为"天授宝图"，洛水被称为"永昌洛水"，地点即出图的地方称为"圣图泉"，封洛水神为"显圣侯"。

公元689年，武则天下诏改用周历，就是以十一月为正月，改诏为制。不久，升武承嗣为

武后步辇图

文昌左相，武攸宁为纳言，武氏皇朝即将出世。

公元690年，武则天终于登上了皇帝的宝座，实现了她长期以来的女皇梦。这一天她登上则天楼，宣布大赦天下，改国号为周，改年号为天授，自称圣神皇帝，把睿宗皇帝改为皇嗣，赐给他武氏，又以皇太子作为皇孙。正式建立了大周王朝，历史称这一改唐为周的事件为"武周革命"。

武则天从才人、昭仪、皇后、太后、圣母神皇到女皇，历尽坎坷，终于成为我国历史上绝无仅有的女性帝王。武则天在神都洛阳立武氏七庙为太庙，追尊周文王为始祖女皇帝，称武氏出自姬姓；尊父武士彠为太祖孝明高皇帝，封异母兄武元爽之子武承嗣、武元庆之子武三思为王，堂侄武懿宗等十余人为郡王。

武则天从公元690年登基到公元705年退位，一共做了15年的女皇。如果从公元655年她以皇后身份参预朝政算起，前后执政五十年。在这半个世纪中，武则天采取的统治措施，对唐代封建经济、政治、文化的发展产生了很大的影响。

武则天在政治上压制贵戚和士族，提高庶族的政治地位。她曾下令修改《氏族志》为《姓氏录》，把贵族列为第一等，其余一律以官职高下为标准，分成九等；官至五品者，皆升列士族。因此，凡立军功至五品官者，即使出身微贱，也可以跟以前的世家大族并列在一个等级中。《姓氏录》打破了以往士族和庶族的界限，提高了出身低微的官员的地位，从而为普通地方所拥护，并促使门阀制度进一步

奉先寺卢舍那大佛　唐　龙门石窟
龙门石窟在唐代，尤其是唐高宗、武则天时期所造窟龛最多。唐代的佛龛占龙门石窟总数的十分之六。其石窟艺术在经过了南北朝数百年发展之后达到成熟阶段。龙门窟龛的造像规模、题材、技巧，都达到了空前完美的程度。可以说，从唐太宗到武则天至唐玄宗初年这段时期，龙门的造像活动一直非常兴盛，是龙门石窟的第二个造像高潮。这一时期龙门石窟最富有成就的代表作是奉先寺大型群像的雕造，它是中国雕刻史上的高峰。

瓦解。

在压制士族的同时，武则天注重从地主阶级各阶层中广泛选拔人才，她进一步发展科举制度。公元690年，武则天首次在洛城殿策问举人，持续了好几天才结束。由皇帝亲自面试考生，表明重视科举，并借以笼络人才。从此开创了"殿试"。公元703年，她又创武举，选拔有特异才能的兵将。在辅佐高宗时，已开"南选"，即网罗江淮以南主要是岭南、黔中、福建士子参加科举考试。武则天称帝以后，"南选"更加频繁，从而使这些边远地区的人才得到当官的机会。武则天统治年间，科举制度有较大的发展和完善，五十年间进士科录取了1000多人，平均每年录20多人，比唐太宗贞观时期增加了一倍，是科举制度的重要发展时期。

在她统治期间，武则天十分注重发现、提拔贤能俊杰之士。她听说王及善有才干，就准备任命他当渭州刺史以防卫契丹，经过交谈后发现他很有政治眼光，可以担当更重要的职务，就改变主意，留他在朝内当内史。后来王及善提了很多建议，大部分为武则天所采纳。狄仁杰在当豫州刺史的时候，办事公平，执法严明，受到当地百姓的称赞。武则天听说他有才干，就把他调到京城当宰相。狄仁杰曾对武则天提过许多建议和批评，武则天也大多能采纳。此外，文臣如李昭德、魏元忠、杜景俭、姚崇、宋璟、张柬之等，武将如郭之振、娄师德、唐休、王孝杰等，都是当时富有才干和韬略的人才。

武则天还对农业生产比较重视。她在政纲《建言十二事》中，把"劝农桑、薄徭赋"列为第一条，并由高宗诏令全国施行。武则天规定，农业收成的好坏是考核地方官吏政绩的重要条件。凡州县境内田畴垦群、家有余粮的官吏，就予以嘉奖；如果为政苛猛、户口流移的，则必加惩罚。她组织人员编写内容包括农四时种植之法的农书《兆人本业记》，并颁行天下，指导各地的农业生产。武则天对唐朝的赋役制度和户籍制度作了一些修改，确立有利于生产发展的措施；鼓励地少人多地方的无地少地农民，可以开垦荒地并免三年租调；对于逃亡他乡的农民，可以就地编附，不再遣送回乡。唐高宗死时，她宣布百姓年满50岁的免除徭役，比原来规定60岁免役的年限缩短了十年。公元686年，她曾下诏免去并州百姓的全部庸调负担，终身不再交纳。

这一时期，水利事业也有重大发展。公元684年，在朗州武陵开永泰渠；公元688年，在巴西利用旧渠道开广济渠，灌溉田万余亩；还在涟水开新弯渠，能通海州、沂州、密州。在全国其他地区，也都兴建了大小不等的水利工程，对农业生产的发展起到了很大的推动作用。

六、武则天之死

武则天晚年放纵武氏亲族集团,使侄儿梁王武三思把持朝政,和武则天的男宠张易之、张昌宗等相互勾结,把朝政搞得污浊不堪。神龙元年(公元705年)正月,武则天病重。在这种情况下,终于发生了以宰相张柬之、桓彦范、敬晖、袁恕己、崔玄等五大臣为首的宫廷政变,而且取得了成功。

这次宫廷政变由来已久,最早可以追溯到狄仁杰当政时期。在狄仁杰做宰相时,女皇很器重他,要他推荐将相之才。狄仁杰认为时任荆州长史的张柬之有奇才,要把他推荐到中央任职。宰相姚崇也向女皇推荐说:"张柬之沉厚有谋,能断大事,且其人年老,唯陛下急用之。"女皇随即把他调入京城,不久即升任宰相。随后,张柬之见时机成熟,就决心要诛灭二张,逼武则天交出政权,让中宗复位。

洛阳石淙河
洛阳石淙河在嵩山东南的平乐涧,两岸石壁高耸。大周久视元年五月,武则天在此大宴群臣,即为"石淙会饮"。所在的石头称为"乐台",临水的崖壁上刻有武则天与群臣十七人诗,称为"摩崖碑"。

张柬之首先联络了掌管洛阳宫北门宿卫的右羽林大将军李多祚,又推荐桓彦范、敬晖及李湛为左、右羽林将军,掌握中央禁军。他还派桓彦范和敬晖去见中宗李显,把商定的计划告诉他,李显也同意了。

唐高宗与武则天合葬的乾陵 唐

经过周密的筹备,由右羽林大将军李多祚带领军队攻下玄武门,直奔武则天居住的迎仙宫。张易之兄弟未及反抗便被诛杀,二张党羽有的被杀,有的被流放到外地,二张的势力被完全清除。张柬之等人簇拥着李显来到长生殿。在众人的逼迫下,武则天只好极不情愿地交出了最高权力。

已是风烛残年的武则天,经过这一沉重打击,彻底崩溃了。公元705年冬,武则天病死在上阳宫仙居殿,享年82岁。她的悄然去世,与她叱咤风云、轰轰烈烈的一生恰好形成鲜明的对比。

武则天生前曾留下"祔庙,归陵,令去帝号,称则天大圣皇后"的遗言,并令人在陵墓前为自己立下了一块无字碑。

唐玄宗李隆基

　　唐玄宗是中国历史上著名的皇帝之一。他前期励精图治，任用贤相姚崇、宋璟，节俭去奢，使唐王朝达到了鼎盛，史称"开元盛世"；后期，他宠爱杨贵妃，培训梨园弟子，开始过上醉生梦死的享乐生活。在朝政上，他亲小人、远贤臣，奸佞之徒李林甫、杨国忠等大臣败坏朝纲、欺压百姓，使得吏治腐败、怨声载道，并最终导致了"安史之乱"的爆发。从此，唐王朝由盛而衰。

一、立志恢复李唐江山

唐玄宗（公元685～762年），名隆基，唐睿宗第三子，死后被谥为"至道大圣大明孝皇帝"，故又称"唐明皇"。盛唐乃李姓天下，李隆基虽贵为龙脉，但由于皇室的争权夺利，李隆基的少年时代充满坎坷与不幸。

李隆基的父亲李旦是武则天的儿子。高宗逝世后，李旦的哥哥李显即位，是为中宗。但他在位不到两个月，即获罪被废。李旦登基，但朝政却牢牢控制在其母武则天手中。李隆基之母窦氏，性情婉顺，深得睿宗宠爱。公元684年，睿宗称帝不久，特地册立窦氏为德妃。公元685年仲秋，德妃喜得贵子，即为李隆基。李隆基排行第三，家中人亲昵地称呼其为"三郎"，3岁时被封为楚王。幼年的隆基是个玲珑少年，深得其祖母武则天的喜爱。

但好景不长，公元692年十一月，户婢韦团儿在武后面前造谣生事，说睿宗皇后刘氏和德妃窦氏"厌蛊咒诅"。武则天非常宠信韦团儿，又生性多疑，便乘刘氏和窦氏朝拜自己之际，突然将她们杀害。

刘、窦二妃的死，李旦虽知是冤枉，但也敢怒不敢言。武则天更加肆无忌惮，窦氏父母也受到牵连，武则天将窦父窦孝谌贬为罗州司马，将窦氏的三个兄弟流放岭南。又将刘妃、窦妃的诸子一律降为郡王，李隆基也从楚王的位置一落千丈，变成临淄郡王。为了防范这些郡王，武则天对他们采取了"随例却入阁"的措施，所谓"入阁"，实质上是将睿宗诸子幽闭于深宫，不让他们在外"开府置官属"。

宫女图　唐

李隆基在宫中被幽禁了七年之久，但他志存高远，不像其伯父李显、父亲李旦和哥哥们那样怯弱。他虽身处逆境，却有着远大的理想和抱负，以尧舜、汉高祖、汉武帝、唐太宗等英明君主作为自己的楷模，决心做一个光耀史册的开明君主。他在诗中写道："所希光史册，千载仰兹晨。"

当时，李氏集团和武氏集团为了皇位而斗得你死我活，母亲的惨死、兄弟的被贬、国号由唐而变成周、父亲由尊贵的君主变成皇嗣并被改为武姓，这一切使李隆基备感耻辱，他立志要推翻武周统治，恢复李唐江山。但是他并没有采取以卵击石的愚蠢做法，而采取"不问政治"的策略韬光养晦，一心学习文字、音乐、戏剧、书法、骑射，将自己变成一个文武双全、多才多艺的人。

二、平王摄政

【1】五王政变

李隆基15岁时，武则天希望改善同儿孙的关系，便放弃了残暴的酷吏政治，李隆基兄弟得以"出阁"，重新获得自由。公元702～703年，隆基时年十八九岁，便开始走上仕途，历任右卫郎将、尚辇奉御。

圣历二年时，武则天已是一高龄老妇，立嗣问题又被提上议事日程。立武姓还是李姓，武则天心中进行着激烈的斗争。武氏集团的武承嗣、武三思积极活动，谋求立为太子。武则天称帝的第二年，便有凤阁舍人张嘉

狩猎图　唐

福指使洛阳王庆之等数百人，上表请立武承嗣为皇太子。但由于文昌右相岑长倩等人的激烈反对，武则天没有答应。

公元694年，武承嗣组织数万人向武则天上表，上尊号为"越古金轮圣神皇帝"，以争取武则天的信任，同时又使人告密，说李旦"潜有异谋"。

武则天既不信任儿子，又不信任侄子，犹豫不决。后接受大臣狄仁杰等人的劝谏，放弃立武承嗣为太子之念，将李显召回洛阳，立为太子，封李旦为相王。既立太子，武则天却无禅位之意，不顾年事已高，勉力支撑。任用宠幸之人张易之、张宗之等亲信势力，以代替不得人心的武姓人员。但二张贪赃枉法、陷害忠良，激起了朝野封建士大夫的公愤，要求武则天禅位、结束混乱局面的呼声日高。

神龙元年（公元705年）正月，武则天重病缠身，卧床不起。宰相张柬之、崔玄和司刑少卿桓彦范、中台右丞敬晖、相王府司马袁恕己等人密谋除掉二张，推翻武周统治，恢复李唐政权。李旦和太平公主也参与密谋，当时太子李显在洛阳宫玄武门出入，桓彦范和敬晖悄悄把密谋的事情告诉他，李显也表示同意。

宫廷侍卫图 唐

这天,张柬之、崔玄、桓彦范、敬晖、杨元琰和左威卫将军薛思行等人率左、右羽林军500多人聚集玄武门,李多祚等则前去迎接太子李显。李显怯弱,深惧其母,不敢前往,意欲反悔,几经劝解,才勉强上马,一同前来。

当时武则天住在迎仙宫,张柬之等人首先斩杀张易之、张宗之,再拥进迎仙宫。武则天大惊,怒喝:"是谁作乱?"众人回答:"是张易之兄弟谋反,我们奉太子之命,将他们斩杀,因为怕泄露消息,所以才擅闯宫廷,惊动陛下,罪该万死。"武则天盯着李显说:"既然如此,张氏兄弟已死,你回东宫去吧!"李显吓得不敢出声。桓彦范却镇定自若,上前朗朗说道:"高宗将爱子托付给陛下已经很久了,如今太子长大成人,人心所向李氏,群臣不忘太宗、天皇之德,因此拥戴太子为帝,请陛下禅位太子,以顺人心!"然后,桓彦范又指挥羽林军抓捕张氏党羽,将他们在天津桥南枭首示众。武则天见大势已去,只好答应让位给中宗李显。这场政变被称为"五王政变",李隆基亲历这场政变,在政治上逐步成熟起来。

【2】平王灭韦

唐中宗复位,李姓皇室再次得到重用。李隆基擢升卫尉少卿,后又兼任潞州别驾、主管一州军事。

中宗软弱无能,无帝王之才,只知享乐游玩。韦皇后执掌大权,重用武三思,韦、武勾结,欲图不轨。中宗之女安乐公主也恃宠骄恣,干预朝政。韦、武和外廷宰臣宗楚客、记处纳、韦臣源勾结在一起,排除异己,形成"韦武"集团,他们夺取了张柬之等"五王"的实权,并以各种借口将他们杀害。公元710

伎乐舞俑 唐
这组乐舞俑均跪坐或盘坐,手中分别持筚篥、拍板、横笛、排笙、琵琶、箫等乐器,作演奏状。唐代宫廷的表演艺术融会了中外许多民族的乐舞,新编乐舞极为活跃。

年，韦后和安乐公主合谋毒死中宗，韦后欲效法武则天称帝。

李隆基对韦后的阴谋早有觉察，他暗结万骑果毅葛思顺等人，争取羽林军的支持，伺机而动。当他得知中宗被毒死的消息后，果断地联合姑母太平公主发动政变，抢在韦后对自己

批答颂　唐玄宗

动手之前，率领大量羽林军冲入皇宫，将韦后及其党羽一网打尽。事后，在太平公主的主持下，恢复了睿宗的帝位，李隆基因安定社稷、灭韦有功而被封为"平王"。

【3】铲除太平

睿宗即位后，宫中围绕立谁为太子展开斗争。按照长子继承制，李隆基之长兄李成器是最佳人选。但李隆基凭借诛灭韦武集团、拥戴父王的功劳，在宫中声望颇高，睿宗对立谁为太子犹豫不决。李成器是个有自知之明的人，他深知自己在能力、功劳等各方面都比不上李隆基，便主动让贤，声称"时平则嫡长，困难则归有功"，表示自己绝不敢在平王之上。当时诸王、公卿、大臣们也多认为当立李隆基为太子。最后，睿宗同意立李隆基为太子。

李隆基被册封为皇太子后，很快形成了一股政治势力，兵部尚书、同中书门下平章事姚崇，吏部尚书、同中书门下三品宋璟等人都团结在太子的周围，皇太子政治势力日涨，这引起了另一股政治势力——太平公主的不安。

描金抱武器石刻武士俑　唐

太平公主为武则天的女儿，酷似其母，有政治野心。她曾参与推倒韦武集团的政变，拥立睿宗复位，功劳不小，睿宗对她言听计从，遇到国家大事，都要与她商量。有时太平公主不入朝，宰相奏事时，睿宗总是要问："曾与太平公主商议过吗？"然后才批示。太平公主所想做的事情，"上无不听，自宰相以下，进退系其一言"。于是趋炎附势的人，争相依附太平公主，一时间公主府门庭若市。

起初，太平公主与李隆基关系融洽。在立李隆基为皇太子时，太平公主认为隆基只不过是一个少年，不值得在意。但事后证明太子是个精明能干的人，自有一套政治主张，并得到重臣的拥护，成为自己干预朝政的障碍，便以"太子非长，

三彩凤首瓶　唐

不当立"为由,要求睿宗废李隆基,改立长子李成器。同时,她又亲自出马拉拢朝臣,排除异己,并在太子左右安置大批耳目,监视太子的活动。

景云二年(公元711年)正月,太平公主明目张胆地劝宰相宋璟更易太子,遭到宋璟的严辞拒绝。妹妹与儿子的争夺让睿宗备感不安,他想尽快让太子理事来杜绝矛盾。景云二年(公元711年)二月,睿宗下诏令太子监国。太极元年(公元712年)七月,睿宗不顾太平公主的反对,一意孤行,正式下诏传位太子,李隆基即位,改元先天,但睿宗在太平公主的建议下,仍然"自总大政",三品以上官员的任命以及重大军国行政仍由睿宗决定。

李隆基虽然当上了皇帝,可是却处处受太平公主掣肘。先天元年的朝臣中,太平公主的亲信占了很大的优势,"太平公主依太上皇之势,擅权用事,与上有隙,宰相七人,五出其门。文武之臣,太半附之"。太平公主想废掉玄宗,便同宰相窦怀贞、萧至忠等人密谋,另立新君。

先天二年(公元713年)六月,太平公主认为推翻李隆基的时机已经成熟,于是她一边和掌握羽林军的常元楷和李慈共谋,一边又策划宫女元氏在赤箭粉中放毒药以毒死李隆基。李隆基并没有坐以待毙。七月初,有人告诉他,太平公主将在当月四日发动叛乱,让常元楷、李慈率羽林军突入宫禁,刺杀玄宗。玄宗当机立断,抢先下手。七月三日,玄宗率领李令问、高力士等亲信数十人,从王毛仲处调闲厩马及兵三百余人,从武德殿入虔化门,杀掉常元楷和李慈,肃清了太平公主在北门四军中的亲信将领。随后,玄宗派人捉拿窦怀贞,窦怀贞自知无法幸免于难,自杀身亡。太上皇李旦闻变,急忙登上承天楼,玄宗前来谒见,太上皇见木已成舟,无可奈何,下诏降罪窦怀贞等,次日下诏将政权全部交给李隆基。

太平公主因当天没有住在宫中,侥幸得以逃脱,隐藏在一家山寺,三日后,被玄宗下诏赐死。李隆基击败了太平公主集团,结束了动荡的局势。先天二年十二月,玄宗下诏改元开元,决心施展身手,大干一番。

三、开元盛世

【1】整顿吏治

唐玄宗在平定太平公主集团、执掌全部大权后,国内仍然是经济凋敝,吏治混乱,困难重重。面对百废待兴的局面,玄宗决心首先整顿吏治,任用贤人。先前武则天和韦后为了收买人心，用人不问才干，大量任用官吏，导致官僚机构膨胀。玄宗首先下令严格官员铨选制度、裁汰冗员，规定今后没有战功及别敕，吏部、兵部不得任命官员，消除了人浮于事的现象。

在整顿吏治的同时，他还起用贤臣姚崇和宋璟。姚崇在武周和睿宗朝已两次入朝为相，有"救时宰相"之称。开元元年十月，玄宗召见姚崇，宣布姚崇担任兵部尚书、同中书门下平章事。玄宗以为姚崇会大喜过望，但姚崇却沉默不语，也不拜谢龙恩，心中好生奇怪。稍后姚崇才对皇帝说："臣有建议十项，如果皇上不听或者不实行，臣斗胆冒死不接受皇上的任命。"

帝王与群臣图
帝王戴冕旒，着青衣朱裳曲领、白纱蔽膝，升龙大绶。群臣形象、神态、年龄、性格各不相同。帝王在恭谨卑顺的群臣持簇拥下昂首阔步，大有不可一世的气概。画面同当时著名宫廷画家阎立本的《历代帝王图》风格一致，而且还要早若干年，堪称唐代人物画的代表作。

皇帝颇感兴趣，便让他说来听听。姚崇逐一说出他的十项要求：实行仁政；不求边功；不要让宦官干政；减少百姓赋税；不要再建造寺庙；以礼法对待大臣，等等。玄宗听完姚崇的十项建议，郑重承诺愿意实行，接受了姚崇的建议，任命他当宰相。姚崇任宰相后，在很短的时间内，便把朝政治理得焕然一新。姚崇一生节俭，衣着朴素，妻子儿女也过着贫寒的生活。开元四年姚崇病重，宋璟前往探视，见他家床铺破席，门无布帘，时值刮风下雨，只好将竹席挡雨，深受感动。姚崇死后，家中无钱发丧，后有一个老家人自愿卖身替他办丧事。玄宗听说后，赏赐了他一百段布帛、二百石粮食。后玄宗偶经他的墓地，见墓地上空无墓碑，感动得泪雨滂沱，命人为他立碑，并亲手书写了碑文，以嘉良臣。

姚崇像
姚崇生前说：死者无知，自同粪土，岂烦奢葬。临终对唐玄宗说：佛不在外，悟之于心。行事利益，使苍生安稳，是谓佛理。

姚崇死后，宋璟担当宰相。宋璟以敢于犯颜直谏而出名，玄宗敬重宋璟，很在意宋璟的话，开元初期的玄宗，基本上能够采纳忠谏，公元717年，玄宗从长安前往东都，经过道路狭窄的崤谷，车骑堵塞，玄宗大为生气，下令将河南尹和负责车驾行幸的官员贬职。宋璟进谏说："陛下因这件小事处罚两位官吏，处罚事小，但恐怕沿途的官吏听说此事，会劳民伤财去抢修道路，岂不加重百姓负担？"玄宗听了，马上收回成命。

玄宗还十分注重地方官员的任命，公元716年，玄宗亲自考核吏部选录的二百多名县令，将不合格的人撵出大殿，并撤回吏部对他们的任命。后来玄宗专门颁布了《整饬吏治诏》，规定每年十月，要派各道按察史考核地方官的政绩，将地方官的政绩分为五等，上等为最，下等为殿，中间三等依次定优劣。这种考核制度，对于减少贪赃枉法行为、改善地方吏治，起了很好的作用。

【2】发展农业，繁荣经济

面对称帝后国力凋敝的局面，玄宗提倡禁绝奢靡之风，采取了一系列措施，大力发展社会经济。首先他检田括户，打击豪强地主的兼并活动，增加国家赋税的收入。接着兴修水利、发展农业、组织垦荒、扩充屯田。按《新唐书·食货志》记载，开元盛世时国家每年收租粟为1980余万斛，屯田收入约占总数十分之一，可见玄宗的兴修水利、屯田制大大增加了国库的收入，繁荣了国家的经济，出现了国泰民安的"开元盛世"。杜甫曾作诗描绘了当时的真实情景：

忆昔开元全盛日，小邑犹藏万家室。稻米流脂粟米白，公私仓廪俱丰实。九州道路无豺虎，远行不劳吉日出。齐纨鲁缟车班班，男耕女桑不相失。

庄园生活图　唐　敦煌石窟
图中表现的是具有西北地方色彩的地主庄园。一座二层门楼围绕着回廊的院落里，殿阁内富者坐在胡床上，主妇在院中吟哦指点。侍仆们忙碌地出出进进。院外宽阔的马圈里拴着肥壮的马匹，饲养者肩扛着扫帚，端着饲料走近墙边，附近的田野里雇农正紧张地犁地，生活气息浓厚。

这首诗是写实诗，也可以说是史诗，反映了当时的真实情况。

【3】节俭去奢

从武则天后期，奢侈之风日盛，直至中宗、睿宗二朝，奢侈之风常盛不衰，纵欲享乐的人不计其数。据说安乐公主所穿的一条裤裙，值钱一亿，衣服上的花卉鸟兽皆为珠宝缀成，"正视旁视，日中影中，各为一色"，简直是一件美妙绝伦的工艺品。

玄宗称帝后，雷厉风行地销毁金银器玩，禁用珠玉锦绣。公元714年，唐玄宗特地将内宫一些珠玉锦绣堆在殿门外，放火焚烧。下敕宣布天下不得采取珠玉、刻镂器玩、造作锦绣珠绳，违者责杖一百，受雇工匠降二等办罪，规定后妃以下不得穿用珠玉锦绣制的衣服。同时对百官的车、服饰和酒器都作出了具体的规定。他即位后，下令销毁武则天在洛阳所造的天枢，熔其铜铁铸钱，以充国用。后又将韦后仿效武则天在长安朱雀街造的石台摧毁。这些以身作则的行为，在一定程度上抑制了奢侈浪费的风气。

青玉飞天玉饰　唐
飞天的出现与佛教的传入有重要的关系。早期飞天多作男像，后渐变成娇柔的女性。青玉飞天有浅黄色斑浸，镂雕阴刻琢制成一个身着长裙肩披飘带的飞天，下托祥云，流畅飞动。此件为清宫收藏，人物体态轻盈，面目慈祥，给人以强烈的飘动感，与唐代壁画中的飞天形象极为相似。

【4】虚己纳下

唐玄宗在任命姚崇为宰相时，姚崇提出要求："我请求今后所有臣子，都可以触龙鳞、犯忌讳、直言谏诤。"玄宗当时便欣然应允，并且在执政初期，确实做到了从谏如流。公元714年，通过制令号召天下臣僚和士庶积极地提出各种意见，在此之后的十几年，出现了继唐太宗以来唐朝历史上谏诤风行的第二次高潮。

玄宗曾为了丰富其宫殿园池的风景，令宦官到江南捕捉、等水禽，以供观赏。长途运输耗资巨大，沿途扰民。汴州刺史倪若水上表指责玄宗贵鸟贱人。玄宗听后，将禽鸟统统放掉，并嘉奖了倪若水帛四十段，表彰其遇事无隐。后来有一次，玄宗在宫中散步，

雕版印刷工具
印刷术是中国古代的伟大发明之一。据文献记载，隋末唐初（公元7世纪初）就开始使用雕版印刷术。它的发明、应用和传播，对人类文明和社会进步做出了巨大贡献。文字的字型的广泛应用、熟练的图文雕刻技艺、笔墨纸张的精良，再加上社会文化发展的需要，为发明印刷术创造了条件。

学堂图 唐 敦煌壁画
寺学是寺院设置的义学。这幅敦煌壁画,展现了学堂生活的一幕:老师端坐屋内,助教在院里正在体罚一名学生,厢房中的同学们纷纷向院里张望。

白瓷茶杯盘 唐

恰巧通过夹墙看见卫士将吃剩的饭菜随意丢弃了。这与玄宗提倡节俭去奢的作风大相径庭,玄宗大怒,下令杖杀卫士。当时左右都知道,卫士糟蹋粮食虽然有错,但也不值得小题大作,罚以死罪。玄宗胞兄宁王宪上前说道:"陛下因此而杀人,可能会导致人人不安。且陛下因为卫士糟蹋粮食而生气,是因为粮食可以养人,现在以余食杀人,不就失去了皇帝的本意了?"

玄宗听完此言,深以为是,说:"如果今天兄长不在,我可能会滥用刑罚。"随即下令释放了该卫士。太常卿姜皎是同玄宗一起谋诛太平公主的功臣,于是"恃功自骄,出入宫禁,与后妃连榻宴饮"。其弟姜晦也借助其兄的关系,官至吏部侍郎。宋璟上书说姜皎兄弟"权宠太盛,非所以安之"。玄宗听从了宋璟的建议,将姜皎"放归田园",降姜晦为宗正卿。

对王公贵族横行霸道的行为,玄宗也予以打击,长孙昕在大街上当众殴打御史大夫李杰。李杰到玄宗那儿告御状说:"臣下被打,受了皮肉之痛,小事一桩,但长孙昕殴打朝廷命官,实在侮辱国家呀!"玄宗当即命人在朝堂上将长孙昕用杖打死,以此向百官谢罪。

四、盛世转衰

【1】骄奢怠政

玄宗到了开元末年以后,开始奢侈浪费,将军国大事全部委托给宰相李林甫。

公元736年,唐玄宗欲从洛阳回长安,正

张九龄像

值秋收,宰相张九龄认为皇上大驾,必然会惊忧民众,影响秋收,恳请皇帝改期。但李林甫却逢迎说:"长安、洛阳乃是陛下的东西宫,陛下您可以随意行幸,即使妨碍秋收,又有何妨?"

到了开元末期,玄宗沉迷酒色,后宫宫女竟然多达4万人,每次吃饭必摆几千盘山珍海味。每到春天,玄宗便在宫中大摆宴席,命诸妃头插鲜花,玄宗亲自捉放粉蝶,让它在诸妃之间飞舞,最后粉蝶停留于何人之头,玄宗当晚便宠幸何人。

更为严重的是,玄宗开始"倦于万机"。天宝三载,玄宗对臣下说:"朕不出长安数十年,天下无事,朕欲高居无为,悉以政事委林甫,何如?"后玄宗将政事委托李林甫达十六年。

【2】李林甫乱政

李林甫,长安人,从开元二十二年到天宝十一载都担任唐朝的宰相,实际掌握政权十六年,是玄宗当政时任期最长的宰相。

李林甫是个阴险的小人,他总是先装出一副推心置腹的模样,诱人说出心里话,然后他再到玄宗面前打小报告。朝臣们私下议论:"李林甫虽面带笑容,肚里却藏着一把剑!"

李林甫独掌大权以后,开始闭塞玄宗的视听,竟然使玄宗取消谏官议政制度。

宫中行乐图　唐

而谏官们害怕李林甫的权威,谏诤之路遂绝。

李林甫位高权重,对周围人都严加防范。公元747年,玄宗欲广招贤士,下令凡有一技之长者,都可到长安参加考试。李林甫下令郡县官吏先行挑选,然后送到尚书省,由尚书复试、御史中丞监试,然后再挑选几人送至皇上。考试结果,李林甫未录取一人,却向玄宗贺喜说:"这些人才能平庸,可见野无遗贤。"

他在相位之时,朝廷乌烟瘴气,天下从此大乱。

【3】高力士得宠

高力士,高州良德人。在诛灭韦武集团与太平公主集团时立下汗马功劳,开元初年,被升任为右监门卫将军、知内侍省事。

玄宗对高力士深信不疑,常对人说:"力士当上,我寝则安。"他将一些政事交给高力士处理。每有四方进奏文表,必先呈送高力士过目,高力士根据事情大小,相机行事,大事呈报玄宗,小事则自行处理,几乎成了玄宗的代理人。

高力士忠诚地维护皇权,满身散发着奴才气,反对边将拥兵,见识颇高。他处事谨慎,不敢随意弄权。但作为宦官,玄宗却如此加以宠幸,造成了朝廷极不正常的局面,也是一个严重的失误。

识文描金漆挂屏
识文描金加彩仿制唐韩干画《明皇试马图》,原迹所有历代收印记亦一一仿制。有乾隆御笔《明皇试马图》题记。

五、安史之乱

【1】宠妃杨玉环

唐玄宗和许多帝王一样,也是好色之徒,自从钟爱的武惠妃死后便闷闷不乐。高力士深知玄宗心思,便将当时寿王妃杨玉环带到玄宗面前,玄宗见杨玉环皮肤雪白,说话时羞羞答答,顿时有相见恨晚之意,当即送给她金钗和钿,作为定情信物。白居易有诗云:

天生丽质难自弃,一朝选在君王侧。回眸一笑百媚生,六宫粉黛无颜色。春寒赐浴华清池,温泉水滑洗凝脂。侍儿扶起娇无力,始是新承恩泽时。云鬓花颜金步摇,芙蓉帐暖度春宵。

按照常理,杨玉环乃玄宗儿媳,父娶子妻,有悖纲常伦理,玄宗虽是一国之君,

华清宫

华清宫位于今陕西临潼骊山北麓的华清池，自秦汉以来，历代多次修葺增建，唐玄宗时改名为华清宫。

但也必须避免别人的闲话。为了掩人耳目，玄宗采取了一个过渡的办法。开元二十八年，他借口太后忌辰，以"追福"为名，将寿王妃度为女道士，然后又破例在大明宫内别置道观，将杨玉环迎入深宫，自此杨玉环借道姑之名，行后妃之实。

开元二十九年冬天，杨玉环再次跟随唐玄宗避寒温泉宫，回来后，她便住在兴庆宫，再也不回道观，并脱下道袍，着嫔妃衣服，开始了半公开的后妃生活。

在过了五年的地下夫妻生活后，唐玄宗决心给杨玉环一个名分，明媒正娶杨玉环。在册立杨贵妃前，玄宗为寿王册立了韦妃，以抚慰敢怒不敢言的寿王，同时也借此掩盖杨玉环曾为寿王妃的不光彩的历史。在《册寿王韦妃文》中，对杨玉环曾为寿王妃的历史只字未提。天宝四载八月，唐玄宗正式册立杨玉环为贵妃。

唐玄宗晚年得遇杨贵妃，可谓"春宵苦短日高起，从此君王不早朝。承欢侍宴无闲暇，春从春游夜专夜。汉宫佳丽三千人，三千宠爱在一身"，终日沉迷于声色，无心过问军国大政。

杨贵妃在生活上非常奢侈，宫中专门为她织造锦绣的工匠多达700人。相

杨贵妃像

贵妃出浴图 清 康涛

白玉镶金镯 唐

此镯造型规整，工艺精细，金玉辉映，对比鲜明，光彩夺目。由三节相等的白玉组合而成，上面刻有高突的弦纹，每节玉端用金兽面包镶，并且紧密连接，内侧用两颗金钉作铆，兽面间有穿孔，加金条扣合，启动灵活。

传杨贵妃爱吃鲜荔枝，荔枝产于岭南，水分多，不易保鲜。为了取悦杨贵妃，玄宗每年夏天都兴师动众派人从四川涪州将荔枝运往长安。但四川与长安远隔千里，往往等运到以后，荔枝已经变色变味。于是唐玄宗命人将即将成熟的荔枝连根盘土拔起，栽入大缸，用船载运到长安，然后再摘下荔枝派人快马加鞭送往杨贵妃手中。玄宗为了让杨贵妃高兴，还大兴土木，在骊山华清宫造端正楼，为贵妃梳洗之所，又置莲花池，专为贵妃沐浴之室。

杨玉环从王妃变成贵妃，整个杨门都因此而显贵起来。玄宗追赠杨之亡父为兵部尚书，后又追赠他为齐国公，追赠其亡母为凉国夫人。杨贵妃的三个姐姐分别被封为韩国夫人、虢国夫人、秦国夫人。因为她们也颇具姿色，可以出入宫掖，并承恩泽，权倾天下。其从祖兄杨国忠，也因裙带关系，得以官至宰相。玄宗的昏庸无道使得唐朝的政局一日不如一日。

【2】杨国忠为相

杨国忠原本市井小人，借助杨玉环当上了宰相后，得意忘形。朝中官员皆是顺杨者昌，逆杨者亡。

杨国忠不仅担任宰相，而且身兼四十余职，整天发号施令，胡乱处理政事。有一年，关中地区久降大雨，百姓收成剧减，生活没有着落。玄宗得知此事，派人去问杨国忠，杨国忠叫人弄来大的粟穗给皇帝看，说："虽然关中雨水多，但庄稼未曾受到影响，仍然长势良好。"玄宗信以为真。杨国忠不但自己不报灾，还将前往京师报灾的扶风太守房治罪。天宝年间，杨国忠在关中、中原地区召集兵马两次出兵南诏，损兵20万，却谎报战绩，隐瞒败状，邀功请赏。

杨国忠牢牢控制选官制度，使得一部分善于钻营的士大夫得到好处后，为他歌功颂德。其亲信京兆尹鲜于仲通和中书舍人窦华、侍御史郑昂之流，派人献给杨国忠一块石碑,立于省门,上刻文字,以表彰杨国忠有"铨综之能"。玄宗对此信以为真,又亲笔改动碑文,让鲜于仲通以金粉填之。

天宝十载(公元751年)上元节,杨国忠家人出来游玩,与玄宗的女儿广平公主在西市门相遇,双方争过西市门,两家家奴厮打起来。杨氏家奴误打了广平公主,使得广平公主从马上跌落下来。驸马程昌裔赶紧下马护住公主,也遭鞭击。广平公主将杨氏告到玄宗那里,玄宗命令将一名杨氏家奴乱棍打死,但同时也罢免了程昌裔的官职,表示永远不再让他朝见自己。由此可见,杨国忠的专横跋扈,令人惊讶,而玄宗对杨氏的宠幸,也到了荒谬绝伦的程度。

【3】安史之乱

由于唐玄宗为首的统治阶级政治腐败,均田制被破坏,府兵制瓦解,节度使权力扩大,这些都给安禄山提供了叛乱的机会。

安禄山,营州柳城人,是个混血的胡人。开元二十年(公元732年),安禄山因偷羊被幽州节度使张守珪抓获,张守珪欲将他杀死。安禄山大声呼喊:"大夫不想灭两蕃吗?为什么要乱棍打死安禄山!"张守珪见他身材魁梧,胆量不小,将来有可能成大气候,于是饶他不死,任命他为捉生将,后又任营州都督、平卢军使等职。安禄山迎合玄宗好大喜功的心意,屡次挑起边事,以邀功请赏,深得玄宗的赏识,最终同时担任平卢、范阳、河东三镇节度使。

安禄山还凭借三寸不烂之舌,以谎言讨玄宗的欢心。相传安禄山大腹便便,体重超常。每次入朝晋见,中途都得换马,不然坐骑便会累死。有一次玄宗打趣他说:"你肚子中装的何物,怎么这样大?"安禄山拍拍自己的肚子说:"回皇上话,我的肚中除了忠于陛下的一颗诚心之外,别无他物。"玄宗听后大喜。安禄山为了拉近自己与玄宗的关系,竟于天宝六载别出心裁地认比自己年轻许多的杨贵妃为养母,杨贵妃不以为耻,反以为荣,竟欣然应允。从此安禄山入朝晋见,玄宗总让杨贵妃作陪,还命杨氏兄弟和杨氏姐妹与安禄山约为兄弟。

贵妃晓妆图　明　仇英

玉兽纹带板 唐
存世的唐代饰纹玉带板较多，但饰动物纹和全套的带板尤为罕见。此组玉为青黄色，计三十六块，带板正面以浅浮雕加饰阴线纹琢刻面奏乐胡人形象，众人肩披飘带，身着短衣，足穿尖靴，神态各异，逼真生动，饰纹完美。

李林甫担任宰相时，安禄山自知不是李林甫的对手，因而不敢轻举妄动。但杨国忠为相后，安禄山知道杨国忠无论在威望还是在政治手腕上都远不及李林甫，便有反意，暗中积蓄力量。他网罗了一大批文臣武将，在范阳筑造了建武城，贮藏了大量兵器，又豢养了同罗、奚、契丹的降卒8000余人，作为"假子"。同时训练家童弓矢，这些人皆骁勇善战，后来都成为他作战时的精锐部队。一切准备就绪后，公元755年，安禄山利用人民因为唐两次讨伐南诏均遭失败而对唐政府和宰相杨国忠不满的情绪，以奉密诏讨伐杨国忠为借口，发兵叛乱，从范阳率兵南下，直指唐都长安。他的叛乱得到他的密友——平卢兵马使史思明的支持，故史书将这次叛乱称为"安史之乱"。

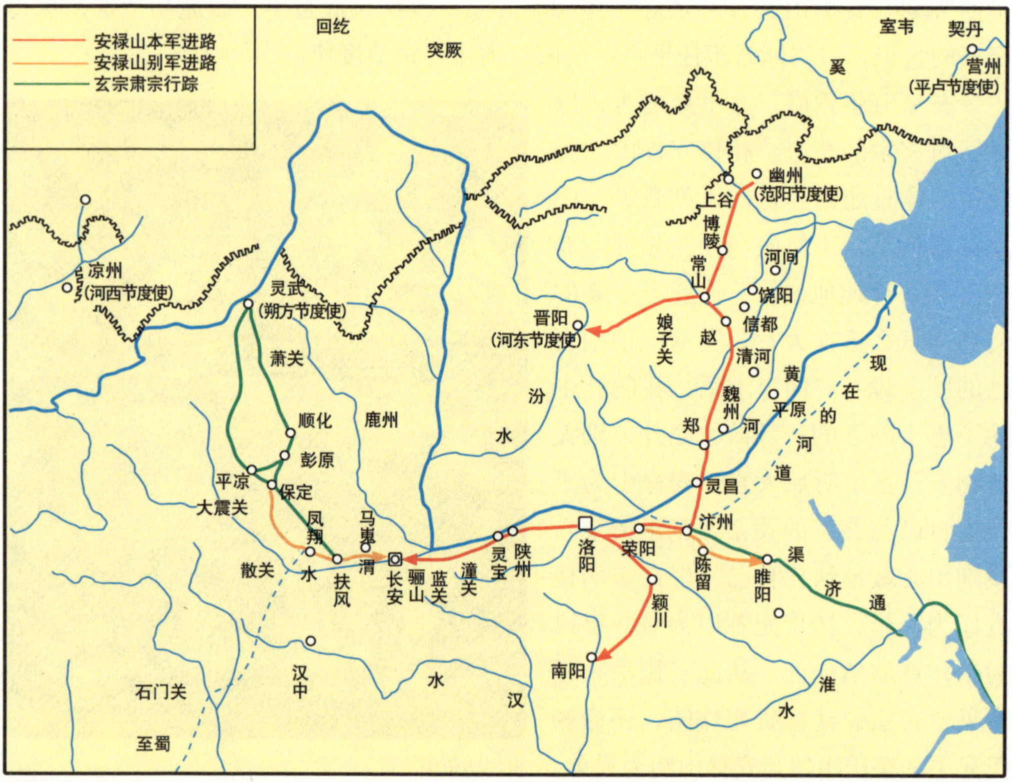

安史之乱示意图

在此之前，杨国忠曾多次告诉唐玄宗安禄山有反叛之心，玄宗都不以为意。范阳起兵的消息传来，玄宗匆忙封常清为范阳、平卢节度使，到东京洛阳招兵买马，并拆掉河阳桥，以防止叛军过河，任郭子仪为朔方节度使守卫北方。以荣王李琬为元帅，金吾大将军高仙芝为副帅，宦官边令诚为监军，率领在长安新招的市井子弟6万人屯驻陕州，扼守关中门户。同时还起用在京养病的河西、陇右节度使哥舒翰，让他率大军讨伐安禄山。

由于叛变本身不得人心，各地军民奋起抵抗，形势渐渐对唐军有利。河北平原郡太守颜真卿组织河北军民抗战，连连收复数城。李光弼率兵出井陉，与颜真卿遥相呼应，威胁着叛军的后方。张巡扼守睢阳，阻止叛军南下江淮。哥舒翰在潼关驻守，叛军难以西进。

安禄山事迹卷 唐 姚汝能

玄宗见叛军一时处于困境之中，便急于结束战事，命令哥舒翰出关收复失地。结果事与愿违，灵宝一战，唐军溃败，潼关失守，玄宗只好连夜仓皇出逃。

【4】马嵬驿兵变

潼关失守，唐玄宗急忙带着杨贵妃姐妹、皇子皇孙、宫中近侍及杨国忠等几个大臣，逃离长安，往蜀郡避难。

玄宗一行人来到兴平县西郊的马嵬驿，随从护驾的禁军首领、龙武大将军陈玄礼率领六军突然哄起哗变。陈玄礼曾率禁军平定韦武之乱和太平公主之乱，战功赫赫，深得玄宗信任。他认为这一切都是杨国忠乱政误国所致，对部下说："今天下崩离，万乘震荡，岂不是全由杨国忠乱政所致？若不诛之以谢天下，何以平息天下人的怨愤！"众人纷纷响应。恰巧有吐蕃使者因为饥不得食，正在与杨国忠交涉，禁军士兵便高呼"国忠与胡虏谋反"将杨国忠乱箭射死。士兵们一不做，二不休，索性将马嵬驿层层包围，逼迫唐玄

马嵬坡杨贵妃墓
杨贵妃墓在陕西兴平马嵬坡。墓为一个陵园，面积300平方米，墓砖砌圆形，立"杨贵妃之墓"碑，大门横书"唐杨氏贵妃之墓"七字，墓园内有历代名人题咏碑刻。

宗赐死杨贵妃。玄宗无可奈何，只好叫两名小宦官用罗巾将杨贵妃缢死，并让陈玄礼前来验尸。杨贵妃被草草掩埋，死时年仅37岁。

六、晚景凄凉

【1】肃宗即位

在玄宗仓惶出逃的途中，许多百姓聚集道旁请求玄宗留下与他们共同抗击叛军。但此时玄宗已是惊弓之鸟，哪里还敢留下？执意逃亡蜀郡，众人又转而请求太子李亨说："皇上已决意向南避祸，我们愿意不惜身家性命，跟随殿下抗击叛军，收复京

唐明皇游月宫图　明　仇英

城。如果殿下也与皇上一同前往蜀地，难道想把中原的大好河山拱手送给叛贼吗？"

最后，太子李亨留了下来，北上灵武，主持军务。后接受裴冕、杜鸿渐和崔漪等人的建议，在灵武城南楼称帝，是为唐肃宗。

肃宗以李泌为谋士，以长子广平王李俶为天下兵马元帅，向朔方、陇右、河西、安西和西域征调军队，又向回纥借兵，集中力量平叛，时值叛军内讧，安禄山之子安庆绪杀死安禄山，自立为王，部下不服，战斗力削弱，这无疑给了唐军以可乘之机。至德二年（公元757年）十月，唐军先后收复了长安和洛阳。肃宗收复长安后，派人将玄宗接回京城，安置在兴庆宫。

【2】忧郁而死

玄宗从蜀郡回到兴庆宫后，由龙武大将军陈玄礼与内侍高力士陪侍。平时除了偶尔到大明宫走走以外，便在宫中与玉真公主以及旧时宫女、梨园弟子娱乐。

玄宗回宫之初，肃宗对他也还仁孝，经常从夹城行至兴庆宫，恭问起居。但随着时间的推移，肃宗疑心玄宗久居兴庆宫，会对自己图谋不轨，宦官李辅国也谗言："上皇居兴宫，日与外人交通，陈玄礼、高力士谋不利于陛下。"建议将太上皇从兴庆宫迁往西内太极宫。肃宗默许。于是李辅国将玄宗劫持到西内甘露殿居住。肃宗很少去问候父亲。宝应元年（公元762年）四月五日，玄宗在西内神龙殿寂寞死去，享年78岁。玄宗死后的第十一天，肃宗下制改元"宝应"，并大赦天下，将玄宗葬在睿宗桥陵附近的金粟山，名曰"泰陵"。

后梁太祖朱温

后梁太祖,原名朱温,降唐后被赐名朱全忠。唐天祐四年(公元907年),篡唐自立,建国"大梁",史称"后梁"。称帝后,他改名为朱晃。乾化二年(公元912年),为儿子朱友珪所弑,在位仅5年。

一、出身与发迹

朱温是贫苦人家的儿子。他的父亲名叫朱诚,是乡村的私塾教师,虽说收入微薄,但一家人总算衣食无忧。朱诚壮年病死,一家人顿时衣食无着。朱诚妻王氏,无奈之下,只得带着三个儿子投奔萧县(今安徽省)同乡富户刘崇。刘崇见他们可怜,于是留下他们在家里帮工。

朱温性情凶悍,不务正业,经常打架滋事,乡里的人都很讨厌他。刘崇也不喜欢他,常常责打辱骂他。唐僖宗乾符四年(公元877年),黄巢农民起义军经过砀山,朱温和他的二哥朱存一起参加了黄巢起义军。朱存参加义军后不久,就在江南战死。而朱温因为作战勇敢,又有谋略,屡立战功,很快就从一名基层士兵做到了统帅千军万马的将军,成为黄巢的得力大将之一。

中和元年(公元881年),黄巢率领60万大军攻破唐朝京师长安,建立大齐政权,做起了皇帝。朱温以其功绩被封为同州刺史,并奉命于次年率军攻打河中。河中节度使王重荣拥精兵数万,先后多次打败朱温。朱温屡次遣使向黄巢求援,但知右军事孟楷从中作梗,扣押了他的求援书信。朱温等不到援兵,走投无路,在权衡利弊之后,决定降唐。九月,他杀掉监军严实,向王重荣投降,并且认他为干舅舅。唐僖宗知道朱温降唐后,非常高兴,于是任命他为左金吾卫大将军,并赐名朱全忠。中和三年(公元883年),又改任朱温为宣武军节度使,坐镇大梁(今河南开封)。从此,他就充当起唐朝的刽子手,血腥地镇压黄巢起义军。

黄巢败走长安后,朱温便联合河东节度使李克用一路追杀黄巢。最后,黄巢退到泰山狼虎谷(在今山东莱芜境内),陷入绝境,死在这里。因朱温追剿黄巢有功,唐僖宗封他为沛郡侯,食邑千户。没过多久,又加封他为沛郡王,后改为

三彩庭院　唐

吴兴郡王，食邑三千户。但朱温对此并不满足，在剿灭黄巢之后，他就以汴州为大本营，兼并周围郡县，着手扩张自己的势力。

中和四年（公元884年），黄巢死于狼虎谷，同年，他的部将秦宗权在蔡州（今河南汝南）称帝。蔡州地接汴州，对朱温威胁极大。朱温于是联合兖（今属山东）、郓（今山东东平北）等地的军马，讨伐秦宗权。秦宗权兵败被杀，朱温趁机兼并了蔡州，占据了河南大部分地区。他还先后打败了天平节度使朱瑄、泰宁节度使朱瑾、卢龙节度使刘仁恭等人，占据了山东、河北等地。随后，朱温又多次打败雄踞晋阳（今山西太原西南）的李克用，取得山西的部

骆驼纹军用水注　唐

分地区。至此，朱温尽占河南、山东之地，又虎视晋阳，雄霸一方，成为唐末藩镇割据中最为强大的势力之一，连新上台的皇帝昭宗也对他敬畏几分。

二、篡唐与建梁

文德元年（公元888年），唐僖宗病死，他的弟弟李晔继承了皇位，即为唐昭宗。唐昭宗上台后，为了摆脱宦官乱政的局面，决定依靠朝廷大臣的力量消弱宦官的权力。这引起了宦官的严重不满。光化三年（公元900年）十一月，宦官刘季述等人幽禁了唐昭宗，另立太子李裕为帝。次年元旦，宰相崔胤以朱温为外援，密令左神策军指挥使孙德昭等人率兵诛杀刘季述。昭宗复位，改年号为天复，进封朱温为东平王。六月，崔胤谋划杀尽宦官一事泄露。韩全诲等宦官见势不妙，暗中联络凤翔节度使李茂贞，同崔胤对抗。崔胤势单力薄，于是写信给朱温，佯称奉昭宗密诏，要他率兵赴京师迎驾。朱温早有挟天子以令诸侯之心，于是乘机率兵7万由河中攻取同州、华州（今陕西华县），兵临长安近郊。韩全诲闻知消息，劫持昭宗到凤翔投靠了李茂贞。朱全忠赶到长安，听说昭宗已经被劫走，于是挥军西上，包围凤翔城。年冬，凤翔大雪，冻饿死者不计其数。次年正月，城中粮尽，李茂贞无奈只得交出昭宗，与朱全忠议和。

贴金彩绘天王俑　唐

朱温挟昭宗回长安，昭宗从此成了他的傀儡。昭宗也深知自己的境遇，他对朱温说："宗庙社稷是卿再造，朕与亲戚是卿再生。"因此他对朱温唯命是从。

回到长安之后，朱温接受崔胤的建议，尽杀宦官700多人，同时废除神策军，掌控了皇室。唐昭宗任命他为诸道兵马副元帅，进爵为梁王，并加赐"回天再造竭忠守正功臣"的称号。没过多久，朱温又找借口杀了宰相崔胤。从此朝中大权就落到了他一人手中。朱温又要求昭宗迁都于自己的领地洛阳，开始的时候，昭宗没有答应，当朱温再次上表请求昭宗迁都洛阳，昭宗不好再驳朱温的面子，只好答应迁都。途中，朱温把昭宗左右的200余人全部杀掉，换上了他选的形貌相似的亲信。昭宗起初还不能辨别，时间长了就觉察到了，却也不敢说些什么。

天祐元年（公元904年）八月，朱温密令朱友恭、氏叔琮等人弑杀昭宗，以绝后患。然后假借皇后之命废了年龄较大的太子李裕，立13岁的李柷为帝，是为唐哀宗。为了推卸罪责，他在事前带兵离开洛阳到河中前线去讨伐新附于李茂贞的杨崇本。在回师途中，他在得知唐昭宗被弑之后，假装震惊，痛哭流涕地说："奴才们辜负了我，让我背上了不忠不孝之名，遗臭万年啊！"回到洛阳之后，

彩绘骑兵泥俑　唐

他伏在昭宗的灵柩上恸哭不止，反复向众人表白弑君这件事不是他的意思。随后，他杀了朱友恭、氏叔琮等人灭口。然而朝野上下，依旧对此事议论纷纷。朱温索性一不做二不休，杀了废太子李裕及昭宗其他诸子。后来又在亲信李振的鼓动下，杀害左仆射裴枢、右仆射崔远、工部尚书王溥、兵部侍郎王赞等朝臣30余人，弃尸于滑州白马驿附近的黄河，史称"白马之祸"。这件事后，大唐朝堂势力基本被清除一空。

天祐四年（公元907年）二月，朱温逼迫哀宗李柷退位，自己称帝，更名为"晃"，建国号为大梁，改元开平，史称后梁。升汴州为开封府，为东都，同时废西京长安，以洛阳为西都。朱温称帝后，封唐哀帝李柷为济阴王，迁居曹州。次年，又派人鸩杀了年仅17岁的哀宗李柷。历史上盛极一时的大唐王朝至此灭亡。

三、荒淫误国，兽父逆子

朱温上台后，为巩固政权，采取了一些措施。他为藩镇节度使时，为保证军队的战斗力，用法严峻。每次作战时，如果将领战死疆场，所部士卒一律斩首，称为"跋队斩"。所以，将官一死，兵士也就纷纷逃亡，不敢归队。朱温又命人在士兵的

脸上刺字。军士逃亡郡县，很容易辨识，所以也没有人敢收容他们，只得逃入山林为盗，祸害一方百姓。朱温称帝后，立即赦免了这些人的罪过，使各地的盗贼减少了十之七八。他还吸取唐末宦官乱政、难以制约的教训，废除枢密

打马球组俑　唐

院，设立崇政院，只用文人为官，不用阉人。他对手下大将严加防范，约束他们的行为。一旦有骄横的人出现，要么杀掉，要么削减其兵权，以绝后患。

　　他还注意减轻农民赋税，奖励农耕，尽量与民休息，使中原的经济得到一定程度的恢复。然而，如此零星的政绩并不足以稳固他的政权，相反，他荒淫好色、嗜杀淫行的品性导致了后梁朝堂危机四伏，日趋走向了崩溃。朱温没有背叛黄巢时，曾娶妻张惠。张惠贤惠又有智谋，深得朱温的敬重。朱温每当遇到不能解决的军国大事时，都会征求张惠的意见。张惠和朱温共同生活了20余年，在朱温称帝前去世。临终前，她对朱温说道："夫君是人中英杰，妾身也没有什么好忧虑的。但有时冤杀部下、贪恋酒色让人时常担心。所以'戒杀远色'这四个字，夫君一定要留意。"张惠死后，朱温纵情声色，肆无忌惮，贤妻的临终遗言早被他抛之脑后了。

　　朱温的荒淫好色，近乎禽兽，即使在封建帝王中也很罕见。他即位后，就立即在全国范围内猎取女色，供他淫辱。有一年兵败，朱温回师洛阳，途中住在魏王张全义的家里。前后十几天的时间里，他把张家的妻妾、女儿一一奸淫。张全义诸子气愤难忍，打算杀死朱温，被张全义死死拉住。不光对臣下的妻子女儿肆意凌辱，就连自己的儿媳也不放过。他常常借照顾起居的名义，把儿媳们召到宫里侍寝。而他的那些儿子为了争宠，甘愿献出自己妻子，毫无羞耻之心。他们利用自己妻子入宫侍寝的机会，借机邀宠，探听消息，以争夺储君之位。朱友文是朱温的养子，他的妻子王氏，貌美灵巧，深得朱温宠爱，由于这个原因，朱温甚至有意立朱友文为太子，继承他的皇位。

　　乾化二年（公元912年）二月，朱温趁李存勖讨伐幽州之际，亲自率领50万大军进攻河东。他昼夜兼程赶到下博（今河北衡水北），打算乘虚攻打成德镇。成德镇将领符习率领数百骑前来巡逻，恰巧遇上了朱温大军。朱温屡次为李存勖所败，听人说是李存勖率兵来到，不辨真假，慌忙引兵逃往枣强（今河北枣强），

秘色瓷瓶　唐

与攻城的梁将杨师厚合军。黄昏时,李存勖派兵数百冲进朱温军营中乱砍乱杀。朱温又以为李存勖大军杀到,连夜烧营狂逃,夜奔一百五十多里到达冀州,辎重、军械损失无数。事后知道只是李存勖的几百兵士冲营,朱温又羞又恼,郁气难舒,终致病倒。返回洛阳,就此卧床不起。

五月,朱温病重,自知命不久矣,打算召回朱友文托付身后之事。次子朱友珪的妻子张氏正在朱温身边陪侍,探知这个消息,马上密告给朱友珪。朱友珪野心勃勃,早就对朱温帝位垂涎三尺。得到这个消息后,朱友珪加紧谋划篡位。六月二日,朱友珪和家将冯廷锷带着500亲兵,潜入皇城,等到夜深人静的时候,突然杀入朱温寝宫。冯廷锷挺剑抢上,刺进了朱温腹部。朱温挣扎了一会儿,就一命呜呼了。

后晋高祖石敬瑭

石敬瑭，沙陀族人，自幼随父征战沙场，屡立战功，后出任后唐河东节度使一职，成为当时势力较大的藩镇之一。后唐清泰三年（公元936年），他勾结契丹起兵反唐，后攻克洛阳，建晋称帝。他在位期间，卑躬屈膝地以父礼事契丹。而他割让燕云十六州给契丹，致使中原汉地北方屏障顿失，祸害后世400余年。

一、骁勇善战的猛将军

　　石敬瑭出生在太原,他的父亲名叫石绍雍,是李克用帐下的一名骁将,后官至洺州刺史。石敬瑭自小随父亲练得一身刀枪骑射的功夫。后来,父亲去世,石敬瑭就做了李存勖帐下的校尉,随着他南征北伐。石敬瑭性格沉默寡言,但心思机敏,尤爱读兵书,他很崇拜战国时的李牧和汉朝的周亚夫,常学着李、周用兵,出奇制胜,屡次建立战功。后梁贞明元年(公元915年),李存勖占据魏州,梁将刘鄩率军攻打清平(今山东清县)。李存勖率军来救,不料中计,身陷梁军重围。在此危急时刻,石敬瑭请战,率领十余精骑冲入敌阵从万军中把李存勖救了出来。事后,李存勖拍着他的背,赞叹道:"将门虎子,果然名不虚传啊。"并把自己喝的酥油茶赐给他,石敬瑭由此声威大振,在军中名噪一时。

五足银薰炉　唐

　　此后,李存勖日益器重石敬瑭,并将他委在义弟、爱将李嗣源帐下效命。李嗣源是能征善战的勇将,每逢临敌冲锋陷阵,从不顾个人安危,石敬瑭追随其后,多次从乱军中策应和救援李嗣源,日久天长,遂成了李嗣源的心腹。李嗣源为了笼络他,就把女儿下嫁给他,还让他统率精锐亲兵"左射军"。

　　后唐同光四年(公元926年),魏州发生兵变,李存勖命李嗣源率军平叛,石敬瑭也一同出征。在魏州城下,李嗣源的部队也发生兵变,与魏州的叛军合兵一处,拥立李嗣源为主。李嗣源不知所措,急忙询问石敬瑭如何定夺。石敬瑭此时野心膨胀,遂劝李嗣源说:"岂有在外领兵,军队发生兵变后,而主将却没事的道理?况且犹豫不决是兵家大忌,不如趁势迅速南下。我愿率领300骑兵去取汴州(今开封),这是得天下的要害之处。得之则大事可成。"李嗣源也觉得时势有利,就接受了这个意见,派他亲率300精骑为前锋,直取开封。石敬瑭领兵急进,昼夜兼程攻占了汴州。李存勖率兵来拒,结果被乱兵所杀。李嗣源随后率军入洛阳。登临大宝,即位为帝,是为后唐明宗。石敬瑭因拥立有功,被任命为保义军节度使兼六军诸卫副使,并赐号"竭忠建策兴复功臣"。之后年年升迁,先后任侍卫亲军马步都指挥使、河东节度使,大同、彰国、振武等军蕃汉马步军总管等职,后来还赐封他为"耀忠匡定保节功臣"。

晚唐以来,藩镇割据,悍将统兵于外,不受节制,谁掌握了兵权,谁就可问鼎天下。此时总揽河东军务的石敬瑭,羽翼已丰,只坐等时局变动,便好乘势而起,取后唐而代之。

二、卑躬屈膝的儿皇帝

后唐长兴四年(公元933年),后唐明宗李嗣源驾崩,李从厚继位,是为闵帝。为了巩固政权,他实行"换镇"的策略,诏令手握雄兵的藩镇节度使调换防区,以此削弱各镇的势力。

凤翔节度使李从珂拒不从命,起兵造反,并将李从厚的平叛大军打得落花流水。石敬瑭见有机可乘,于是拥兵南下,囚禁闵帝李从厚于卫州,欲挟天子而命诸侯。

然而,李从珂兵多将广,很快便攻克洛阳,即位为帝。石敬瑭无奈,只得前来朝见新皇。李从珂对手握重兵的石敬瑭也不放心,本打算将他拘禁在洛阳,后来在李嗣源的发妻曹太后说情之下,才勉强同意石敬瑭回河东驻地。

石敬瑭回到晋阳后,表面上对朝廷忠心耿耿,暗中则加紧防备。后来,朝廷派使臣到河东犒赏将士,石敬瑭手下将士高呼万岁,想趁机拥立石敬瑭为帝。石敬瑭自知时机还不成熟,马上把为首高呼"万岁"的36人逮捕斩首,然后上奏李从珂以表"忠

出行图　契丹

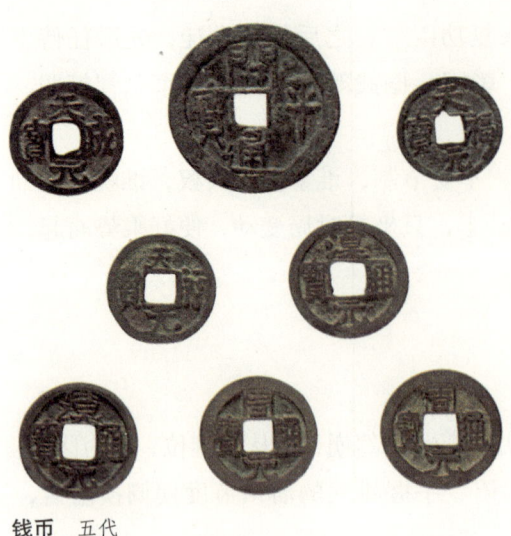

钱币　五代

心"。李从珂听说这件事后，对石敬瑭的猜疑更重，于是以武宁节度使张敬达为北面行营副总管，命其领兵驻屯在代州，牵制并监视石敬瑭。石敬瑭心里更惧，加速准备。

　　清泰三年（公元936年），石敬瑭以身体羸弱为口实，乞求解去兵权，调往他镇。他这么做其实是想试探末帝李从珂。如果李从珂同意他解职，说明皇帝肯定怀疑他；如果不同意，就说明李从珂仍然信任他。李从珂认为石敬瑭不臣之心，已经昭然若揭，无论调与不调，他都会反，于是下诏调石敬瑭为天平节度使。诏令一下，军士哗然，石敬瑭趁机煽风点火，鼓动军心。部将刘知远，谋臣桑维翰等人力主石敬瑭起兵反抗。石敬瑭于是上表，说李从珂不是李嗣源的亲生儿子，应让位于许王李从益。李从珂阅奏大怒，立即派军征讨石敬瑭。

　　石敬瑭此时兵力虽众，但也不见得能够打得过后唐大军，遂求援于契丹，上表称臣，以父礼事辽主耶律德光，并约事成之后，割燕云十六州给契丹。耶律德光闻讯大喜，立即亲率5万精锐骑兵南下，解除晋阳之围。石敬瑭亲自率众出城迎接耶律德光，百般奉承，奴颜婢膝地称比他小11岁的耶律德光为父亲。这年的十一月，石敬瑭在耶律德光的帮助下，攻克洛阳，灭掉后唐。灭掉后唐后，耶律德光册封石敬瑭为皇帝，建国号为晋，定都汴州，改元天福，史称后晋。

　　石敬瑭称帝后，即按照当初的约定，将燕云十六州割给契丹，承诺每年给契丹布帛30万匹。燕云十六州地接契丹，具有十分重要的军事地位，如今割让给契丹，就使中原王朝失去北部屏障，后患无穷。以后燕云十六州成为契丹、女真、蒙古等民族南下掠夺中原的基地，使北方社会经济遭到严重破坏，直到明太祖朱元璋时期，才重新将燕云十六州之地收归治下。

　　石敬瑭对于契丹百依百顺，非常谨慎，每次书信皆用表，以此表示君臣有别。他称耶律德光为"父皇帝"，自称"臣儿皇帝"。每当契丹使臣至，石敬瑭都跪地接诏，十分恭敬。天福三年（公元938年）十月，契丹遣使册封他为"英武明义皇帝"，他高兴万分，像迎接天书一样把诏书迎进大殿，供奉起来。每年除了进贡30万匹帛给契丹外，石敬瑭逢年过节，还派使者向契丹国主、太后、贵族大臣送上大批礼物。那些人一不满意，就派人责备石敬瑭，石敬瑭总是毕恭毕敬地赔礼请罪。晋朝使者到了契丹，契丹官员傲气十足，说了许多侮辱性的话。使者回到汴京诉说受辱之事。朝廷上下都深以为耻，只有石敬瑭毫不在乎。

虽说，如此奴事契丹，可以结好强邻，但是国内将士离心，却也极大地动摇了后晋的统治。在他当政的几年里，不断有藩镇起兵反叛，而大多数人起兵的原因也无非是"耻于契丹"四字而已。

三、卑外惧内，一命归西

石敬瑭在任地方刺史、节度使时，尚能做到勤俭清廉，但是当了皇帝之后，就开始奢侈起来，他的宫殿都用黄金、美玉、珠宝等物装饰得富丽堂皇，奢华程度远超后唐诸君的宫室。既要贪图自己的享受，又要贡献大批的金帛讨好契丹主子，府库日耗，庞大的财政负担最终都转嫁到了百姓的头上。在石敬瑭的残酷剥削下，后晋人民生活在水深火热之中，加上当时天灾频发，水旱、蝗灾接连不断，致使后晋饿殍盈野，流民遍地，饿死、冻死者更是难计其数。

彩绘文官陶俑　五代

为了镇压百姓的反抗，他又下令制定了许多残酷的法律，如凡偷盗一钱以上，一律处死；男女不论强奸通奸一概处死等等，他还发明了剖心、剥皮、油煎等酷刑，导致民怨更加沸腾。不光民心不稳，就是在后晋朝堂之内，也多有人不满石敬瑭的统治，尤耻于投降契丹。

后晋天福二年（公元937年），天雄节度使范廷光在魏州起兵，石敬瑭令东都巡检张从宾讨伐，但张从宾率军到了魏州后，与范廷光一道反了。不久，渭州也发生兵变。后晋天福六年（公元941年），

散乐图　五代

成德节度使安重荣上表指责石敬瑭，奴事契丹，蹂躏中原，并表示与契丹决一死战。辽帝耶律德光派人责问，石敬瑭无奈，只得发兵斩了安重荣，并将他的头送与契丹。

石敬瑭晚年排斥士人，宠信宦官，致使吏治更加腐败，朝纲越发紊乱。许多曾经为之倚重的心腹重臣，也对他失望，纷纷离心离德，各谋出路。河东节度使刘知远先是拥兵自重，霸踞晋阳，继而拒敌契丹，收纳不愿归附辽朝的吐谷浑白承福部。后晋天福七年（公元942年），耶律德光又派人来问罪。石敬瑭既不敢讨伐手握重兵的刘知远，更不敢得罪"父皇帝"，左右为难，彷徨无计，终致忧郁成疾，这年六月，石敬瑭病死，时年51岁。

其人虽死，但千古骂名却一直延续至今，不亦悲乎！

南唐后主李煜

　　南唐后主李煜，字重光，原名李从嘉，南唐中宗李璟第六子，烈祖李昪之孙。李璟死后，李煜嗣位，此时南唐已不复昔日风光，在强大的北宋面前，只得称臣纳贡以求偏安江南。宋开宝八年（公元975年），北宋灭唐，李煜被俘往汴京。他在苦闷中度过几年后，被太宗赵光义毒杀。李煜虽然在政治上无所作为，但他却是一位词坛巨匠，给我们留下了许多优美动人的词章。

一、命运错位做君王

　　李煜自小就与众不同,尤其是他的长相,丰神俊朗,玉树临风,更有一目是重瞳,按照相面人的说法,这是帝王之相。李煜多才多艺,不仅文章出众,而且擅长书法和绘画,造诣也很深。加上他为人厚道,所以备受大家喜爱。李煜原本是中主李璟的第六个皇子,按传统的封建继承制度,皇位是轮不到他来坐的。但世事就是这么奇妙。他前面的五个皇兄中,除了大哥李弘冀外,四个早年就死了。李弘冀是李璟长子,很有政治才能,但疑心也很重。为了保证自己能顺利继承皇位,李弘冀毒杀了自己的叔父李景遂,对自己的弟弟李从嘉也放心不下。李从嘉知道哥哥心思,就敬而远之,把精力放在自己喜欢的诗词上,一方面这个真的是他喜欢的生活,另一方面也避免了卷入皇位争夺的旋涡之中。在他的心目中,诗词歌赋尤胜过皇位。然而天不遂人愿,哥哥李弘冀只活了19岁就离开了人世,南唐兴衰的大任最终还是落在李从嘉的头上。

　　北宋建隆二年(公元961年),李璟迁都洪州,封李从嘉为太子,总揽国事,镇守金陵。同年六月,李璟在洪州病逝,李从嘉继位,改名李煜,是为李后主,开始他的屈辱为帝之路。

　　李煜生性仁厚,即位后,他即下令减轻赋税,放宽对百姓的处罚,同时鼓励百姓进行农桑生产。但这些措施并不能

南唐文会图　北宋　佚名
这幅图描绘了南唐后主李煜和三位文士在庭院聚会的情形。院前有荷塘,院后有芭蕉,左右有丛竹老树,环境清幽,富有自然的意趣。李煜振笔疾书,其他三人静静围观,奴婢则直立以待。李煜的艺术才能是多方面的,他的书法崇尚瘦硬,骨力遒劲,人称"铁钩锁"、"金错刀"、"撮襟书"。

改变南唐国势江河日下的态势，在强大的北宋面前，南唐仍显得那么弱小。李煜对此深有体会，因此继续采取了父亲李璟的策略，对北宋称臣纳贡，并沿用北宋年号。

李煜在尽力侍奉北宋的同时，也不忘享受。南唐烈祖李昪崇尚节俭，但其后世子孙却大都喜好奢华。李璟在位时，就大兴土木，建造精美的亭台楼阁，供他和南唐的文人雅士吟诗作赋。及至李煜，尤胜乃父。他崇尚佛事，就广建佛塔，他建造的摩天塔，高耸入云，巧夺天工。他爱

庐山李煜读书台

美人，就建筑殿亭宫苑多处，日夜与美人在里面风花雪月。宫中有一嫔妃名窅娘，天生丽质，尤善于歌舞，备受他的宠爱。李煜就诏令以黄金铸六尺莲台，饰以珍宝、璎珞等物，竭尽奢侈。当李煜还在纵情声色、纸醉金迷的时候，北宋赵匡胤已经磨刀霍霍，准备南下灭唐了。

二、国破为虏，物是人非

宋太祖赵匡胤按照"先南后北"的策略，经过十余年的战争，已经接连灭掉了南方的后蜀、南汉等割据政权，置南唐于三面夹击之中。开宝七年（公元974年），赵匡胤遣使要求李煜前往汴京觐见。李煜深知肯定是一去不返，便以疾为由，拒绝入朝。赵匡胤于是以此为借口，任命大将曹彬为统帅，率军10万进攻南唐。南唐国势垂危，可是幼稚的李煜还寄望于遣使求和，作最后的垂死挣扎。宋太祖面对南唐使臣，直截了当地道："卧榻之侧，岂容他人鼾睡？"回绝了李煜的请求。

鸣凤琴　宋

潇湘图　五代　董源

至此，李煜才知道求和已无可能，只好破釜沉舟，背水一战了。他下令全国戒严，抵抗宋军。在大臣的建议下，李煜还下令废除北宋年号，建年号为"甲戌岁"，以示抵抗到底之心。

当时，南唐作为南方的第一强国，本堪一战，但南唐多年来不修武备，加上李煜不通军事，不能识人，因此屡战屡败。他先是中了赵匡胤的反间计，错杀了南唐第一名将林仁肇，后又委兵权于都指挥使皇甫继勋。皇甫继勋根本是个庸才，与宋屡战屡败，还隐瞒军情。等到李煜察觉的时候，宋军已经兵临城下，李煜陷入了绝望。

十一月，北宋大军攻陷金陵，李煜率领南唐文武百官投降。曾辉煌一时的南唐政权，至此灭亡。

第二年春，李煜被押解到北宋首都汴梁，朝见赵匡胤。赵匡胤赦其死罪，封他为光禄大夫、检校太傅、右千牛卫上将军、违命侯，其妻小周后也被封为郑国夫人。同是这一年，赵匡胤在"烛影斧声"中不明不白地死去，他的弟弟赵光义即位，是为宋太宗。宋太宗对李煜更为猜忌。

太平兴国三年（公元978年）的一天，太宗派南唐旧臣徐铉去看李煜，两人见面后相拥大哭起来，李煜叹息道："当初错杀潘祐、李平，悔之不已！"太宗听说后，勃然大怒。对他的猜疑之心更重了。这年七夕，恰是李煜42岁的生日，李煜命府第中的伶人作乐庆贺，声闻于外。宋太宗十分震怒，又听说李煜填了新词，词中有"小楼昨夜又东风"、"故国不堪回首月明中"等句，更加生气，认为李煜是贼心不死，贪恋皇位，眷念故国，于是命人赐牵机药毒杀了他。李煜死后，被葬在了洛阳邙山，不久之后，他的爱妻小周后忧郁成疾，也随他而去了。

三、绝代才人，千古词章

李煜虽然在政治上昏庸无能，但其艺术才华却非凡。他精通书法，善于绘画，通晓音律，在诗文方面均有一定造诣，尤以词的成就最高。他的词风格细腻婉约，千百年来一直传诵不衰。他被称为"千古词帝"。

李煜自小受父亲李璟以及其身边的一些文人墨客的影响，在艺术方面颇有天分。他不仅能作诗词，而且善于书法绘画，他的书法很有特点，人谓之"金错刀"。他擅长绘画，他的画多以山水竹石为题材，刻画细腻，栩栩如生。宋代的《宣和画谱》曾收录了他多幅作品，只可惜已经失传。李煜还爱好音乐，擅长音律，他曾和宠妃大周后一起，根据所得的《霓裳羽衣曲》残谱，将之重新复原，使得失传了两百多年的《霓裳羽衣曲》能够再放光芒。李煜最引以为傲的还是他的词。他的词流传至今的有30多首。这些词随着他人生经历的变化，分为前后两期，其风格亦各有不同。在他为南唐之主时，其词主要为宫廷艳词，多以欢快的笔调描写宫廷生活的艳丽和淫靡。南唐亡国之后，他的词主要描写了自己心里的抑郁和苦闷。这时期的词凄凉哀怨、意境深远，其艺术成就亦远远超过了前期。

李煜早期的词多以歌咏爱情为主，这主要和他的两位宠妃大小周后有关。大周后，名娥皇，是一位姿容曼妙的才女，不但精通经史，擅长音律歌舞，还弹得一手的好琵琶。19岁那年，周娥皇嫁给李煜为妻。婚后，夫妻两人鹣鲽情深，经常在宫苑之内一起吟诗作赋、编排歌舞，常常是由李煜作词，娥皇谱曲。可惜好景不长，北宋乾德二年（公元964年），周娥皇因病去世，李煜悲痛

彩绘陶舞俑　南唐

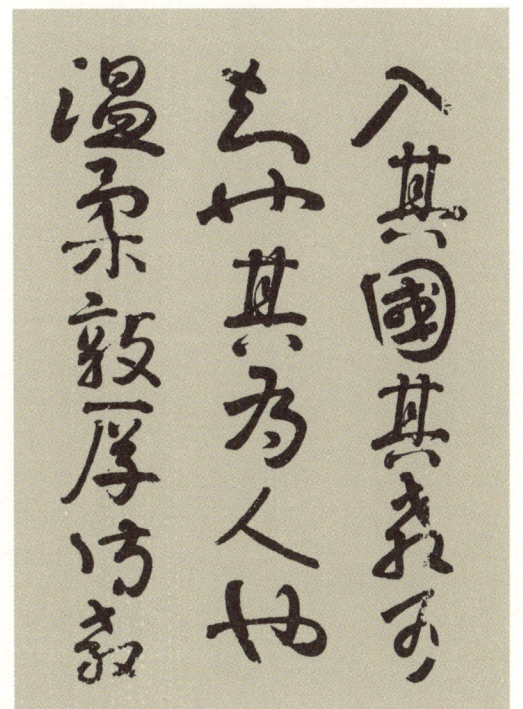

李煜书法

万分，亲笔撰写数千言的诔文，以示哀悼，其中有这样几句："双眸永隔，见镜无波。皇皇望绝，心知如何！暮树苍苍，哀摧无际。历历千欢，多多遗致。"真可说是一字一泪，感人肺腑。

　　娥皇死后，李煜的恋爱对象变为了她的小妹妹周嘉敏，史称小周后。小周后美貌绝伦，才艺也不输自己的姐姐，加之年纪尚小，正是天真浪漫之时，李煜对她更为宠爱。后来，小周后与他一起被掳往汴京。在汴京，夫妻二人寄人篱下，度过了一段屈辱的日子。小周后因其貌美，常被宋太宗赵光义召进宫里侍寝，李煜悲愤交加，日夕以泪洗面，此间更写了许多脍炙人口的词句。如他的《虞美人》《浪淘沙》《乌夜啼》《相见欢》等，至今仍被世人传诵。

宋太祖赵匡胤

宋太祖赵匡胤是中国北宋王朝的开国皇帝。他生于动荡的五代十国时期,早年随周世宗征战天下,战功赫赫。公元960年,赵匡胤发动陈桥兵变,黄袍加身,开始了南征北战的统一大业。之后,他加强中央集权,改革军事制度,休养生息,推动经济繁荣,为大宋王朝三百年伟业打下了坚实的基础。

一、将门虎子

赵匡胤祖籍涿州（今河北涿州），高祖赵朓在唐时曾任县令。到了赵匡胤父亲赵弘殷这一代，或许由于时势使然，赵氏从文宦之家变成了武将之门。

后唐明宗天成二年（公元927年）二月十六日，宋太祖诞生于洛阳夹马营。据说，赵匡胤出生时，红光满室。小小一个婴儿，遍体金光闪耀，异香扑鼻，几天不散去。父辈因此为他起了个名字，叫"香孩儿"。

武士跪射图壁画　五代

赵匡胤出生的时候，他的父亲赵弘殷已经做了李存勖麾下一将，但官运平平，从后唐李嗣源到后晋石重贵，其间二十年，他一直官居原职，没有升迁。

赵匡胤虽出身将门，到学龄时也须入塾读书。他的启蒙塾师是个叫作辛文悦的饱学儒士。赵匡胤做了皇帝后曾召见辛文悦，授以他官职，以报师恩。

每到放学，他就像出笼的鸟儿，雀跃奔出，自充大王，指挥其他童子分作两队，做操演打仗的游戏，相互角逐。打完了仗，则整队回家，自己殿其后。

赵匡胤12岁的时候，全家随着父亲赵弘殷的调防搬到了东京汴州。经历了奔波战乱之苦，他变得不再喜欢读书，而喜欢经常出入军营，缠着长者们讲述唐朝灭亡以来的史事。

略大后，他更加热衷于骑马、射箭。每当一天武事完结，赵匡胤总喜欢独自一人重新振作全身疲惫酸痛的筋骨，奋力夹策胯下汗湿项背的骏马，奔驰出城，穿过荒陂野岸、卵石垒列的河滩，径直到那奔腾九曲的黄河水边，解甲卸鞍，心中对未来充满着幻想。

有一次，他母亲杜氏责备他说："儿啊，你整天习武不着家，总不是道理，也该读读书了。"他说："不读。"杜氏沉下脸，斥责说："转眼你也是十七八岁的人了，怎么这么没出息！难道就这样无所事事混一辈子吗？"赵匡胤心中一震，方缓缓沉声说："娘，治世用文，乱世用武。当今世事纷扰，兵荒马乱，儿愿娴习武事，留待后用。"他顿了顿，面容呈现出威严而豪迈的神色，目光如电，掷地有声地说:"他日有机可乘,得能安邦定国,方不至虚此一生。"杜氏听后大吃一惊,她细细端详儿子,猛然发现儿子不知什么时候已经长成一个大人了。杜氏惊喜交加,叹口气说:"吾儿如能继承祖业,勿玷门楣,便算幸事,却想什么大功名,大事业……"赵匡胤奋然说:"唐太宗李世民亦是一将门之子,何以化家为国,成就帝业!儿就效仿那李世民,轰轰烈烈做个大丈夫,不好吗?"

赵匡胤既然弃文从武,便深知武艺的重要。冬练三九,夏练三伏,他的骑射武功日渐精进。后来成为北周大将的韩令坤、慕容延钊等都是在这个时候同他结为莫逆之交的。赵匡胤与他们时常联辔出行,校演骑射。

二、南征北战

赵匡胤21岁那年,拜别父母和新婚妻子,出门游历。赵匡胤随身带的银钱并不多,经常靠进赌场赌钱赚点银子过活,尝尽了千辛万苦,到达关中。但没有找到发展机会,他只得南下到荆襄地区,先后投靠父亲的老同事复州防御使王彦超和隋州刺史董宗本。王彦超因为赵匡胤的父亲位卑权微,无大发展,不屑拉扯他的儿子,只拿出十贯钱打发赵匡胤上路了事。董宗本虽然收留了赵匡胤,但他不学无术的儿子却百般凌辱赵匡胤,赵匡胤终于咽不下这口气,辞别董宗本,再次踏上天涯路。

郭威像

赵匡胤离开隋州来到襄阳。天色已晚,他到一座禅寺投宿。寺中老僧见赵匡胤生得一表人才,却穷困潦倒,不免起了慈悲之心。老僧见多识广,虽然身在寺中却坐观天下,知道北方枢密使郭威正在崛起,前途无量,遂拿出一笔私蓄周济赵匡胤,指点他北去。

赵匡胤北上,经过自己的家门而不入。路过归德(今河南商丘)时,见有一座巍峨庙宇,想起老僧厚助,不免爱乌及屋,走了进去。大雄宝殿中香烟缭绕,却悄无一人,正中供着宝祠庄严的三世佛,佛前香案上摆有占卜用的杯。赵匡胤一时兴起,便拈来问卜前程。他虔诚祷祝:"我佛慈悲,我如果这次去能够得到一个小校职位,请赐给我吉兆。"祝完扔到地上,得不吉。匡胤有些失望,又心有不甘,不信连个小校都做不到。于是再卜又卜,一直问到节度使,俱不吉。

赵匡胤很愤怒,拍着神案指着佛像厉声说:"我乃是问命,如果能做到比节度使还大,请赐我吉兆。"说完,将杯狠狠摔在地上,居然是大吉。赵匡胤顿时愣住了:

五代十国兴亡表

朝代名	创建人	公元年代	灭于何朝
后梁	朱温	907~923	后唐
后唐	李存勖	923~936	后晋
后晋	石敬瑭	936~946	契丹
后汉	刘知远	947~950	后周
后周	郭威	951~960	宋
吴	杨行密	902~937	南唐
南唐	徐知诰	937~975	宋
吴越	钱镠	907~978	宋
楚	马殷	927~951	南唐
闽	王审知	909~945	南唐
南汉	刘䶮	917~971	宋
前蜀	王建	907~925	后唐
后蜀	孟知祥	934~965	宋
南平	高季兴	924~963	宋
北汉	刘旻	951~979	宋

五代十国兴亡表

"节度使一人之下,万人之上,已经不能再大,莫非自己是做皇帝的命吗?"

赵匡胤投奔郭威的第二年,也就是公元951年,郭威称帝。赵匡胤亲历兵变中众军士撕裂黄旗,硬披在郭威身上的那一场闹剧。

事后,郭威将赵匡胤提升为禁军东西班行首,因为赵匡胤就是参与发动兵变、拥立郭威的军官之一。

两年后,郭威任赵匡胤为滑州(今河南滑县)副指挥使。尚未出发,恰逢皇子柴荣自澶州内调,升任开封府尹兼功德使,判内外兵马事。柴荣曾与赵匡胤同伍,知道赵匡胤有才能,便向父皇郭威要下了这一员猛将,改任其为开封府马直军使。从此赵匡胤成了柴荣的左膀右臂。

公元954年郭威去世,柴荣即位,即周世宗。他出身卑微,自幼便追随郭威左右,经过艰苦生活与军旅的历练,身经百战,智勇双全,即位之时,年仅34岁。

柴荣即位不久,就遭遇一场大战。郭威灭后汉建后周时,后汉宗室刘崇在太原建立北汉,见后周举丧,柴荣新立,瞅准时机,联合契丹,率大军乘虚进攻后周。血气方刚的柴荣毫无惧色,当即决定亲征。然而敌军来势凶猛,许多朝臣持反对态度。

柴荣在一片反对声中毅然亲征,与北汉和契丹联军决战。李重进、白重赞为左将军,樊爱能、何徽为右将军,向训史延超位居正中,张永德率禁军护卫柴荣,柴荣肃然端坐马上,控缰督战。首战即取得胜利。

北汉军队只得退回高平,闭城固守,赵匡胤指挥军队焚烧城门,被北汉军队的弓箭手射中左肩,血流如注,但是他仍然奋力指挥军队猛攻。战后,周世宗论功行赏。张永德认为赵匡胤智勇双全,向周世宗推荐,柴荣特

缠枝花卉纹金带 宋
宋朝的官员在腰间束有大带,这是区分官职大小的标志之一,带上所饰的物品以官位大小来定。

授赵匡胤为殿前都虞候，领严州刺史。后来，柴荣命令赵匡胤对禁军进行了大规模的整编。赵匡胤遵照柴荣的指示挑选最优秀的人编入殿前诸班。

精锐的殿前诸班加上原有的侍卫马军、侍卫步军（后合称"三衙"），成为一支"兵甲之盛，近代无比"、"所向无敌"的强大军队。这支军队直属皇帝，不听命于任何人，只听命于皇帝。从此天下精兵强将集中到皇帝手中。

赵匡胤随着柴荣南征北战，共参与了南北五次大的战役，其中以三次征战南唐立功最为显赫。有一次南唐将领陆孟俊反攻泰州，后周守将溃逃，南唐将士进逼扬州。后周大将见陆孟俊来势凶猛，也想弃扬州逃走。柴荣一面命赵匡胤进驻六合，兼援扬州，一面命张永德带兵去救援。

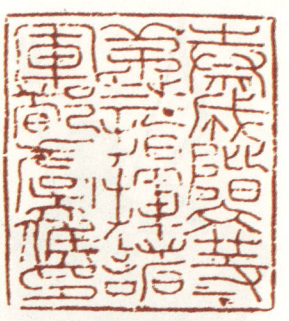

秦成阶文等第弍指挥诸军都虞候印　五代
此为五代十国时期军队中的官印，印文紧凑，为小篆书。

赵匡胤率步兵、骑兵共2000多人，星夜赶往六合，闻报扬州守将已弃城西走。当时扬州守将不是别人，正是他少年时的好友韩令坤。扬州乃江北重镇，一旦被南唐军队夺回去，之前的辛苦便付诸东流了，赵匡胤深深明白扬州的重要性。他当即命令全部骑兵扼守住四处要冲，阻住扬州的溃军，传令说："扬州军左足踏上六合地界者，砍去左足；右足踏上六合地界者，砍去右足；双足踏上六合地界者，双足俱砍！"又写信给韩令坤，说："我们从小一起长大，我知你一直英勇，为什么这次怯退呢？如果扬州被南唐军夺去的话，你如何对得起皇上，又如何对得起好友？你昔日的英威将荡然无存，希望你尽快返回去固守扬州。"韩令坤听到赵匡胤的命令，得到赵匡胤的书信，心中震憾，吓出一身冷汗。恰巧张永德援军到了，于是复入扬州，决心固守。

鎏金铜观音造像　五代
此造像上的观音坐于假山之上，神态宁静安详，造型优美自然。五代时统治今浙江省的吴越政权崇信佛教，大兴佛寺，铸造、印制了大批佛像分送各寺院供养。

第二天，正好南唐将领陆孟俊从泰州杀到。韩令坤受了赵匡胤的刺激，非常勇猛，誓师时说："这次是死战！我和众将士生一起生，死一起死，我与扬州共存亡。临阵退缩的人，一律斩杀，决不宽恕！"全军将士士气大振。韩令坤一马当先，直冲向南唐军队。周军如翻江倒海一般紧跟在他的后面，英勇杀敌，使得南唐军人仰马翻，大败而逃，陆孟俊也被韩令坤擒获。

臂鹰出猎图壁画　契丹

契丹兴于唐末，五代至北宋一直是中原政权的强敌。此壁画描绘的仅仅是早晨做行猎准备的瞬间，没有描绘捕猎的情节，却也使我们联想到墓主人生前出猎时侍从们前呼后拥并各司其职的情景。

南唐军见扬州难以攻下，转而进攻六合。由齐王李景达率军2万自瓜步渡江，向六合而来。但是在距六合大约二十里处，安营扎寨，停止前进，并挖下深壑和架设栅栏。赵匡胤手下请求出兵迎敌。赵匡胤说："他们设立栅栏保护自己，是怕我军。我军不满两千人，敌众我寡，若去攻打他们，反而被他们知道我军的虚实。如果他们用几万的军队合力攻打我两千人，倒要费些周折了，不如以逸待劳，等到他们前来的时候，迎头痛击，杀他一个晕头转向，措手不及，一定会取得胜利。"过了几天唐军来战，赵匡胤铠杖鲜明，马饰繁缨，威风凛凛，有如天神下凡。快要出城的时候，左右士兵规劝他说："恐怕敌人会认出大将你来。"赵匡胤笑着说："正是要他们知道，我就是赵匡胤！"说完率军突出。唐军早畏惧赵匡胤威勇，见繁缨鲜甲，都指着他说："赵匡胤！赵匡胤！"未战先怯，纷纷抱头逃走，周军一鼓作气，大破唐军，斩5000多人，其他人争着渡过长江，溺死的有一大半。

据传在这次战役中，赵匡胤阵前督战，见军士不尽力的，剑砍其笠，战后，验出士卒笠上有剑痕的数十人都被斩掉。从此以后，赵匡胤属下士兵无不拼死力战。

公元956年，柴荣升他做殿前都指挥使，授定国军节度使。公元959年，柴荣第五次征战，向北出兵攻打契丹。经过战争的考验和磨合，赵匡胤真正成为了柴荣的左右手。柴荣亲征，大军分水、陆两军，以赵匡胤任水路都部署，韩通为陆路都部署，两路大军并进，仅四十二日，便兵不血刃，占领了燕南各州。柴荣接着乘势北上，欲取幽州，不幸染上重病，被迫还师。这期间，赵匡胤的家庭屡遭变故。先是父死，后是妻亡。他续娶王将军王饶之女时，因为为官清廉，日常用度尚难维持，多亏张永德赠助金帛，才得以完婚。但所有这些全被他的勋业所掩盖，当他突然警醒、从荣誉功勋中回到现实的世界时，又不得不认真思考自己的位置了。

三、陈桥兵变

周世宗显德六年（公元959年）六月，柴荣病死，终年39岁。周世宗7岁的儿子柴宗训即位，赵匡胤兼任负责汴京（今河南开封）守卫的归德节度使。当时赵匡胤是最强大、最精锐的主力军队——禁军的最高统帅，这支军队从最初组建到历次征战，都与他同生死、共患难，有着非同一般的关系。士兵们对他心悦诚服，唯其马首是瞻。非但如此，他的周围也形成了一个强有力的拥戴他的集团，几乎囊括了朝中所有有实力、有勇略、有智谋的文武精英，因此，许多人都在策划拥戴赵匡胤当皇帝。京城里甚至谣传说："点检为天子。"有的人已经在做兵乱逃难的准备，只有朝廷里的小皇帝一无所知，太后也不知大事即将发生。

周世宗柴荣像

公元960年，镇、定二州忽报，北汉与契丹联合入侵，柴宗训幼不知事，符太后惶急之下，与范质、王溥两位丞相商定，即刻派赵匡胤率军北征。赵接到率兵迎敌的命令，经过准备，派殿前副都点检慕容延钊带领一支精锐部队，首先出发。第二天，主帅赵匡胤亲自随大军出汴京（今河南开封）北门。军校苗训自称知天文，找到主帅的门吏楚昭辅说："我看见太阳下边还有一个太阳，而且有一道黑光来回荡漾了好长时间。一日克一日，这是天命啊！"快到夜晚时，部队还没有走出很远，只好在陈桥驿安营扎寨，这时离京城不过二十里路。当天晚上，将领们反复商议，说现在皇帝还小，即使战死他也不知道，不如推赵匡胤为天子，大家可以荣华富贵。他们到军营四处游说，煽风点火，一时军士大哗，都聚集在赵匡胤营前喊着："点检当天子！"

赵匡胤的弟弟赵光义和归德军掌书记赵普知道时机已经成熟，于是连夜派人骑快马回京城，将殿前都指挥使石守信和都虞候王审琦这两个赵匡胤的心腹叫来，商量办法。天快亮的时候，叫喊着的军士们已经逼进赵匡胤休息的房舍，赵光义和赵普进去，叫起了赵匡胤，走出房门。只见

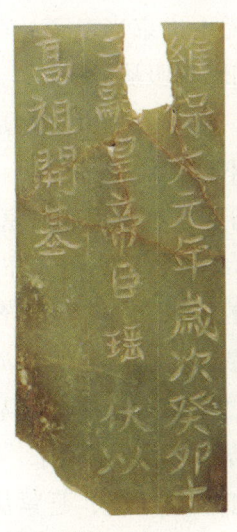

青玉哀册　五代

259

重屏会棋画卷　五代
此图反映当时官吏下棋娱乐的场景。画面中大屏风内绘小屏风，小屏风里贵族高卧榻上，仕女侍立于旁边；大屏风前四位士人侃侃而谈，棋局难见敌手，不分上下。此画不仅可以一窥当时的生活习俗、家居、文化、服饰，而且不失为反映当时社会生活的一幅杰作。

许多军校站在庭院中，手里还拿着武器，一齐叫喊："愿奉点检当天子！"这时早有人从背后给赵匡胤披上黄龙袍，还没等他反应过来，所有在场的都跪倒在地上，高喊着"万岁"，向赵匡胤叩拜。

随即，赵光义在哥哥的耳边说道："救天下的人，就要对老百姓像对父母一样地尊重，才能使老百姓拥护自己。京城是天下的根本重地，一定要严格约束各位将领，不许杀戮抢劫！"赵匡胤深知约束好士兵的重要性，便告诉军士们，如果他们不听号令，他就不进京当皇帝，军士们也得不到荣华富贵。所有的军校全部下马立定说："我们愿意服从号令！"赵匡胤又说："太后和皇帝，是我敬重的人，不许你们惊动冒犯。朝中公卿大臣，是我的同僚，不许你们侵犯凌辱。朝廷官署仓库和街坊居民，不许你们抢掠侵扰。执行命令的有重赏，违抗命令的我要杀他全家！"兵士们都答应了，转而向汴京进军。

大军队伍齐整、纪律严明，进入汴京城后，对百姓没有任何惊扰。赵匡胤先派楚昭辅去安慰家中的老少人等，又派客省使潘美去向宰相们说明情况。当时崇元殿上的早朝还没有散，文武百官听到潘美的话，都窃窃私语。宰相范质拉住王溥的手，说："仓促之间派兵，这是我辈的罪过啊！"手指甲抠得王溥的手几乎要出血。王溥也张口结舌，说不出话来。韩通当时任侍卫副都指挥使，他见势不妙，想召集军马部队来抵抗赵匡胤，赶紧从朝廷飞奔回家，还没走到半路，就被赵匡胤的部下发现了，立即追杀，一直追到韩通的家中，把韩通全家杀死。

队伍进入明德门,赵匡胤让军士们各自归营,自己则回到公署,脱下了黄袍。不一会儿,一些将领带了范质等朝中大官进来。赵匡胤假意流着眼泪对这些人说:"我受到世宗的厚恩,现在却被六军所逼,不得不如此。我真是愧对天地啊!怎么办呢?"范质鄙夷地一笑,刚想说什么,散指挥都虞候罗彦环手持利剑,厉声喝道:"我辈无主,今日须得天子!"范质、王溥等人一时惊慌失措,不知怎么办。幸好王溥反应过来,到台阶下拜倒,向赵匡胤高呼"万岁",其他人也只好学着他的样子做。

陈桥兵变遗址
在今河南封丘陈桥镇,是宋太祖黄袍加身处。

下午,文武百官齐集崇元殿,为赵匡胤举行受禅大典。但是到了黄昏时分,还没等到小皇帝的禅位诏书,众人都不知如何是好,幸好翰林学士陶谷早有准备,已经拟好了诏书。于是,就用陶谷起草的禅位诏书举行仪式。宣徽使领着赵匡胤来到龙墀的南面,朝北跪拜,接着,宰相们上前搀扶起赵匡胤登上崇元殿,穿上皇帝行大礼的服和冠冕,端坐于龙椅上,接受群臣的拜贺,这就算正式登上了皇位。

赵匡胤因为原来做过归德军节度使,并驻扎在宋州(今河南商丘),所以,他把国号改为宋,并以汴京为京城。后来,他让后周小皇帝和符太后迁到西宫,并封小皇帝为郑王。赐给内外百官军士爵位,实行大赦,凡被贬官的都恢复原职,被流放发配的放回原籍。派官员祭祀天地,报告改朝换代的事,还派出宦官带了诏书向天下人宣告宋朝的建立。

不久,赵匡胤下诏追赠韩通为中书令,表示对他效忠周朝的敬重,并佯称要惩治杀害他的凶手,以收买人心。接着,对拥戴他当皇帝的人论功行赏:以石守信为贤德军节度使,王审琦为泰宁军节度使,其弟赵光义,被封为殿前都虞候。重要谋臣赵普加封为右谏议大夫、枢密直学士。原来后周的旧臣如范质、王溥官复原职,加封厚爵。又修建了前四代祖先的宗庙,追尊他们为帝。

对于赵匡胤当皇帝,他母亲杜太后并未因此得意忘形,而是深感忧虑。于是赵匡胤问她:"我们都知道母以子贵的古语,如今你的儿子贵为天子,你怎么反而不高兴呢?"杜太后说:"我听说皇帝很不好当。皇帝在万民之上,如果治理有方,这个位令人尊敬;反过来,如果驾驭失法,要想再做一个普通平民就难了,这就是我担忧的事。"赵匡胤朝太后拜了一拜,说:"儿一定牢记母后的教诲。"

在赵匡胤登上皇帝宝座后,他派使者到各地节度使那里宣布诏书,并给他们加官晋爵,但有些人对他篡夺后周政权的行为很不满。如后周的昭义节度使李筠,

鄜延第四将带器械铜牌 宋
宋朝军队主要分为禁军和厢军，禁军为中央政府控制的主力军，厢军则是地方军队。并且中央常将地方的精锐编入禁军，只留老弱充任厢军，负责地方劳役。这是宋朝中下级官员用以表明身份的铜牌。

他接受赵匡胤诏书时一边设酒置乐招待使者，一边对着郭威的画像放声痛哭不止。

他手下的人吓坏了，急忙对使者说："令公喝酒喝醉了，有些失常，千万别见怪！"事后，李筠给北汉皇帝写信说："我与周世宗情同兄弟，不能眼看着周家的江山被姓赵的夺去！"相约一齐起兵反宋。四月，李筠出兵袭击泽州（今山西晋城），杀死刺史张福，占据该城，揭开了反抗赵匡胤的序幕。消息传到汴京，枢密使吴廷祚建议说："潞州地势险要，如果李贼固守，很难消灭。但李贼一向骄横无谋，必须迅速出兵击败他。"赵匡胤于是派遣石守信、高怀德率兵前往平定，面授机宜说："别让李筠窜到太行山，你们带兵先扼守要隘，胜利就有绝对把握了。"随即，又派几名大将率兵与石、高二将配合，派州防御使郭进防备北汉。五月，赵匡胤率领大军亲自讨伐李筠，直逼泽州城。李筠顽强抵抗，宋军很久都难以破城。这时，有一部将叫马全义的，率领几千死士登城，身先士卒，被飞器射中仍继续攀登，赵匡胤亲自带兵紧随其后，城得以攻破，李筠身亡。后攻破潞州，李守节（李筠之子）率军投降。至此，李氏反叛势力被消灭。

与此同时，李重进试图造反，派亲信翟守去与李筠联络，但翟守私下求见赵匡胤，将李之企图告诉他。赵匡胤给了他很多赏赐，要他设法延缓李重进的计划，别让二李同时反宋。平定潞州以后，赵匡胤于九月派遣六宅使陈思海带了免死铁券到扬州，安慰李重进，并调他为平卢节度使，李重进想自己是后周至亲，终难保全，于是拘禁了陈思海，举兵造反。赵普向赵匡胤献计："李重进无外援，又无粮草，单靠长江和淮水天险，难以决战，应该速战速决。"于是赵匡胤与石守信等人兵分几路，直抵扬州，李重进抵抗不住，兵败自杀。从此二李被平定，宋朝的统治得以稳定。

四、一统天下

宋朝刚刚建立，群雄环踞。除了南方多个政权外，北方有虎视眈眈的辽，太原雄踞着北汉政权。

赵匡胤从登基第一天起就立下目标，要统一全国。他吸取周世宗的教训，采用"先南后北"的方略，即先取富庶的江南，等实力强大了再消灭北汉，与辽争锋。

他认为在目前实力不够强大的情况下，倒不如留下北汉，让其充当北方的屏障，等自己强大了再去取它。这一计划，是先平定南方，以南方的物资财富为基础，解决国家财政匮乏的问题。同时，避免与辽决战，以积蓄力量，等待时机。事实证明，这一策略是极为明智的。当时，辽朝正处于上升阶段，生机勃勃，如果一开始就直接与辽为敌，两虎相争，必有一伤，其后果是不堪设想的。

为了统一南方，赵匡胤打算先打好第一仗，攻克荆南。荆南地方狭小，只驻守江陵府（今湖北江陵）。建隆三年（公元962年）十一月，荆南节度使高保勖死，遗命传位给侄儿高继冲。出使荆南的宋使回朝报告："高继冲虽然兵甲整齐，但总共只有三万军队，虽然年年丰产，却剥削太重，他四面受敌，目不暇接，要夺取他是很容易的！"正好这时发生张文表起兵反对继任节度使周保全的事件。张文表是武平节度使，占据湖南。周保全年龄尚小，无力抵抗，赶忙派人给赵匡胤送信请求援救。赵匡胤正中下怀，准备用假途灭虢之计收复江陵。

雪夜访普图　明　刘俊
此图描绘了宋太祖雪夜私访赵普，商议统一天下大计的故事。

乾德元年（公元963年）正月，宋朝大将慕容延钊率领十州之兵向荆南出发。宋军来到江陵，高继冲派其叔父高保寅前往宋营犒师。当晚，慕容延钊留高保寅在帐中喝酒，同时密派轻骑数千人直扑江陵城。高继冲得知宋骑前来，急忙到城北十五里处迎接。宋将令其在此等候慕容延钊，同时，宋军先锋迅速进入江陵城。等高继冲醒悟回归之时，只见城池内外，布满了宋军的旌旗兵马。高继冲只得到宫中取出印信图册，向宋军投降，荆南就这样平定了。这时，周保全手下的将领杨师已经灭了张文表，将他斩首示众，并叫士兵煮了他的肉来吃。慕容延钊平荆南后，又继续南下，攻克潭州（今湖南长沙），向朗州（今湖南常德）进发，湖南将领张从富据

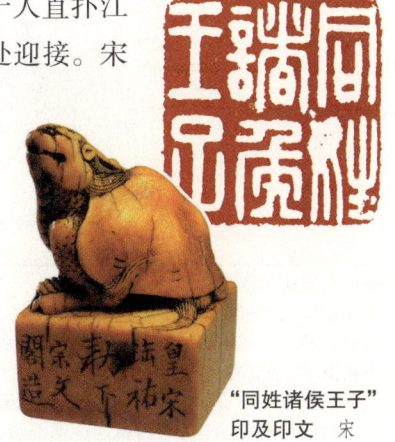

"同姓诸侯王子"印及印文　宋

宋太宗赵光义像

州抵抗，双方相持不下。宋军强攻澧水据点，获胜。宋副将李处耘命令部下将俘虏中的几十名肥胖的兵士杀了，煮了他们的肉拿来吃，年轻力壮的俘虏则在脸上涂上矾并刺上字放回去。这些被刺了字的俘虏回到朗州城后，向人说起宋军吃俘虏肉的情景，听到的人无不心惊胆战，纷纷弃戈而逃，守卫空虚，宋军长驱直入，占领朗州城，平定了湖南。

宋军占领了荆南、湖南以后，左边是南唐，右边是后蜀，南边连接的是南汉，形势对宋十分有利。平定后蜀的战役，充分表现了赵匡胤运筹帷幄、决胜千里的非凡指挥才能。后蜀是据有今四川地区、以成都为都城的一个腐朽的割据政权，其国主孟昶奢侈淫逸，连他的小便壶都是镶嵌七种宝石的金壶。刚刚平定湖南，赵匡胤就派张晖任凤州（今陕西凤翔）团练使，专门负责探听蜀中情况。赵匡胤根据张晖绘制的后蜀山川形势地图部署军队，制订进军路线和作战计划。后蜀主孟昶惊慌不安，于公元964年写信给北汉，相约双方从南北两面联合攻宋，结果使者所持封在蜡丸中的密信被宋人查获。赵匡胤得此蜡书，喜出望外，说："这下子有出兵理由了。"赵匡胤决定出师后蜀，他派大将王全斌、崔彦、王仁赡三人引兵作一路，派刘光义、曹彬率领一军配合，兵分两路从凤州和归州两个地方同时攻向后蜀。将士们都对这场战役充满了信心。行前，赵匡胤对刘光义面授机宜，指着地图上后蜀的军事要地——夔州（今重庆奉节）对刘光义说："江上有锁江工事，你不可用水师与他争胜，应先派步骑偷袭，待其退却，再用战船夹击，可保必胜。"又向诸军下令："凡攻克城寨，只将兵器粮草充公，所有财帛都分给士卒。"诸将听令。蜀主孟昶听闻宋军来袭，吓得大惊失色，仓促派只会

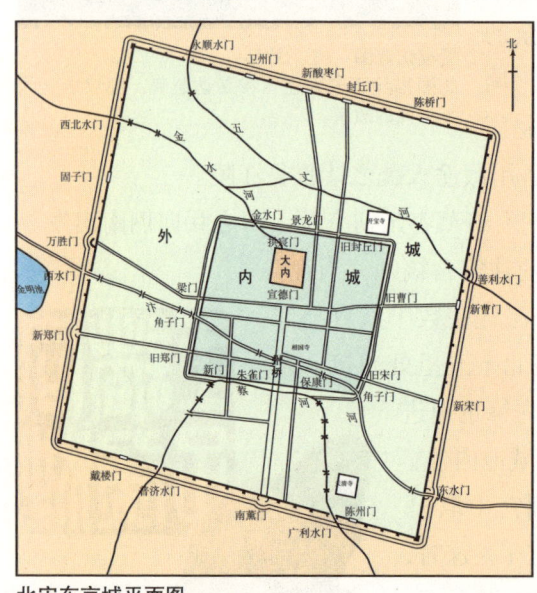

北宋东京城平面图

北宋都城东京建有外城、内城、皇城，周长近30公里，汴河、蔡河、金水河、五丈河横通全城，城内共有大小桥梁33座，街道纵横交错，店铺林立，人口最盛时达到了100万，是当时全国也是世界上最大最繁华的城市，宋亡后，逐渐衰落，后因黄河泛滥而没入今开封城下。

纸上谈兵的王昭远来迎战宋军。

王昭远只会熟读兵书，没有实战经验，但却十分骄傲，常自比诸葛亮，手持铁如意指挥军队。遭遇宋军后，王昭远三战三败，退守剑门（今四川剑阁），但不久剑门又遭宋军奇袭，只好退兵汉坡源，最后在东川被宋骑兵俘获。王昭远身为西南行官都统，却胆子极小，见到宋军大队人马，吓得全身哆嗦，坐在马扎上站不起来。东路宋军统帅刘

玛瑙带托葵花式碗　宋

光义依皇帝之计而行，没有费多大力气就夺取了江上重镇夔州，使后蜀腹背受敌。东北二路宋军一路斩关夺寨，连续攻克许多城池。

王全斌进军汉州（今四川广汉），取得胜利，乾德三年（公元965年）一月十三日，孟昶遣使向宋军投降。王全斌、刘光义等人两军会师于成都，后蜀灭亡，宋军取得了全面胜利。

赵匡胤在平定后蜀后，派宋将潘美、丁德禄进攻南汉，经过一番激烈决战，南汉被平定。不久，南唐也被赵匡胤攻破，南唐后主李煜被宋军擒获，送到汴京。江南战事至此大功告成，群臣都欢呼雀跃，纷纷上奏请求给皇帝加以"一统太平"的尊号。赵匡胤反问说："北方的燕、晋还没有收复，能说是'一统太平'吗？"坚持不接受。

赵匡胤即位以后，用了十二年的时间，致力于统一国家的事业，基本统一了北汉以外大部分疆土，为结束自唐末五代以来的军阀割据局面，作出了重要贡献。

五、杯酒释兵权

赵普，字则平，幽州蓟县人，是陈桥兵变的关键人物。他多谋善策，读书虽然不多，但对政事有独到的见解。曾经担任赵弘殷的军事判官，对赵弘殷很忠心。据说有一次赵弘殷生病，幸亏赵普日夜伺候，方转危为安。赵弘殷感动之余，便认他作同宗。赵匡胤发现赵普是个人才，见识高远，很想收为己用，便向父亲借调赵普任自己的推官。陈桥兵变时，赵普任掌书记，是赵匡胤的心腹谋士。

赵普像

太祖踢毬图

赵匡胤母亲杜太后视赵普为自己亲人,平日里总是以"赵书记"称呼他。陈桥兵变中的关键人物就是赵普,所以赵匡胤建宋后论功行赏,授予赵普右谏议大夫、充枢密直学士。公元962年,赵普任掌管全国军事的枢密使,检校太保,后任宰相。赵匡胤与赵普相交甚久,互相了解,关系非同一般,赵匡胤视赵普为智囊和军师,事无巨细都要与他商量,再作最后的决定。

赵匡胤提倡大臣读书,赵普就狠攻《论语》,并以其中所讲用于政事上。他曾经对宋太宗赵匡义说:"我有一本《论语》,用半部辅佐太祖平定天下,用半部辅佐您治理天下。"以致留下了"半部《论语》治天下"的美谈。赵普的脾气很倔犟,他曾经向赵匡胤上奏推荐一个人任职,赵匡胤不用。第二天,赵普还推荐这个人,赵匡胤还是不用。第三天,赵普又推荐这人,赵匡胤大发脾气,将奏折撕碎扔在地上。赵普也不害怕,不慌不忙地跪下把破碎的奏折粘贴起来,第四天又到朝廷上向赵匡胤上奏举荐。赵匡胤没办法,只好下诏重用这个人。

从建立宋朝起,如何结束和防止唐末五代军阀割据政局不稳的局面一直是赵匡胤的心结,他经常跟赵普谈起这个话题。陈桥兵变后论功行赏,以石守信为归德军节度使,以王审琦为泰宁军节度使、殿前都指挥使,掌握着国家最精锐和数量近全国总兵额一半的禁军,负责出征和保卫皇帝与都城的任务。又让手握重兵的慕容延钊任殿前都点检,并让韩令坤担任侍卫亲军都指挥使。赵普对此感到很担心,多次在赵匡胤耳边唠叨。赵匡胤说:"他们都像我的亲兄弟一样,是靠得住的,不会背叛我。你可能多虑了。"赵普深思后回答赵匡胤:"现在他们一定不会反,但是有朝一日,他们被手下有野心的人黄袍

宋代战舰模型

宋太祖灭南唐、荆南时曾用到大量水兵,宋代的水军制度到南宋发展到很高的程度,主要为防止北方的金朝。此模型是宋代巨型战舰的再现,船身两边有置桨的孔,船周围建有女墙,墙内有箭口,可以攻击敌人。

加身，到时他们就身不由己了。"他又把赵匡胤与柴荣的关系作了比较，当年柴荣待赵匡胤恩重如山，但赵匡胤还是在部下的鼓动下夺取了后周的政权。生动的事例使赵匡胤如梦初醒。有一天，他主动找来赵普，说："从唐末以来，几十年时间，出了八姓十二个君王，僭称皇帝和篡夺政权的事比比皆是，战乱不断。我想要结束天下的战争，开创长治久安的局面，应该用什么方法呢？"赵普说："陛下考虑到这个问题，是天地神人的福气。我看，关键是节度使权力太大，造成尾大不掉的后果，而危及皇权，只要削弱他们的行政权，剥夺他们的兵权，那些节度使就不敢有什么想法了。"赵匡胤恍然大悟，决心依照赵普说的办。

石守信像

公元961年，为了保证自己地位不受威胁，赵匡胤首先把讨伐李重进回来的大将慕容延钊的殿前都点检职务免去，改任山南东道节度使，免去韩令坤侍卫亲军都指挥使的职务，改任成德节度使。此后不再设殿前都点检一职。接下来，赵匡胤又谋算起他最亲信的老朋友的军权。

有一天晚朝以后，赵匡胤将石守信等大将留下来喝酒叙旧，酒喝到高兴处，让下人退出，说："不是你们，我当不上皇帝。不过这天子也太难当了，还不如当节度使舒服。我经常整夜愁得睡不着觉，很是痛苦！"石守信等人不解，不知他为什么当了皇帝还有烦心事。赵匡胤解释说："这个皇帝位子太好了，大家都想争夺。"石守信等大将都吓坏了，赶紧表示自己没有这种非分之想，赵匡胤说："你们肯定没有异心，但是如果你们手下的将领有人想突然富贵起来，你们怎么办？一旦他们把龙袍披到你们身上，能由得你们吗？"石守信等人哭泣着说："我们都太愚蠢了，没有想到这些。陛下就可怜我们，给我们指出一条活路吧！"赵匡胤感叹说："人生很短暂，只不过是为了过得舒服一点。你们为什么不放弃兵权，到地方上去当大官，买些好房子好地安乐过一生呢？"

第二天，这几员大将都宣称身体有病，不能胜任繁重的军务，请求解除军职。赵匡胤也就顺水推舟，下诏免去他们的军职，让他们到地方上任闲职。

在杯酒释兵权解除了石守信等重臣元老的军权后，赵匡胤又采取措施加强禁军，并用各种手段牢牢控制住禁军，使其成为巩固统治最重要的力量，以对抗实力强大的各地方节度使。

同时，他一反五代重武轻文的陋习，重用文人，让文官取得了武官的许多权力，使各地武官的权力大幅缩小，建立起了以皇帝为中心的封建中央集权政治制度，成功解决了军阀割据问题，有利于社会的安定和经济的发展。

开宝九年（公元976年）十月，赵匡胤去世，终年50岁，谥号英武圣文神德皇帝，庙号太祖。

宋徽宗赵佶

北宋第八位皇帝宋徽宗,既是一个能写善画、琴棋俱佳的名家,又是一个荒淫无度的昏君。在他统治时期,奸臣当道,政治腐败,社会黑暗。统治阶级疯狂地搜刮民脂民膏,导致民不聊生,起义不断。金人趁机入侵中原,徽宗最终成为金朝的俘虏,北宋随之走向灭亡。

一、徽宗继位

宋元符三年（1100年）元月，宋徽宗赵佶在宋哲宗灵柩前即位。即位之初，徽宗表现出了一位有为君主的架势。这首先表现在他下诏让天下百姓批评朝政、提供建议上。上书言事者络绎不绝，奏疏多集中在如何清除奸臣上。

当时朝中著名的奸臣有章惇、安惇、蔡卞、蔡京等。徽宗因章惇曾反对他即位而心存不满已久，但仅凭一纸奏书就惩办一名宰相，又恐遭人非议，于是派章惇负责哲宗的安葬事宜。章惇不小心使灵车陷入泥沼中，

宋哲宗像

花了一天时间才拖出来，由此被大臣弹劾对先帝不恭，又有人举报他为宰相时陷害宣仁皇太后，于是章惇被贬官雷州，随后又流放睦州而死。御史中丞安惇和章惇狼狈为奸，结果被除名，放归田里。蔡卞是蔡京之弟、名相王安石之婿，也与章惇狼狈为奸，一唱一和。徽宗为顾及大臣体面，让蔡卞自己上疏辞职，后以降职秘书少监处理。蔡京受言官弹劾，贬为提举洞霄宫，居住杭州。接着，吕嘉问、吴居厚、徐铎、叶祖洽等一干奸臣也相继被黜，朝廷初步呈现出一派清明的气象。

徽宗除严惩奸臣、驱逐邪恶外，还大量任用忠直之士，有过则改。他即位刚一个月，便果断地任命知大名府韩忠彦为吏部尚书，知真定府李清臣为礼部尚书，右正言黄履为资政殿大学士兼侍读。这三人均为人正直，朝野有口皆碑，被任命的消息一出，民众欢呼雀跃，都认为徽宗用人取舍合乎公义。紧接着，正直之士龚夬任为殿中侍御使，陈灌、邹浩为左、右正言，江公望、常安民、任伯雨、陈次升、张舜民等皆居台谏之职。韩忠彦不久即提出广仁恩、开言路、去疑似、戒用兵四事，深受徽宗赞许。从此忠直敢言之士，不断得到提拔重用。徽宗还听从韩忠彦的建议，召回元祐诸臣。哲宗朝宰相范纯仁是范仲淹之子，公忠体国，为人正直，因受章惇等迫害贬谪永州，历经磨难。当年已七旬、双目失明的范纯仁忽然接到新天子徽宗的勤勉慰问时，感激涕零。徽宗倚重于他，说："范纯仁，得一识面足矣！"并任命他为尚书右丞。唐宋八大家之一的苏轼，虽为旷世奇才，却始终为小人所阻，

获罪降官，被贬往惠州。徽宗赦免其罪，让他提举成都玉局观，迁居常州。在韩忠彦的倡议下，文彦博、王珪、司马光、吕公著、吕大防、刘挚等二十三人均恢复了原职。哲宗孟皇后无端被废，徽宗为她恢复名誉。这些积重难返的公案，徽宗都一一予以解决，恢复了社会公道与正气，受到朝野的一致称赞。

白釉搔落熊纹枕　宋

在重用大批忠直之士的同时，徽宗又于元符三年三月间下诏，让士庶臣僚直言指责时弊，"其间可采，主受奖掖；所言皆错，亦不受罚。"尤其难能可贵的是，宋徽宗言出必行，接受宰相张商英的劝谏，"节华侈，息土木，抑侥幸"，并接纳江公望的谏言，放弃驯养禽兽的爱好，把所有禽鸟都放出宫。政和初年发生了一件充分反映徽宗有容人之量并虚心纳谏的事。右正言陈禾正直敢言，甚为徽宗赏识，他升迁给事中尚未赴任，便不待宣召，进宫力陈童贯、黄经臣宠任宦官将祸及江山的道理，侃侃而谈，听得徽宗饥肠辘辘，徽宗起身让他改日再议。陈禾拽住徽宗衣服泣奏，徽宗又坐了一下，心中不免有点不快，再次起身欲走时，陈禾用力过猛，竟将徽宗衣裾拽脱，徽宗冲口而出："正言且慢，碎朕衣矣！"陈禾随即回答说："陛下不惜碎衣，臣又岂惜碎首以报陛下！"徽宗不禁转怒为喜，勉励他说："卿能如此，朕复何忧。"在涉及国家大政方针的问题上，徽宗也一样能做到从谏如流，

大驾卤簿图　宋

卤簿指的是古代皇帝仪仗队。宋代卤簿分为四等，大驾卤簿列为第一等，专用于南郊大礼。为便于官吏将士演练，宋太宗曾命人绘制了三幅《卤簿图》，藏于秘阁。宋仁宗时，重新制定大驾卤簿，编写《图记》十卷。本图即是在《图记》基础上完成的。表现了皇帝前往城南祭祀天地时的宏大场面，是研究宋代舆服、仪仗、兵器、乐器等制度的形象资料。

三彩舍利容器　北宋

并对有诤臣风的萧服、为政清廉的令毛注加以提拔。通判王涣之应召入对，就日食是政治有缺失造成的这个看法发表议论："……愿陛下虚心纳谏，言论不管是逆耳顺耳，对的就该采纳施行；事情不管是过去的或是现在的，只要妥当就要重视；人不分亲疏，只要正直就可委以重任。如此，则人心服，天下就可臻于至治，上天自然也会降福了。"徽宗对王涣之颇为欣赏，不久就将他升为中书舍人。

徽宗对行之已久的规章制度，只要是不合理的，就毫不犹豫地予以废除。他下令将贮藏在大内杀不敬之臣的毒药焚毁，还主张宫廷建筑不要过于豪华，这与以后讲求奢华的徽宗，简直判若两人。

王安石变法的历史积案是宋徽宗最难以处理的问题。神宗是他的父亲，变法图强，自然无可厚非。哲宗是他的兄长，自己承袭的就是他的帝位，如果刚开始执掌朝政，便贬逐先朝旧臣，于情于理，都不妥当。为了制定正确的方略，徽宗反复阅读臣下的奏章，并不断询问有识之臣，明白了门户之争的真谛：不管是攻击元丰之党还是元祐之党，均不是忠诚为国，而是为了一己之私。徽宗在反复思考之后，于元符三年十月向全国颁布诏书称："朕对于军国一政、用人标准，没有元丰、元祐的区别。斟酌某项举措是否可行，办法是否妥善，只看是否合乎时宜；辨别忠奸、用舍进退，只看是否合乎情理。如果能使政事稳妥无失，人才各得其所，天下就太平了。无偏无党，正直是与，清静无为，顾大局，识大体，使天下休养生息，以成就朕躬继志述事之美，不是很好的事吗？如果曲解别人，心存偏见，妄自更改已有之规，扰乱政治，伤害国家利益者，不但为朕所不容，也为天下公论所不容，朕必与国人共同唾弃之。"一个月后，徽宗改元为建中靖国。所谓"中"，就是不偏不倚，既不盲从元祐，也不附和元丰。徽宗的这种态度，确实体现了一个明君应有的智慧和胸襟。

二、蔡京擅权惑徽宗

有识之士对北宋的灭亡有过这样的评论：宋朝亡于君子，而不亡于小人。意思是那些君子们明争暗斗，同归于尽，以致把大好河山交到了小人手中。徽宗即位后身边逐渐聚集了一批奸佞邪恶之徒，最著名者是蔡京、王黼、朱勔及宦官李彦、童贯、梁师成六人，人称"六贼"，而首推蔡京。

蔡京于宋神宗熙宁三年（1070年）登进士第，当过钱塘、舒州等地的地方官，出使过辽，以功升为中书舍人，后任开封知府。宋哲宗时司马光为相后要全部废除新法，要求在五天内恢复差役法。在如此紧迫的时限下，蔡京却按期完成任务，并亲自到政事堂向司马光报告。司马光兴奋异常，称许他说："倘若人人像你一样奉守法令，何事不能成功！"哲宗亲政后，起用章惇恢复新法，章惇设立专门机构研讨变差役法为免役法的问题，久久不能决定。蔡京说："如今是恢复先皇帝旧制，又不是另立新法，根本无须研讨。"一句话提醒了章惇，使免役法得以顺利恢复。史家评论此事说：十年之间，司马光行差法，章惇行雇役，

蔡京像

都仰赖蔡京才得成功，由此可见蔡京的才干，也可见蔡京的奸邪。

徽宗即位，蔡京被贬至杭州后，恰逢供奉官童贯奉徽宗命到三吴一带搜求书画古董，两人结识后日夜相处，交往极为密切。蔡京是个丹青妙手，书画名噪一时，他千方百计巴结童贯，让童贯带了他许多的书法和绘画作品到宫中，并在徽宗面前对他极口称赞。徽宗也颇富文才，于是惺惺相惜，对他有了好感。再加上曾布怀着想援引蔡京对付韩忠彦的目的而极力推荐他，蔡京得到提拔，任尚书左右丞。此时韩忠彦已罢相，蔡京就借故挤兑曾布。闰六月，曾布罢相。七月，蔡京出任尚书右仆射兼中书侍郎，为筹相职。从此，蔡京一人独揽朝政。

蔡京上任的第二天，命令禁止元祐法制，又仿照王安石设立三司条例司的旧法，设置了讲议司，专门讲求恢复新法的具体办法和措施。八月，恢复哲宗绍圣年间实行的免役法。九月，他以行新政为大棒变本加厉地打击司马光同道，排除异己，将司马光等共计120人包括所有不对他阿谀奉承的人打成"元祐党人"，请徽宗御笔书名于石上，竖立在端礼门外，名为党人碑。十月，任蔡卞为知枢密院事，蔡京兄弟二人同执朝政。这是宋代建立以来很少见的事。十二月，朝廷下诏，禁止元祐学术以及其他邪说推行，非圣贤之书实行"文禁"。这是宋朝政治最黑暗的时期，忌讳重重，文人动辄犯讳。据说当时州县学校考试，不论文章做得如何，先看是否犯了忌讳。

司马光像

"休兵息民"、"节用以丰财"、"罢不及之役"、"清入仕之流"这一类语辞也入了破禁之列,原因是口气与元祐党人相似,近乎是对熙宁新法的指责。到政和年间,连经书中带"哉"这样的语言也被禁止了,如"大哉尧之君"、"与夫制乱于未乱"、"保邦于未危"、"吉凶悔吝生乎动"。说来可笑,这是因为"哉"与"灾"字同音,"危"、"乱"、"凶"、"悔"等字不大吉利。由此可以想见,因犯忌而惹祸的人定是多如牛毛。

崇宁二年(1103年)三月,诏命党人子弟不许入京。四月,命令销毁范祖禹所著《唐鉴》以及三苏(轼、辙及其父苏洵)、黄庭坚、秦观的文集。元祐学术主要指周敦颐、二程等人的经学,因此被抨击为"专以诡异聋瞽愚谷"的程颐也被除名。八月,蔡京又亲自用大字书写党人名字,颁于郡县,刻石成大碑,立于监司、长吏厅中。

崇宁三年(1104年)正月,蔡京请求铸当十钱。自宋建立,有折二、折三、当五钱,从来没有铸过当十钱。如今铸造这种大面额的货币,不亚于对百姓公然抢掠。蔡京又请求建立管理纸币——交子的印行和流通的专门机构:京西北路专切管干通行交子所,制定了伪造交子的有关刑法。规定:凡是知情、转用以及邻人知而不告的都有罪。私造交子纸的,罪至徒刑和流刑。不久,又命天下除闽、浙、湘、广以外,全部使用另一种纸币钱引。

听琴图 宋 赵佶
此图画松下徽宗抚琴赏曲的情景,神情悠闲,正沉醉于优美的乐曲中。画中人物刻画入微,显示了画家非凡的观察力和高深的画艺。

纸币的大量印制和流通,造成严重的通货膨胀,使宋朝的经济体系遭到严重破坏。

蔡京深受徽宗宠信,权势显赫,待遇优厚。他若要办某件事,必先以徽宗口令拟成诏书,送给徽宗看后,再由徽宗亲抄一遍,称之为御笔手诏,臣下都得遵从,不遵者以违制论处。政和初年,蔡京以太师致仕,徽宗准许他在京居住。宣和末年蔡京第四次为相时,年已八十,徽宗准许他于私第办公,三五日一至朝,并下诏褒扬他"忠贯金石，志安社稷"。徽宗持政反复无常，蔡京虽常遭贬斥，但重用的时间毕竟远远超过了贬谪的时间。徽宗曾七次乘轻车小辇，临幸蔡京府第，不用君臣之礼，而用家人之礼。

自从神宗元丰年间永乐败师之后，已有数十年边尘不惊，没有战争了。宋朝府库颇为富足，蔡京便开始引导徽宗穷奢极侈起来。一次宫中举行盛大宴会，徽宗拿

荷叶孩儿枕　宋

出他收藏的玉卮、玉珑等器具，说道："我本来早就想使用这些餐具的，但又怕别人说这些东西太过奢华，是种浪费。"蔡京马上进言："陛下贵为天子，理当享尽天下荣华富贵，受万千民众供奉，这区区玉器，又算得了什么？"在蔡京等人的极力怂恿下，徽宗再也无所忌惮，尽情挥霍，终日纵情享乐。朝廷为此专设应奉局、御前生活所、营缮所等，为皇室娱乐和享受提供全方位服务。朝廷的左藏库，以前每月支出仅需费用三十六万贯，到徽宗时经费竟然达到一百二十万贯。宫中还大兴土木，先后新建了明堂、保和殿、延福宫、万岁山、九成宫等大型建筑项目，竭尽奢华之能事。

后来，徽宗对人世间的享乐逐渐生厌了，于是又幻想得道成仙。他在崇宁四年（1105年）曾赐信州龙虎山道士张继元法号"虚靖先生"，以后又相继宠信道士王老志、王仔昔，封王老志为"洞徽先生"，封王仔昔为"妙通先生"，对他们言听计从。后来，他又特别信任林灵素。林灵素，温州人，年轻时在佛寺出家为僧，因受师父管责心生怨恨，就出了佛门改头换面当了道士。他善于揣测人心，学得妖幻之术，又加之天花乱坠地吹嘘，很快就受到朝廷管理道士的官员左道录徐知常的重视。王老志、王仔昔在徽宗面前失宠以后，徐知常就将他推荐给了徽宗。第一次晋见陛下，林灵素就说："天上一共有九霄，最高为神霄。管理神霄的神霄玉清王是上帝的长子，号长生大帝，主管南方。这位长生大帝不是别人啊，就是

道教寿星像　宋

开封龙亭
自唐德宗建中间,此地即为永平军衙署,五代时改建为永昌宫,自后晋、后汉、后周均在此建筑宫苑,自北宋时,由宋徽宗赵佶扩充与营建,形成规模宏大的宫苑,达到龙亭历史上的极盛。后金、元、明等均以此为宫苑。

陛下您。陛下是神仙下凡,来到人世间担负起治理天下的大任。陛下周围的许多人其实也是来自于神霄玉清宫的天仙,负责协助陛下成事,建功立业。蔡京就是左元仙伯,王黼是文华吏,盛章、王革是园苑皇华吏。陛下最宠幸的刘贵妃是九华玉真安妃。"这一逢迎拍马的胡言乱语居然正中徽宗下怀,高兴得当即自称"教主道君皇帝",封林灵素为通真达灵先生,赏赐给他很多东西,还专门在紧挨皇宫的地方,为他修建了一座富丽堂皇的道观,称上清宣箫宫。宫中正殿挂着两幅大画像,一幅是神霄玉清王徽宗,另一幅

是九华玉真安妃刘贵妃。徽宗经常去该宫听林灵素讲经布道。并且制道学,依据科举制开考,道士们若能通过考试则可任郎、大夫等十阶道职,成为道官。不仅如此,他还下令在全国各地建神霄万寿宫。发给每一座道观田地上千顷,每一位道士都能领到俸禄。任登州知州的宗泽因为修建神霄万寿宫态度不积极、行动不迅速竟被除名编管。在徽宗和蔡京的提倡和支持下,追随林灵素的徒弟人数日增,

耕获图
此图描绘了农民从春耕到夏收的全部生产过程,其中有耕地、耙地、播种、车水、灌水、收割、打场,形态细腻逼真,形象地再现了宋朝农民的日常生活。

达2万人之多。林灵素和他的徒弟们利用徽宗的信任,凭借被赋予的特权,经常在京城内装神弄鬼,画符念咒,呼风唤雨,把天下搞得乌烟瘴气。

宋徽宗指使蔡京等人借口恢复新法,榨取百姓血汗,以满足他们永无止境的物质需求。例如,免役钱本是用来雇人充役的,到他们手里却巧立名目新增设了许多种雇役钱,并且强行征收。巩州在元丰年间的役钱总计为每年四百贯,到政和元年(1111年)竟增至三万九千贯,数额惊人。恢复实行方田均税法时,他们在旧额之外又加收税金,称之为"蹙剩",往往

一县就多征收了数万贯。恢复榷茶法，他们在茶叶产地设置官卖专场。两年以后，废止官场专卖，虽已允许茶商向茶农买茶，但要求茶商买茶后向官府交纳税金，领取"茶引"后方可贩卖。政和元年以后，国家每年的茶税收入高达四百多万贯，其中的一百万贯要专门抽出来供皇帝使用。朝廷还修改盐钞法，由商人先向官府购买盐钞，再凭盐钞到解州领盐贩卖。为了获取更多的利益，朝廷一再更改盐钞法，将大量已经

大观通宝 北宋

卖出的盐钞作废，使许多盐商因此破产。出售盐钞的多少被朝廷订立为考核州县官、评定其政绩的标准，州县官于是强迫百姓按户买盐，以此来求得升迁。茶引和盐钞，成为宋徽宗时期朝廷的重要经济来源。尽管蔡京挖空心思想出来的这些搜刮民财的办法非常卑鄙，深深地加重了人民的负担，甚至给他们带来了苦难，使他们生活在水深火热之中，但徽宗却只看到眼前白花花的银子，还赞赏他说："这是太师加送给朕使用的钱。"支移，本是宋朝一种赋税的输纳方法，要求赋税送纳到一定处所，否则就要交纳脚钱。到徽宗时，脚钱却成为一个固定的税种，每斗要交五十六个钱，几乎等同于元丰年间的正税。各地官府为了向朝廷交差或者官员为了自己的升迁，加紧向百姓催收各种在常赋之外增加的税额。在江东西和湖南北，有的一石常赋之上要加收四石耗米，农民们往往卖了耕牛卖房产，还交不足赋税，沉重的负担压得百姓苦不堪言。

三、风流帝王

【1】宠幸李师师

当初朝中议立新君时，章惇就说过："端王为人轻佻。"事实证明他的话是正确的。徽宗在私生活上的荒淫放纵在历代帝王中是很突出的，简直达到了无耻的地步。

徽宗的后宫中妃嫔如云，数量惊人，除了夫人、九嫔、二十七世妇、八十一御妻，还有"三千粉黛，八百烟娇"。据史书记载，后来金人侵入城内，命令开封府开列出一个皇帝家属的详细名单，以便金军元帅据此捕人。其中所列徽宗的妃嫔，年龄最大的42岁，最小的只有16岁，多数在17至19岁之间，而徽宗当时年已46岁。

后宫数千人还不能满足徽宗这个昏君的淫欲，他竟然不顾帝王之尊，经常微服出宫去妓院游玩。当时歌妓李师师色艺惊人，技压群芳，名满京城。他听说后便

歌乐图 宋

穿了文人的衣服,乘着小轿找到李师师处,自称殿试秀才赵乙,求见李师师,终于一睹李师师芳容。听着李师师执板唱词,看着李师师和乐曼舞,几杯美酒下肚,徽宗已经神魂颠倒,以为自己已入仙境,直到漏尽更残,仍不肯离去。从此以后,他就经常光顾李师师的青楼。有一次,税监周邦彦正在与师师耳鬓厮磨,恰逢徽宗驾到。周邦彦一时无处藏身,只好匆忙躲到床铺底下。徽宗把刚从江南用快马送到的新橙拿出来与李师师分享,边吃边调情的情景被周邦彦全都看在眼里,记在心里。事后,周邦彦特地为此填了一首词,词名为《少年游》,词中写道:

并刀如水,吴盐胜雪,纤手破新橙,锦幄初温,兽香不断,相对坐调笙。低声问,向谁行宿?城上已三更,马滑霜浓,不如休去,直是少人行。

这首词将徽宗狎妓的细节传神地表现出来,令读者犹如身临其境目睹此情此景。徽宗再次来时,李师师把此词唱给他听,徽宗问道:"这是谁写的?"李师师回答说:"是周邦彦所作。"

徽宗不禁恼羞成怒,第二天上朝,就让蔡京以收税不足额为由,将周邦彦罢官免职押出京城。隔了两天,徽宗又去李师师处,却不见其人。问过李师师家人后才知原来她为周邦彦送行去了。徽宗等到很晚才见李师师回来,一副愁眉不展的样子,睫毛上还挂着泪珠。徽

宫苑图 宋

这幅11世纪的绢画表现的是一所供皇室家族居住的那种精心美化了环境的府第。在前景中,妇女们正在准备一桌丰盛的宴席。具有斜坡式瓦房屋顶的建筑物向着绿阴掩映的庭院和花园敞开着。这种景致,即使对居住在像开封那种热闹的城市中的人们来说,也会感到安逸和静谧。

宗生气地问："你到哪里去了？"李师师回答："妾罪该万死，妾得知周邦彦得罪皇上，被押出京城，就聊备薄酒一杯，为他饯行，实在不知皇上到来，在此守候多时。"徽宗问道："他又有新词吗？""有一首《兰陵王》。""唱一遍让我听听。"这是周邦彦用心之作，经李师师一唱，徽宗转怒为喜，又召回周邦彦，任命他为管音乐的大晟府乐正。至于李师师，后来金人攻破开封后，她便不知所终。

庭园仕女图漆奁　宋

奁为古代女子盛放梳篦、脂粉的梳妆盒，多为木质漆盒。传世宋代漆奁常见多层套盒，构思奇巧，制作精美，表现了当时工艺制作的高超水平。

不过，也有另一种说法，称李师师为女中豪杰。据说当时金人已立张邦昌为宋朝皇帝，准备押徽、钦二帝去金。即将启程的时候，忽然看见一个佳人穿了一身素服，装束如道士一般，不避斧钺闯进金营来和太上皇诀别。原来这就是甚得徽宗宠爱的李师师，徽宗让位给钦宗后她便求为女冠，隐迹庵内。金人久闻李师师艳名，攻陷汴京后就到处寻找她，只是苦于没有消息。如今李师师自动找上门来，好不欢喜，当时便要将李师师带走。李师师从容说道："待我见过太上皇，便随你们北去。"李师师与徽宗见面后，两人抱头痛哭，说不尽会短离长的苦楚。金人将他们拖开，李师师口中说着："太上皇保重。"哭得如泪人一般。过了一会儿，她忽然柳眉紧蹙，桃腮泛白，含含糊糊喊了八声太上皇，就翻身倒地，香消玉殒了。验尸后发现是李师师吞服金簪自尽。后人有诗咏李师师，认为一位娼妇尚知殉节，宋廷诸臣，竟甘心臣事异姓，真是连一个娼妇也不如。

白玉镂空云龙带环　宋

【2】荒于政，精于艺

宋徽宗有极高的艺术天赋，可谓琴棋书画无所不通。

徽宗擅长书法，在书法界享有盛誉。他刚开始练书法时是学黄庭坚的风格，后来又学唐朝薛稷的字，熟练之后便有所改变，独创字体修长硬挺、笔画纤瘦，如铁画银钩，极具个性，自称瘦金体。其所书《欲借嵯峨万仞崇》诗和《风霜正腊晨》词，堪称瘦金体书法典范。

徽宗的画则更加出色。他善画花鸟和山水，其画技精湛，笔法谨严，色彩华贵，

中国皇帝彩图馆

柳鸦芦雁图卷　宋　赵佶
宋徽宗的花鸟画，风格以工细彩墨见长，此图则是他拙朴风格代表作。画中鸟的形象生动逼真，柳枝芦苇等植物清雅脱俗，意韵幽然。

自成一家。所画禽鸟之翎毛，运笔奇巧，尤其是点睛之笔，用生漆点染，仿佛一颗突出于纸上的豆粒，而且栩栩如生，几乎要转动起来，令人叹为观止。他最擅长的是墨花石画，画中一色焦墨，不分浓淡，只在丛密之处微露白道，独具特色，妙不可言。传世的作品有《晴麓横云图》、《桃鸠图》、《鸲水仙图》、《四禽图》、《雪江归棹图》、《柳鸦图》、《祥龙石图》、《腊梅山禽图》、《芙蓉锦鸡图》、《听琴图》等。

他大力提倡和奖励书画创作，对宋初已有的翰林图画院和翰林书艺局进行整顿和发展，建立了一系列制度。画院分佛道、人物、山水、鸟兽、花竹、屋木六科实行招考。徽宗亲自以古诗句出题，传世的画题有："踏花归去马蹄香"、"嫩绿枝头红一点，恼人春色不在多"、"野水无人渡，孤舟尽日横"、"乱山藏古寺"、"竹锁桥边卖酒家"、"蝴蝶梦中家万里，杜鹃枝上月三更"。徽宗品画崇尚法度，讲究形似，重视画家想象力和艺术创造力的充分发挥。例如他出的"嫩绿枝头"一题，许多应试者根据试题画出茂密的花树，涂上翠绿的颜色，细心勾勒出树枝的形状，以为这样就合乎了题目的要求，哪知都被淘汰。有一人别出心裁画了一座高高的亭子，亭台上有一美人靠着栏杆站立，口点胭脂，嘴唇上那一抹嫣红格外醒目，与旁边的绿柳相映成趣。以红衬绿，嫩绿枝头不仅更加鲜明，而且更富生气。考入图画院者，按出身分为士流与杂流，授给六个等级的职称。表现突出的人还被授以朝中官职，

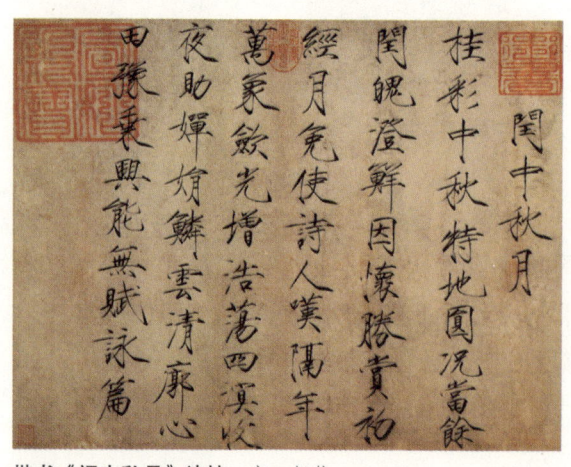

楷书《闰中秋月》诗帖　宋　赵佶
此帖是赵佶"瘦金体"的代表作，细劲有神，瘦挺险峭，融黄山谷、薛稷二家之长，变化为己意。

清明上河图　宋　张择端
张择端，字正道，东武人。北宋宣和年间为翰林图画书院待诏。此图描绘北宋都城汴梁汴河的都市风光。全卷内容多彩多姿，极为丰富，造型生动感人，可谓是宋代社会生活的真实写照。

着紫衣，佩金鱼，竭尽荣宠之幸事。当时，图画院中聚集了许多一流的书画家。著名书画家米芾就是徽宗时的书画学博士。还有，创作《清明上河图》的张择端、创作《千里江山图》的王希孟，都是徽宗时图画院的画师。

徽宗对收集和珍藏历代名人书画作品特别热心，并对搜集到的书画作细致的整理、潜心的研究，并予以刊印。根据徽宗的要求，书画院学者在建中靖国年间和大观年间，将宫中所藏书法作品一一刻在石碑上，并将之加以拓印，编为《续法帖》和《大观太清楼帖》，又将所藏古今书画编成《宣和书谱》和《宣和画谱》，完整系统地记录了宫廷收藏的绘画和书法作品及书画家的情况，在中国绘画史上占领了一席之地。

江南地区自古以来经济发达，物产丰富，奇花异石名满天下。崇宁元年（1102年），以大宦官童贯为首，设造作局，在苏杭召集精湛的工匠，以象牙、鹿角、犀角、玉石、金银、竹藤等原料进行雕刻、装画、糊抹，生产出大量富丽堂皇的物品，专供徽宗御用。而所用的一切材料、工费，都分摊到江南百姓的头上，大大加重了老百姓的负担。

徽宗对江浙一带的名花奇石情有独钟，蔡京就对苏州富商朱冲及其子朱勔任以官职，暗示他们设法搜罗奇花异石进贡给徽宗。起初，他们秘密搜罗了三根浙江的名贵黄杨木献给徽宗，得到嘉奖。崇宁四年（1105年），苏州设苏杭应奉局，朱勔主要负责采办奇花异石运往京城，称"花石纲"。应奉局人员只要看到谁家有一花一石稍微与众不同，就领兵直入其家，用黄色帛布加封，表示已为御用。到运走时，不仅分文不付，往往还因为花石较大而拆屋扒墙，使许多人倾家荡产。在大运河上，运送花石纲的大船日夜不停。船不够用时，应奉局的人就截取运粮的纲船和商船。应奉局曾经搜罗到一块高达四丈的太湖石，装在一条大船上，仅船夫就用了数千名。在运往开封的路上,沿途许多桥梁、城墙被拆毁,以便其通过。运抵开封后,徽宗给该石赐名"神运昭功石"。花石纲的花费很大,仅从浙江运一根竹子到开封,就要花去五十贯,相当于当时第四等户的全部家产。应奉局的官吏利用手中的职权大发横财,随意支取国库的钱财,动辄数十万。朱勔个人的财产不计其数,他的手下陆续被任命为各级官吏,连他的看门奴都当上了殿学士。而不巴结他的人,很可能马上就被撤职。

四、宋江、方腊起义

宋徽宗任人唯亲,大肆搜刮民脂民膏,无数贫苦农民纷纷揭竿起义,影响较大的有宋江领导的梁山起义和方腊领导的睦溪起义。

宣和元年(1119年),北方爆发了宋江起义。朝廷曾让知州曾孝蕴负责镇压宋江起义军,却因方腊起义发生而停止。宣和二年(1120年),方腊在浙江起义的消息传来,朝廷上下惶惶不可终日。亳州知州侯蒙向朝廷建议道:"宋江凭三十六人,横行齐魏,官军数万竟无人敢于抵抗,此人的才干一定有过人之处。不如下诏赦免他的死罪,将他招安,让他镇压方腊起义来赎罪。"徽宗赞同侯蒙的意见。

宣和玉玺 宋
宣和年间,宋徽宗专心于丹青画事,不理国事,致使农民起义风起云涌,有宋江、方腊等辈。后来宋江的轶事被编成《大宋宣和遗事》,演义成《水浒传》,成为千古名著,也使宣和这一年号得以传遍神州。这两方印为宋徽宗收藏书法的鉴赏印。

宣和三年(1121年)初,朝廷下诏招降宋江起义军,二月宋江兵败后被迫投降。

方腊起义军的巨大胜利,震动东南。宋徽宗急忙下诏招抚方腊,同时以童贯为安抚使,调集几十万官兵,南下镇压方腊。宋徽宗亲自为童贯饯行,对他说:"如果遇到紧急情况,你可以直接以皇帝御笔诏书的形式下达命令。"同时徽宗亲笔立赏状,悬赏捕杀方腊和起义人员。规定中有:凡捕获或杀死方腊的,可以从平民起授予横行防御使,并赏银一万两、绢一万匹、钱一万贯、金五百两。宋朝统治者倾尽全力对付方腊起义军,一直到宣和三年七八月间才将之完全镇压。

经过宋江、方腊起义的打击后,宋王朝的基业已呈危楼之势,摇摇欲坠。

五、国破君亡

政和五年(1115年),女真族首领完颜阿骨打建立金,向长期对本民族进行奴役的辽展开了进攻。宋徽宗接受了归附宋朝的辽人马植的建议,于政和五年派马政出使金，与金人约定双方夹攻辽。阿骨打答应灭辽以后将五代时陷入辽朝的汉地归还宋朝，但要求宋在灭辽后将原来每年给辽的钱绢五十万全部照数给金。在攻辽的过程中，金人以武力优势又逼迫宋朝答应除了每年的五十万岁币外，再以燕京代租钱的名义每年给金一百万贯。

宣和五年（1123年）四月，金兵将燕京及其所管六州二十四县的人口全部掠走以后，将空城交给宋朝。宣和七年（1125年）十一月，金以宋朝招纳金的叛亡人员为借口，大举攻宋，兵分两路进攻河东和河北。正在太原的童贯闻讯，急忙派马扩去金军大营谈判，提议交出蔚、应二州和飞狐、灵丘二县，换取金人退兵。金人则要宋朝割让河东、河北之地，童贯不敢答应。十二月初，西路金军攻陷朔州、武州等地，直扑太原，童贯竟抱头鼠窜，而太原军民则对金军进行了英勇的抵抗。东路金军进抵燕山府，宋将张令徽等人抢先逃跑，宋守将郭药师投降，引导金军南下。

燕京失守的消息传到开封，君臣大乱。徽宗打算弃国南逃，给事中吴敏上奏表示坚决反对，建议请太子监国，以招徕天下豪杰。徽宗随即以吴敏为门下侍郎，辅佐太子，并任命奏上"御戎五策"的李纲负责坚守京城。

宦官梁方平奉命守卫黄河北岸的浚州，见金军铁骑前来，不战自溃。金人用小船将大军渡过黄河，直扑宋都开封。消息传来，徽宗决心内禅，于十二月二十二日让皇太子赵桓即皇帝位，自己称教主道君太上皇帝，住龙德宫。二十三日，赵桓即位，为宋钦宗，改年号为靖康。

靖康元年（1126年）正月，徽宗逃出开封，到镇江避难。新即位的钦宗面临危局无回天之力，当时也同样打定主意要出逃，因李纲谏阻，才勉强留下支撑。金军虽然兵临城下，但毕竟孤军深入，而且这时勤王之师已陆续赶到，在这种有利的形势下，钦宗却仍然如同其父一样畏敌如虎，不敢抵抗，而以巨额金币换得金人退兵。靖康元年二月，金军北返，主战派立即失势。

四月，太上皇徽宗回到了汴京，正当北宋统治集团认为可以重新安享太平时，金军于同年冬再度南下，攻占了汴京，徽、钦二帝做了女真人的俘虏。

徽宗自从得到不日将被押解北上的消息后，便领着皇后、诸王遥望城中拜辞宗庙，伏地痛哭。三月二十九日，徽宗乘平日宫人所坐牛车，由金兵掌驾，至刘家寺会见金太子宗望。徽宗一行从刘家寺出发，夜晚与押解的金军将领俱住入帐篷内，帐篷周围都有陪伴宋朝帝后的使者严密监视。至浚州时，百姓知是已被废黜的徽宗，纷纷馈赠炊饼、藕菜之类。

在漫长的押解途中，金人故意给这个已经废黜了的天子以难堪。四月二十八日，徽宗一行来到中山府，金人命徽宗喊话，让守城宋兵投降。徽宗不敢违拗，在城

卤簿大钟　宋
靖康元年，金人攻陷北宋首都开封。次年，掳去宋徽宗和宋钦宗，同时又劫走大量财宝。图中的大钟就是其中一件被劫走的器物。

下大呼道："我道君皇帝，今往朝金帝，汝可出降。"守将在城上痛哭流涕，不肯奉诏。

靖康二年九月，金人因南宋兵盛，怕他们夺回徽、钦父子，会失去同宋方讨价还价的筹码，将他们父子送往中京。徽宗眷属千余口，钦宗眷属百余口，费用巨大，金人又不按时发放粮食、衣物，致使他们生活困窘，每况愈下。建炎二年（1128年）七月，徽、钦一行又开始了长途跋涉，于八月二十一日抵达上京。二十四日，金太宗让徽、钦父子朝见祖庙，实际上是行献俘之礼，以此来羞辱北宋君臣。金兵逼着徽、钦父子除去袍服，其他人皆令脱去上衣，身披羊裘，腰系毡条，入庙行牵衣礼，然后又逼着徽、钦父子入御寨，拜见太宗。金太宗与诸王、大臣等骑马先行，后边是五面白旗，上面分别写着"俘宋二帝"、"俘宋二后"、"俘叛奴赵口（构）母妻"、"俘宋诸王驸马"、"俘宋两宫眷属"等字样。宋俘虏一律着金人装束，跪听金人宣读诏书。二十五日，金太宗封徽宗为昏德公，钦宗为重昏侯。建炎四年（1130年）七月，金人再将徽、钦父子送至五国城。到了五国城，金太宗让他和他的已被赐给太宗宗族为妾的六个女儿相见。徽宗感激涕零，连上两表向金太宗叩谢，吹捧金太宗"大造难酬，抚躬知辜"，又信誓旦旦地表白自己"自惭遣咎之深，常务省循之效，神明可质，讵敢及于匪图"。

绍兴三年（1133年）六月，徽宗的第十五子沂王赵㮙、驸马都尉刘文彦为了改变自己的艰难处境，取得金人的信任，告发太上皇欲谋反金朝。金人遣两使者前来查问，并要求徽宗对簿公堂。经众人再三哀求，金人才允许免徽宗前去。从此以后，徽宗愈加沉默寡言了。

绍兴五年（1135年）四月二十一日，心力交瘁的徽宗一病不起，终年54岁。

李纲像

金太祖完颜阿骨打

完颜阿骨打,又名完颜旻,金朝的创建者。他的一生主要完成了建金以及灭辽两件大事。在位期间,进行了一系列的改革,对女真政治、经济、文化的发展起到了极大的促进作用,对女真族由落后的奴隶制向封建制过渡和发展,进而全面封建化奠定了基础。

一、少年戎马，崭露头角

女真是生活在我国东北地区的一个古老民族，居住在白山黑水之间，族人骁勇善战，因其血缘关系分为不同的部族。部族之间互不统属，因此争战不断。唐朝末年，契丹人崛起于中国北方，建立辽政权，女真人被迫于11世纪向契丹人臣服。契丹人为了加强对女真人的控制实行"分而治之"的政策。他们把一部分女真人迁至辽东半岛，编入契丹籍，这些人统称为"熟女真"。另一部分则留居松花江之北、吉林扶余县之东，这些人就是"生女真"。完颜阿骨打所属的完颜部，正是生女真一支。

高翅鎏金银冠　辽

完颜部在乌古乃继位为部落首领之后，购进铁器，制造弓箭器械，军力得到了极大地提升。在乌古乃的领导之下，经过多年的征战，发展成为一个强大的部落。到了穆宗盈歌时，生女真各部已经基本实现统一，形成了一个强大的军事部落联盟。

完颜阿骨打的父亲名叫劾里钵，是穆宗盈歌之弟，景祖乌古乃次子。阿骨打自小骁勇善战，以力大无穷和善射闻名。十几岁的时候，辽使在完颜府做客，看见了手拿着弓箭的阿骨打，便让他用箭射天空的飞鸟。阿骨打引弦张弓，三箭皆中。辽使非常惊奇，称赞他为"奇男子"。他射的箭，能达320步远，宗室中的族人，无人能及。阿骨打自小就随着父兄四处征战，屡立战功。多年的征战生涯锻炼了他的军事才能，为日后他在对辽作战积累了宝贵的经验。

当生女真渐渐统一之时，日趋腐朽的契丹统治者对女真的压榨和掠夺却是日甚一日。荒淫无度的辽天祚帝经常派遣使者向女真人索取海东青（一种猎鹰，飞得极快，女真人视为图腾）。这些使者每到一处，除了向女真人榨取财物外，还要他们献美女伴宿，既不问婚嫁与否，也不问出身贵贱，予取予夺，恣意凌辱。这更加激起了女真人的无比仇恨。

褐釉陶马镫壶　辽

辽天庆二年（1112年），天祚帝在混同江举行"头鱼宴"，宴请生女真各部首领。酒酣之际，天祚帝无理地要求各部首领依次跳舞。各部首领迫于天祚帝的淫威，只得从命。当轮到阿骨打时，他冷眼直视着天祚帝，表示拒绝。天祚帝几经相逼，阿骨打却不为所动，最终这场头鱼宴不欢而散。事后，天祚帝本想借故杀阿骨打泄恨，在臣下的劝说之下，这才作罢。天祚帝的无理，激起了阿骨打和生女真各部族首领们心中无限的反感和仇恨，女真部与契丹之间的矛盾愈发的尖锐了。翌年，阿骨打的兄长乌雅束死去，阿骨打继任为都勃极烈（大酋长，生女真部落联盟首领）。此后，他励精图治，带领着女真人民掀起了如火如荼的抗辽战争。

二、征战四方，破敌灭辽

辽统治者对女真族的横征暴敛，激起了女真人的强烈不满，一场反压迫与剥削的斗争在迅速地酝酿着。阿骨打继任都勃极烈之后，一方面鼓励部族成员积极地从事农业生产，积蓄粮食，修葺戎器，秣马厉兵；另一方面，先后多次派遣使者前往辽都索要逃亡辽的纥石烈部酋长阿疏，借以暗中刺探军情，同时他还继续保持着对辽帝的贡奉，不时地贿赂契丹权贵，以麻痹辽朝统治者。

辽天庆四年（1114年）九月，涞流河畔，阿骨打率领2500名女真将士在此祭祖誓师，起兵抗辽。

铜烧酒锅　金

在发兵之前，他痛陈辽统治者的罪恶，同时激励将士们奋勇杀敌，事后论功行赏。是役，阿骨打身先士卒，赤膊上阵，亲手射杀辽军大将耶律谢士。辽军主将战死，其为之胆寒，更加溃不成军，女真将士趁势攻下了宁江州（今吉林扶余东石头城子）。随后，阿骨打领军乘胜进击，兵锋直指辽在北方的另一军事重镇出河店（今黑龙江肇源西北）。辽军在此驻屯有10万精兵，而阿骨打此时只有区区的3700余人。面对敌强我弱的形势，阿骨打知道不可力敌，决定智取。他假借"神灵托梦"，鼓动将士，连夜直扑辽兵驻防的鸭子河北岸。辽兵此时正在破坏鸭子河冰层，企图阻止女真精兵的进攻，骤然见到有如神兵天降的女真将士出现在眼前，顿时大乱，溃败一发不可收拾。宁江州战役结束后，女真人缴获了大量粮草、马匹和器械，实力倍增，军队也壮大到万余人。

阿骨打建金之后，阿骨打继续着灭辽的战争。他的第一个目标就是辽北的黄龙府（今吉林农安）。黄龙府是辽朝重要的国库之所在，也是辽的经济命脉。在夺取了宾、祥、成州等地之后，金兵完成了对黄龙府的合围。是年八月，阿骨打率

副元帅印 金

兵亲征黄龙府。经过几场激烈的交锋,辽军抵抗不住,黄龙府落入了金人之手。金军占领黄龙府的消息传来后,辽朝野大为震惊。天祚帝决定御驾亲征,集结了70万大军迎战完颜阿骨打。辽大军进驻陀门(今长春以北),摆开阵势,延绵百里,极具威势。金军只有2万余人,处于劣势,阿骨打明白辽军锋芒正锐,不可力敌,于是命令将士们修筑堡垒,挖掘壕沟,不和辽军做正面冲突。阿骨打为了鼓励将士士气,他以刀子划破前额,血流如注,然后仰天恸哭,与将士们诀别,他告诉将士们,辽军势大,不如将自己献给辽人,好苟全将士们的性命。将士们奋勇,人人声称要与辽军决一死战。没过多久,金兵擒获了一名辽督饷军士,获悉辽天祚帝因为国中内乱,已经离开两天了。阿骨打知道时机来了,召集众将商议。众将说:"现在辽主率军离开了,我们可以乘势追击。"阿骨打说:"敌人在的时候,我们不去迎战,人家离开了我们去追,难道我们要以此为勇吗?"众将都感到羞愧,阿骨打话锋一转,接着说:"如果去追,能够大获全胜,那自然好了!"众将听了,人人雀跃,奋勇追击百余里,终于在护步答冈追上了辽军。辽军旌旗如云,足足多出金兵几十倍。阿骨打对众将说:"我看辽军中军实力最强,辽主肯定就在中军,只要我们集中精锐兵力,击败敌人中军,这场战争的胜利就是我们的了。"女真将士领命,合兵一处,直扑辽天祚帝所在的中军。女真将士如狼似虎,杀入辽人阵营。辽军大败,兵马互相践踏,死者不计其数。天祚帝惊慌失措,狼狈逃窜,一天一夜逃了五百里,直到逃到了广平淀行宫,这才算是保住了一条命。这一仗,金军缴获辽军粮草、马匹、器械、宝物无数,辽军一战胆寒,再也无力抵抗完颜阿骨打的大军了。

为了集中对付辽,彻底地推翻契丹权贵的统治,阿骨打对西夏和北宋采取了友好的态度,一直维持着和它们和平友好的关系。天辅三年(1119年),阿骨打遣使出使北宋,商议联合攻辽的问题。第二年,双方最终商定,北宋攻取辽燕京析津府(今北京),金攻取辽的中京大定府(今内蒙古宁城)。灭辽之后,北宋收回燕云十六州,将原来每年进贡给辽的银、绢如数转送给金朝。这件事就是历史上有名的"海上之盟"。

随后,双方依约向辽发动了进攻,金军一路势如破竹,接连攻取了辽的中京、西京。宋

双鱼纹大铜镜 金

军本该按照约定攻下辽的燕京。但宋朝积弱,加上主将童贯、钟师道的昏庸无能,两次围攻燕京都不能破城,最后只能依靠金军。金军于天辅六年(1122年)攻占燕京后,据之不还。北宋遣使进行了多次的交涉,金才勉强把燕京及其所属的蓟、景、涿、顺、檀、易六州归还北宋,但宋朝除了要把给辽的岁币全数送给金外,还得每年给金100万贯钱作为燕京的"代租金"。

攻陷上京之后,阿骨打焚毁了辽宗庙,并掘开了辽历代帝王的陵寝泄恨。此时的辽天祚帝丢魂丧胆,已经没有勇气抵抗金的进攻了,只得四处逃命,惶惶如丧家之犬。

天会三年(1125年)二月,天祚帝在应州(山西北部)被金将完颜娄室擒获,辽遂亡。

三、建立金朝,励精图治

辽天庆五年(1115年)正月,吴乞买、辞不失等文武百官上书阿骨打建号称帝。阿骨打思索再三,遂诏令天下,正式称帝,定国号为金,建都会宁(今黑龙江哈尔滨阿城)。据说,在立国时,阿骨打与众臣商议国号,针对辽在契丹语中是"镔铁"的意思,他说:"辽以镔铁号,取其坚也。镔铁虽坚终亦变坏,唯金不变不坏。"所以,取国号为"金",以示灭辽的决心。

建立金朝之后,为了巩固统治,阿骨打在政权建设方面作了一系列的调整。称帝后,阿骨打确立了皇权,将存在于女真大军事联盟下的都孛堇、国相、孛堇议事会,发展成为中央统治的最高权力机构——勃极烈制。在这种制度下,阿骨打作为联盟的最高军事首领都勃极烈,改称为皇帝,成为了女真的最高统治者。

文官坐像 金

同时,他还积极地改革社会的弊政,在法律方面,他确立了新的法制,规定民无贵贱,在法令面前,一律一视同仁。这样就防止了平民沦为奴隶,即保证了国家的税收,又保证了女真的兵力来源。为了提高女真人的素质,革除了原始婚俗,天辅元年(1117年)五月,阿骨打下诏严禁女真人同姓结婚。凡是在宁江州战役结束后同姓结婚的,必须离异。

阿骨打也深知文化的重要性,在他称帝后,即下令完颜希夷创制文字。完颜希夷仿照汉人的正楷字,结合女真语言,创制了女真文字,天辅三年(1119年)八

白釉童子擎荷赭彩雕划牡丹纹枕　金

月，文字制成，金太祖下令全国颁行，这种文字在历史上被称为"女真大字"。女真人第一次有了自己的文字。文字的创立，一改过去"信牌"记事和口头传达的旧俗，为金人的生活带来了极大的便利。阿骨打还注意学习汉族的先进文化，积极地任用汉族知识分子。天辅二年（1118年），他就曾下诏，凡是有才能的汉族知识分子，务必选送京师。他还注意收集、保存各种文献、书籍，在与辽作战中，他多次命令女真将士注意保存经典文献。在攻占中京时候，他命令金将在占领中京后，要把其礼乐、仪仗等之类的书籍运回金都。

另外，阿骨打还完善了猛安谋克制度。猛安谋克制原本是女真人在氏族社会末期的部落组织，是以血缘为纽带建立起来的。其组织按什伍进位编制，因有伍长（击柝）、什长（执旗）、谋克（百夫长）、猛安（千夫长）而得名，是作为一种军事编制而存在的。随着形势的发展，原有的猛安谋克已不合时宜。宁江州战役结束后，阿骨打改编了固有的军队，突破了血缘关系，规定以户为计算单位。命令以三百户组成一谋克，设百夫长为首领；每十谋克组成一猛安，设千夫长为首领，战时作战，闲时农耕，既有利于战争动员，又不违农时；既是军事组织（猛安谋克），又是地方行政组织（称为猛安谋克户），这对金朝的巩固和发展起着十分重要的作用。

对辽战争节节胜利，金的统治区域也越来越大，不同民族的降服者变成了大金的子民。阿骨打对他们实行了一视同仁的政策，多次下诏优待、抚恤归附者。天辅二年（1118年），他又发布诏令，对新降服的各族人民，要安抚他们，发给他们官粮，不得骚扰他们，让他们安居乐业。阿骨打还实行了移民政策，迁徙部分的汉人和契丹人充实内地。与此同时，他还强令女真由内地向外迁徙，进行屯田。

天辅七年（1123年）八月，阿骨打病死于回师燕京的路上，终年56岁。他是女真的英雄，一生驰骋疆场，为女真部族的强大和发展作出了巨大的贡献。值得一提的是，他虽然是少数民族的首领，但在战争中严禁士兵掳掠，破坏生产，在位期间还注意发展经济，采取了一系列有益于民的措施，这是尤足以为人们所称道的地方。

元太祖成吉思汗

"一代天骄"成吉思汗雄才大略,用兵如神。他统一蒙古高原各部落,开始对外扩张。成吉思汗创造了许多独到的战术,史称其铁骑"来如天坠,去如电逝"。他对外扩张,终将蒙古帝国建成一个地跨亚、欧的大帝国。

一、英雄多舛

【1】童年艰辛

蒙古部的兴盛,是从成吉思汗的十世祖孛端察儿开始的。经过从海都到忽图剌汗的长期努力,蒙古部发展成足以与高原各部争雄的一支强大势力。忽图剌汗死后,蒙古内部泰赤乌和乞颜两大部的力量最强,乞颜部合不勒汗的第三个儿子也速该因为作战勇敢,屡建功勋,所以德高望重,拥有较强的势力。一天,也速该见到篾儿乞人也客赤列都的妻子容貌美丽,便抢夺了这位妇人,让她做了自己的妻子。她就是后来鼎鼎有名的月伦夫人。

1162年,也速该率兵征讨塔塔儿部,大获全胜,俘获其首领铁木真。此时,恰好月伦夫人生下一子,据说孩子生下时,左手握着一块像红色石头的血块。也速该感到非常惊异,便以所获塔塔儿首领的名字给儿子起名,也叫作铁木真(意为铁匠),以此纪念他的胜利,企盼儿子将来像自己一样孔武有力,但他未曾料想到,四十余年之后,他的这个儿子的英名竟然远远超过了他的企盼,成为威震欧亚大陆的大蒙古国之汗——成吉思汗。

1170年,铁木真9岁了,按照族外婚的传统习俗,也速该带上铁木真前往娘舅所在部落去求婚,路上遇见了弘吉剌部的贵族德薛禅。德薛禅说:"你这儿子,眼睛明亮,面上有光。我昨天夜里做了一个梦,梦见一只白色的海东青用它的两

蒙古包
蒙古包由柳树杆和格子块与生牛皮捆在一起做成,再蒙上几层油毡。里面地上铺着毡子、兽皮或毯子,是蒙古族的传统住所,至今仍在使用。

爪攫着日月飞来,落在我的手上,多么奇异、多么幸运!今天你领着儿子前来,就是应验了我的梦。你们乞颜人的吉兆来了!我们弘吉剌人从来就出美貌的女子,我有一个小女,你到我家去看看吧!"

德薛禅的女儿孛儿帖10岁了。也速该看她面上发光、眼睛明亮,很是满意,就正式为儿子求婚。铁木真按照当时婚俗入赘做了德薛禅的未婚女婿。也速该独自返回时,途中遇见一群塔塔儿人正在开宴会。其中几个塔塔儿人知道也速该以前曾杀死过他们的首领,便假装热情地邀请也速该吃饭,却悄悄地在酒里下了毒。也速该饭后就觉得身体不适,勉强支撑才回到家里,知道遭了塔塔儿人的暗害,就叫蒙力克把铁木真叫回来,但还没等到铁木真回来就死去了。铁木真随蒙力克回到家里,一进门便扑在父亲身上失声痛哭,他发誓要为父亲报仇雪恨。他抑制着内心巨大的悲痛,耐心地等待自己长成顶天立地的男子汉。

也速该死了,月伦夫人和几个儿子的生活顿时陷入窘境。泰赤乌贵族开始向乞颜部发难。在同族人祭祖的仪式上,月伦夫人来得迟了,泰赤乌部俺巴孩汗的两个夫人竟不把应当属于她的那份祭肉分给她,公然欺负她。第二天,泰赤乌人带领许多乞颜贵族抛下月伦母子迁移走了。曾被也速该救过的晃豁坛人察剌会老人赶上去苦苦劝阻那些人,泰赤乌人首领脱朵延吉儿帖却对他说:"深渊已经干涸了,坚石已经破碎了。"意思是乞颜氏再也不能振兴起来,说着向老人的背上刺了一枪。铁木真挽留不住要叛逃的近侍,痛哭不已。月伦夫人亲自手持大旗去追赶,结果只截回很少的部众。强盛一时的蒙古贵族联盟最终破裂了。

月伦夫人带着七个年幼的孩子住在斡难河上游,全部财产只有九匹马,他们只好自食其力,过着贫困的生活。

艰苦的环境磨炼了孩子们的意志,同时也使他们形成了野蛮的气质,由此引发了一场家庭悲剧。有一天,铁木真与长弟合撒儿钓到一条银光闪闪的鱼儿,同父异母弟别克帖儿和别勒古台冲上来把鱼抢走了。铁木真兄弟回家向母亲告状,母亲说:"我们现在,除了影子,没有别的朋友,除了尾巴,没有别的鞭子。如果你们身为同一个父亲的儿子都不能和睦相处,怎能向泰赤乌人报仇呢?"铁木真、合撒儿听不进母亲的话,又控诉昨天射到的一只云雀也被他们夺去了,说完,

呼伦贝尔草原
大草原水草丰美,养育了一代又一代蒙古族人。

使劲把门一推就出去了。

别克帖儿正在山岗上看守家里的九匹马,铁木真与合撒儿拿着弓箭悄悄靠近他。到别克帖儿发现时,他已来不及跑掉。他试图使他们改变心意,但是铁木真、合撒儿不听他的劝告,一前一后地抽出箭来。别克帖儿只好受死,但请求他们不要伤害他的幼弟别勒古台。铁木真和合撒儿承诺后,毫不犹豫地射死了他。

二人一进家门,月伦夫人从他们脸上的表情明白了一切。她狂怒地斥责他们,引证古语,要他们深深地记住血的教训。他们认识到自己的错误,便都遵从母亲的教诲,兄弟几人,包括别勒古台,从此以后都能和睦相处,共创大业。

【2】铁木真出逃

铁木真兄弟渐渐长大,引起了泰赤乌人的担忧。先前抛弃月伦母子而去的泰赤乌首领塔儿忽台带着护卫去月伦夫人家里,月伦母子吓得赶紧躲到树林里去,而泰赤乌人搜寻的目标只是铁木真,因为铁木真是将要向他们复仇的最危险的人。铁木真跳上马悄悄钻到最高山的密林深处,泰赤乌人就把山林包围起来。铁木真在树林里共住了九夜,再也找不到吃的东西了。

第十天他一出树林,就被泰赤乌人迎头捉住。塔儿忽台下令用木枷把他锁起来,再押着铁木真巡行各处。这天,巡行到了一个地方,铁木真由一个幼弱的小孩看守。铁木真瞅准时机,用枷头把小孩打昏,赶紧跳进斡难河边的水沟里,藏在水下。发觉铁木真逃跑的泰赤乌人立刻沿着斡难河畔寻找。众人中有一个速勒都思部叫锁儿罕失剌的,发现了仰卧在水沟里的铁木真。但他不仅没有告发铁木真,而且几次掩护他,分散了众人的注意力,使铁木真得以逃脱。铁木真心想锁儿罕失剌能搭救他,就凭记忆寻着捣马奶的声音摸到了锁儿罕失剌的家。

锁儿罕失剌猛然看见铁木真到来,又惊又怒:"不是让你去找母亲和弟弟们吗?为什么到这里来?"他的儿子反对父亲的态度,把铁木真的木枷打碎烧掉,然后把铁木真藏到屋子后面装羊毛的大车里。

泰赤乌人继续寻找铁木真,他们对一个带

骑射图　元

枷的人竟然跑得无影无踪感到不可理解，怀疑是自己人把铁木真藏了起来。他们来到锁儿罕失剌家里搜查，把大车前的羊毛拉下来，眼看就要露出铁木真的脚。锁儿罕失剌急中生智，说："天气这样热，羊毛里怎能藏住活人呢？不信你们就随便搜吧！"泰赤乌人一想也是，就转身走了。锁儿罕失剌心有余悸，于是给了铁木真一匹母马和一张弓、两支箭，打发他回家了。

草原牧民
蒙古族人世代居住在草原上，放牧、打猎是他们主要的生活方式。

铁木真骑马往回飞奔，找到了他的母亲和弟弟们。为了躲避泰赤乌人的追捕，铁木真一家迁往古连勒古山中，仍旧靠捕杀土拨鼠、野鼠为生。

铁木真一家迁到新的住地不久，又发生了一件不幸的事。草原上盗贼横行，铁木真家几匹白色的骟马被盗了。由于自家那匹母马被别勒古台骑着打猎去了，铁木真徒步追不上奔马，只得眼睁睁地看着盗贼们远去。铁木真深知这些马对自己家庭的生活的重要性，作为长子对追回失马责无旁贷，等到别勒古台回来，他就独自骑上母马，循着马群的踪迹去追赶。

第四天早上，铁木真来到一家帐房前，看见一个伶俐的少年正在挤马奶，就上前询问。少年告诉铁木真，今天早晨有一伙人赶着八匹惨白色的马从这里经过，还说："朋友，你太辛苦了！我愿意和你结成朋友，一起去寻回失马。"这个少年叫博尔术，是富有的纳忽伯颜的独生子。纳忽伯颜与铁木真之父曾经做过朋友，博尔术佩服只身逃出泰赤乌人魔掌的铁木真，因此心甘情愿帮助铁木真。

博尔术给铁木真换上一匹黑脊白马，自己也骑上一匹快黄马，顾不上和父亲打招呼就立即出发，他们追赶了三天，来到一个营地旁，发现那八匹惨白色的骟马正在那里吃草。两人一起冲过去，把马赶了出来。盗贼发现追来，博尔术说："朋友，把弓箭给我！"铁木真说："我怕你为我而受伤，还是我来射吧！"盗贼陆续赶到，太阳却已经西坠，铁木真和博尔术趁着夜色迅速驱马退却，甩掉了盗贼们。两人赶着马，走了三天三夜，终于到了博尔术的家。铁木真深为博尔术的情谊所感动，他对博尔术说："如果没有你，我怎能找回这些马？"提出以马相谢。博尔术拒绝报酬，说："我帮助你，只是出于朋友之义解决你的困难。我如果要了你的马，还算什么朋友呢？"

博尔术领着铁木真进了家门，纳忽伯颜认可了这两个伙伴的友谊。铁木真与博尔术的友谊就这样开始了，博尔术成了铁木真的第一个那可儿（伴当），不久他就追随铁木真参加了统一蒙古高原的事业，并对其忠心耿耿，付出了自己毕生的精力。

二、建立蒙古汗国

铁木真到了结婚的年龄，就去寻找孛儿帖，德薛禅不爽前约，把女儿嫁给了铁木真。德薛禅的妻子将一件珍贵的黑貂鼠皮袄送给了月伦夫人。

铁木真结婚后不久，就派弟弟请博尔术来做自己的伙伴。博尔术二话没说就来到了铁木真家，又有在铁木真的十世祖时代就做了世袭奴隶的兀良合部送者勒篾前来为奴，从此者勒篾成为铁木真最忠诚的合作者之一。

在壮大自己力量的同时，还必须借助外部的强大势力。克烈部的首领王罕就是铁木真心中最好的人选。铁木真有和王罕联合的基础。首先，塔塔儿部是他们共同的敌人；其次，铁木真之父也速该曾经援助过王罕，两个人曾结为安答（义兄弟）。在铁木真想壮大兴起之时，王罕俨然已是蒙古高原的一方霸主。铁木真要与王罕结盟，以他当时的地位，他只能以谦恭的态度去拜见王罕。所以他拿上孛儿帖的陪嫁黑貂鼠皮袄，作为见面礼献给王罕，恭敬地说："你是我父亲的旧安答，就像我的亲生父亲一样。"王罕受到尊重，十分高兴。从此，铁木真称王罕为义父，依靠他的帮助走上了振兴的道路。

放牧图　元

铁木真还没来得及得到王罕的帮助，月伦夫人以前的夫家篾儿乞人来复仇了，突然袭击铁木真一家。仓促之间，铁木真等骑上马逃往不儿罕山，唯独孛儿帖没有马骑。女仆豁阿黑臣把孛儿帖藏在一辆有黑色帐篷的牛车里，匆忙逃走，路遇篾儿乞人，就谎称车里装的是羊毛。篾儿乞人拉开车门一看，里面竟是一个年轻漂亮的女人，知道她是铁木真的妻子，认为宿仇已报，不再继续寻找铁木真，就回去将孛儿帖送给也客赤列都的兄弟为妻。

妻子被篾儿乞人夺走了，铁木真决心报仇雪耻。他立即向克烈部王罕求援。因

元太祖成吉思汗

为篾儿乞人也是王罕的仇敌，王罕痛快地答应了铁木真的请求。为有必胜的把握，脱里汉还邀请另一个蒙古族首领札木合与他们合作。札木合不仅因为篾儿乞人是他的仇敌，铁木真还是他少年时代的好朋友，他们曾互相结为安答，这时的札木合正统治着蒙古强部，已经是一位草原豪杰了。

王罕希望札木合出兵2万为左翼，并决定会师的日期，铁木真告别了王罕，派合撒儿、别勒古台去札木合处求援。札木合听完他们沉痛的述说，表示愿意合作。这样，铁木真成功地动员了王罕和札木合的力量，准备向篾儿乞人兴师问罪。

王罕亲率1万军队，与铁木真、札木合的军队会合。大家推举札木合做了联军的统帅，按照他的作战方案行动起来。联军的主要进攻目标是篾儿乞人首领脱脱。脱脱匆匆逃窜，失去首领的篾儿乞部众溃不成军。铁木真在逃亡的篾儿乞人中找到孛儿帖，停止了战争。而霸占了孛儿帖的赤勒格儿遭到血腥的报复，只好远远地逃走了。铁木真兄弟在篾儿乞人的营盘里拾到一个叫曲出的5岁小孩，把他送给了月伦夫人当养子，后来曲出成为赫赫有名的将领。孛儿帖回到铁木真身边不久，生下了长子术赤。至于术赤究竟是不是铁木真的亲生儿子，不得而知。后来，围绕术赤的血缘问题，还引起了严重的家族纠纷。

征服篾儿乞人后，铁木真的势力开始壮大起来。他依附于札木合，伺机发展。不过，在群雄争霸草原的年代，铁木真和札木合之间不可能有长久的友谊。铁木真和札木合在一起生活了大约一年半，一天，札木合对铁木真说："依山居住，牧马的人可得帐房住；靠水居住，放羊的人可得饮食吃。"铁木真通过孛儿帖的解释理解了这句话，明白札木合讨厌他们了，于是离开札木合，连夜上路。铁木真一路前行，肯追随他的札木合的人陆续地加入到他的队伍里来。这说明札木合内部已经分裂。后来的事实表明，制造其分裂可能是铁木真蓄意已久的举动。铁木真带着自己的部下，来到他以前的住地，以崭新的姿态投入到激烈的争霸斗争中。

自从忽图剌汗死后，蒙古部落联盟瓦解。从札木合那里分离出来的乞颜贵族决定重振雄风，建立乞颜部落联盟，重新推举可汗。从辈

吹笛击拍俑 元

毡帐顶陶车复原图
在我国北方游牧民族中，车不但是交通工具，而且承担着流动居所的角色。通常车顶为帐篷式，下部车篷两侧安有车窗。这样半封闭式的形制，适合北方以车为家的起居方式。

分和血缘关系的远近来说，铁木真不具备当可汗的资格，但就才能和威望而言，铁木真的优势就超过了其他贵族。阿勒坛（铁木真的堂叔）、忽察儿等人经过磋商，拥立铁木真为汗。宣誓效忠之后，铁木真于1183年成为蒙古乞颜部的可汗，这一年，他22岁。他即汗位以后首先做的事，是克服旧式联盟那种互不统属、易于分裂的弱点，建立一套有利于汗权的制度，这使他得到了一支精悍的护卫军。他称汗之后，立即派使者报告了王罕，因为他明白自己仍然必须依靠强大的"汗父"。同时，他也没有忘记向札木合通告他称汗的情况。尽管札木合对铁木真称汗一事无可奈何，但他不甘心就此失败，他暗地蓄积力量，准备讨伐铁木真这位昔日的安答。

铁木真对札木合的进攻浑然不觉。札木合有个部下因他儿子在铁木真处服务，就将札木合兴兵的消息向铁木真报告了。铁木真将集合起的3万人组成十三翼列阵迎敌，结果却以铁木真的失利而告终，他被迫退入斡难河的狭地，导致了铁木真统一蒙古高原过程中著名的战役之一——十三翼之战。札木合虽然在军事上取得了胜利，但在道义上和政治上却遭到了失败，部属对他强烈不满，心怀二心。铁木真的高明之处在于善于笼络人心，十三翼之战后不久，对札木合心怀不满的族人就前来投靠铁木真，接着，泰赤乌属部照烈人也归附了他，铁木真的威望得到进一步提高，势力更加壮大了。

铁木真的雄才大略，还在于他善于把握时机，利用敌对阵营的内部矛盾，毫不犹豫地置敌人于死地。地处蒙古族东部的塔塔儿是金朝的属部，又是蒙古部的世仇，他们经常进攻蒙古族各部。后来塔塔儿由于受利益驱动叛金，于1196年被金击败。消息传到铁木真耳中，他认为千载难逢的机会来到了。他与王罕协同作战，一鼓作气拿下塔塔儿人的住地斡里札河，

镶金头盔 蒙古族
这顶镶金头盔是为高官所制作的，式样与蒙古族骑兵戴的铁帽或皮帽相同。

扎营图

虽然没有彻底消灭塔塔儿,但塔塔儿元气大伤,从此一蹶不振。金朝丞相完颜襄得到铁木真和王罕的协助,高兴地以皇帝的名义授给铁木真"察兀忽鲁"(意为部落之长)之职。铁木真获得了更大的政治权力,可以用朝廷命官的身份发号施令了。

铁木真在击败塔塔儿之后,又兼并了主儿乞,势力进一步壮大,已经发展成为足可威胁王罕的力量。这个慷慨地扶助过铁木真,又毫不客气地接受过铁木真援救的王罕对此并不甘心。1199年,王罕征召铁木真讨伐乃蛮部。联军一到,乃蛮难以抵挡,退至黑率八石,其前锋被擒。不一会儿,铁木真又与乃蛮骁将曲薛吾、撒八判二人对阵,当时天色已晚,于是各自回营以待次日再战。当天晚上,王罕在营内燃起大火,暴露军中情况,而自己却将部众转移至别处,使铁木真部众危险地单独面对乃蛮人。天亮了,铁木真恼怒地率部离开危险之地。王罕自食恶果,乃蛮人没有追赶铁木真,却尾随王罕而去,把他的妻子、财产和牲畜抢劫一空。王罕曾在危急之中迫不得已派人向铁木真求援。铁木真深知唇亡齿寒的道理,马上派军前往击败乃蛮,将其所掠财物悉数归于王罕。王罕感激涕零,两人重归于好,还正式举行了结为父子的典礼。

当时泰赤乌部仍有很强大的势力。铁木真与王罕继续联合作战,与泰赤乌部首领沆忽等大战于斡难河上,并打败了沆忽,斩杀及俘获无数泰赤乌部人。

铁木真和王罕对外的凌厉攻势,极大地震惊了高原诸部,诸部贵族们结成以札木合为首的联盟来对抗。铁木真收到情报后通知了王罕派兵前来会合。铁木真和王罕的联军与札木合的先锋部队——泰赤乌部展开大战。战斗中,铁木真的脖颈受伤,者勒篾用口吮吸他的淤血,又冒着生命危险去敌营寻来酸奶,救了铁木真的性命。经此一战,长期与铁木真为敌的泰赤乌部终于覆灭。

骑兵 蒙古族
在骑马飞驰之际扭身射箭，蒙古族猎手的灵活与火器使他们在欧亚战场上成了无敌的草原神兵。

经过长期的东征西讨，铁木真的力量日益强大起来，他可以依靠自己的军队对外进行大规模的战争了。1202年的春天，铁木真出兵征讨宿敌塔塔儿。出征之前，他严整军纪，军队的战斗力由此大增，一举将敌人击溃，然而在战斗中仍然发生了严重的违纪事件。以前推举铁木真为汗的乞颜氏贵族阿勒坛、答里台斡赤斤、忽察儿三人倚仗权势抢夺财物，铁木真为了维护汗权的尊严，毫不客气地没收了他们抢获的财物。征服了塔塔儿之后，铁木真在会上作出了如何处置塔塔儿部众的决议，别勒古台却泄露了秘密。塔塔儿人闻讯，齐集于山寨上，拼死抵抗铁木真军队的进攻。虽然铁木真军队最终攻克了山寨，但是自身也遭受了极大的损失。

塔塔儿的被消灭，使铁木真得以占据蒙古高原的东部地区，这对于他日后向高原的中部和西部扩张十分有利，他可以不必担心来自东西部敌对势力的两面夹击。数年间，铁木真跟随王罕东征西讨，有时独自率军出征，灭泰赤乌和篾儿乞、平合答斤、散只兀和塔塔儿，多次杀败札木合、乃蛮不欲鲁汗，同时他还不断削弱以至剥夺乞颜氏旧贵族的特权，不仅军事实力得到相当大的发展，大汗的权威也得到确立。铁木真已经成为雄视蒙古高原，与克烈王罕、乃蛮鼎足而立的一大势力。

在弱肉强食的争霸斗争中，亲生父子、兄弟之间可以反目成仇，王罕和铁木真这样的"义父"、"义子"之间也不可能合作到底。当敌手逐一被消灭之后，企图独霸高原的王罕和铁木真，彼此便开始怒目而视，矛盾一触即发。

在1202年击败乃蛮联军后的冬天，铁木真替长子向桑昆（王罕之子）的妹妹察兀儿别乞求婚，作为换亲，愿把自己的女儿给桑昆的儿子为妻，然而遭到桑昆的拒绝，铁木真深感受辱。札木合借此机会向桑昆挑拨，桑昆对于父亲认铁木真为义子早就心怀不满，他害怕铁木真将来以兄弟的身份威胁他继承克烈部的汗位。札木合之言正合他的心意。他派遣亲信去王罕那里禀告他们的意见。王罕听了不以为然，反而加以斥责。桑昆几次派使者说服不了王罕，只好亲自出马，对王罕说："父亲您还在世，铁木真就不把我们放在眼里。一旦您年老去世，我祖父忽儿札胡思艰难收集的百姓，他是不会让我管理的！"已经老态龙钟的王罕心疼儿子，无可奈何地同意了。桑昆和札木合先派人偷偷地去烧毁了铁木真的牧场，然后又商议骗铁木真的办法，准备以吃浑察儿（定亲筵席）为诱饵把他骗来抓住。铁木真经人提醒识破了桑昆的阴谋，做好了迎击桑昆突袭的准备。两军相对时，王罕想让札木合整治军民的话使札木合感到了王罕的无能与怯懦，性情反复无常的他暗中派人去告知了王罕的部署，随后离开了王罕。铁木真针对敌人的部署安排作战方案，打退了王罕四支梯队的进攻，射伤了桑昆，铁木真以寡敌众，不宜继续作战，最终不得不做暂时的战略退却。这次著名的哈阑真沙陀之战，是铁木真一生中经历的最为艰苦的战斗。

铁木真驻扎在弘吉剌人居住的地方，带人到王罕处，向王罕陈述精心准备好的一番言辞。他充满像对父亲一样的感情提起他和王罕之间的盟誓，历数他对王罕的五大恩德，最后对王罕进行痛责。王罕感到十分愧疚和懊悔，对于今后如何对待铁木真犹豫不决。铁木真又遣使去责备札木合与阿勒坛、忽察儿，使他们背离了王罕。只有桑昆表示要与铁木真敌对到底，但是他一时间孤掌难鸣。

面对桑昆等人可能发动的进攻，铁木真仓促率众转移到班朱尼河边，军队有很多人离散了，只有十九名将领紧紧跟随着他。铁木真在极为艰难的处境中，与将士们同饮浑浊的班朱尼河水。同饮班朱尼河水的佳话，后来作为铁木真艰苦创业的故事广为流传。铁木真在这里收集部众，终于等到了时机。王罕被哈阑真沙陀之战的胜利冲昏头脑，竟同金朝发生了冲突，王罕大败，元气大伤。铁木真看准时机，决定突袭王罕。在此之前，他使用诈降术，以合撒儿的名义向王罕派出使者，说合撒儿打算投降，目的是麻痹王罕，刺探军情。合撒儿的部下完成任务后，铁木真立即派他们二人为向导，自己率军跟进，逼近王罕的住地。毫无戒备的王罕仓促应战，战斗持续了三天三夜，最后克烈人战败投降，王罕父子趁乱逃走，他们在逃跑的过程中被乃蛮人和曲先人杀掉。就这样，风云一时的王罕及其克烈部被消灭了，这使铁木真扫除了统一高原的最大障碍，而铁木真的最后成功，在很大程度上是由于他继承了王罕的遗产。

铁木真最后统一高原的重要战争就是向西与强大的乃蛮决战。铁木真曾经几次与乃蛮的不欲鲁汗及其联军作战，极大地削弱了不欲鲁汗的实力，这次铁木真的兵锋所指，是太阳汗统治下的乃蛮部。太阳汗自负地认为自己是大国的君主，并不把蒙古族人放在眼里，也根本听不进劝告，决定向蒙古族人开战，并邀请也操突厥语

刺绣马鞍

的汪古部共同夹击铁木真。然而汪古部首领阿剌兀思剔吉忽里看到了乃蛮的内部分裂和太阳汗的懦弱无能，料想乃蛮必不是智勇无敌的铁木真的对手，因此他不但拒绝了太阳汗的邀请，反而派人去告诉铁木真说："要小心，不要让乃蛮部的太阳汗夺了你的弓箭！"铁木真十分感激地送给阿剌兀思剔吉忽里500匹马和1000只羊，同时邀请汪古部参加他对乃蛮的战争，阿剌兀思剔吉忽里慨然应允。1204年，铁木真祭旗出征乃蛮。他驻兵于建忒该山下，先派虎必来、哲别二人为前锋。乃蛮部太阳汗从阿尔泰山地区领兵前来，驻扎于杭爱山，与蔑儿乞部首领脱脱、克烈亦惕人阿怜太石、斡亦剌剔部首领忽都合别乞以及朵儿边、塔塔儿、合答斤、撒勒只兀惕诸部会合，兵力强盛。当时正是春季，马匹瘦弱，铁木真军中有一匹羸马惊慌跑入乃蛮部营中，太阳汗见了之后对众人说："蒙古马竟然如此瘦弱。"见到铁木真燃起的满川的篝火，他又说："蒙古人人数不少。现在应当诱其深入，然后战而擒之。"他的儿子和部将都嘲讽他说："你是不是心中害怕呀！"太阳汗被激怒，飞身上马，率众前来索战。铁木真亲自做先锋，命令合撒儿率领中军，蒙古军队冲向纳忽山崖。当时札木合也随从太阳汗前来，见到铁木真的军队阵容严整，又看透了太阳汗的懦弱无能，因此他就像在哈阑真沙陀之战中，因看不起王罕而叛离一样，在离开太阳汗之后又派人向铁木真通报了情况。铁木真与太阳汗一直战到晚上，擒杀了太阳汗，其部众连夜溃逃，掉下悬崖摔死的不计其数。铁木真乘胜征服了蔑儿乞部。

可汗宴饮图

在王罕、太阳汗相继灭亡之后，札木合已是明日黄花，惶惶然如丧家之犬。他曾经是蒙古部最有实力的人物，铁木真一度是他的附庸。在铁木真离开札木合独自发展势力之后，札木合纠集各部力量，与铁木真进行了长期的较量，然而一再败北。他失败后，先是投靠王罕，离间王罕与铁木真的关系，王罕灭亡后他又投奔太阳汗。他的部众纷纷离他而去，只有五个那可儿跟随着他。后来，那可儿们因忍受不了饥苦和札木合的挖苦，就把札木合捉了送到铁木真处请降。铁木真按照他处置谋害自己主人的人的一贯做法，将那五个那可儿杀掉了。

对于札木合,铁木真犹有怜意,是杀是留,颇感犹豫。但是札木合知道,草原上的英雄最终只能有一个,已经穷途末路的他即使活下去,也不会再有作为。一代枭雄决不甘心做仰人鼻息的阶下囚,因此他在向铁木真表达感激之情的同时,也表示了自己必死的决心。铁木真也知道,札木合的存在与自己的霸业不能相容,于是下令按处置贵族的方式,赐札木合不流血而死。

辽阔的蒙古高原绝大部分都已处在铁木真的统治之下了,这时铁木真已经具备了统一蒙古部的条件,下一步便是顺应统一大势来创建国家。1206年,铁木真在斡难河畔召开忽里台(大聚会),被推举为全蒙古的大汗,人们尊称他为"成吉思汗"。成吉思有"大海"和"强大"的意思。

他实现了蒙古各部的统一,建立了蒙古族历史上第一个军事奴隶制政权。蒙古帝国的基本军事单位和行政单位是千户。封地内的牧民被编为十、百、千、万户,开国功臣九十五人封为千户长。成吉思汗组织怯薛军,在司法行政上又设立札鲁忽赤(断事官),并颁布《大札撒》,即法典,又让被俘的学者塔塔统阿创造蒙古族文字。

三、灭亡夏、金

蒙古汗国建立后,成吉思汗就开始向邻境发动战争。

1209年,成吉思汗领兵进入河西。夏襄宗派遣太子承祯率领军队前来迎战,被蒙古军队打败,俘获其副帅高逸令公,又俘虏其太傅西壁氏。蒙古大军又进至

毡帐图
表现的是漠北游牧人家的生活情景。他们住处就是在他们故乡背景中搭盖起来的帐篷。

灰陶马及牵马俑　元

克夷门，再次打败夏国军队，俘获其将领嵬名令公。蒙古军进逼西夏中兴府，引黄河水灌中兴府，不料外堤决口，大水倒淹蒙古军，蒙古军不得不撤军而还。随后，成吉思汗遣太傅讹答入中兴府谈判，迫使襄宗纳女请和，向蒙古称臣。西夏附属于蒙古国，解除了蒙古进攻金朝时来自西夏方面的后顾之忧，也完成了对金的战略包围。

金是蒙古诸部的宗主国，成吉思汗曾经出于战略上的考虑协助金朝重创塔塔儿。然而金又是蒙古的世仇，成吉思汗的宗亲俺巴孩惨死于金人之手。成吉思汗因从金获得了"察兀忽鲁"之职，每年亲赴金边境入贡。当时金人卫脱里受命到净州接受蒙古人的进贡，成吉思汗不行臣下之礼。卫脱里即位后下诏至蒙古，成吉思汗不但不跪拜，反而对卫脱里嗤之以鼻。其实此时成吉思汗已经做好了入侵金的军事准备，他挑起两朝争端，于成吉思汗六年（1211年）二月发兵攻打金。

蒙古军首战告捷，在野狐岭打败金将定薛统领的军队，收取大水泊、丰利等地。九月，金在居庸关的守将逃跑，蒙军入关，进抵中都。在取得一连串的胜利之后，蒙古军带着掠夺的物品返回草原。1212年，成吉思汗第二次兴兵南下，再攻西京时身中流矢，蒙古军遂撤军而去。十二月，蒙古左帅哲别攻克了东京。1213年，成吉思汗第三次进兵金，人称"铁门关"的居庸关一时难以攻破。哲别出其不备，击败金兵，与屯军关下的怯台、薄察会合，里外夹攻，攻取居庸关。

蒙古骑兵图

至此，蒙古铁骑通往中都及中原各地的门户已被打开。这年秋天，蒙古军分为三路，深入金各地烧杀抢掠。在横扫中原之后，蒙古军进逼中都。诸将请求乘胜作战，成吉思汗没有答应，而是遣使对金宣宗说："山东、河北的郡县均已归我所有，你们的燕京不过是一座孤城而已。我们现在撤军，你难道不想为我们犒军吗？"宣宗于是立即遣使议和，成吉思汗撤军北还。六月，金宣宗迁都至汴州。成吉思汗闻听，立即发兵再入金境。1215年，中都陷落，蒙军围攻中都的同时，成吉思汗派木华黎侵略东北地区。七月，成吉思汗派使臣出使金，以宣宗献河北、山东诸城，去帝号，称河南王为罢兵条件。金不从。成吉思汗遣军继续收掠各地。这年秋天，蒙古军攻取金城邑八百六十二座。

1217年，成吉思汗封木华黎为太师，对他说："太行以北，我来攻打，太行以南，你勉力为之。"木华黎掌握攻金的全权，始终在中原奋战，直到去世。1221年，金宣宗在危急之中再次派遣仲端去蒙古方面求和，成吉思汗说："以前我要你们献出河北等地，让金主为河南王，彼此罢兵，你们的皇帝不同意。现在这些地方都已经被木华黎攻取了，你们这才来求和，不是太晚了吗？"仲端苦苦哀求，成吉思汗说："河朔既然已为我所有，那么关西数城应该割付给我。令你家皇帝为河南脱里，这次不许违逆。"

放鹰捕猎图
狩猎是蒙古人重要的生活内容。在狩猎时，鹰是猎人的向导，它负责搜寻猎物，引导方向，所以蒙古人出猎时往往将鹰带在身边。

金宣宗无法接受这样的条件，和议失败。随之木华黎开始了与金争夺关西的战争。1223年，木华黎身患重病，临死前对弟弟说："我受命专征，披坚执锐、东征西讨，至今已经四十年，没有什么可遗憾的，只是汴京还没有攻下来，你一定要努力。"木华黎死后，其子孛鲁嗣父王位，继承父志，进攻西夏，再平河北、山东诸地，为蒙古占据金北方地区立下了不少功劳。然而孛鲁死得早，蒙古最后灭亡金，是在成吉思汗死后的1234年由他的儿子窝阔台汗完成的。

蒙金战争形势示意图

四、西征亚欧

成吉思汗发动了三次大规模的西征。

第一次西征是从1218年至1225年在成吉思汗率领下发动的。成吉思汗凭借着自己强悍的蒙古骑兵和从中原地区缴获的先进火器,开始了对中亚地区的大规模征讨。花拉子模成为首当其冲的目标。

成吉思汗对与中亚的

蒙古人攻打欧洲图

贸易十分重视。继1216年花拉子模编队来蒙古通商后,1218年春,成吉思汗组织了一支商队到花拉子模去进行贸易。当蒙古商队到达花拉子模国边境讹答剌城时,该城的长官亦纳勒出黑贪图商队财物,竟诬指商队为间谍,花拉子模国王马合谋轻信报告,下令将商人全部处死,没收其货物。成吉思汗得知后极其愤怒和悲伤,要求花拉子模交出讹答剌守将。马合谋不但拒绝了他的要求,而且杀死了为首的蒙古使臣。这是对蒙古的莫大侮辱,成吉思汗决定出征花拉子模国。

蒙古军队于1218年灭西辽后,已经扫除了进军花拉子模道路上的障碍。1219年秋,成吉思汗亲自率领诸子以及十五万大军西征花拉子模。成吉思汗针对花拉子模分兵固守的方案兵分四路进攻。在讹答剌的攻防战进行得极为激烈。蒙古军攻下讹答剌城,生擒了亦纳勒出黑,将熔化的银子灌进他的耳朵和眼睛,

察合台汗国银币

为被害的商人复仇。在此之前,马合谋脱里率领11万军队驻守在撒麻耳干,后撤退至阿姆河南岸。当撒麻耳干失陷后,他便不顾儿子的反对,仓促转道向西。不久,他得知哲别等统率的蒙古军队已经进入呼罗珊境内,被迫继续西逃,最后于同年十二月病死。其子札兰丁在之后与成吉思汗的战斗使成吉思汗遇到西征以来最大的一次挫折,随后花拉子模国被击败。

成吉思汗的这次西征,征服了辽阔的中

亚地区以及波斯的一部分地区,并初次战胜了罗斯诸侯联军。这次西征为横跨欧亚的蒙古大帝国的建立奠定了基础。

二次西征从1235年到1242年,继任蒙古大汗的窝阔台再次远征钦察、斡罗思。这次西征的原因除了企图经济上进行掠夺外,还希望用西征缓和内部权力之争,又称长子西征。这次统帅是成吉思汗的孙子、术赤的儿子拔都。蒙古军一路高歌猛进直至克里米亚半岛。1243年初,拔都在伏尔加河下游以萨莱城为首府建立了蒙古四大汗国之一的钦察汗国。

蒙古帝国第三次西征是1252年到1260年出征波斯地区。

成吉思汗在1225年的秋天亲率大军对西夏作最后的征讨。成吉思汗在欲亡金、必先灭夏的战略下向西夏征伐,但成吉思汗在出师途中坐骑受惊将他翻坠于地,受伤甚重,并发起高烧来。但他不同意撤军,从1226年春开始,分路进攻西夏。战斗进行得十分激烈,西夏君臣失去了反抗能力,被迫向成吉思汗投降。至此,西夏实际上已经等于灭亡了。

五、成吉思汗之死

在清水县,成吉思汗受伤未愈的身体又因天气酷热而染重病。他感到自己将

成吉思汗陵
图为今天重新修建的"成吉思汗陵",位于内蒙古伊克昭盟金霍洛旗境内,陵内存有成吉思汗的遗帐和遗物。这里虽不是成吉思汗的真正葬地,人们却可以于此窥见这位伟人极不平凡的一生。

不久于人世，便召儿子前来交待最后的几件事。首先是选定窝阔台继承汗位，其次是如何灭亡金。最后，他要求死后不要发丧、举哀，对敌人封锁他逝世的消息。成吉思汗二十三年（1227年）七月十二日，成吉思汗死于清水县，终年66岁。据史书记载，埋葬地点在斡难、怯绿连、土兀剌三河之源不儿罕山的起辇谷。现今的成吉思汗陵是只存放着成吉思汗遗物的祭祀之所。

成吉思汗雄才大略、用兵如神，在历史上创下了丰功伟绩，其影响至今犹存，不愧为"一代天骄"。

元世祖忽必烈

元世祖忽必烈是元朝统一中原过程中一位非常伟大的皇帝。他一生宽宏大度,知人善任,信奉儒家的治国之道,采用汉法,设立经纬,陈述纲纪,南下灭宋,统一全国并开始采用年号,定国号为元。在他的统治下,元朝进入了全盛时期。

一、世祖登基

世祖是睿宗的第四个儿子,叫忽必烈,世祖是他的庙号。他的母亲是庄圣太后怯烈氏。宋宁宗嘉定八年(1215 年)八月二十八日,世祖出生。长大之后,娶弘吉剌氏为王妃。他仁厚、英武、聪明、睿智,对太后非常孝敬,也特别善于安抚臣下,口碑很好。

世祖很有抱负,早在 1244 年他还是藩脱里时,就想像父辈那样灭金,建功立业。1251 年六月,世祖的兄长继承皇位,即宪宗。宪宗见同母兄弟中世祖的年龄最大而且最有才华,因此将大漠以南的汉族地区交由他管理。

当时,邢州有两名答剌罕求见世祖,向他提出建议说:"邢州和吾州是分封的土地。刚受封的时候,有一万多户百姓居住。现在,百姓纷纷逃亡,只剩下 5700 多户了,应该挑选廉洁的官吏前往治理。"世祖采纳了他们的建议,任命脱兀脱和张耕为邢州安抚使,又任命刘肃为商榷使,前往邢州治理地方政治。此后,邢州逐渐繁荣起来。

1252 年,世祖进驻桓州、抚州一带。宪宗任命断事官牙鲁瓦赤和不只儿等人主管国家财政,留驻燕京。他们在燕京审理案件,一天之内杀死了 28 个人,其中有一个是因为偷了马匹。世祖听说后,责问他们:"但凡处以死刑的人,都应该上奏朝廷后才能够行刑。你们现在一天杀死 28 人,肯定会有无辜的人被你们错杀的。原本只需要打几下以示惩处的,你们打了之后又将其处死,这是什么刑罚呢?"几句话说得不只儿等人瞠目结舌,哑口无言。

1253 年十二月十二日,世祖率大军逼近大理城。大理国君主段氏权力弱小,大权被高祥和高和两兄弟掌握。十二日晚,高祥见大事不好,率领大军逃跑。段氏立即反击,世祖也派大将也占和拔突儿追赶。世祖攻下大理后,任命刘时中为宣抚使,与段氏共同安抚百姓,班师回朝。路上,抓获高祥,将他处死在姚州。

1259 年九月初一,亲穆哥派遣使者前来拜见世祖,向世祖汇报了北部局势,带来宪宗驾崩的噩耗,并请世祖起程回北方,稳定局势。世祖说:"我是奉我哥哥的命令前来南

差吏俑 元

方的，怎么能够还没有建功立业就回去呢？"拒绝了穆哥的请求。初三，世祖登上香炉山，从高处俯瞰长江。当天晚上，世祖派遣木鲁花赤、张文廉等人准备船只，准备攻打用大船扼守长江的宋朝军队。初四凌晨，天下着小雨，周围灰蒙蒙一片。所有大将都认为不能渡江，但世祖没有听从他们的建议，下令让将帅升起大旗，分三路进军。不久，天色转晴。世祖率军与宋军三次交战，杀死并抓获了许多宋军，一直打到长江南岸。世祖下令，士兵不许擅自进入百姓家中，违令者按军法处置。同时，世祖下令释放所有俘虏。几天之后，世祖派遣王冲道、李宗杰、訾郊前往鄂城招降，遭到宋朝官兵的反对，如雨一样密集的箭阻住了他们的去路，王冲道掉下马背被宋军生擒，李宗杰、訾郊逃了回来。不久，世祖率军到达鄂州城下，屯兵练习，准备攻城。初九，包围鄂城。世祖登上鄂城东北的压云亭，观看敌情。他确定贾似道带来的军队并非精锐之后，命令士兵作好攻城准备。十一月，贾似道派遣宋京前往求和，世祖当日率军返回北方，到达燕京。

白玉蟠螭纹带饰 元
唐代的玉带纹一般都是带蚁鼻孔，缝缀于带上，这种将带自玉中穿过的带饰，主要见于辽宋元时期。这件作品玉质优良，雕琢精致，是元代玉带饰的代表作品。

此时宪宗已去世，脱里赤大量征集民众当兵。世祖见状，责问脱里赤。脱里赤借口说这是宪宗临死前的命令。世祖察觉出异样，下令将他征集的兵民全部释放，兵民因此对他感激不已。

中统元年（1260年）三月初一，世祖率领军队驻扎在燕京近郊，后进入开平。亲脱里合丹、阿只吉率领西路各位诸侯脱里，塔察儿、忽剌忽儿、爪都、也先哥率领东路各位诸侯王赶到开平。各位诸侯王和大臣都劝世祖登基，世祖再三谦让，但最终拗不过各位诸侯王和大臣的请求而答应了。陕西宣慰使廉希宪建议说："高丽国王曾经派遣他的世子入朝觐见，由于当时宪宗正率军攻打宋朝，因此扣留了他作为人质以防高丽帮助宋

元世祖皇后像
北方民族大多尚武成风，妇女盘马弯弓，丝毫不让须眉，战功卓著者代不乏人。此冠形高二三尺，造型奇特。

世祖皇帝平云南碑
此碑位于云南大理市三月街上,高444厘米,宽165厘米,由上、下两石相接而成。碑额篆书"世祖皇帝平云南碑",程文海撰书,立于元成宗大德八年(1304年)。碑文记载了元世祖忽必烈灭大理和设置云南行中书省的史实。

军。如今,听说他的父亲已经去世,如果立世子为国君,送他回国,他一定会感谢我们,倾心归附我国,这就相当于不费一兵一卒得到一个国家。"世祖采纳了他的建议,让世子回到高丽。此后,世祖任命、赵璧、董文炳为燕京路宣慰使。

四月初一,世祖设立中书省,任命王文统为平章政事、张文谦为左丞相。此后,又任命八春、廉希宪、商挺为陕西、四川等路的宣抚使,任命赵良弼为参议司事,还任命粘合南合和张启元等人为西京等地宣抚使。

四月初二,世祖下诏,禁止边将擅自掳掠。四月初四,世祖诏告天下,正式登基。五月,忽必烈建元中统,蒙古帝国自此有了年号。

二、南下灭宋

1234年,蒙古军灭金之后,便开始向南攻打宋朝。到元世祖忽必烈即位之后,继续攻打宋朝,并最终灭掉宋朝,实现了全国的统一。

【1】兵围襄阳

1261~1264年,忽必烈与阿里不哥争夺汗位期间,蒙古江淮大都督着手修筑了济南、益都等城墙,并于1262年召回自己住在开平的儿子李彦简。此后,他率军消灭了蒙古戍兵,以济南、益都、涟海三城投降南宋。同年三月起,忽必烈先后命令史枢、阿术、哈必赤、史天泽等人围攻济南、益都、涟海三城。李彦简父子连连失败,七月在济南兵败被杀。

至元二年(1265年)八月,蒙古军队由元帅阿术率领,到达庐州和安庆等地。宋朝的统制范胜、统领张林,命令正将高兴和副将高迪率军迎战,结果被蒙古军打得大败,宋军全部战死。同月,宋军5万人马在夏贵的率领下进攻潼川(今四川三台),被蒙古都元帅刘元礼率领几千人打败,夏贵逃走。

至元三年(1266年)十月,蒙古军总帅汪惟正派遣下属率军袭击开州(今四川开县),杨文安派千户王福领兵协助。不久,城池攻陷,宋军守将庞彦海跳崖自杀。

蒙古军队留兵驻守后，退兵离去。

蒙古军队节节胜利，顺利进军，很快到达襄阳一带，率军攻打襄阳。

1267年开始，蒙古军队开始向襄阳发起猛烈攻击。至元四年（1267年）八月，蒙古都元帅阿术侵略襄阳，进入南郡（今湖北江陵），攻取仙人、铁城等寨，俘虏当地居民5万余人。不久，蒙古军队北还。南宋军队向蒙古军下战书，邀击于襄、樊之间。阿术在牛心岭留下精兵5万人，同时又在其他几个地方设置了虚寨，生起烟火，借此迷惑宋朝官兵。半夜时，宋军前往攻击营寨。蒙古军队从两侧伏击宋军，宋军阵脚大乱，被杀死1万多人，大败而回。

元代抛石机示意图
抛石机为元军攻城的主要器械之一，威力巨大。

同年十一月，南京宣慰使刘整向忽必烈建议说："攻打宋朝的战略中很重要的一环应该是襄阳。我军应该先攻下襄阳，然后从汉水进入长江。这样的话，我军就可以长驱直入到达南宋的都城临安，最后消灭南宋，统一全国指日可待。"忽必烈采纳了刘整的建议，下诏征调各路兵马齐集一处，由阿术和刘整共同指挥作战，攻打襄阳。同年十二月，宋朝任命吕文焕为襄阳府知府，兼任京西安抚副使。

1268年，元朝军队在阿术的带领下围攻襄阳城。他派人在百河口和鹿门山修筑了栅寨，同时，又在汉水中筑起楼台，与夹江堡两两相望，切断了南宋援救襄阳的所有必经之路。同年十一月，宋朝驻襄阳的守军为打破元军的封锁，以便向南宋请求援军，向元军沿山的各个栅寨发起猛烈的攻击，但被元军打败。

至元六年（1269年）正月，阿术率领军队攻打复州（今湖北天门）、德安府（今湖北安陆）和京山等地，俘虏上万民众后撤走。此后，元军由史天泽和枢密副使呼剌出率领前往襄阳一带，增

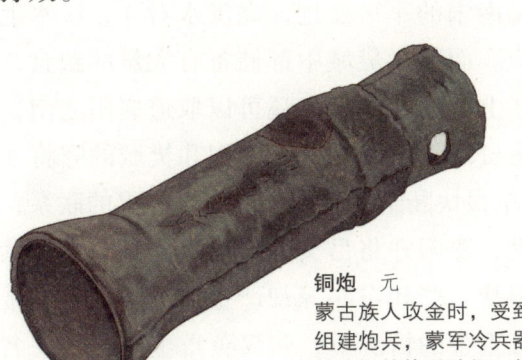
铜炮 元
蒙古族人攻金时，受到金军炮兵的猛烈反击，伤亡惨重，成吉思汗遂下令组建炮兵，蒙军冷兵器时代就此结束。元军广泛使用火器，有"火铳什伍相连"的炮兵队伍。但火器制造受政府严格控制。火铳是元军常用的一种管形火器，是现代枪炮的雏形。蒙古军队三次西征，火铳发挥了巨大的威力。它的西传，加速了欧洲封建时代的结束。

援阿术率领的蒙古军队。史天泽率军到达襄阳后,命令军队修起了从万山开始的长围,将百丈山团团围住,从此,襄阳和樊城南北无法沟通。不久,又修建起一字城,将各处城堡连接起来,准备长期围困襄阳。

同年三月,阿术率领军队从白河围困樊城。

【2】夺取襄樊

至元八年(1271年)十一月,忽必烈接受僧人子聪(刘秉忠)的建议,取《易经》中"大哉乾元"的意义,改国号为大元,正式建立起元朝的统治。此后,为实现全国的统一,忽必烈加紧了对南宋的进攻。

忽必烈出猎图

从1267年冬天蒙古军围攻襄阳和樊城起,至1272年已经长达五年之久。在这五年时间里,宋朝曾经派夏贵率轻骑运粮至襄阳城。不久,夏贵的军队在湖北虎尾洲一带被蒙古万户解汝楫率舟师打败。此后,李庭芝奉命督师前往救援襄樊,因部下范文虎不受他的指挥,被蒙古军万户张弘范率军打败。到至元八年(1271年)四月,宋军在湍滩大败,到六月时,范文虎兵败逃走。而蒙古则接受张弘范的建议,加强了襄、樊外围的城栅堡垒,使襄樊与外地的水陆交通彻底中断。

至元九年(1272年)三月,元军在将领阿术和刘整的共同指挥下,攻破了樊城的外郭,宋军守将关闭城门,坚守于城内。阿术等人商议之后,再度构筑栅寨等将樊城重重围住。襄、樊二城是南宋的军事要地,夹汉水对立,汉水上有浮桥,因此,两城可以互相声援接应。而襄、樊城中都储备有大量的粮食,足够军队支用几年时间。而且,沿长江上游的一些商人还可以取道襄阳之南,给襄阳和樊城的守军提供一些必需的物资。正因为如此,襄阳和樊城的守将才得以固守城楼长达几年之久。但是,元军很快断绝了襄阳和樊城与外界的联系,宋朝军队无法攻破元军的封锁给予援助,襄阳守将吕文焕竭尽全力据守,虽然城中的粮草还可以维持人们的需要,但盐、柴和布匹等却严重缺乏,守卫樊城的张汉英也遇到了同样的困难。在危机重重的情况下,张汉英重金招募了一名水性特别好的士兵,将腊书扎入他的头发中,并让他潜埋在积草下面,游水出城去求援军相助。但是，这位士兵被元军在水中抓获。元军得知荆、郢一带仍有缺口后，立即派兵将襄、樊南路的荆、郢截断。此后，又派兵截断了襄、樊北路邓州的援救路线。

南宋为了保住襄、樊重镇，下令让京湖制置使李庭芝移兵屯驻在郢州（今湖北钟祥），军队全部安置在均州、新郢和河口一带，扼守紧要码头。李庭芝开始在襄樊西北部督造小船，共造船100多艘。此后，李庭芝招募了3000名敢死队员，在民兵部辖张顺、张贵的统领下，沿着汉水前往襄阳救援。宋军突破了元军的严密封锁，虽然张顺等许多敢死队员战死，但张贵仍带着部分军队进入了襄阳城。张贵的到来让襄阳全城的百姓欢欣鼓舞，精神振奋，勇气倍增。后来，张贵返回郢州去迎接援军，途中与元军遭遇而战死。

蓝釉白龙纹盘　元

至元十年（1273年）正月，元军清除了河水中的障碍，截断了襄、樊两城之间的浮桥，集中全部兵力攻打樊城。樊城军民奋起抵抗，终因寡不敌众被元军攻陷。樊城陷落后，宋军守将范天顺自杀身亡。他的手下牛富率领敢死队员一百多人继续进行巷战，元军死伤无数，但最终还是由于人数过于悬殊，敢死队员被元军杀死不少。牛富见无力挽回樊城陷落的惨局，走入熊熊大火之中，自焚而死。

樊城陷落后，襄阳成为一座被元军包围的孤城，更加孤立无援。守将吕文焕每次外出巡视，城中的将士都会悲从中来，痛哭流涕，而士兵虽然坚决据守，但也有

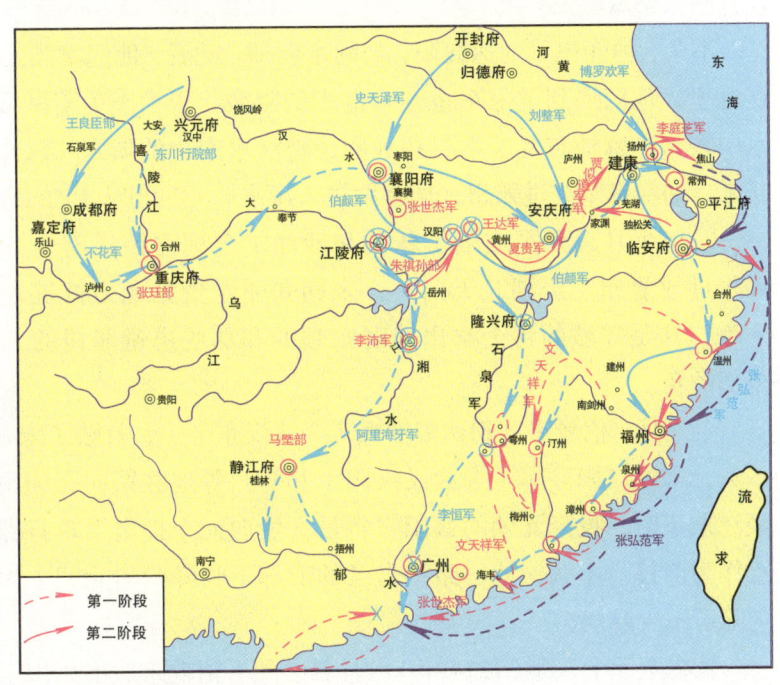

元军灭南宋示意图

些军心涣散。吕文焕一再向朝廷告急，而朝廷之中，权臣贾似道玩弄两手把戏，一面上奏章请求皇帝派他率军前往边境地带指挥作战，以赢得朝廷和全国百姓的赞誉，一面又指使幕僚上奏折挽留自己，向皇上指出贾似道必须留在朝廷。这样一来，樊城被攻破、襄阳城危机重重的时候，朝廷却毫无动静。

不久，元军用亦思马因所造的巨炮攻打城池，吕文焕被迫投降，元军进入襄阳城内。至此，历经五年的攻守，元军夺取了南宋北部重镇襄阳。从此，南宋的门户大开，形势急转直下。

元军攻城图
在这幅画作中，元军为了对南宋军队控制的一座城市进行包围，正从一座用船巧妙架设起来的桥上进行强攻以便跨越长江。

【3】攻入临安

1273年，元军攻下襄阳和樊城之后，进行休整。到至元十一年（1274年）六月，忽必烈下诏书，命令左丞相、河南行省伯颜为元帅，与阿术在襄阳会师后，水陆并进，攻打南宋都城临安。

不久，伯颜率军到达襄阳，与阿术会师。此后，他们率领元军沿汉水到达郢州。在这里，他们遇到了宋军将领张世杰的阻截。张世杰为阻断元军的水上通路，在水中密密麻麻地布置了木石和战舰，将汉水南边的新郢和汉水北边的郢州连结了起来。伯颜率军绕过郢州，从藤湖进入汉水。元世祖从上都来到京师。

同年十月，元军攻陷了新城和沙洋（今湖北钟祥南）。十一月，伯颜率领大军进攻复州（今湖北天门），宋朝知州翟贵见无力抵抗，率众投降。元世祖下令，凡是守城的将士拿出钱财归顺的和那些逃避罪罚的、背叛主子出逃的，全部赦免。

十二月，伯颜率军到达阳罗堡（今武汉东部），打败了宋朝夏贵率领的军队。不久，宋朝汉阳驻军（今武汉汉阳）和鄂州等地驻军向元朝军队投降。元朝军队顺江东下时，投降元朝的襄阳守将吕文焕向元军提出了攻打鄂州的建议，并且愿意作为前锋。不久，他一路将自己的旧部下收降归附元朝，为元朝顺利进攻临安免除了不少麻烦。

就在至元十一年（1274年）六月忽必烈下诏攻宋后不久，南宋度宗于七月驾崩，赵显即位，是为恭帝。宋恭帝即位时年仅4岁，权力操纵在权臣手中。不久，宋朝任命高达为湖北制置使，负责湖北一带军务。同时，宋朝还任命权臣贾似道全权负责都督各路军马，防卫临安。

元军一路势如破竹，宋军望风披靡。至元十二年（1275年）正月，宋军将领吕师夔率江州（今江西九江）军民投降元朝，元军元帅伯颜旋即任命他为江州知州。元世祖听从大臣的建议，下诏招降宋朝的边郡如嘉定、重庆、江陵、郢州、涟海等地。不久，宋军安庆军将领范文虎也献城投降了元朝。

伯颜率军攻打临安的同时，派刘整率军前往攻打无为军。刘整出兵淮西后，久攻不下，感到非常惭愧。不久，他又得知吕文焕已经连续招降各地旧部立下头功，更是感到

伯颜像

气愤。在他愧愤交加时，气急攻心，死于无为城下。贾似道原本害怕刘整，不敢出兵与元军交战。此时，他听说刘整病死，于是向朝廷上表，率军出兵，进入芜湖。同时，贾似道听说吕师夔投降了元朝，便派人与吕师夔沟通，想通过吕师夔与元军议和。

同年二月，元军在伯颜的调度下攻打池州（今安徽贵池），宋朝知州王起宗率军逃走。贾似道立即调遣孙虎臣率领精锐部队7万余人屯驻在池州下游的丁家洲，并命令夏贵率领2500艘战舰在江中阻截，而贾似道自己则率领军队驻扎在鲁港（今安徽芜湖西南）。

不久，元军和宋军在丁家洲至鲁港一带多次交战。鄂州的失利给夏贵带来的创伤虽然已经抚平，但阴影犹存。他所率领的军队毫无斗志。孙虎臣与元军刚刚交战就准备乘船逃走，宋朝士兵一见主帅怯战，也无心恋战，军中大乱。夏贵见状，忙向贾似道报告说："敌人太多，我方兵力太少，已经无法支持下去了。"在没有与元军交锋的情况下，夏贵率领军队向后退走。贾似道听说后，也立即鸣金收兵，大败而逃。元世祖接受阿先不花的建议，派遣自己的外甥胡应雷前往招降夏贵。此后，临安城完全暴露在元军的炮口之下。元军顺势继续往下，临安告急。宋朝廷向各地征调军队勤王，但很多人畏缩不前。鄂州守将张世杰率领军队进入临安，并收复了饶州。不久，赣州知州文天祥也率领军队进入临安。

但是，元军已经锐不可当。不久，建康、太平（今安徽当涂）、和州（今安徽和县）等地相继投降元朝。至元十二年（1275年）三月，元军元帅伯颜率军进入建康。此后，

骏马图　元　赵子昂

蒙古族靠马上功夫一统天下,马的饲养成了军队中极为重要的事务。蒙古军队横扫欧亚大陆,很大程度得益于强大的骑兵队伍。蒙军将军事训练作为生活的一部分,注重饲养马匹,广泛实行自备鞍马、粮草、兵器的兵役制度。

镇江、常州、平江府(今江苏苏州)等地先后投降元朝,临安危在旦夕,南宋朝廷官员纷纷外逃。

至元十二年四月,元军开始攻打扬州,宋军守将李庭芝、姜才坚守阵地,不愿投降。元世祖下令中书省商议,设立"登闻鼓",让那些有亲人被杀无处倾诉的人击鼓鸣冤;但同时也规定,老百姓鲁莽击鼓,将受到法律的惩处。二十日,宋朝度支部尚书吴浚寄书信给建康府徐王荣等人,陈述了宋朝丞相陈宜中的意思,请求与元军停止战斗,互相通好。但是,元军元帅伯颜派遣中书议事官张羽、淮西行枢密院令史王章与宋朝的来使马驭一起,带着徐王荣的回信到达平江府的驿亭时,被宋军杀死。

七月,张世杰率领水军与元军大战于镇江焦山一带。大战从上午九点一直持续到中午,呼声惊天动地。元军趁着风势用火箭攻击宋军的战船。宋军战船着火,大败。张世杰、孙虎臣等人率军逃走。不久,元世祖下令任命伯颜为中书右丞相,阿术为中书左丞相。

八月,伯颜辞别元世祖向南进发,奉诏书告谕宋朝的君臣,如果他们能够主动归顺的话,赵氏家族和其部下都可以高枕无忧,祭祀宗庙也一如从前。

九月,宋朝扬州都统姜才统领步兵,骑兵共15000人攻入湾头堡,元军在阿术的率领下迅速打败了他们。同时,贾似道被贬谪到循州(今广东龙川),当他走到漳州时被杀害。

至元十三年(1276年)正月,宋朝臣子陈宜中、张世杰、苏刘义、刘师勇等人带领益王、广王从嘉会门逃出。同月,宋朝皇帝交出玉玺,向元军投降。伯颜下令,士兵不允许进入临安城,否则按军法处置。伯颜的命令得到了南宋临安居民的拥护。

二月,伯颜押解南宋恭帝赵显、太后和宋朝官吏前往元朝都城。元世祖亲自赶

往上都迎接。临安城破，南宋自此灭亡。此后，元军于至元十五年（1278年）十二月打败了南宋著名抗元将领文天祥。

至元十六年（1279年）四月，张世杰在同年二月幼帝投海死亡后退至海陵山（今广东阳江南海中），遇风船沉，溺水而死。至此，南宋残余势力完全被元消灭，元朝实现了全国的统一。

三、实行汉法

忽必烈是一个很有抱负的人，在他即位之前就非常关心国家的治理方略。由于在成吉思汗统治时期，蒙古便已经在耶律楚材的影响下实行汉法，因此，到忽必烈时，蒙古已经有了深刻的汉文化影响。在忽必烈周围，聚集了一大批懂得治世之道的学者文人。忽必烈经常与他们交流，并很倾慕唐太宗的业绩。他身边的谋士也积极支持忽必烈的励精图治、谋求革新的做法，并为他献计献策。

1258年，谋士郝经向忽必烈进言说，应该息师抚民，创法立制，选贤任能，减轻赋税，屯田垦殖。这些积极的改革主张虽然未能立即实行，但是对元世祖后来的改革起了很大的作用。

1260年，忽必烈即位。他向僧人子聪询问治理天下的原则。子聪参考祖宗旧典，借鉴古代典制，制定了各种制度。1264年，阿里不哥投降，内战结束。忽必烈正式定都燕京，改燕京为中都。从此，汉法得以全面推行。元世祖将统治中心移至中原后，在他的谋臣的建议下，确立了以自己为核心的统治秩序。

至元九年（1272年）正月，元世祖下令把尚书省合并到中书省，尚书省平章政事阿合马、尚书省同平章事张易担任中书省平章政事，尚书省参知政事李尧咨、麦术丁担任中书省参知政事。此外，免除给事中、中书舍人、检正等官职，仍然设立左右司，把六部减至四部，改称中书省。不久，又下令把北京、中兴、四川、河南四地的行尚书省改为行中书省，京兆府再次设立行中书省，由诸侯王只必帖木儿设立行省断事官。此后，山东东路都元帅府统军司被改为行枢密院，元

张成造剔红人物盒　元
此盘内缘左侧针划"张成造"。张成，浙江嘉兴西塘杨汇人，是元代著名的髹漆艺人。张成的作品以雕漆为主，现知有剔红、剔犀两个品种的雕漆器流传于世。该盘漆色鲜红，色彩纯正，所雕图案既写实又略有夸张，主题突出，层次清晰。雕刻刀法流畅，藏锋清楚，磨制圆润，是张成传世雕漆之代表作。

宋少帝陵
1279年，元军在崖山消灭残余宋军，宋臣陆秀夫负小皇帝投海自尽，南宋灭亡。图为南宋末代皇帝的陵墓，位于今广东深圳蛇口赤湾。

世祖任命也速带儿、塔出一起担任枢密院副使。

元朝经过一系列变革，逐渐完备了它的中央机构，中书省、枢密院和御史台并立。中书省又称为都省，统辖百司，是总理全国政务的最高官署。它的最高长官名叫中书令。此外，还设有右丞相和左丞相。至元十二年（1275年）七月，世祖任命伯颜为右丞相，阿术为左丞相，成为中书省的高级官员。由于中书令经常空缺，所以中书省的大小事务一般由左、右两个丞相来裁夺，他们成为中书省的实际长官。两个丞相的权力相当，但是由于蒙古族习俗崇尚右，因此，右丞相的地位较高。

中书令和左右丞相之下便是平章政事。平章政事也属于宰相，但是属于左、右丞相的副手，他们裁决庶务，被称为左、右辖。参知政事也是作为左右宰相的副手参与政事的。

在中书省中，执事官主要有左、右丞相，平章政事和参知政事，偶尔也有中书令，他们被统称为宰执。

至元五年（1268年），蒙古帝国已经开始设立御史台。御史台是中央最高的监察机构，又叫中台、内台、乌台或宪台等。御史台的长官是御史大夫，另外还有御史中丞、侍御史、治书侍御史等官员。御史台下辖殿中司、察院等机构，主要纠察官员的善恶和得失等。御史台的官员一般品级很低，而且俸禄也不多，但其作用和影响相当大。除了御史台外，还设立行御史台和廉访司等地方机构。

文官俑 元

至元七年（1270年），元世祖下令设置同知枢密院事、枢密院判官各一名。至元二十八年（1291年），元世祖正式下令设置知枢密院事一名，成为枢密院的长官，元朝枢密院制度完全确立。枢密院是中央最高的军事机构，主管宫禁宿卫、驻军、征伐、边防、举功转官、节制调度等事宜，又称为枢府或者密院。它的

大元国宝 元

最高长官是枢密使。由于军权位高权重，一般由皇太子担任。但是，皇太子也经常没有人选，因此，这个职位经常空缺。实际上负责枢密院工作的是枢密副使和佥书枢密院事。此外还有同知、副枢、佥院、同佥枢密院、院判、参议等官。自从设置枢密院开始，四怯薛各自派一名代表参与院议，中书省也派平章政事前往参加商量院事。除了中书省、御史台和枢密院之外，元世祖还曾经设立过总理全国财政的国用使司和治理诸王、驸马、投下蒙古及色目人的刑名等问题的大中正府等。

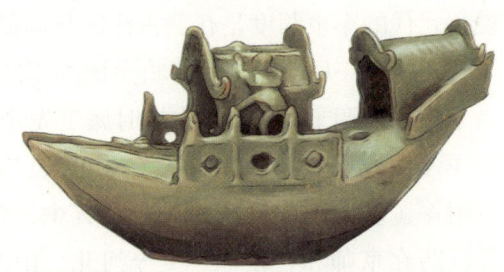

舟形砚滴　元

元朝海运和河运的发展加强了南北物资和文化的交流，促进了造船技术和海外贸易的发展，沿海城镇也由此而繁荣。此砚滴为舟形，头部有方形平流，船上各种设施和船夫、游人刻画细腻逼真，富有江南水乡地方特色。

在地方上，元朝普遍设置行中书省，简称为省或者行省。河北、山西和山东直接隶属于中书省，吐蕃（西藏）由宣政院管辖，其余各地按地域划分为四川、甘肃、云南、江西、江浙、湖广、陕西、河南、辽阳、岭北等行省。行省的长官设置与中书省相同，有左、右丞相，平章政事，左、右参知政事等。行省之下，设置了路、府、州、县等各级地方行政机构。行省开始是中央派生出的临时机构，后来固定化，成为正式的机构。行省制度的确立，是我国政治制度史上的一项重大变革，是我国行省制度的开端。

1291年，忽必烈正式颁布了《至元新格》，这是元朝的第一部成文法。这部法律是参照唐、宋的法律条文，结合蒙古族习惯制定的。在法律当中，公开地宣布实行民族压迫和民族歧视，提高宗教的地位。根据这部法律，佛教的地位提高了，僧侣享有很大的特权。元朝将百姓分为蒙古人、色目人、汉人、南人四种来统治。

除政治和法律外，军事也是忽必烈时期的重头戏。在忽必烈统治的绝大多数时间里，元朝不是对外用兵就是对内平叛，因此，军事制度也逐渐完善起来。应当

香山碧云寺

香山碧云寺初建于元代，地处风水宝地。碧云寺为西山诸寺之冠，寺院依山就势，六层院落殿堂迭起，松柏浓阴，山水清幽，林木翠碧，实为红尘静地。

说，元代的军事制度是在蒙古汗国兵制的基础上日趋完备的。

元朝统一后，世祖下令将全国的军队分为蒙古军、探马赤军（蒙古汗国时期从诸千户中抽调士兵组成，作战时属于先锋部队，后来发展成为屯戍边地的镇戍军）、汉军（由原属金境内的汉人、契丹人、女真人等组成的军队，又叫作汉诸军）、新附军（新归附的南宋军）等。其中，蒙古军和探马赤军是元朝政治的中心，主要驻防在京师和"腹里"（今河北、山西、山东一带），而汉军和新附军则驻扎在江淮以南的地区。这种军队编制与法律一样，具有不平等的色彩。

四、远征缅甸、日本

至元二十年（1283年）正月初八，元世祖下令药剌海率领大军征讨缅甸国。初十，元世祖打算征讨日本，命令高丽国准备粮草20万石，以供元军使用。十二日，元世祖命令伯要带等人在烈㷼都山和乾山砍伐木头造船，共砍伐了14.2万株。此后，元世祖命令各军帖户中的成年和壮丁5000人、民夫3000人运输这些木头到平滦。十八日，世祖下令让中书右丞脱里里帖木儿率领万户35人、蒙古军中练习成水军的2000人、探马赤军一万人、练习水战的500人前往征伐日本。二十五日，忽必烈为了准备后援部队，命令各军训练水战。

至元二十年五月初五，丞相伯颜、诸侯相吾答儿等人上奏说："征伐缅甸的大军除了使用蒙古军和探马赤军外，也可以就近选用新归附的南宋士兵。"世祖忽必烈权衡了一下利弊，批准了他们的建议。

五月初六，元世祖免去五卫军征讨日本，另外调派了一万名士兵赶往上都替换

蒙古族人攻倭图　日本
元世祖忽必烈曾两次遣水军渡海进攻日本，本图描绘了元军与日本军队交战的情形。

他们。

五月十一日，元世祖下令设立征东行中书省，由高丽国国王和阿塔海共同管理，下令让高丽国派兵协助元军攻打日本，并向攻打日本的高丽军提供所需的衣服和甲仗。

五月十三日，元世祖下令让阿里海牙调派汉军7000人，新归顺的南宋汉军8000人跟随唆都东征日本。

五月十八日，占城行中书省攻占占城，占城的国君逃跑。元世祖下诏招降他。五月二十一日，元世祖调派征讨日本的重罪囚犯赶往占城和缅甸等地随军作战。五月二十六日，海南四州宣慰使朱国宝请求增援征讨占城国君的军队。

玉虎钮押

押是古代文书契约上签字或代替签字的符号。此押呈青色，有黄色浸斑，方形面上雕刻一伏卧的虎，底部有阳文画押，雕工娴熟，生动形象，是元代玉押中的佳作。

元世祖立即下令让阿里海牙率领15000名士兵前往援助，协同作战。同一天，元世祖采纳脱里积翁的建议，诏令江南运送粮食，从阿八赤刚开凿的神山河以及海道两条路运送粮食，供给东征军作战。五月二十八日，元世祖下令赐给占城行中书省弓箭和盔甲，以示嘉奖。

至元二十二年（1285年）十一月初四，元世祖派遣阿八剌监督江淮行省的军备物资，派遣察忽监督辽东行省的军用物资，以确保征伐日本的军需。

十一月初十，元世祖派遣使臣前往高丽，要求高丽国王调派一万名士兵、650艘战船援助元军攻打日本。同时，命令高丽国王派人继续在距离日本较近的地方制造战船，以备军需。

十一月二十五日，元世祖下令将江淮的大米通过漕运运送100万石到高丽的合浦贮存。同时，元世祖还下令在东京和高丽各贮存10万石大米，准备征伐日本。各军从第二年的三月开始，按照既定的顺序进军，到八月在合浦会集。十一月二十八日，元世

横塘驿站

元代疆域广阔，自成吉思汗始，就建立起一个十分发达的交通系统，这个系统的基本单位就是站。全国共一千五百余站，有水站有陆站，甚至在严寒地区还有狗站，以狗拉雪橇运送使者，站台延伸到周边国家，连接欧亚大陆。横塘驿站位于江南胜地苏州，始建于元，处在水陆交通要冲，为苏州驿传中枢。

祖招集宋朝贩卖私盐和熟知海路的士兵作为水手，征讨日本。

至元二十三年（1286年）正月初七，元世祖觉得日本是孤远岛国上的外夷，没有必要征伐，于是停止了征讨计划，征召阿八赤赶来朝廷，并且解散了所有雇佣的民船。

五、平定诸王叛乱

元朝是一个由少数民族建立的全国统一的政权，其内部的矛盾非常复杂。阿合马专权、桑哥事件和卢世荣事件等集中反映了权臣专擅等问题，这在各个朝代都有所体现，不是特别引人注目。但其内部统治集团中兄弟阋墙、父子争权的叛乱持续时间之长是整个中国历史上罕见的。世祖忽必烈即位后，首先与阿里不哥两人进行了四年的汗位争夺战，巩固了皇位。但是，诸王的叛乱却仍旧十分激烈。

元上都遗址
元上都遗址位于今内蒙古自治区锡林郭勒盟正蓝旗东20公里闪电河北岸。城墙遗迹尚存，外城东墙长2225米，南、西、北墙长2220米。

至元二十四年（1287年）四月，宋王乃颜谋反。乃颜是成吉思汗异母弟别里古台的曾孙，广宁王爪都的次子。有人告发他谋反，忽必烈立即派西北总军伯颜前往窥探情报。伯颜于是带领随从假装犒劳士兵，装载了大量衣物进入了乃颜的领地，将衣物分发给沿途驿站的士兵。到达乃颜的营帐后，乃颜准备将他扣留起来作为人质。伯颜察觉到异样，与随从假装镇定地慢慢退出营帐，然后与随从兵分三路逃走。一路上，曾经受他恩惠的驿人争着将好马让给他们骑，乃颜无法追赶上，伯颜得以脱离险境。

渎山大玉海 元
渎山大玉海现存放在北京市北海团城内，它是目前所知最早的一件重达3500千克的大型玉雕，作于元至元二年，距今已有六百余年。它的制作，继承和发展了我国琢玉工艺上"量料取材"和"因材施艺"的传统技巧。此外在俏色方面也有独到之处。玉海形体厚重古朴，气势雄伟，雕刻纹饰既粗犷豪放，又细腻精致，具有强烈的神秘感和浪漫色彩，是划时代的艺术珍品。

乃颜知道谋反的事情已经败露，于是干脆起兵造反。不少西北诸侯王见乃颜造反，也跃跃欲试，准备跟随乃颜造反。为了平定乃颜叛乱，减少阻力，元世祖派阿沙不花前往各个诸侯王那里，劝说他们放弃反叛。阿沙不花谎称乃颜已经投降，只剩下那些诸侯王蒙在鼓里孤军奋战，然后又大夸元世祖的圣明和宽大，要他们自己前去解释以求得"宽大"处理。各诸侯王纷纷前往元都向忽必烈告罪，反叛联盟因此瓦解。

同年五月，忽必烈派阿沙不花先到北京等地的宣慰司传达圣旨，但凡隶属于乃颜部的人，一律不允许他们乘马持弓箭。不久，又采纳浙西道儒学提举叶李的建议，以左丞相李庭率领汉军作为前锋，采取汉人的作战方法布阵。

河南登封观星台和石圭　元
元朝空前的大一统，给精确的远距离天体测量提供了可靠的保证。郭守敬的天文观测活动，东到高丽，西及滇池，南至朱崖，北尽岭北，在世界天文史上都是绝无仅有的。此台位于河南登封市城东南三十里的告成镇，建于元世祖至元十六年，为全国二十七个观测站之一。

六月，元世祖亲自率领大军从上都来到撒儿都鲁（今辽河附近），乃颜和金家奴、塔不歹等率领十来万军队进逼元世祖的住所。忽必烈见敌众我寡，接受司农卿铁哥的建议，搭设营帐，端坐在胡床上细斟慢饮，效仿诸葛亮空城计，以计取胜。塔不歹等见忽必烈镇定自若，心里害怕，不敢发动进攻。

不久，忽必烈在乃颜军队退缩之时下令李庭率领汉军向叛军发起猛烈进攻，乃颜败走，逃到实列门林后被元军擒杀。七月，元世祖派人领兵攻打乃颜的余党，一直向北追到金山（今吉林白城西南大兴安岭），全部剿灭了乃颜部的势力。

至元二十五年（1288年）正月，诸侯王海都进犯边境地区。海都是太宗窝阔台的孙子。宪宗时，海都被封在海押立（巴尔喀什湖和伊黎河之间）一地为王。到元世祖时，海都的势力强大起来，成为窝阔台汗后代各位诸侯王的首领。1269年开始，海都便开始谋求自立，一些贵族逐渐依附海都，削弱了元朝的统治力量。1289年秋，元世祖亲自率领军队讨伐海都。经过几

仙人读书银槎　元
著名匠人朱碧山的代表作——银槎杯，流传久远，表现出文人趣味，说明文人艺术对工艺美术的影响开始强烈。

325

年的征战，双方互有胜负。

　　至元三十一年（1294年）春，元世祖忽必烈感觉身体不舒服。正月十九日，病情加重。正月二十二日，元世祖在紫檀殿驾崩，在位共三十五年，享年80岁。正月二十四日，皇帝的灵柩安葬于起辇谷中。同年，成宗铁穆耳即位，继续攻打海都，直到1308年才彻底平定了漠北的海都叛乱。

明太祖朱元璋

朱元璋是明朝的开国皇帝。从走投无路的小和尚到君临天下的皇帝,朱元璋经历了传奇色彩的一生。朱元璋建立明朝后,采取了平分相权、与民休息等积极措施,为明朝前期的社会繁荣奠定了基础。但他多疑猜忌的性格,又使他广置特务,大兴文字狱,屠戮功臣,留下了一段腥风血雨的专制史。

一、出身布衣

朱元璋,字国瑞,安徽凤阳人,出生于1328年,小名叫重八。因为宋元时期平民百姓往往以行辈、出生日期或父母年龄合算一个数目作为称呼,而当时朱元璋在他兄弟中排行第八,故取名重八,至于元璋则是他参加红巾军起义后取的名字。

和大多数封建皇帝一样,朱元璋的出世也被人为增加了几分传奇色彩,据《明史》记载,朱元璋的母亲刚怀孕时,曾经做了个梦,梦中有一个神仙给了她一粒仙药,放在手中闪闪发光,于是她就吃

剔红观瀑图八方盘 元

了下去,他母亲从梦中惊醒,但是仍余香满口。等到朱元璋出生时,红光满屋,时值夜晚,红光从屋中射出,邻居见后,以为失火,忙奔走相救,结果是虚惊一场。

朱元璋祖籍是江苏句容县(今南京句容)通德乡的朱家巷,其祖先世代耕田种地。其祖父朱初一因不堪地主和朝廷剥削,举家逃到了淮河岸边的泗州盱眙(今安徽盱眙)垦荒种地。朱初一死后,家里一贫如洗,朱元璋父亲朱世珍(本来叫朱五四,后来朱元璋给父亲追名为朱世珍)只好东迁西移,50岁时,才在濠州钟离(今安徽凤阳)的东乡定居下来,并在这里有了朱元璋。

由于营养不良,朱元璋小时候体弱多病,瘦得皮包骨头。朱元璋父母十分迷信,认为只有观音菩萨才能救他一命,保佑他平平安安地活下去。于是,他们就把幼小的朱元璋送到附近的皇觉寺,并让朱元璋拜寺里的老和尚高彬为师。

朱元璋到了10岁时,其父亲朱世珍为了躲避沉重的赋役,再次搬家。后来就在太平乡的孤庄为地主刘德种地,朱元璋就为刘德家放牛。在放牛的过程中,朱元璋结识了徐达、汤和、周德兴等人,并成为要好的朋友。日后,徐达、汤和、周德兴等人为建立明朝南征北战,立下了功勋,成为开国元老。

朱元璋长相奇特,鼻子很大,眉毛粗浓,眼睛滚圆,脑门骨向前突出,下巴比一般人要大出一寸多,脸色十分黑,有种威严。比他大的孩子都怕他,听他使唤。

相传,朱元璋自幼聪明顽皮,并曾经读过几天书,所以鬼主意最多。常玩的游戏就是扮皇帝,他穿着破衣烂衫,把棕树叶撕成丝丝缕缕,粘在嘴上当胡子,用一块车辐板放在头上顶着当作平天冠,然后往土堆上一坐,就装模作样称起皇帝来,

还让伙伴每人捡一木块,用双手捧着,三跪九叩,并高呼万岁。

当放牛娃,不仅常挨主人打骂,而且经常吃不饱,只有饿肚子放牛,于是发生了朱元璋宰牛的事情。一天放牛时,朱元璋和徐达、汤和、周德兴都觉得肚子饿,于是朱元璋出点子,将一头小牛犊杀掉,大家烤着吃了。没多久,只剩下一张牛皮、一堆骨头和一条牛尾巴。吃完了,但回去怎么向地主交待呢?大家都发愁了,于是互相埋怨。朱元璋于是站出来,想了个办法,他让大家把牛骨和牛皮埋了,把血迹掩盖起来,然后把牛尾巴插到山上的岩缝里,就说小牛钻进山洞里去了,拉不出来。小伙伴都纷纷赞同。这个天真的想法当然瞒不过地主刘德,结果朱元璋被毒打一顿并赶回了家,而且给父亲增添了赔偿小牛的债务。但是朱元璋却因敢作敢当而深得小伙伴的信任。

影青观音像 元

二、流浪行童

元朝末年,政治腐败,赋役沉重,再加上灾荒不断,广大劳动人民在死亡线上挣扎。

1343 年,濠州发生旱灾。不料次年春天又发生了严重的蝗灾,庄稼被蝗虫吃得干干净净。祸不单行,接着又发生了瘟疫。一时间,家家户户都死人,一个村

征税图

管军万户府印　元
这是刘福通拥立韩林儿为帝所建的宋政权的军官印。当时其政权机构中军职则分别称为元帅、总管、万户、千户、百户等。图中所示铜印的印文为阳刻篆书"管军万户符印"六个字。

子中一天中竟死去十几人，甚至几十人。

　　不久，朱元璋家也染上了瘟疫，不到半个月，其60多岁的父亲、大哥以及母亲陈氏先后去世。朱元璋和二哥眼看着亲人一个个死去，家里又没钱买棺材，甚至连块埋葬亲人的土地也没有。可叹朱世珍一生劳苦，生无立足之地，死无葬身之处。朱元璋和二哥放声痛哭，惊动邻居刘继祖，于是刘继祖给了他们一块坟地。他们兄弟二人好不容易找了几件破衣服包裹好尸体，将父母安葬在刘家的土地上。三十五年以后，朱元璋回忆起此事时，仍难抑悲痛之情，他在《皇陵碑》中写道："殡无棺椁，被体恶裳，浮掩三尺，奠何肴浆！"不到半个月，昔日和睦温暖的家不存在了，父母的疼爱也一去不复返了。家破人亡的惨痛，深深地影响着朱元璋的心境，使他仿佛跌进了无底深渊。这时，为了活命，朱元璋与他的二哥、大嫂和侄儿被迫分开，各自逃生。朱元璋实在走投无路之下，想起幼时曾经许愿舍身的皇觉寺，于是就去投奔了高彬和尚，在寺里剃度为僧，做了小行童。他在寺里每日扫地、上香、打钟击鼓、烧饭洗衣，整天忙得团团转，有时仍会受到老和尚的斥责。日子一长，朱元璋憋了一肚子气。一天，他扫地，被伽蓝神座绊了一下，于是他就顺手打了伽蓝神几扫帚。

　　还有一次，老和尚见大殿上的蜡烛让老鼠咬坏了，就当众训斥了朱元璋。朱元璋心想，伽蓝神连自己面前的东西都管不住，还怎么管殿宇？更害得自己受骂，越想越气。于是，朱元璋就找管笔，在伽蓝神的背后写了"发配三千里"几个字。这些都反映了朱元璋不甘受压迫的性格。

　　可是，朱元璋做行童不久，寺里的粮食不够和尚们吃了，寺里也得不到施舍，住持高彬法师只好罢粥散僧，打发和尚们出去云游化缘。这样，朱元璋进入寺中不久，还不会念经、做佛事，但是没有办法，也只好扮成和尚的样子，离开寺院托钵流浪。这时朱元璋年仅17岁。

　　朱元璋边走边乞讨，他听人说哪里年景好就往哪里走，他从濠州向南到了合肥，然后折向西进入河南，到了固始、信阳，又往北走到汝州、陈州等地，东经鹿邑、亳州，于1347年又回到了皇觉寺。在这流浪的三年中，他走遍了淮西的名都大邑，接触了各地的风土人情，见了世面，开阔了眼界，积累了社会生活经验。艰苦的流浪生活铸就了朱元璋坚毅、果敢的性格，但也使他变得残忍、猜忌。这段生活对朱元璋的一生产生了深远的影响。

朱元璋在外云游的三年，也正是元末农民起义风起云涌的时期。社会上广泛流传着"明王出世，普度众生"的说法，北方的白莲教也在进行同样的宣传。朱元璋在流浪中，也接触到这样的宣传，他目睹国是日非、人民生活恶化的现状，意识到天下大乱很快就会来临了。于是在回到皇觉寺后，朱元璋发奋勤学，广交朋友，准备干出一番事业来。

1351年，白莲教首领韩山童、刘福通在颍州（今安徽阜阳）发动起义，并推韩山童为明王。同年八月，彭莹玉、徐寿辉在蕲水（今湖北浠水）起义。这些起义者用红巾裹头，故称红巾军。

1352年，郭子兴和孙德崖在濠州

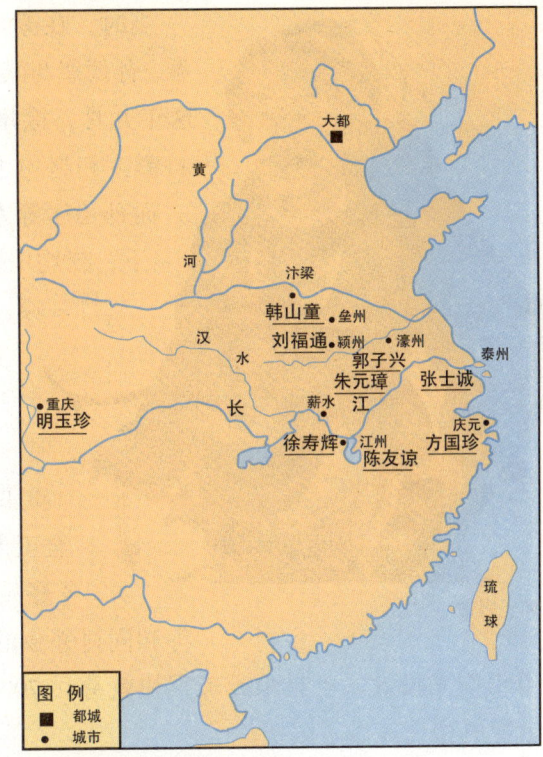

元末农民起义示意图

起义。朱元璋闻听起义的消息，不由心想，老在寺院里，随时可能被元官军抓走，性命难保。正在此时，朱元璋收到儿时伙伴汤和的信，汤和在信中邀请朱元璋参加郭子兴的义军。恰在此时，朱元璋的师兄秘密告诉他，说有人知道此信，要去告密。于是，朱元璋放下钵盂，赶紧去投奔郭子兴的红巾军。这一年，朱元璋25岁。

三、将帅之才

朱元璋入伍后，因为他作战勇敢，而且机智灵活、粗通文墨，很快得到郭子兴的赏识，于是郭子兴就把朱元璋调到帅府当差，任命为亲兵九夫长。朱元璋精明能干，处事得当，打仗时身先士卒，获得的战利品全部都上交郭子兴元帅，得了赏赐，又说功劳是大家的，就把赏赐分给大家。不久，朱元璋在部队中的好名声传播开来。郭子兴也把他视作心腹知己，有重要事情总是和朱元璋商量。当时郭子兴有一养女，是其至交马公的女儿。马公死后，他最小的女儿便由郭子兴收养。此时，郭子兴见朱元璋是个人才，对自己的事业将会有很大的帮助。于是便把21岁的养女马氏嫁给了朱元璋，从此军中改称他为朱公子。有了身份，便不能再用从前的小名重八了，于是就另起了正式名字元璋，字国瑞。

当时，在濠州城中，红巾军有五个元帅。郭子兴一派，孙德崖与其他三个元帅一派，两派之间矛盾重重。这年九月，徐州红巾军主将芝麻李被元军杀害，其部将彭大和赵均用率兵到了濠州，彭大与郭子兴交好，而孙德崖等人则拉拢赵均用。在孙德崖的鼓动挑拨下，赵均用绑架了郭子兴，并将郭子兴弄到孙家毒打一顿，准备杀掉郭子兴。朱元璋闻讯后，在彭大的支持下，率兵救回了郭子兴。从此，两派结怨更深了。

朱元璋见濠州城诸将争权夺利，矛盾重重，决心依靠自己的力量，开创新局面。至正十五年（1355年）六月中旬，朱元璋回乡募兵，少年时的伙伴徐达、周德兴、郭英等和同村邻乡的熟人听说朱元璋做了红巾军的头目，纷纷前来投效。于是朱元璋很快就募兵700多人，回到濠州，郭子兴十分高兴，就提升朱元璋做了镇抚。

这年冬天，彭大的儿子彭旱住自称鲁淮王，赵均用自称永义王，而郭子兴等仍是元帅。朱元璋见这些人半年没出濠州城，于是他从自己招募的新兵中挑选了心腹徐达、汤和等24人离开濠州，南略定远。在南略定远途中，朱元璋先招抚了张家堡驴牌寨民兵3000人，后又招降了豁鼻子秦把头的800人。统率着这支队伍，朱元璋向东进发，乘夜攻破定远横涧山的元军营地，元帅缪大亨投降。朱元璋从降军中挑选了精壮汉人2万人编入了自己的队伍，并南下滁州（今安徽滁州）。

在南下滁州途中，定远名人李善长到军门求见。李善长和朱元璋一见如故，李善长以汉高祖刘邦为例劝说朱元璋，只要效法刘邦知人善

郭子兴像

江苏苏州城盘门
元代修建的苏州城盘门建筑结构合理，城墙高大，巧妙地和水道连接在一起，开苏州园林的先河。

任，不乱杀人，很快便可平定天下。朱元璋认为很有道理，于是留李善长做了幕府的书记，并嘱咐李善长好好协调将领间的关系，共创大业。

朱元璋很快攻下了滁州，其亲侄儿文正、姐夫李贞带着外甥保儿（后来取名文忠）前来投靠。从他们口中，朱元璋得知二哥、三哥、姐姐都去世了，不免伤心。其时还有定远孤儿沐英，甚是可怜，于是，朱元璋就将这三个孩子收作养子，改姓朱。后来，朱元璋又收养了二十几个义子。

在朱元璋进攻滁州时，郭子兴受到赵均用、孙德崖等人的排挤，所以，朱元璋攻下滁州城不多久，郭子兴也来到了滁州。朱元璋立即交出兵权，3万人的队伍，纪律严明，军容肃整，郭子兴见了十分欢喜。

宫乐图　元

1353年，朱元璋任命胡大海为前锋，一举攻克了和州。消息传来，郭子兴即刻任命朱元璋为总兵官，镇守和州。一次，朱元璋外出，看到一个小孩在哭，朱元璋问他为什么哭，答说是等父亲。朱元璋仔细一询问才知道，原来孩子的父亲和母亲都在军营，父亲在营中养马，母亲和父亲不敢相认，只好以兄妹相称。朱元璋意识到，部队军纪存在问题，他们攻破城池后，扰民滋事，掳掠妇女，这样下去，部队将失去民心。于是，朱元璋召集众将，申明纪律，下令归还军中有夫之妇，让城中许多被拆散的夫妻团圆。此事广为传颂，朱元璋深得民心。

此年三月，郭子兴病逝，小明王韩林儿任命郭子兴的儿子郭天叙为都元帅，妻弟张天祐为右副元帅，朱元璋为左副元帅。名义上，都元帅是军中之主，右副元帅的地位也比左副元帅高。但是滁州和和州的军队，多是由朱元璋招募收编的，而且朱元璋比郭天叙和张天祐有勇有谋，并且手下又有人才。所以，朱元璋事实上成了这支队伍的主帅。

镂空座瓷瓶　元

四、朱升献策

在朱元璋称帝之前，所奉行的策略是朱升提出的"高筑墙、广积粮、缓称王"。高筑墙是指加强军事防备，巩固后方；广积粮是指发展经济生产，储备粮食，增强经济实力；缓称王则是指不要过早称帝，以免树敌过多。这三条建议极具战略眼光，是朱元璋发展初期的指导思想。

朱元璋在和州驻守几个月后，粮食供应成了问题。与和州相对，紧靠长江南岸的太平（今安徽当涂）、芜湖是盛产稻米的地方，但是没有船只，只能望江兴叹。这时恰好两支红巾军的巢湖水军前来归附，朱元璋亲自处理合并事宜。七月间，巢湖水军千余只战舰突破元军封锁抵达和州。朱元璋的步马军登上巢湖水军的船只，从和州东渡长江。到达对岸的采石，常遇春一马当先，率军冲杀，攻克采石，获得大量粮食。将士想把粮食和战利品运回和州慢慢享用。见此，朱元璋果断地命人砍断船缆，任船顺流而下，断绝退路。将士们见无路可退，一鼓作气，在朱元璋率领下攻克太平。进入太平，朱元璋重申军纪，严禁掳掠，有个别兵士犯禁，立即处死，因此，朱元璋的军队受到当地百姓的拥护。朱元璋于是置太平兴国翼元帅府，自己做元帅，任命李善长为帅府都事。这样，朱元璋便开始了稳固根据地的工作。

至正十六年（1356年）三月，张士诚在长江三角洲地带发起攻势，进攻江南元军。乘此机会，朱元璋亲自统率水陆大军，第三次进攻集庆（今江苏南京）。在第三天，攻破城外的陈兆先军营，其部3.6万人归降朱元璋。但是，朱元璋看出降军心存疑虑，军心不定。于是朱元璋就从降军中挑选了500名勇士当亲军，在夜里守卫，而自己身边，只留有亲兵统领冯国用一人。

第二天，降军知道此事，都十分感动，疑虑全消，甘愿跟随朱元璋打天下。于是，战争进行得十分顺利，不到十天，朱元璋便攻下集庆。朱元璋进城后，下令安抚百姓，改集庆为应天府。小明王韩林儿获报后，升朱元璋为枢密院同佥，不久又升为江南等处行中书省平章。朱元璋在应天则设天兴建康翼大元帅府，以廖小安为统军元帅，李善长为左右司郎中。此时，尽管朱元璋拥有10万兵力，声势比过去大了很多，但是占有的地盘仍然很少，而且四面受敌。东面和南面是元军，东南是张士诚，西面是徐寿辉，虽然同是反元武装，但是张、徐二人同小明王却相互敌视。不过，北面小明王、刘福通率领

徐达像

的红巾军主力,大大牵制了元军,而且,张士诚、徐寿辉的力量还不足以兼并朱元璋。这样一来,朱元璋暂时没有对付不了的敌人,并且面临着一个很好的发展机会。

朱元璋目前首要的任务是巩固以应天为中心的根据地。于是在占领应天不久,朱元璋立即派徐达攻取镇江。出战前,为了严明军纪,朱元璋故意以放纵士卒的罪名将徐达抓起来,并准备以军法处斩。此时,李善长出来求情,众将不知是计,也一起求情。于是朱元璋就顺水推舟,说看在众人的面上,暂时免去徐达死罪,不过要徐达攻下镇江后,做到不烧不抢,方可完全赦免徐达之罪。众将见对待主将尚且如此严厉,因此,无不严守军纪,镇江很快攻下。到1357年冬,朱元璋在一年的时间里先后攻下了金坛、丹阳、江阴、常州、常熟、扬州等地,控制了应天周围的战略据点。到1359年,朱元璋已经占领了今江苏南京、太湖以西,往南经江苏、安徽、浙江三省交界处,到浙东的一块长方形地区。与四年前刚占领应天时相比,形势已大有改观。

明代将官胄甲穿戴展示图
明朝的新式铠甲主要有锁子甲和布面甲两种。锁子甲是用小铁环编成,布面甲由棉布和甲片制成。这两种铠甲都非常轻便,并能有效地抵御火铳的攻击。

在完成了"高筑墙"的部署后,朱元璋便着手实行"广积粮"了。在初期,军粮的解决主要是靠强征,即征收"寨粮"。但是长此以往,军队就会成为纯粹的破坏力量,失去民心。为了解决粮食问题,朱元璋除了动员百姓进行生产外,决定推行屯田法,大力开展军队屯田,任命元帅康茂才为都水营用使,负责兴修水利,又分派诸将在各地开垦种田。几年工夫,到处兴屯,府库充盈,军粮充足。在1360年,朱元璋下令不再征收"寨粮",以减轻农民负担。为了积粮,朱元璋明令禁酒,但是其手下大将胡大海的儿子胡三舍与别人违法犯禁,私自酿酒获利,朱元璋知道后,下令杀了胡三舍,有人进谏说胡大海此时正在攻打绍兴,希望朱元璋可以看在胡大海的面子上放了胡三舍。朱元璋大怒,坚决严明军纪,于是自己动手将胡三舍杀掉。

在争取民心的同时,朱元璋还不断网罗人才,特别是地主阶级的知识分子,朱元璋在应天还专门修建了礼贤馆来接待他们。这些人在朱元璋统一全国的过程中起了重要作用,如李善长、朱升。朱元璋十分尊重儒士,他曾在1358年召见儒生唐解实,询问汉高帝、汉光武、唐太宗、宋太祖、元世祖平定天下之道,这也表明朱元璋决心要开创一个新的封建皇朝。

五、削陈平张

朱元璋建立以应天为中心的根据地,在长江上游有陈友谅,长江下游有张士诚,东南邻方国珍,南邻陈友定。方国珍、陈友定的目标在于保土割据,张士诚则对元朝首鼠两端,没有多大雄心;陈友谅最强,是朱元璋占领应天后遇到的最危险的敌人。

陈友谅本是徐寿辉手下大将倪文俊的部下。后来他杀死倪文俊,并于1360年挟持徐寿辉,攻占了太平、采石。于是陈友谅以为应天唾手可得,就杀了徐寿辉,在采石称帝,国号汉,改元大义。

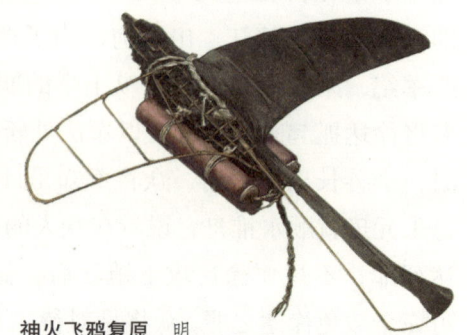

神火飞鸦复原 明
长56厘米,以扎制风筝的形式,结合火箭推动的原理发明的燃烧弹。用竹篾扎成乌鸦形状,内装火药,由4支火箭推动,可飞行300多米,多用于火战。

接着,陈友谅约张士诚东西夹击应天,平分朱元璋的领地,应天大震。朱元璋只好召集众将商量对策,一时众说纷纭。唯有刘基默不作声,朱元璋知道刘基有主张,于是征求他的意见,刘基认为目前最危险的敌人莫过于陈友谅,必须集中力量消灭他。虽然陈友谅势力强大,但是他杀君自立,部众离心,人民疲敝,故而不难战胜,只要等他们深入,再以伏兵击之,不难取胜。

朱元璋同意刘基的判断,于是设计诱敌深入,制造战机。朱元璋的部将康茂才和陈友谅是老朋友,于是康茂才修书一封,派人送到陈友谅营中,约陈攻击应天,并说愿意在江东桥作内应。

六月二十三日早晨,陈友谅率舰队主力赶到应天郊外的江东桥,才发现桥是石桥而非木桥,方知受骗中计。但为时已晚,朱元璋的伏兵奋起攻击,陈友谅大败。朱元璋收太平,占领信州、安庆。陈友谅败逃九江,第二年八月攻下安庆,于是朱元璋率军直取陈友谅的老巢江州,陈友谅逃往武昌,朱元璋攻克江西和湖北东南部。

正在这时,中原红巾军发生分裂,力量削弱。至正二十三年(1363年)二月,张士诚乘人之危,

白釉黑花婴戏图瓷罐 元

派部将吕珍进攻安丰,刘福通向朱元璋求救。待朱元璋率军赶到安丰时,刘福通已被吕珍杀死,朱元璋只救出小明王韩林儿,把他安排在滁州居住。

朱元璋率主力营救小明王时,陈友谅认为反攻时机已到,于是率兵进攻洪都(今江西南昌)。朱元璋的侄子朱文正率领将士坚守八十五天。至正二十三年七月,朱元璋统兵20万,进发洪都,陈友谅获悉后,撤出围军,迎战朱元璋,双方在鄱阳湖展开决战。

鄱阳湖水战,从八月二十九日开始,至十月三日结束,进行了三十六天。朱元璋的军队充分发挥小船灵活的长处,火攻陈军,最终取胜,陈友谅被乱箭射死。

1364年元旦,朱元璋称吴王,建百官司属,仍以龙凤纪年,以"皇帝圣旨,吴王令旨"的名义发布命令。因1363年张士诚早已自立为吴王,故历史上称张士诚为东吴,朱元璋为西吴。

至正二十四年(1364年)三月,朱元璋再次到武昌督兵攻城,陈理最终出城投降。在吞并了陈友谅后,朱元璋的下一个目标就是张士诚。

张士诚是泰州(今属江苏大半)人,早年贩卖私盐为业。元末发动盐徒起义,于1354年在高邮称诚王,建国号为周,建元天。1356年,建都平江(今苏州)。消灭陈友谅父子后,朱元璋于至正二十五年十月进攻张士诚,一举攻下通州、兴化、盐城、泰州、高邮、淮安、徐州、宿州、安丰诸州县,将东吴的势力赶出江北地区。

至正二十六年五月,朱元璋发表檄文声讨张士诚。檄文列举了张士诚八大罪状,除了第四款和第八款与西吴有关外,其余的全都是指责张士诚背叛元朝。不看开头和结尾,非常容易使人误以为是元朝的讨伐令。这表明朱元璋已经从农民军领袖变成了地主阶级的代表人物,他已经以顺承天命的王自居,准备继承王朝的正统。

朱元璋的军队攻势迅猛,至正二十六年十一月,杭州、湖州先后投降,平江成为孤城。于是朱元璋以重兵包围平江,发动平江战役。

在围城的同时,朱元璋派廖永忠去滁州接小明王韩林儿到应天来,但在瓜州渡江时悄悄将船底凿漏,小明王沉于江底。接着,朱元璋宣布不再以龙凤纪年,称1367年为吴元年。平江战役开始时,朱元璋筑墙围城,并造有三层的木塔楼,高过城墙,以弓弩、火铳向城内射击,还设襄阳炮日夜轰击。城内一片恐慌,张士诚几

统军元帅之印 元
这是陈友谅部下所铸的军印,铸于大义二年(1361年,大义为陈友谅所建政权的年号)。

次突围都以失败告终。张士诚反复无常,贪图享受,对部下也十分放纵。平江被围困的最后一天,张士诚弟弟张士信在城头督战,仍不忘享乐,坐在银椅上饮酒,左右侍奉的人递桃子给他,结果桃子还没到口,恰好一炮打来,脑袋被打得粉碎。

朱元璋曾多次派人劝降,都被张士诚拒绝。张士诚死守平江,粮尽后,便以老鼠、枯草为食;箭尽了,便以屋瓦为弹。直至正二十七年(1367年)九月初八,朱元璋率军攻入平江城,张士诚则展开巷战相抵抗。最后,张士诚被俘,解往应天。朱元璋问话,他不搭理;李善长问他,他则破口谩骂。朱元璋气极,命手下卫士以乱棍打死张士诚,连尸骨都烧成灰。当时张士诚47岁,东吴灭亡。

六、统一天下

消灭东吴张士诚后,朱元璋大体上占据了今天的湖北、湖南、河南东部、江西、安徽、江苏和浙江,这些是全国最富庶、人口最稠密的地区。因此,进行大规模南征北伐的时机成熟了。

当时南方的形势是方国珍占据浙东、陈友定据有福建、明玉珍控制着四川,广东和广西则仍处在元朝统治中。在平江战役快结束之时,朱元璋已派参政朱亮祖率兵进攻方国珍,然后又命汤和为征南将军,从宁波进攻方国珍,方国珍于至正二十七年十二月归降。与此同时,朱元璋与刘基细细商定了北伐计划。此时常遇春提议:直取大都,以其精兵消灭元朝的疲卒,占领大都后,分兵出击,则大功告成。为此,朱元璋不赞成,他认为大都是元朝经营了上百年的都城,防御工事坚固,孤军深入进攻,太过危险,应先取山东,再占河南,折攻潼关,取得东西南三方面的军事要点,然后再攻取大都,必将成功。诸将对此表示赞同。

于是,朱元璋以徐达为征虏大将军,统率全军;以常遇春为副将军,另以参将冯胜、右丞薛显、参将傅友德各领一军,全力北伐。朱元璋再三申明军纪,告诫出征将士,北伐不是攻城略地,而是平定中原、推翻元朝、解除人民痛苦。随后还发布

陈友谅墓
陈友谅是与朱元璋争夺天下的有力对手。消灭陈友谅,使朱元璋摆脱了腹背受敌的局面,为朱元璋统一天下扫除了一个巨大障碍。

了由宋濂起草的告北方官吏和人民的檄文，文中提出"驱逐胡虏，恢复中华，立纲陈纪，救济斯民"的口号，这对中原地区的广大汉族人民具有很强的号召力；檄文还表示，对于蒙古人和色目人若愿为新皇朝臣民，则与中原人民一样看待。

北伐军节节胜利，迅速攻下山东诸郡。至正二十八年（1368年）四月占领开封，平定河南，同时攻克潼关。八月，攻克元朝首都大都（今北京），元顺帝见孤城难守，于是带着后妃太子慌忙弃城逃走，奔向漠北，统治中原达九十九年的元朝灭亡。

中华门　明
建于明洪武初年，属城堡类建筑，当时叫聚宝门，共有瓮城三道，门四重，内有藏兵洞27个，可藏3000士兵。

在南征北伐不断取得胜利的情况下，至正二十八年正月，40岁的朱元璋告祀天地，于应天南郊登基，建国号大明，改元洪武，以应天为京城。

经过十六年的征战讨伐，朱元璋终于实现了自己的梦想，从一个横笛牛背的牧童、小行僧，成为明朝的开国皇帝。

1371年，明军入川，夏主明升暗降，四川平定。1381年，朱元璋命傅友德、沐英、蓝玉进攻云南，次年攻破大理，基本上完成了南方的统一。1387年，冯胜、傅友德、蓝玉奉命进攻辽东元朝残将纳哈出，纳哈出无路可走，只好投降，辽东平定。至此，除漠北草原和新疆等地外，全国已基本上统一。

七、休养生息

明朝建立伊始，中华大地经过多年战乱的破坏，一片凋敝。对此情形，朱元璋实行了发展生产，与民休息的政策。1368年，朱元璋称帝不久，外地州县官来朝见，朱元璋对他们说："天下初定，老百姓财力困乏，像刚会飞的鸟，不可拔它的羽毛；如同新栽的树，不可动摇它的根。现在重要的是休养生息。"

1370年，朱元璋接受大臣建议，鼓励开垦荒地，并下令：北方郡县荒芜田地，不限亩数，全部免三年租税。他还采取强制手段，把人多地少地区的农民迁往地广人稀的地区；对于垦荒者，由政府供给耕牛、农具和种子；并规定免税三年，所垦之地归垦荒者所有；还规定，农民有田5～10亩的，必须栽种桑、棉、麻各半亩，有田10亩以上者加倍种植。这些措施大大激发了农民垦荒的积极性。

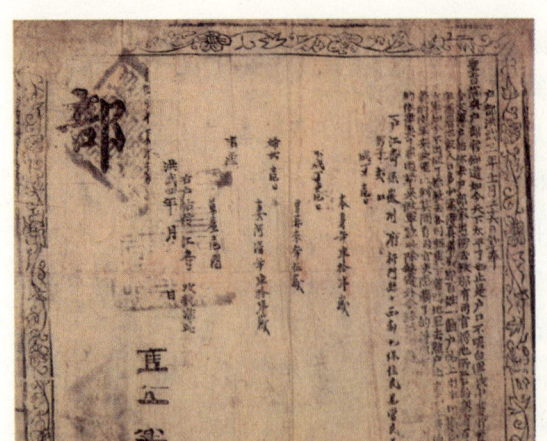

徽州府祁门县江寿户帖　明
洪武三年，明朝在全国实行户籍制度，户籍由政府保存，户帖发给住户。这是洪武四年明政府发给徽州府祁门县江寿的户口卡。

除了民屯外，明初还有军屯和商屯。军屯由卫所管理，官府提供耕牛和农具。明军士屯守比例是：边地军队三分守城，七分屯田；内地军队二分守城，八分屯田。军粮基本上自给自足。商屯是指商人在边境雇人屯田，就地交粮，省去了贩运费用，获利更丰。商屯的实行，解决了军粮问题，同时也开发了边疆。

为了恢复和发展生产，朱元璋十分重视兴修水利和赈济灾荒。在即位之初，朱元璋就下令，凡是百姓提出有关水利的建议，地方官吏须及时奏报，否则加以处罚。到洪武二十八年（1395年），全国共开塘堰40987处，疏通河流4162道，成绩卓然。朱元璋出身农民，深知灾荒给农民造成的痛苦，在他即位后，常常减免受灾和受战争影响的地区的农民的赋税，或给以救济。

朱元璋还十分爱惜民力，提倡节俭。他即位后，在应天修建宫室，只求坚固耐用，不求奇巧华丽，还让人在墙上画了许多历史故事，以提醒自己。按惯例，朱元璋使用的车舆、器具等物，应该用黄金装饰，朱元璋下令全部以铜代替。主管的官员报告说用不了很多黄金，朱元璋却说，他不是吝惜这点黄金，而是提倡节俭，自己应作为典范。在朱元璋积极措施的推动下，农民生产热忱高涨。明初农业发

龙蟠桥　明
这座桥修建于明朝初年，位于今四川泸州濑溪河上，十四座桥墩有八座雕有精美龙、狮、象、麒麟等精美的饰物，气势宏大，十分壮观。

展迅速，元末农村的残破景象得以改观。农业生产的恢复发展，促进明代手工业和商业的发展。朱元璋的休养生息政策巩固了新王朝的统治，稳定了农民生活，促进了生产的发展。

八、清除权臣

明初，官僚机构基本上沿袭了元朝，朱元璋逐渐认识到其中的弊病，于是进行了改革。

首先是废除行省制。1376年，朱元璋宣布废除行中书省，设立承宣布政使司、都指挥使司和提刑按察使司，分别担负行中书省的职责，三者分立又互相牵制，防止了地方权力过重。

在军事上，朱元璋废除了管理全国军事的大都督府，将其分为中、左、前、后、右五军都督府，并和兵部互相牵制。兵部有权颁发命令，但是不直接统帅军队，都督府掌管军队的管理和训练，但是没有调遣军队的权力。这样，军权便集于皇帝之手。

在中央机构改革的重点是废除丞相制。明初中书省负责处理天下政务，地位最高。其长官为左、右丞相，位高权重，丞相极易与皇帝发生矛盾，明朝时以胡惟庸任相后最甚。

胡惟庸是凤阳定远人，洪武六年（1373年）由右丞相升任左丞相。胡门生故吏遍于朝野，形成一个势力集团，威胁皇权。洪武十一年（1378年），朱元璋对中书省采取行动。一天，胡惟庸的儿子骑马在大街上横冲直撞，结果跌落马下，被一辆过路的马车压了，胡惟庸将马夫抓住，随即杀死。朱元璋十分生气。十一月又发生了占城贡使事件。占城贡使到南京进贡，把象、马赶到皇城门口，被守门的太监发现，报与朱元璋，朱元璋大怒，命令将左丞相胡惟庸和右丞相汪广洋抓进监狱。但是，两丞相不愿承担罪责，便推说接待贡使是礼部的职责，于是，朱元璋便把礼部官员也全部关了起来。

两相入狱，御史们理解了皇上的意图，便群起攻击胡惟庸专权结党。于是，洪武十三年（1380年），朱元璋以擅权枉法的罪名处

大明皇帝之宝 明

刘基像
朱元璋评刘基：吾子房也。

马皇后像
马后自幼聪明贤惠,心地仁慈,性格坚强,是朱元璋的得力助手。马后一生保持俭朴之风,待人宽厚,且常谏于太祖。洪武十五年(1382年)病逝,太祖心痛不已,未再立后。

死了胡惟庸和有关的官员,同时宣布废除中书省,以后不再设丞相。

朱元璋以专权枉法之罪杀了胡惟庸后,胡案就成为他打击异己的武器,以致受牵连而被杀者达3万多人,最后太师韩国公李善长也受牵连,77岁的李善长全家被杀。

接着,朱元璋又于洪武二十六年(1393年)杀掉功臣蓝玉。蓝玉是明朝开国大将,被朱元璋封为凉国公。洪武二十四年(1391年),四川建昌发生叛乱,朱元璋命蓝玉讨伐,临行前,朱元璋面授机宜,命蓝玉手下将领退下,连说三次,竟无一人动身,然而蓝玉一挥手,他们却立刻没了身影。这使朱元璋下决心要除掉蓝玉。洪武二十五年(1392年)的一天,早朝快结束时,锦衣卫指挥使参奏蓝玉谋反,朱元璋随即令人将其拿下,并由吏部审讯。当吏部尚书詹徽令蓝玉招出同党时,蓝玉大呼:"詹徽就是我的同党!"话音未落,武士们便把詹徽拿下,审判官们目瞪口呆,不再审了。三天后,朱元璋将蓝玉杀死,尔后,就是大规模的清洗和株连。胡、蓝两案,前后共杀4万人。

对于朱元璋的滥杀,皇太子朱标深表反对,曾进谏说:"陛下诛戮过滥,恐伤和气。"当时朱元璋没有说话。第二天,他故意把长满刺的荆棘放在地上,命太子拣起。朱标怕刺手,没有立刻去拣,于是朱元璋说:"你怕刺不敢拣,我把这些刺去掉,再交给你,难道不好吗?现在我杀的都是对国家有危险的人,除去他们,你才能坐稳江山。"然而朱标却说:"有什么样的皇帝,就会有什么样的臣民。"朱元璋大怒,拿起椅子就扔向太子,朱标只好赶紧逃走。

李善长像

明太祖朱元璋

九、专制统治

明朝是我国历史上封建君主专制统治空前加强的时期。朱元璋利用特务机构，派出大量名为"检校"的特务人员，遍布朝野，暗中监视。有一次，学士宋濂上朝，朱元璋问宋濂昨天在家喝酒没有、请了哪些客人，宋濂一一照实回答。朱元璋听后满意地说："你果然没有骗朕。"

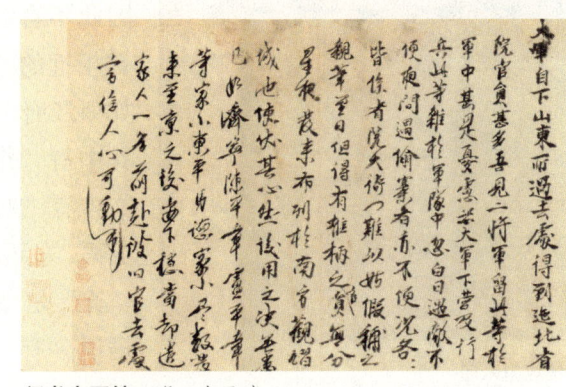

行书大军帖　明　朱元璋
洪武皇帝虽戎马一生，然常留心翰墨，此帖行笔健俊峭拔，点画流畅痛快，颇有自然之趣。

著名儒士钱宰被征参编《孟子节文》，一日散朝回家，随口吟诗道："四鼓冬冬起着衣，午门朝见尚嫌迟。何日得遂田园乐，睡到人间饭熟时。"结果第二天上朝，朱元璋便问钱宰："昨天的诗不错，不过朕没有'嫌'迟，改作'忧'字，如何？"钱宰一听，吓得忙磕头请罪。

洪武十五年（1382年），出于打击功臣的需要，朱元璋将管辖皇帝禁卫军的亲军都尉府改为锦衣卫，并授以侦察、缉捕、审判、处罚罪犯等权力，这是一个正式的军事特务机构，由皇帝直接掌控。它有自己的法庭和监狱，俗称"诏狱"，诏狱里采取剥皮、抽肠、刺心等种种酷刑。朱元璋还让锦衣卫在朝廷上执行廷杖，有很多大臣惨死杖下，工部尚书薛禄就是这样被活活打死的。

在地方上，在各府县的重要地方，朱元璋还设置了巡检司，负责把关盘查、缉捕盗贼、盘诘奸伪。

朱元璋专制统治的另一个表现是实行八股取士和文字狱。1370年，朱元璋下令设科取士，规定以八股文作为取士的标准，以"四书"、"五经"为题，不允许有自己的见解，必须依照古人的思想。这种考试制度，目的在于培植为专制君主服务的奴才，它极大地限制了人们的思想。

同时，对于不肯合作的地主知识分子，朱元璋则想尽办法加以镇压。他出生贫寒，并且早年做过和尚，所以十分忌讳"光"、"秃"等字眼，就连"僧"也不喜欢，甚至连和"僧"读音差不

宋濂像

343

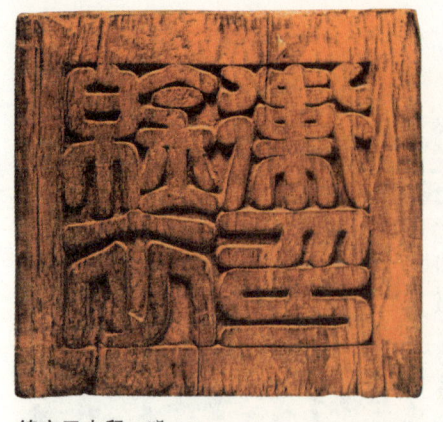

锦衣卫木印　明

锦衣卫是明代内廷侍卫侦察机关，始建于洪武十五年，专门从事侍卫缉捕弄狱之事，是皇帝的侍卫与耳目，与明王朝相伴始终。明初朱元璋为加强中央集权，以刑部、都察院、大理寺分典刑狱，称三法司，让其互相制约，如遇重大要案由三法司会审结案。这枚木印是三法司会同刻置的。

多的"生"也同样厌恶；他曾参加过红巾军，因此不喜欢别人说"贼"、"寇"，连和贼读音相近的"则"也厌恶。有好多人因此送命，如浙江府学林元亮替海门卫官作《谢增俸表》，其中有"作则帝宪"一语，杭州府学徐一夔表文中有"光天之下"、"天生圣人，为世作则"等语，朱元璋便硬说文中的"则"是骂他做"贼"，"光"是光头，"生"是僧，是骂他做过和尚。据说，有一年元旦夜里，朱元璋外出，发现一则灯谜：上画了一个女人，手里抱着一个西瓜，坐在马背上，其中马蹄画得特别大。对此，朱元璋大怒，认为这是暗讽马皇后是个大脚，于是即命查缉，将作灯谜的人杖责至死。

文字狱造成了人人自危、不敢提笔的局面，以致文官们不得不请求设计出一种标准的文牍的措辞，以免犯忌。

十、身葬孝陵

同任何一个皇帝一样，朱元璋在生前也安排自己的后事。他将自己的陵墓修在了钟山南麓，称为孝陵。孝陵方圆四十五华里，规模宏伟。1398年，71岁的朱元璋病逝，葬于孝陵，谥号"圣神文武钦明应运俊德成功统天大孝高皇帝"，庙号"太祖"。

明孝陵神道

朱元璋以一介平民，于群雄间角逐数十年，最终推翻元朝，成为明朝的开国皇帝。他对政治制度加以改革，并以锦衣卫清除权臣，以巩固皇权；同时推行与民休息的政策，发展生产。明朝初期是中国历史上较强盛的时期，朱元璋是中国历史上一位比较杰出的地主阶级政治家。

明成祖朱棣

　　明成祖名叫朱棣,是明太祖的第四子,明王朝的第三位皇帝。他生性好武,是一位著名的马上天子,他用武力夺侄子惠帝之位称帝,又用武力来开疆拓土,最后死于征伐漠北的行军途中。不过他执政期间知人善任,很有胆识谋略,由此开创了明朝历史上著名的"永乐盛世"。

一、叔侄争权，靖难夺位

朱棣，生于元至正二十年（1360年），此时父亲朱元璋还只是一个起义军将领，正养精蓄锐，准备争夺天下。所以他自小就跟随父亲在军中长大。朱棣相貌奇伟、聪慧过人，所以在朱元璋的26个儿子中很受宠爱，朱元璋经常在朝臣们面前夸朱棣最像自己。太祖对儿子们的教育非常重视，他聘请了全国各地的名儒为皇子们授课，而他则随时督查儿子们的学习情况，所以皇子们都接受了良好的教育，不过朱棣在众多兄弟中仍然十分出色，没有辜负父亲的厚爱。

朱棣自小就很得父亲的青睐。他刚满10岁，就被册封为燕王，封地为北平，而此时镇守北平的乃是大明朝的开国第一功臣徐达，可见太祖对朱棣的苦心。朱棣16岁，太祖又做媒，令朱棣娶了徐达的长女为燕王妃。朱棣17岁时，宫廷要为各位皇子们在封国建造王府，太祖又明确关照燕王的府邸按照元朝皇宫的制式修建，而其他皇子不得效仿。朱棣20岁时，前往封地居住，此后就一直师从徐达，在军事理论和武艺上都有了很大的提高。由此可见太祖对这个儿子实在钟爱，隐隐有向着未来帝王的方向培养。太祖称帝后，又用了20年来扫平各地的小割据政权。于是朱棣就长年驰骋沙场，不仅为明朝的统一立下了卓越功勋，而且磨炼出一身好本事，成长为一名杰出的军事家。

尽管朱棣很优秀，父亲也很疼爱，但是他依然与皇位无缘。因为朱棣既不是长子，也不是马皇后所出，他的生母氏只是一个普通的妃嫔。按照封建时代立嫡立长的传统，怎么也轮不到他。不过在太祖称帝的30年里，朱棣还是等到了机会。他的大哥朱标做了25年皇太子后病故了，而二哥秦王、三哥晋王也先后亡故。这样本为四子的燕王朱棣，在家族尊序上都成为诸王之首。而朱棣本身又有很强的军事实力，在诸王中也是翘楚。尤其是在洪武二十三年（1390年）正月，元朝残余势力南侵，太祖命朱棣和当时还未过世的晋王领兵北征。当时天气极端严寒，晋王有些怯阵，而朱棣却奋勇出击，大败元将领乃儿不花，由此威名更盛，令国人瞩目。太祖对这个出色的儿子十分满意，就打算立他为皇太子。不料朝中大臣们却坚决反对，他们以立嫡长为由，请求册立原太子朱标的长子朱允炆。

制诰之宝　明

九旒漆冕　明

太祖无奈，只好于洪武二十六年（1393年）九月正式册立朱允炆为皇太孙。朱棣眼看到手的诸位被侄子抢走，很不甘心，就暗中筹备夺位称帝之事。

洪武三十一年（1398年），太祖驾崩，朱允炆即位，即明惠帝。此时朱棣的夺位计划仍在紧锣密鼓地筹备中。惠帝上台后，有感于诸位藩王叔叔的权力太大，威胁到中央政权的统治，就采纳大臣齐泰、黄子澄等人的建议，决定削藩。由于燕王的实力最强，惠帝不敢轻易动手，就从实力较弱的周王、岷王、代王、齐王下手，将他们贬为庶民。而湘王朱柏被迫自焚身亡。五个藩王的命运引起了其余藩王的极大不满和恐慌，朱棣身在北平，其实一直密切注意着京城的动向。他见惠帝削藩导致人心浮动，政局不稳，而自己筹划了多年，已经兵强马壮，就认为夺位的时机已经成熟了。于是，在建文元年（1399年）七月，他打着"清君侧"的旗号，以诛杀"奸贼"齐泰、黄子澄为由，起兵"讨贼"，历史上著名的"靖难之役"爆发。

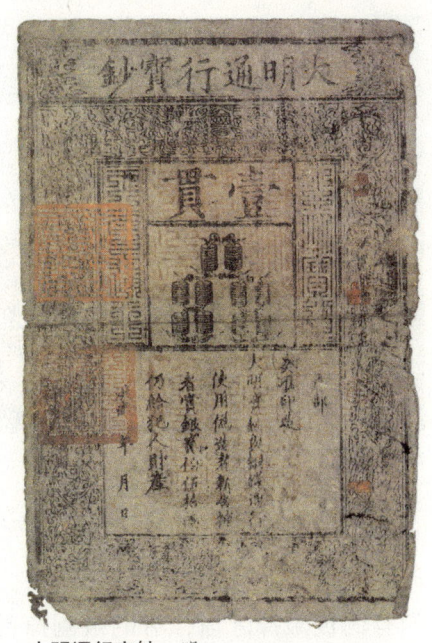

大明通行宝钞　明
纸币，又称洪武宝钞，是明朝初年的流通货币。洪武八年（1375年）朱元璋设宝钞提举司，下设钞纸、印钞两局和宝钞、行用两库，同年正式发行纸币。

战争爆发后，文弱的惠帝根本不是久经沙场的朱棣的对手。从建文元年七月至建文四年（1402年）六月，"靖难之役"历时3年，以燕王朱棣的取胜而告终，而惠帝在朱棣攻陷京师后就不知所踪了。这一年，43岁的朱棣在群臣的拥戴下称帝，即明成祖，次年改元永乐。

二、恩威并施，永乐盛世

朱棣用武力夺了侄子的皇位，名不正言不顺，自然就遭到了许多大臣的反对。而明王朝经过几年的内战，局势动荡，社会很不安定。朱棣称帝后，为了稳固统治，就采取了镇压和怀柔并用的手法。

朱棣首先对惠帝的旧臣展开了诛杀，而首当其冲的就是惠帝的心腹大臣齐泰和

故宫全景图

黄子澄。朱棣杀了这二人,并夷灭全族。其他旧臣也有50多人陆续被捕,稍有不服,就被处死,甚至被诛灭三族。朱棣对这些人不仅是杀戮,而且是虐杀。大臣们有的被敲掉牙齿,有的被割掉舌头,还有的被砍断手足,其中黄子澄就是先被砍去了双手,然后再杀死的。而兵部尚书铁铉,在"靖难之役"时曾打败过朱棣,他被捕后的反抗最为坚决。朱棣将其寸磔于市,就是将肢体碎解,这是历史上极少使用的酷刑。

永乐帝朱棣　明

而最惨的还是方孝孺。他是太祖时期名儒宋濂的学生,是当时最有名的读书人,曾深受惠帝的器重。朱棣占领京城后,就命方孝孺为他写即位诏书。不料怎么威逼利诱,方孝孺都坚决不写。朱棣大怒,竟诛了方孝孺的十族。自古以来,最严厉的刑罚是诛九族,而朱棣诛方孝孺十族,开了自秦始皇以来1600多年封建社会历史的先河。除了灭族,朱棣还兴起了"瓜蔓抄",就是将所有受牵连的人全部诛杀。惠帝的旧臣景清,在朱棣称帝后并没有殉节,而是屈从朱棣,留在了朝廷中,不过景清并不真心臣服。两个月后的一天,景清暗藏匕首上朝,打算行刺朱棣,不料行迹暴露了。朱棣大怒,不仅杀了景清,将他的尸体悬在城门上示众,而且诛灭全族,最后还顺藤摸瓜,将景清的左邻右舍,甚至连他出生的村子也屠戮干净了,这次事件中被杀的人达数万,实在骇人听闻。后来朱棣为了加强对朝野的控制,于永乐十八年(1420年)专门设立了东厂,由宦官负责。东厂和锦衣卫结合,开了明代宦官特务政治的先例,这也为明王朝最后灭亡埋下了祸根。

朱棣用残暴的手段镇压反对者的同时,也对拥护自己夺位的文武功臣们封赏重用。而曾经被惠帝削藩贬为庶人的四王也恢复了爵位,重回各自的封国。对真心归附自己的惠帝旧臣,朱棣也量才任用,对过往一概不究。这些都体现出了他作为君王的气魄和才智。

朱棣初步稳固皇权之后,为了加强北方的军事力量,抵御外敌入侵,他决定迁都北平。北平是朱棣为燕王时的封国,他在此经营多年,军事力量十分雄厚,又离北方边防很近,便于随时调动兵力抵御敌寇。虽然有不少大臣反对迁都,但朱棣还是坚持自己的决定。

从永乐四年(1406年)至永乐十八年(1420年),北京皇宫历时14年修建完成。永乐十九年(1421年),成祖朱棣带着文武大臣正式迁都北京,将南京作为留都,并任命亲信驻守,并称为南北两直隶。这是历史上的一件大事,现在的北京故宫就是当年朱棣修建的皇宫,后来清朝又进行了维修,不过布局几乎完全没有改动。

朱棣在修建新都期间,也励精图治发展经济。太祖为明王朝奠定了坚实的基础,可是之后朱棣叔侄为争夺皇权展开了长达几年的内战,对农业生产造成了严重的破坏。于是,朱棣就继续施行休养生息、移民屯田和奖励垦荒的政策,同时还严惩贪官污吏,赈济灾民。

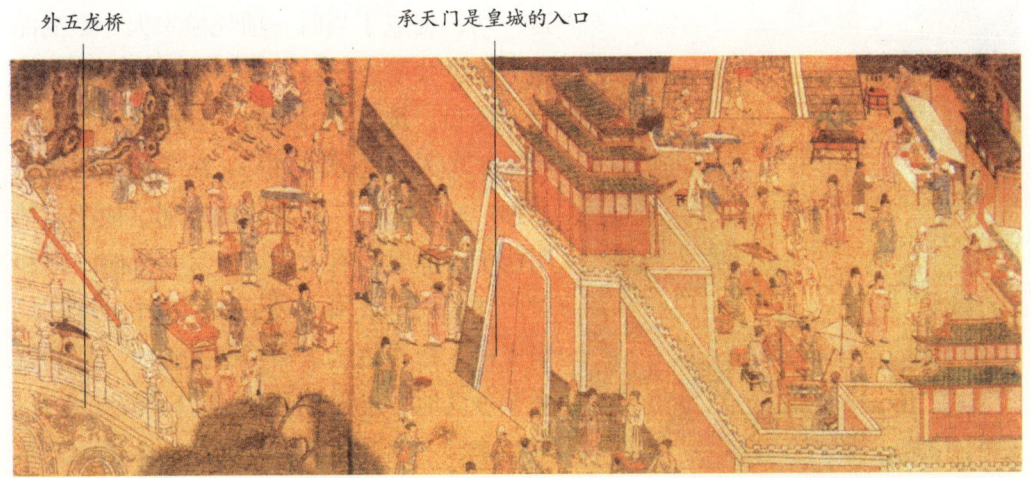

《皇都积胜图》之承天门
《皇都积胜图》描绘了明代北京城的繁华面貌,图中是承天门内外的商业活动,热闹非凡。

随着这些措施的推行，社会生产逐渐恢复，农业又繁荣起来，手工业和商业也获得了长足发展。永乐时期，国库粮食充足，百姓安居乐业，冶铁业和造船业十分发达，尤其是造船业，永乐时期修建的航海宝船十分坚固庞大，最大的船能乘载1000多人，船上还配有航海图和罗盘针等先进的航海设备。中国是当时世界上最先进的造船国家。

朱棣不仅仅是一个马上天子，还是一个十分重视文化事业的皇帝。永乐时期，最重大的文化成果就是编订了一部辉煌的巨著——《永乐大典》。从永乐元年（1403年）七月朱棣授命翰林学士解缙等人组织编纂，到永乐二年（1404年）十一月，才完成初稿。后来又组织了几千人，多次修订。前后用了4年时间，才真正完成这部目录60卷，正文22877卷，装订11095册，约3.7亿字的巨著。《永乐大典》是一部大型类书，内容正如朱棣所言："凡有文字以来的经史子集百家之言，以至天文、地志、阴阳、医卜、僧道、技艺之言，均搜罗其间，毋厌繁浩。"而且收录其中的图书均未作任何删改，这是中华民族的珍贵文化遗产，也是我国古代最大的百科全书，更是当时世界上最大的百科全书。永乐时期，经济文化全面繁荣，史称"永乐盛世"。

三、郑和下西洋，御驾征漠北

明朝的经济文化都发达了，国力也强盛了，朱棣就想凭借先进的航海宝船出使各方。一方面宣扬大明王朝的国威，一方面也希望发展同国外的贸易。同时还有一个朱棣的个人秘密，就是寻找失踪的惠帝，以防后患。惠帝在朱棣攻入南京后

郑和像

就不见了踪迹，朱棣在国内多方寻找，也终无所获，所以他一直怀疑惠帝流亡海外了。这一切，促成了当时一项规模宏大、影响深远的惊世壮举——郑和七下西洋。

郑和，是宫中的太监，云南昆阳（今昆明普宁）人，他原本姓马，后来因跟随朱棣参加"靖难之役"立功，赐姓郑。他不仅精明能干，而且很有大志。受父辈影响，郑和对西洋的风土人情比较了解，也十分向往。当成祖朱棣在挑选下西洋的人选时，郑和就毫无争议地中选了。永乐三年（1405年）六月，郑和率领一支27000多人的远航队伍，分乘200多艘宝船，携带大量的丝绸、瓷器、铁器、

布帛等物品，从刘家港（今江苏太仓浏河镇）起航，开始了西洋之旅。郑和的船队最先抵达占城（今越南），然后到达马来西亚的马六甲、印度尼西亚的爪哇、苏门答腊及锡兰等地，最后经印度洋西岸折回返国。

从永乐三年（1405年）到宣德八年（1433年），历经永乐、洪熙、宣德三朝，共29年，郑和七次下西洋，

郑和宝船复原图

行踪遍及今东南亚、印度洋沿岸和非洲东海岸等30多个国家和地区。郑和下西洋的壮举，不仅打开了中国与海外各国的贸易之门，更重要的还在于政治上，向世界展示了明朝前期的强盛国力和强大的海军实力；许多国家元首或使臣纷纷前来中国访问，实现了万国朝贡的盛况，功绩堪比汉唐。这也是中国古代历史上最后一个具有世界意义的盛举。

朱棣本身就是武将出身，他在对外交流上取得了巨大的成功，对内也与周边各民族友好往来。他即位之初，边境也有一些地区不太稳定。为了巩固和发展大明王朝的多民族国家统一大业，朱棣采取了通好和防御两种策略。永乐元年（1403年），朱棣派出使臣，成功招抚女真各部。朱棣还在开原（今属辽宁）设立马市，与海西、建州两部进行交易，并准许女真各部酋长每年到指定的地点经商。永乐七年（1409年）闰四月，继太祖设立辽东都指挥使司后，朱棣又设立了奴儿干都指挥使司，还在当地设立了370卫、20所，并任命当地的女真酋长们担任卫、所的官员，并且允许世袭。有了这些措施，整个永乐时期，明朝与女真族相处和睦，往来友好。除此之外，朱棣还加强了同西藏的联系，积极发展汉、藏族人民在经济、政治、文化上的全面交流。他还设立了贵州布政使司，加强对西南地区的管理。朱棣的这些措施，对各民族团结和民族融合起到了很大的作用。

不过朱棣对不肯臣服的少数民族，手段十分强硬。他一生好武，对自己的军事才华也十分自信，何况他连皇位都是武力夺得的，自然要用武力镇压不服的部落。朱棣的用武行动中，最重要的就是他5次远征漠北之事。漠北，是指瀚海沙漠群的北部，也就是狭义的塞北之北，位于今天的蒙古高原。它包括外蒙古和贝加尔湖等广大地区，是元朝统治者的老家。洪武元年（1368年），元朝灭亡后，元朝最后一个皇帝——顺帝，就逃往上都（今内蒙古多伦），重新过起了游牧民族的生活。洪武三年（1370年）元顺帝去世后，统治漠北的蒙古族贵族内部就逐步发生了分裂，分成了鞑靼、瓦剌和兀良哈三个部落，其中鞑靼实力最强。三个部

北平行都指挥使司夜巡铜牌 明

洪武二十年（1387年），明政府设置北平行都司于大宁，共设十六卫。洪武二十四年（1391年），朱元璋封第十七子朱权为宁王，藩地即在宁城。宁城在北方，面对元朝蒙古族残余势力，因而在此设立都指挥使司，命宁王拥重兵驻防其地。成祖即位后，改封宁王于江西南昌，改北平行都司为大宁都司，治所迁保定。这块夜巡铜牌，是大宁卫士兵夜间巡逻佩带的证件。

落不仅内部争战，而且时常侵扰明朝边境。

朱棣对他们依然采用太祖时期的"威德兼施"策略，就是一边与各部落酋长们修好，赐给财物以示安抚；一边积极防御，在秦长城的基础上，东起鸭绿江畔的辽宁虎山，西至祁连山东麓的甘肃嘉峪关，贯穿辽宁、北京、内蒙、甘肃、青海等10个省市，修筑起了著名的明长城。为了抵御蒙古族贵族的南下侵略，朱棣还在沿线建立了9个边防重镇，每个镇都配备了精锐部队。

永乐七年（1409年），朱棣依例派使者携带大量财物前往蒙古各部招抚。其中瓦剌接受了招抚，首领被敕封为王；而鞑靼可汗本雅失里，不仅拒绝招抚，而且杀了明朝使者郭骥，接着又出兵攻打明朝边境。朱棣闻讯后，立即任淇国公邱福为征虏大将军，统兵10万，讨伐鞑靼。不料邱福大意轻敌，中了鞑靼的埋伏，在克鲁伦河（今蒙古共和国境内）全军覆没。败讯传回朝中，朱棣震怒，决定来年春亲征漠北。

永乐八年（1410年）春，朱棣统兵50万，亲征塞北。这年五月，明军与鞑靼军在斡难河畔大战，最后鞑靼惨败，可汗本雅失里只带着7骑渡河逃脱。由于天气炎热，不宜久战，朱棣就凯旋回京。此后朱棣又在永乐十二年（1414年）、永乐二十年（1422年）、永乐二十一年（1423年）三次亲征漠北，有效地打击了蒙古族贵族的侵扰，不过也耗费了大量的财力和人力。有不少大臣劝谏朱棣暂停征讨，休兵养民，可朱棣执意不听。永乐二十二年（1424年），朱棣第五次亲征鞑靼的阿鲁台部落。这次出兵非常不顺，由于边防情报错误，阿鲁台早就逃走了，可朱棣毫不知情。明朝大军在茫茫荒漠中日夜行军，却连敌军的影子都没有见到。时日一久，将士们都疲惫不堪，军粮也快耗尽了，朱棣只好班师回朝。就在回京途中，朱棣病倒了。七月下旬，大军行至榆木川（今内蒙古乌珠穆沁附近），朱棣就病逝了，享年65岁。临终前，朱棣留下遗诏，传位给太子朱高炽，并下令丧礼从简。他死后，葬于长陵，谥号"文皇帝"，庙号"太宗"，到嘉靖十七年（1538年）改庙号为"成祖"。

朱棣在位22年，他为巩固皇权而大杀旧臣，为恢复经济而勤勉治国，为弘扬国威而交通西洋，为统一四境而五征漠北，又为独揽大权而设置东厂特务机构。他的功绩流传千古，而特务统治又埋下了明朝灭亡的祸根。

明英宗朱祁镇

明英宗名叫朱祁镇，是宣宗的长子，明王朝的第六位皇帝。他先后两次登基，共在位22年，却没有什么政绩，反而开了明朝宠信宦官的先河，为日后明朝的灭亡埋下了祸患。

一、身世成谜,宠信宦官

朱祁镇生于宣德二年(1427年)冬,他的身世一直有些神秘。宣宗的后宫有胡皇后和孙贵妃等数位后妃,胡皇后贤良淑德,宣宗却不喜欢,他最宠爱的是孙贵妃。孙贵妃得宠后,就想夺皇后宝座。因为宣宗子嗣不旺,快30岁了还没有儿子,所以孙贵妃就在子嗣上做文章。她打听到宣宗临幸过的一名宫女怀了身孕,就派人将这名宫女幽禁在密室,然后又买通御医,自己装出怀孕的样子。等到宫女产下一子后,孙贵妃就杀死宫女,将孩子据为己有。这个孩子就是后来的朱祁镇,不过他的生母是谁,已经无从得知。宣宗得知自己最宠爱的孙贵妃"生"下儿子后,龙颜大悦。朱祁镇仅4个月大,就被宣宗册封为皇太子,而孙贵妃也母凭子贵,取代了胡皇后之位。后来吴妃也为宣宗生下了一个儿子朱祁钰,

杨士奇像

就是后来的明代宗。宣宗一生,也就只有这两个儿子。宣德十年(1435年)正月,宣宗病逝,9岁的太子朱祁镇即位,即明英宗,次年改元正统。

英宗即位时,只是个几岁的孩子,根本无法理政。父亲宣宗也早就想到了这一点,所以他临死前留下了一道遗诏,命大臣们凡有国家大事,都须请示张太后。张太后是仁宗的皇后、宣宗的母亲,品性贤淑,德高望重。英宗当了皇帝后,尊母亲孙氏为太后,祖母张太后为太皇太后。大臣们得了宣宗的遗诏,就请太皇太后垂帘听政,可张氏并不贪恋权势,就严词拒绝了。不过朝中事务,都要先禀告她,然后再送由内阁决议施行。

宣宗还为儿子留下了杨士奇、杨荣和杨溥等一班德才兼备的老臣辅政。有了老太后和一批老

杨荣像

臣的辅佐，英宗前期的政治十分稳定，基本承袭了宣宗时期的各项政策，整个明王朝的中央政权也正常运转。

英宗前期一直当着安乐皇帝，过得十分惬意。他自幼就与太监们在一起，所以对他们很亲近。自小照顾他的宦官王振，很善于察言观色，逢迎英宗的喜好，所以英宗对他非常宠信，

白玉壶　明

甚至到了言听计从的地步。明朝自太祖朱元璋开国以来，就对宦官的管束十分严厉，以防重蹈历史上多次宦官专权的覆辙。王振十分有心计，他一边讨好英宗，获得了司礼监太监的职务；一边骗取内阁的好感，他每次到内阁传旨，都装得恭恭敬敬地，大臣们也逐渐对他消除了疑心。司礼监是明朝宫廷24个宦官衙门中最重要的部门，皇城里的一切礼仪、刑事和各种杂役都由它负责。不过，它最特殊的权力就是替皇帝管理奏章，并代皇帝批答大臣们的所有公文。皇帝口述的旨意也要先由司礼监记录，然后交由内阁施行。王振有了这样一个重要的职务，就开始悄悄地培植自己的势力，将许多部门都换上了自己的亲信。随着三朝元老"三杨"等老臣的相继离世和退隐，王振的权势激增。正统七年（1442年），太皇太后张氏病故。英宗的母亲孙太后根本无力管束这个儿子，王振就更加花言巧语地骗取英宗的信任，并开始肆无忌惮地壮大自己的势力。

彩花蝶纹罐　明

二、土木惊变，帝王成囚

英宗在王振的哄骗下，只专注于玩乐，对王振的弄权视而不见，甚至将朝政大事全部交给他去处理，王振很快就权倾朝野了。不少朝臣也逢迎谄媚这位新贵，而正直的大臣们敢怒不敢言，朝廷上下一片混乱。而此时的边境已经很不安定了。曾被成祖朱棣打压的北方蒙古族贵族瓦剌部落，经过几十年的发展，逐渐强大起来。正统四年（1439年），瓦剌首领脱欢去世，他的儿子也先继位，就开始大肆扩张。也先从继位之初，就开始每年向明朝进贡，以迷惑明朝廷，掩饰自己的野心。接着，也先首先开始向西北扩展，到正统九年（1444年），他设置了甘肃行省。正统十年（1445年），也先又打败了明朝敕封的忠顺王倒瓦塔失里，由此西域要道和哈密也在他的控制下了。同时也先还向东发展，攻占兀良哈三卫，扩展到辽东地区。

永乐七年造手铳　明

也先的崛起严重威胁到明王朝的统治，可英宗却沉溺于享乐，对此漠不关心。不少有识之士纷纷上书，提醒英宗要警惕瓦剌，可揽权的王振完全不当回事，很多奏疏也根本没有送到英宗面前。

正统十四年（1449年）二月，也先又遣使来明朝进贡马匹，他们像以前一样，2000人的贡使团谎报为3000人，以冒领赏赐。王振以前对此都是睁一只眼闭一只眼，可这次他一时心血来潮，想要显示自己的权威，就命礼部按实际人数给赏赐，还自作主张将马匹的价格减去了五分之四。使团回到瓦剌后，向也先作了汇报。也先勃然大怒，就借口明朝曾答应将公主嫁给他的儿子，最后却失信了，于这年七月起兵，向明朝腹地大举进攻。驻守塞外的明军，早已多年不修战备，根本没有战斗力。也先的瓦剌军一路横扫明军的各个城堡，很快就将塞外的最后一座城堡大同城围得水泄不通。

战败、告急的讯息频频传回北京，英宗终于慌了手脚。他急忙派驸马都尉井源等率兵万人前去迎敌，不料井源很快就全军覆没了，英宗只好召集宦官王振和文武大臣商议对策。

王振祖籍蔚州（今河北蔚县），离大同城比较近，他担心自己在老家的大批田宅财物会遭到破坏，就极力怂恿英宗御驾亲征。此时朝廷的主力都在外作战，一时难以调集精锐军马，朝臣们就纷纷劝阻英宗不要亲征。而23岁的英宗年少气盛，也很羡慕那些曾立下赫赫战功的祖辈们，就不顾大臣的反对，同意立即出征。七月十六日，英宗就命弟弟朱祁钰留守京都，自己带着仓促拼凑的50万大军，浩浩荡荡地御驾亲征了。

英宗出征后，正赶上连日大雨，道路难行，加上仓促出兵，粮草接济不上，士

五彩人物纹折沿盆　明

兵们都很有怨言。大军行至大同附近，又看到满地都是被也先杀死的明军尸体，军士们更是没了任何士气，英宗和王振也心生怯意，决定撤军。王振这时还想着衣锦还乡，他决定大军绕道自己的老家蔚州撤退，借皇帝"临幸"来使自己耀武扬威一番。虽然随军大臣们都反对，但英宗还是同意了。谁料启程不久，王振又想到大军经过会踩坏庄稼，自己会遭到家乡人的唾骂，于是又建议原路撤回。

如此反复，就耽误了不少时间。正统十四年八月十三日，英宗带着大军来到怀来（今河北怀来）城外的土木堡。因为辎重车辆还没有到，王振就下令原地扎营。十四日，瓦剌军就追上了明军，也先连夜包围了土木堡。土木堡是宣府通向居庸关的重要驿站，位于狼山西麓，周围是连绵起伏的群山，地势很高，根本没有水源。土木堡南十五里的一条河是唯一的水源，已经被瓦剌军控制了。明军就地掘井两丈多深，也没有找到一滴水。到了十五日，明军士兵和战马都已断水两日了，饥渴难熬。也先占尽了优势，却并不骄躁。他派使者前往明军营讲和，并命军队后撤，佯装退兵，以麻痹明军。英宗深陷困境，自然巴不得讲和，也派人随瓦剌使者去也先营议和。

景德镇贴金彩瓷壶 明

英宗见瓦剌撤军，就立即下令移营取水。明军士兵得了命令，立刻乱哄哄地奔向水源地，根本没有队形。而也先的瓦剌军突然从四面八方攻来，惊恐的明军来不及抵抗，纷纷逃命。这样明军未经激战，就全军溃败，死伤数十万人，英国公张辅、兵部尚书邝野等50多位随军大臣均战死。英宗带着亲兵几次突围，都没有成功，他就干脆下马，盘腿坐在地上。不料一个瓦剌兵冲过来，就这样轻而易举地俘虏了英宗。皇帝被俘，50万大军全军覆没，这就是明朝历史上有名的"土木之变"，它也是明王朝由盛转衰的分水岭。

三、兄弟夺位，回京被幽

英宗被俘后，护卫将军樊忠将一腔怒火都发泄在宦官王振身上，他高呼："我为天下诛此贼！"接着便用铁锤砸死了王振，也算为明朝社稷除了一个大害。而抓住英宗的瓦剌兵，本来是想剥了他的衣甲就杀掉的，可是却发现这个俘虏的服饰与众不同，就带着他去见也先的弟弟赛利王。赛利王见到英宗也很吃惊，就立即告诉了哥哥也先，接着又叫前来议和的明朝使者上面辨认，确认就是大明皇帝英宗。也先兄弟欣喜若狂，认为奇货

方于鲁鸳鸯彩墨 明

可居，就将英宗软禁起来，每天好吃好喝的招待，打算用他来要挟明朝政府。

大明朝廷因为皇帝被俘，曾一度混乱。不过英宗的母亲孙太后和大臣于谦等人顶住了压力，很快就让明朝政权重新运转起来。他们先册立英宗年仅2岁的长子朱见深为太子，让英宗的弟弟郕王朱祁钰监国，同时又将朝中王振的党羽全部铲除，并加强了北京城的防卫，准备抵抗瓦剌的进攻。当也先派来使臣，以英宗要挟朝廷时，群臣又联名上书孙太后，拥立郕王朱祁钰为皇帝。九月六日，距英宗被俘仅20天，朱祁钰就登基为帝了，即明代宗，并改年号为景泰，同时遥尊英宗为太上皇。

于谦像

明朝新帝即位，让也先手中的英宗失去了价值。不过也先仍然没有死心，这年十月，也先打着送英宗回京的旗号，率领瓦剌大军直逼北京。而京师明军在于谦的指挥下，英勇应战，经过7天的激战，也先只好又带着英宗回去了。就在英宗继续过着囚徒生活时，瓦剌内部逐渐出现了分化，可汗脱脱不花不服也先，私自派人向明朝献马议和。而连年征战，致使瓦剌百姓死伤惨重，也先也只好向明朝提出议和，并愿意送归早已毫无价值的英宗。面对瓦剌的求和，代宗朱祁钰却不热心，他实在不想放弃刚刚到手的皇位，所以根本不想迎回英宗。大臣于谦等人就劝说代宗，说皇位已定，迎回英宗有利于消除边境战乱，不会威胁到代宗的帝位。英宗明白弟弟的心病，也让前来瓦剌的明朝使臣转告代宗，说自己回去后愿意看守皇陵，绝不觊觎皇位，代宗这才放心。景泰元年（1450年）八月，做了1年囚徒的英宗终于回到北京。代宗率领文武百官在东安门迎接这位昔日的帝王，兄弟相见后，英宗就被送往南宫（今北京南池子）幽禁起来，成了弟弟的囚徒。

四、南宫复辟，再宠奸佞

英宗在南宫一住就是7年，从未踏出宫门半步。代宗对他很苛刻，所以英宗的日子过得很窘迫。代宗为了确保自己的皇位，一面对这位"太上皇"哥哥严加看管，一面册立自己的儿子朱见济为太子，而英宗的长子朱见深被废黜为沂王。不料朱见济才做了1年太子就夭亡了，而代宗就这么一个儿子，他又不愿将皇位传给英宗之子，想着自己才20多岁，以后还会有儿子，所以就不提再立太子之事。不料

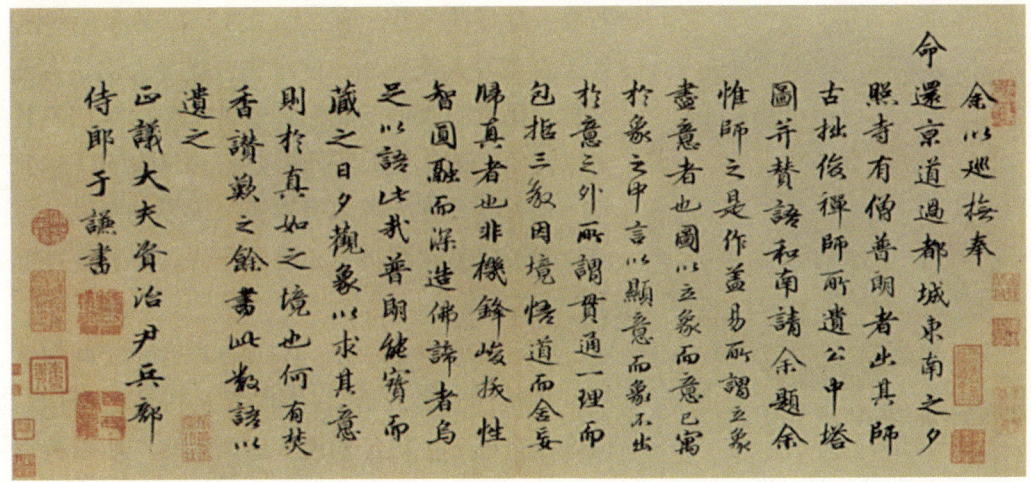

于谦《题公中塔图赞》

景泰八年（1457年）正月，代宗还没等来儿子，就病倒了。每年正月的郊祀大典都是十分隆重的盛事，可代宗已经病入膏肓，根本无法出席，就命武清侯石亨代行郊祀礼。不料石亨却有二心，他与都督张𫐄、左都御史杨善和太监曹吉祥等密谋，请太上皇英宗复位。这样一夜之间，皇帝就易了主。31岁的英宗在失位8年后重新登上了皇帝宝座，而病中的代宗被废，几天后就病死了。这次事件史称"夺门之变"，又称"南宫复辟"。

英宗复位后，就将这年改为天顺元年。大臣们惊见此变，也没有过多恐慌，很快就各司其职，英宗的皇位就这样出乎意料地坐稳了。英宗重新执政后，就将代宗曾重用的大臣于谦等人投进了监狱，不久后又以谋逆罪将于谦等人处死。这位曾写下《石灰吟》的一代名臣，就此陨落了。英宗对拥立自己复位的石亨、曹吉祥等人，和在朝廷上支持自己的徐有贞等人都大肆宠信，加以重用。没过多久，石亨和曹吉祥两人又联手将徐有贞赶出朝廷，贬谪去戍边，朝廷就成了二人的天下。石亨在朝中胡作非为，排斥异己，结党营私，并肆无忌惮地贪污受贿，甚至在皇城中为自己建造了许多豪华的府邸。他还屡次兴起大狱，陷害不依附他的那些正直官员，并与侄子石彪等人掌控重兵，密谋叛逆。

石亨的恶行太多，很快就传到了英宗那里，英宗这才看清了他的真面目。天顺三年（1459年）七月，英宗将

达摩立像　明

黑漆戗金棱瓣形盒　明

石亨一党抓捕入狱。第二年二月，石亨死于狱中，侄子石彪等人被处死。宦官曹吉祥等人也是劣迹斑斑，见到石亨的下场后，非常惊恐。他们不甘坐以待毙，就决定发动军事政变。天顺五年（1461年）七月，曹吉祥等人密谋第二天发动叛乱。可前一晚英宗就得到消息，抢先下手，将曹吉祥等人一网打尽。

英宗两次登临帝位，共在位22年，中间做了8年"囚徒"。这番波折，在历代帝王中都是少见的。也许是自己一生历经坎坷，感悟太多，所以英宗在临终前做了几件好事。第一是废除了自明成祖、仁宗、宣宗以来的后妃殉葬制度，并恢复了宣宗时期胡皇后的封号；第二是释放了自永乐以来就被囚禁的"建庶人"，他是建文年间惠帝朱允炆的儿子朱文圭，在建文四年（1402年）成祖朱棣攻占南京夺得皇位后就被幽禁，到这时已经被囚半个多世纪了，他从2岁的幼童变成了50多岁的老者。英宗的这些措施赢得了官员和百姓的称道，也算是他被后世称颂的唯一政绩。在他之后，明朝的形势就开始恶化了。

英宗果断平复了曹、石之乱后，也想振作精力治国，可此时明朝的国力已经逐渐削弱，英宗的身体也日渐衰弱，他已经力不从心了。天顺八年（1464年）正月，年仅38岁的英宗病逝。他死后，葬于裕陵，谥号"睿皇帝"，庙号"英宗"。长子朱见深继位，即明宪宗。

明武宗朱厚照

　　明武宗是中国荒淫帝王的典型。他是一个短命皇帝,一生腐化堕落,荒淫无耻。他建造"豹房",花天酒地,抢男霸女,整天泡在美女们的温柔乡中,醉生梦死。明武宗过度追求声色之乐,重用太监刘瑾等"八虎",致使朝纲混乱,百姓遭殃。国力衰弱,宦官专权,在他在位期间表现得相当突出。最后,荒唐好色的明武宗终因纵欲过度而死去。

一、大器难成，"八虎"成患

弘治四年（1491年），刚满21岁的弘治皇帝明孝宗朱祐樘喜得贵子，这就是日后明朝的皇帝明武宗朱厚照，他的母亲是皇后张氏。由于他是皇后亲生的，因此是嫡长子。

朱厚照是明朝开国以来第一个以嫡长子的身份成为皇帝的。而且，朱厚照的生日也很巧，是在辛亥年甲戌月丁酉日申时，按照时、日、月、年的顺序来读他生日，恰好是"申、酉、戌、亥"，按照星命官的观点，这种"贯如联珠"的生辰是大富大贵之命的人才有的。根据当时人的传说，朱厚照的生日与太祖朱元璋的有类似之处，而朱元璋创立大明基业，恢宏朝运，大有作为，因此，这位嫡长子亦被寄予厚望。弘治五年（1492年），明孝宗立朱厚照为皇太子。

明孝宗与张皇后结婚后不到半年便登上了皇帝的宝座。两人的感情相当好，因此，明孝宗"生平无别幸"。可是，结婚四年之后，张皇后仍旧没有生下皇子，孝宗和张皇后为此特别着急。弘治四年，在没有传出皇后怀孕或者其他任何信息的情况下，宫中突然宣布张皇后降下贵子。而就在朱厚照出生后的第六个月，明孝宗便开始酝酿册立东宫太子，这在明朝历史上也是相当罕见的。因此，就在朱厚照被册立为太子之后不久，都城北京便有传言说朱厚照不是张皇后的亲生儿子。虽然这属于没有真凭实据的传言，但张皇后是否是朱厚照的母亲确实是一个存在不少疑点的问题。三年后，张皇后又生下皇子朱厚炜，但很快夭亡了。因此，明孝宗和张皇后只有一个独生子，这就是朱厚照。

据史书记载，朱厚照相貌奇伟，面质如玉，容光焕发，年少时便已举止异常，大有帝王风度。虽然这些都是官修史书中的套话，但是朱厚照深受明孝宗宠爱，自幼娇生惯养却是事实。

黑漆描金龙药柜 明
盛药用具，黑漆地，正面及两侧饰描金双龙纹，背面及柜里饰描金花蝶纹。其双开门内有八方旋转式药屉80个，每屉盛药一种；两侧各有长屉10个，每屉分3格放药，每个药屉上用金泥为药鉴，墨书药名，全柜能放药140种，柜下有大屉3个，以供放置取药工具及方剂之用。柜子的背后有金泥书写的"大明万历年制"款，为宫廷御药房所用。

明武宗朱厚照

太和殿
太和殿是故宫内最大的建筑，也是国内现存古殿宇规模最大的建筑。殿高37.44米，面积2377平方米。它是皇权的象征，国家重大事件如登基、大婚、命将出师等，都要在这里举行隆重的典礼。

弘治十一年（1498年），皇太子朱厚照开始学习书本知识。由于他天资聪颖、学习刻苦，因此得到人们的普遍赞誉。但是，没过多久，由于宦官刘瑾、谷大用、马永成等人不愿让皇太子接近儒臣，因此经常用一些闲杂事情间断讲读，引导太子嬉戏游乐，练习骑射，放鹰逐犬。日子一久，太子渐不如前，讲读时时停废，获得了"好骑射"的名声，宫外之人也逐渐知晓。

弘治十八年（1505年）五月，明孝宗病逝，年仅15岁的朱厚照登上皇位，改年号为正德，将第二年定为正德元年。

自古太医难当。明孝宗患病已久，病情严重，本难治愈。但是，由于明孝宗是在食用太医所进的药物后，鼻子流血不止而驾崩的，因此，朱厚照即位后做的第一件大事就是追究孝宗之死的直接责任人。张瑜、刘文泰、高廷和被处死；施钦、方叔和被革除职务；徐昊革被贬为平民，发回原籍；脱里玉、李宗周、张伦、钱降等人被贬官。

朱厚照即位时年纪尚幼，本应得良臣忠侍辅佐，但是他却没有。在他的身边，出现了"八虎"。这八虎就是刘瑾、马永成、高凤、罗祥、魏彬、谷大用、邱聚、张永八位近侍。他们日夜引导明武宗游戏骑射，因此被称为"八虎"，也被称为八党。

在这八人当中，又以内中刘瑾最为狡猾阴险。刘瑾是陕西兴平人，本来姓谈。

刺绣龙袍 明
出土于明定陵。这种款式的龙袍是皇帝在节庆场合穿的。纹样本绣于红纱地料之上。龙的造型奇特，有双翼和三双眼睛，称为"应龙"。

自从景泰年间入宫之后，便投到太监刘顺的名下，改姓刘。刘瑾很有知识，口才也很好，在孝宗时，与谷大用等七人一起侍候朱厚照，深得朱厚照的喜爱。

朱厚照即位后，刘瑾、谷大用等八人被分到各处宫禁掌管具体事务。此后，刘瑾等人整日给朱厚照送鹰、犬等捕猎动物，吸引并陪伴他出去骑马射箭、耍枪弄棒。

自此，明武宗朱厚照纵情娱乐，起居无常，不再读书，也不视朝政。

群臣见明武宗不顾朝政、不思进取，于是纷纷上书劝谏。这一年的六月，天雷震得奉天殿的鸱吻、太庙的脊兽和天坛的树木四下摇动，宫门房柱也被摧折甚至焚烧了几根。人们都觉得天变异常，是上天震怒以此示警。于是，武宗按照惯例下诏自省，请求臣下进谏。群臣领旨上书，大学士刘健、李东阳、谢迁等人相继上书言事。总结起来主要有五类不同的事情，一是单骑驱驰，轻出宫禁；二是频行监局；三是泛舟海子；四是鹰犬弹射不离左右；五是内侍进献饮膳，不择而食。对于阁臣的进言，明武宗虚应了事，而对一般臣下的进言则不理不睬，甚至加以责罚。因此，很多大臣的进言根本不起作用，明武宗依然我行我素。

吹箫仕女图　明　唐寅
画中仕女以纤纤十指抚玉箫吹奏，神情专注，仪态优雅，头饰衣服色彩艳丽。

同年八月，皇帝准备大婚，册立夏氏为皇后，遣官迎入大内。群臣的进言渐少。不久，大学士刘健等又上疏指出武宗要改正的三件事，武宗虽然表示接受他们的建议，但并未改正。

九月，武宗重开经筵，但就在重开当日就想废除午讲。刘健等人极力劝谏，惹得武宗很不高兴，勉强应付。

自此，武宗日益放纵自己，嬉戏玩乐，甚至在宫中模仿市集，设立各种商店。刘瑾等八人环侍在他的左右，朝夕蛊惑，成为肘腋之患。廷臣见朱厚照日益纵游，倦于视朝，新政不行，诏令不信，而且不知省改，深以为忧。他们对八虎早已不满，早想除去。此时，恰逢太监崔杲出事，朝臣便以此为契机，想除去刘瑾等八虎。

正德元年（1506年），太监崔杲奉命前往南京监督织造，他上书请求武宗给他盐引作为经费。盐引是为课盐设置的，其税收专门用来准备边防，但武宗却毫不犹豫地答应了崔杲的请求。

不久，刘健、李东阳等极力劝谏，请武宗改变诏令，并且指出宦官当权对朝廷的危害。武宗听后很不愉快,说道:"朝廷难道都是宦官为害吗?历来朝臣坏事的占了十分之六七,你们想必也是知道的。"此后,经刘健等人苦苦劝谏,终于改变了给崔杲盐引作经费的想法。但是,武宗对八虎的信任却没有改变。刘健等不知这种情况,开始设计准备除去八虎。

此后,李东阳、刘健、谢迁等多人连续给朝廷上奏章,请求正德帝诛除刘瑾等人,清除朝廷的内患。十月十二日,忠直的韩文率领众多大臣上疏,指出朝廷最近一段时间由于太监刘瑾、马永成等人诱惑皇帝,沉迷游乐,荒怠政务,请求武宗将刘瑾等人拿问,明正典刑。武宗拿到奏疏后,伤心不已,竟不想进食。刘瑾等人得知后更是惶恐不安,八人惊恐万分,相对而泣。不久,他们在刘瑾的带领下入见武宗。刘瑾很快明白了武宗的心理,便用激将法使武宗迁怒于王岳等朝中大臣。武宗勃然大怒,立即任命刘瑾掌管司礼监,马永成、谷大用分别掌管东、西两厂,将王岳等人发配到南京去看守祖陵。第二天,李东阳和刘健见事情无可挽回,便告老还乡。随后,刘瑾派人一路追杀王岳等人,只有徐智幸免。自此,朝中大权全部由刘瑾为首的八虎掌握,刘瑾权倾天下。

二、厂卫横行,刘瑾被诛

刘健、谢迁诛八虎未成,反倒让八虎掌握了朝政大权,刘健、李东阳两位阁老被迫辞职。自此,虽然很多有良知的官员不满武宗的所作所为,但敢于挺身而出、上疏武宗的人却很少。给事中刘、吕二人给武宗上奏章,指出两位阁老不能这样辞官离去,提出五个理由,请求皇帝挽留。虽然条条说得在理,但武宗不予理会,而八虎却因此怀恨在心。

韩文被赶出朝廷时,给事中徐昂也上疏请求皇帝明断。武宗受八虎蛊惑,以徐昂维护朝中大臣、结党营私为由,将其除名。

此后,为了阻止朝廷命官上疏言事,武宗下令让六科给事中守科,不许大臣出衙门。此外,还经常让锦衣卫特务进行暗中监视,如果发现有人在酉时前走出衙门,立即上报皇帝。但是,远在南京的言官并不知北京的局势,纷纷上疏营救谢迁、刘健等人。武宗和刘瑾等人气得暴跳如雷。为震慑百官,

掐丝珐琅八宝纹长方熏炉 明
这种熏炉的形式极为少见,炉底装饰纹样具有明万历年间掐丝珐琅器的特征。

万户府印 明
此印为明代锦衣卫万户指挥所佩带的印绶。

刘瑾假天子手下发敕书,将刘健、谢迁等53人定为"奸党",张榜公示于朝廷,以此来打击言官。自此,刘瑾成为"内相",又被人称为"立地皇帝"。武宗贪玩好动,不理朝政,将臣下奏章转由刘瑾代为处理,此后,刘瑾权势如日中天。

朝中大臣有如与一只老虎搏斗,未能成功,反被虎吞噬,刘瑾窃取朝廷军政大权后,对朝臣肆意报复,利用东、西厂和锦衣卫诛除异己。刘瑾为了排挤异己,特别是儒生文臣,只要他们犯有小的过错便严厉惩处。正德三年(1508年),刘瑾改变旧例,规定凡是省亲、丁忧、养病的人都作托故营私旷职处理,三个月内可以宽恕,四五个月则罚其俸禄,六七个月则逮捕讯问,八九个月则算自动去职,十月以上则作削去官籍处理。此后,吏部共查出违例文武官员146人,都按照刘瑾制定的新规则处理,因此而罢官的人特别多。

由于武宗任用刘瑾,使刘瑾的势力成为一股强大的势力,公侯勋戚都被他的威势所压迫,不敢与他平起平坐。每次去拜谒刘瑾时,他们总是跪拜,而刘瑾也毫不谦让。如果公侯勋戚有什么地方让他不满意,他总是大声呵斥,有如指使自己手下的奴仆。群臣劾人自保或劾人献媚者不乏其人。正德五年(1510年),兵科给事中高涝为向刘瑾献媚,弹劾包括他父亲在内的官员共61名,为时人所不齿。文武官员为了避祸自保,无不顺从或保持缄默,不敢讨论时政。在刘瑾专权横行时,只有罗侨上疏得以幸免。

事情是这样的:正德五年,北京大旱,罗侨怀揣着奏章,请求皇帝不再游戏,摒弃小人,并惩办刘瑾等人。他抱定必死的决心,命令家人携带棺材跟随,在朝房静候皇上的旨意。刘瑾读完奏章,勃然大怒,矫诏下旨让廷臣议罪。大学士李东阳为他求情,终于赦免了他的死罪,但将他降为江西原籍教职。朝臣原以为罗侨会遭遇不测,然而,他却只被降职,因此,他们都感到万分惊奇。

明武宗花钱如流水,加上宦官巧取豪夺,不久国库空虚,内库告急,北部边防地区粮储空虚,边防危机随时可能爆发。在这种情况下,宦官刘瑾给明武宗提出了一个绝妙的主意,这就是官吏罚米法,以罚代罪。

明武宗颁布的罚米法对缓解国家财政危机确实帮助很大,由于所罚米数从一两百石

织锦一品文官仙鹤补子 明

到上千石不等，因此，仅正德三年（1508年）就有182名官员被罚俸禄，运往京师的约有六千多石，加上那些尚未缴纳的罚米所得超过一万石。此外，还有近百倍的粮食运往边镇地区。对官吏胡乱罚米，虽然一时奏效，但弊病特别多，最后受损的还是国家。由于罚谁、罚多少的大权操纵在刘瑾的手中，因此刘瑾成了最大的受益者。此外，这种对官吏漫无标准的罚米法也成为刘瑾及其党徒公报私仇的有力工具。许多忠臣被削职为民，很多清廉官员因此倾家荡产。因公事受到罚米的人为求免罪避祸，往往向刘瑾行

北海景观
皇家园林的营造突出皇家气派，追求场面宏大、景观丰富、功能齐全，集观赏理政于一处。明朝的皇家园林主要有四处：御花园、西苑三海、南城及南海子。南城及南海子已经荡然无存，御花园及西苑三海景观至今保存完好。

贿，就连平日号称忠直的人士也常为免受械杖之苦而走后门。刘瑾因此大发横财。

自从武宗即位后，刘瑾便为武宗建起豹房，使武宗沉湎游戏玩乐，不思进取。而刘瑾则矫旨行事，任意处置群臣，排除异己，结党营私。至此，宦官当政，厂卫横行。

为镇压官民的不满情绪，谷大用等人派出大量特务四处侦察。消息传出后，各地惊恐万分，只要看见口操京腔的人，便奔走相告，甚至以重金贡献以求自保。

东、西厂特务横行无忌时，刘瑾又于正德三年在荣府旧仓创立了"内行厂"，亲自管理以监督东、西二厂。此后，内行厂和东西二厂等特务机构成为刘瑾专权的工具。他不仅派特务胡作非为，而且让特务刺探官员的隐私。大学士王鏊对刘瑾的所作所为心怀不满，但又清楚自己无力回天，整日长吁短叹。不久，王鏊见刘瑾派特务暗随，自觉无趣，请求罢官归隐。刘瑾因未能抓到他的罪证，只好让其体面退休，这在当时也是一件令人称奇的事。刘瑾自从利用东西二厂排挤异己之后，不需再经过吏部、兵部和礼部审查，可以直接传旨让他所亲信的人升官。罢黜官吏也由刘瑾决定，吏部、礼部和兵部只需备案。

如果吏部要升任重要官吏，一定要让刘

天子印　明
这枚宝玺是明朝皇宫所用。

青花缠枝花纹双耳扁瓶　明

瑾过目,他每次都要吏部再三推举数人,从中选出自己满意的人,否则就不经过吏部直接选人。可以说刘瑾用人完全根据他自己的意愿,想用就用,不想用就废。没过多久,刘瑾的人便掌握了要职。

刘瑾虽然广植党羽,但是不能很好地团结其余七虎。不久,七虎见刘瑾专权越来越严重,对刘瑾很不满,都离刘瑾而去。刘瑾为与张永争权,准备将张永调往南京。张永知道后,立即跑到武宗面前,诉说刘瑾准备谋害自己。虽然武宗后来让谷大用置酒劝解了此事,但是,刘瑾因为得罪了七虎,特别是因为他得罪了同样拥有实权的张永,从而加速了他的覆亡。

武宗荒于政务,刘瑾专权,陷害忠良,全国陷入白色恐怖之中。弘治五年(1510年),朱寘镭继承他父亲的王位,成为安化王。朱寘镭很有政治头脑,他见武宗失德,刘瑾擅权,朝廷纲纪败坏,于是决意取而代之。从此,他礼贤下士,结交陕西宁夏右卫军官何锦,又联络宁夏卫的儒学生孙景文以及被罢黜的生员孟彬、史连等人,将当地军权掌握在自己手中。此外,他利用远近闻名的巫师王九儿,宣称自己有帝王相貌,远近之人正不满朝廷的专制,纷纷归附。同年四月,朱寘镭誓师,自立为帝,由孙景文起草檄文,发动叛乱。宁夏游击将军仇钺率军驻扎在玉泉营,朱寘镭差人前往招降,仇钺诈降,很快用计杀死周昂、孙景文等11人。四月二十三日,朱寘镭反叛被平定。

朝廷官员听说朱寘镭反叛后,公开斥责刘瑾的罪行的人很多,刘瑾等人因并不知叛乱已经平定,成为惊弓之鸟。杨一清游说业已与刘瑾反目的张永,终于让张永倒戈。八月,刘瑾之兄刘景祥去世,刘瑾打算趁八月十五为其兄发丧之机挟持百官以图大计。张永得知后,于八月十一日赶回,当天,武宗摆宴犒赏,张永趁刘瑾离去,与张雄、张锐等人弹劾刘瑾,并举出无数罪证。武宗连夜派人捉拿刘瑾,并将刘瑾关押到菜市场。刘瑾成为阶下囚。不久,张永等人设计,利用抄家机会,制造图谋假象。经过反复审判,定刘瑾为死罪。不久,刘瑾的所有朋党也身败名裂。但是,武宗并未醒悟,再次任用宦官,"三张"成为此后最受宠的宦官团伙。

三、义军纵横，三震京师

正德四年（1509年），湖广、四川、陕西、江西和两广因天灾人祸，造反者无数。正德五年（1510年），天下已经局势混乱，农民起义纵横，成为朝廷的大患。

畿南虽地处天子脚下，但由于皇室贵戚广占民田，明朝政府强迫养马，徭役差役繁重，百姓苦不堪言，河北起义首先于霸州爆发。正德四年以来，官府将矛头对准文安响马刘六、刘七兄弟。两人被招安后不久，刘瑾的家人因向刘六索贿未成，诬

明代佛郎机复原图
明朝中期，开始引进并大量仿制葡萄牙的佛郎机炮，这种炮射有瞄准装置，发射速度较高，大大提高了杀伤力。

陷他们兄弟，刘六等人被迫投入大盗张茂的门下。不久，张茂被宁杲设计斩杀。刘六、刘七等人因自首需献银数万两，方能免罪，被迫四散逃走，其家被毁。自此，刘六与官府决裂，聚众数百人，起兵反抗，队伍很快增至数千人，这就是畿南霸州起义。

刘六等人起义后，迅速吸纳了文安生员赵燧、赵镭和赵镐兄弟，部众日多，畿南大震。正德六年（1511年）三月，刘六率军攻打博野、饶阳、南宫、无极、东明等县，官兵望风而逃。此后，农民军一万多人从畿南到达山东，抢夺马匹，一昼夜疾驰数百里，倏忽往来，势如山雨。官军势单力弱，进退迟缓，常常败北。

虔台总辖地图 明
黄框所示为江西农民起义军与明朝官军争夺的战略要地。

农民军受到山东农民的欢迎，粮草武器全部由当地农民供应，而且很多人加入队伍中。

正德六年夏，农民军因人数众多，分为两支活动，一支由刘六等人率领，另一支则由杨虎等人率领。两支队伍转战数千里，往来于天津、山东间，驰骋纵横，杀官吏，释囚徒，如入无人之境。同年七月，两支农民军合兵一处，进攻文安，将明朝天下闹得天翻地覆。

八月，农民军屯兵固安，准备进

水陆图 明
此图全面生动地描绘了明朝三教九流诸子百家的生活。

攻京师。武宗心下着急,召内阁大学士李东阳、杨廷和、梁储觐见,讨论镇压农民军的事宜,这是自用兵以来武宗第一次接见大臣并面授机宜。此后,武宗继续在豹房游乐,将兵事交由兵部尚书和内阁诸老处理。

不久,在边将永、许泰、冯祯的连连进击下,农民军开始受挫,杨虎、赵连续在东光半壁店、景州桥集等处被打败。但很快,杨虎、赵鐩攻破直隶威县、新河两座城池,大败副总兵李瑾。

十一月,御马监太监谷大用见边兵连败农民军,以为农民军很快便会平定,自请督师,企图借此邀功封赏。武宗准奏,命谷大用和毛锐率军5000人,前往镇压山东、直隶等地农民军。

刘六等人侦知谷大用驻兵临清,心知自己不是对手,于是拥众北上,准备趁武宗举行郊祀时伺机袭劫武宗。不久,刘六见京中有备,转而西攻保定、真定,被官兵追击,兵败汤阴,转入山东。

不久,杨虎、赵鐩杀退官兵后强渡小黄河,官兵用大石砸沉船只,杨虎溺死。此后,刘惠成为他们的首领,率军向河南转移,一路大破明朝官兵,农民军声势日盛。刘惠自称奉天征讨大元帅,赵鐩成为副元帅,将全军分为二十八营,严肃军令,所到之处,秋毫无犯。不久,刘惠、赵鐩等人大闹中原,声震天下。

刘六、刘七等人也应约出动,进入山东,所向披靡,人马迅速扩充到五六万。正德七年(1512年)正月,刘六率军北上,再次攻打霸州,京师戒严。刘六等不敢深入,转攻保定、真定,朝廷再次受惊。不久,刘六率军与毛锐、谷大用遭遇,毛锐一败涂地,谷大用拥兵观望,不敢前进。

同年二月,赵鐩率军进攻泌阳,火烧前大学士焦芳家,绕过均州。三月,刘惠、赵被副总兵时源等人打败,往西逃走。不久,农民军围攻河南府,大获全胜,农民军虽然军威稍振,但自身伤亡众多。自四月起,农民军遭到彭泽、仇钺率领的大军的攻击，起义军被击散，明军得以各个击破。

刘惠奔往嵩县时，随从的士兵仅剩下17人，一路又有几个人逃走。到达土地岭时，被王瑾追上。王瑾射中刘惠的左眼，刘惠见大势已去，自焚而死。赵鐩逃入湖广应山后，部将张通、陈翰相继投降明军，赵鐩陷于孤立。行至东北山坡下时，赵鐩遇见僧人真安，于是遣散部众，剃度为僧，准备潜行渡江，再图大业，不料途中被擒。至此，河南农民军被全部平定。

正德七年三月，刘六、刘七率军过吕梁，入山东。四月，农民军被官军拦截，农民军突围而出，分为两队，一队西奔，一队由刘六、刘七等人率领北走霸州，一路大败官军，杀死参政王杲，京师受到震动。这是农民军第三次也是最后一次威胁京师。

刘六兄弟这次回到家乡后，再也没能回来。五月，刘六率军北上，在杀死总督南京的马炳然后不久，偷袭汉口。满弼率领官兵冲击农民军，刘六中箭落水身亡，刘七、齐彦名率部转入长江流域一带活动。杨虎的妻子崔氏率军继续与官兵作战。同年闰五月，崔氏督众攻打维县，被官兵击退。此后，农民军势单力孤，寡不敌众，农民军失利，崔氏不知所终。

到七月，刘七、齐彦名所率残部未能返回山东，失去地利，部众渐渐散去。七月二十一日，农民军抵挡不住官兵的追击，败退狼山山顶。齐彦名中枪死去。此后，刘七率数十名亲信下山，被官兵用箭射杀，刘七中箭溺水死。至此，刘六、刘七、杨虎率领的农民军彻底失败。

四、游戏无度，微服出京

农民军被平定后，武宗开始滥赏功爵，在战斗中身中三箭的江彬在佞幸钱宁的推荐下得以觐见武宗。他善于奉迎，得到武宗的赏识。不久，江彬因与武宗下棋时争棋不让被周骐喝斥了一句，因此怀恨在心，便陷害他，将其杖责致死。

而江彬因备受武宗宠爱，与钱宁的矛盾也日益突显。江彬见左右都是钱宁的党羽，于是借口边兵骁勇善战，请武宗在豹房设立军营，互相调练边兵和京军，实际上他是想

玉刚卯　玉严卯　明
这两件卯是仿汉作品，古香古色。

借此来发展自己的势力，稳固自己的地位。江彬的想法正中武宗下怀，于是，下

豹房勇士铜牌 明

明朝在太液池西北设有虎房，专门饲养老虎。明武宗朱厚照于正德二年在原虎房旁兴建豹房官署及左右厢房，5年以后再次扩建，费银24万两。武宗爱好习武和打猎，豹房兴建后，常住在这里，很少在紫禁城处理政务。为了护驾，在豹房也设有随驾勇士，此牌就是武宗时铸造的。武宗最后死在豹房。

缂丝挂屏 明

挂屏纹样独特，有方印、铜鼎、如意、山水等物品，绣工精制，技艺高超。

令调遣3000宣府军和3000京军互相调换。

明武宗喜欢搏虎，经常因此受伤，朝臣没有人敢劝谏。翰林院编修王恩觉得君臣如父子，天子一身关系天下，上疏劝谏武宗不要轻易玩虎。武宗将其降职。不久，武宗变本加厉，命人前往居庸关捕虎豹进献，时时搏虎取乐。

明武宗的豹房中有不少太监深得宠信，但豹房中的宠儿绝不仅是宦官，还有边将、义子、乐户、伶官、道士、番僧等等。三教九流，只要投武宗所好，都有资格进入豹房。

武宗结婚很早，但从不曾生育子女，这成了他的一大遗憾。为了弥补这个缺憾，从正德四年十一月开始，武宗大收义子，在一生中共收纳了一百余异姓人作为义子。正德七年九月，他一次性收纳义子127名，并下诏将他们全部改为朱姓。在众多的义子中，影响最大的就是钱宁、江彬和许泰三人。他宠信人时，从来不过问所宠之人的道德品质。此外，武宗还极为好色。

延绥总兵官马昂有一个妹妹歌唱得很好，而且还擅长骑射，嫁给了一个中级军官毕春。不久，马氏身怀六甲。宠佞江彬见马氏容貌秀丽端庄，又深知武宗风流好色，便设法将马氏引见给武宗。武宗一见倾心，强行将马氏夺为己有，对其宠幸有加。她的兄长马昂不仅官复原职，而且还升了级。

此后，武宗多次前往马昂家饮酒作乐，一次，武宗喝得大醉，命马昂叫他的爱妾前来陪酒。马昂心中不愿，于是拒绝了武宗的请求。武宗大怒，拂袖离去。事后，马昂恐惧万分，只好勾结太监张忠将素有艳名的爱妾杜氏送给了武宗。武宗随即大喜,提升马昂的两个弟弟。马昂大喜,随即又送四名美女向皇帝谢恩,但聪明反被聪明误,他的敬献使自己的靠山妹妹马氏被武宗渐渐冷落。

后来,武宗觉得宫中无聊乏味,于是在宦官的建议下建起新宅,这就是所谓的"豹房"。从此,"豹房"成为他寝食、淫乐的处所,甚至成为当时的统治中枢。

正德九年(1514年)正月,乾清宫遭遇一场大火,化为灰烬,大臣劝武宗修复乾清宫,武宗不理,干脆居住到了豹房之中。因此,对国家大事总是敷衍了事。明朝三大节日元旦、冬至、万寿圣节,要在奉天殿里举行朝贺,但武宗经常很晚才去,有时甚至到了深夜才出现在节庆典礼上。而且每日早朝也被武宗改为一月视朝三五日,甚至一月视朝一次。

五、远游西北,游龙戏凤

正德十二年(1517年)八月,明武宗听信江彬等奸佞的蛊惑,到北边去游玩。于是,他以蒙古小王子入犯边境为借口,不顾群臣的劝谏,半公开地出京北行。

十月间,小王子分遣所部分道南下。在武宗的亲自布置下,总兵官王勋率大同部队迎敌,武宗亲自指挥战斗。不久,两兵遭遇,官军主力被一分为二。武宗于是亲自率领太监张永、魏彬等人,自阳和前往应州援助。不久,官兵主力会师。

第二天,小王子得知武宗到达应州,派主力部队前往攻打。武宗见势,亲自督促诸将抵御。不久,敌军自度难以取胜,引兵西退。武宗派兵尾随,但因官军困顿,撤回大同。这是武宗唯一一次亲临战场,大大过了一把瘾,所率官军共杀敌16人,武宗亲自斩杀一人,官兵死了52人,重伤500多人,武宗的战车几次陷入险境,差点成为蒙古人的俘虏。战后,武宗命王勋等人向朝廷报捷,成为天下一大笑柄。此后,蒙古骑兵在短期内不敢贸然侵犯,这倒真可算是武宗的一大功绩。

十一月中旬,武宗对大同一地失去兴趣,起驾返回宣府。江彬"储存"

大同九龙壁 明
此壁修于明朝早期,青蓝色的琉璃底上有九条金黄色的蟠龙,它是国内现存最大的照壁。

长随奉御出入宫禁牙牌　明

明朝在内宫十一监设长随奉，官阶正六品，牙牌是官员出入宫禁的通行牌。明代皇城宫城门禁森严，有严格的检查制度。明代宫禁出入牌有的用牙制，有的用铜制，牌上刻有使用说明，有的还铸有佩带者姓名。

了大量美貌女子，让武宗流连忘返。冬至节那天，武宗仍旧在宣府，京中文武群臣只好具朝服、行遥贺礼。

正德十三年（1518年）正月初一，武宗依旧在宣府，京师群臣再次行遥贺礼。正月初六，武宗自宣府返回京城。自此，武宗第一次北游尽兴而归。但这次北游让武宗再也无法安心居住宫禁中。同年正月，武宗瞒过众臣耳目，带四名廷臣，再次北上宣府。二月，70高龄的太皇太后王氏去世，武宗被迫回到京城。武宗的提前回朝让群臣大为感动，但他不接受群臣的"奉慰礼"，并传旨准备拜祭诸皇陵，这当然只是自己出游的借口。在众大臣的坚持下，武宗终于答应到西角门视事，接受群臣的"奉慰礼"，并按礼制服丧，直至三月六日服除。

四月初一，武宗遍祭六陵。礼毕之后，到密云一带游玩。民间听说武宗巡游密云，以为他又来寻觅美女挟持去淫乐，纷纷躲避。

此后，武宗的心思全在巡游之上。七月，武宗玩弄自己任命自己的把戏，任命朱寿（武宗自称）统率六军出征，并要内阁按照旨意给朱寿写敕书。七月初九，武宗开始了他的西北之行。九月初一，武宗到达大同，让太监马锡预将总兵叶椿的大宅献出，并让叶椿立下卖券，"卖"给皇帝作行辕。九月初二，武宗到达偏头关。在此逗留近一个月时间，在饱览边关雄姿的同时，向太原索取女乐。正德十四年（1519年）二月初八，武宗自宣府还京。

武宗是一个不甘深宫大院生活的浪荡天子，刚结束长达半年的西北游玩，又开始计划到南方巡游。武宗荒于朝政终于激起了群臣的不满，他们联合起来，轮番向武宗进谏。固执的武宗不听劝谏，执意南行，并干脆公开了南巡的意图。三月，杨廷和等阁老的进谏不但没有奏效，皇帝与群臣的关系反倒日渐僵化。三月十七日，面对声势浩大的进谏，武宗未能如期启程，南巡美梦被无情击碎。武宗从此恼羞成怒，大肆报复上谏之人。黄巩等百余位忠君为国的官吏被打入"诏狱"，日夜受刑，受尽皮肉之苦。

张英力谏未成，被武宗打入诏狱，

累丝嵌宝石金冠　明

嘉峪关

活活打死。此后,武宗下令不许任何人进谏。虽然武宗最终实现了南巡的愿望,但未能按照自己的初衷行事。而群臣面对血溅朝廷的铮铮事实,感到很寒心。

六、荒唐亲征,落水受惊

正德十四年六月十四日,久怀异志、阴谋作乱的江西宁王朱宸濠杀死朝廷命官,率众起兵作乱。七月十三日,南京守备、参赞等官才将朱宸濠反叛的事奏到朝廷。武宗听到消息后,立即下令兵部诸官到左顺门集议。众人讨论后决定派兵征讨,上奏皇帝裁决,接连三天不见答复。武宗因上次南巡未能如愿,想趁亲征之机游历江南,于是没有下旨出征。消息传出后,众大臣力劝武宗不可。但武宗心意已决,于七月二十六日下诏亲征,指出朱宸濠的罪状,并下令削去他的封爵和宗籍。

但是,就在武宗下诏南征的同一天,朱宸濠便已经被以王守仁为首的平叛大军生擒,朱宸濠叛乱被平定。

八月二十二日,武宗从京师出发,率领京军、边军精锐部队数万人南下。八月二十六日,武宗到达涿州,居住在太监张忠的

王守仁像

私人宅第中。此时,王守仁将已经擒拿朱宸濠的奏疏送到了武宗手中。武宗读完奏疏后,继续南征,并多次下诏书阻止王守仁到京城献俘虏,让他等候武宗的车驾前往。

八月二十九日,大学士杨廷和也知道了朱宸濠被俘一事,于是上书委婉地提出撤兵建议,想阻止武宗南征。但武宗南巡刚刚起步,根本不想回撤,将谏言置之一旁,继续南征。

官吏常服　明

九月十六日，武宗到达临清。王守仁将朱宸濠押解到南京杭州，交给太监张永。九月二十二日，武宗自临清北返，将因病留住在张家湾的美人刘氏接到临清。十月二十二日，武宗从临清出发，前往徐州。一路上，武宗经常捕鸟捕鱼赏赐臣下，而臣下则献金献帛向武宗表示谢意。江彬还不时假传旨意，向当地官员征钱征物。

江彬在武宗从临清起行后，向武宗告发钱宁。武宗听说钱宁与朱宸濠勾结，不由大怒，下令将留守临清的钱宁抓住，又派人将其在京城的妻子儿女等抓获，关押到监牢之中，并将其家抄没。

十二月初一，武宗抵达扬州府。第二天，武宗率领数人骑马在府城西打猎，从此，天天出去打猎。众臣进谏无效，便请刘美人出面，终于劝住了好玩成性的皇帝。

十二月十八日，明武宗亲自前往妓院看各位妓女，从此，扬州的妓女身价倍增。

正德十五年二月初六，张永押解朱宸濠等钦犯来到南京江口，献俘报命。此后，武宗继续在南京一带游玩。八月，乐不思蜀的武宗视十万火急的兵书为儿戏，继续在南方巡幸。不久，民间传言朱宸濠的反叛事情有变故，武宗开始疑心。而刘美人也力劝武宗还京，武宗才开始有回京的打算，但迟迟不肯起驾。闰八月初七，武宗决定回京。初八，武宗在南京受俘。九月十五日，武宗在清江浦驾舟捕鱼，不料跌落水中。武宗虽然被救上船，但从此受惊成疾，无法救治。十月二十六日，武宗回到通州。十一月二十九日，王守仁、伍文定等人平叛的功劳全部被抹杀，而成了武宗亲征大捷。此后，武宗令朱宸濠等人自尽。十二月初十，武宗回到京城。正德十六年（1521年）正月初一，武宗赐群臣假，免宴。正月初六，武宗病重。正月初十，由于武宗病重，郊祀礼改为占卜。

二月初一，武宗因病罢朝。二月初二，捕获妖人段钫及其妻王满堂。武宗见王满堂长得娇美艳丽，抱病临幸，不顾性命。同年三月，武宗驾崩，年仅三十一岁。五月初八，尊谥"毅皇帝"，庙号为武宗。九月二十二日，葬于康陵。

自此，酗酒好色、荡游无度、荒唐一世的明武宗结束了他的一生，因无子可继承皇位，朱厚熜即皇帝位，是为世宗。

清圣祖康熙

　　康熙帝是清兵入关后的第二代皇帝,他奠定了"康乾盛世"的基础。他在位60余年,殚心竭力,勤于政事,力戒骄奢,力行实政,使得社会经济迅速发展。他还出兵平定三藩,统一台湾,扫清漠北,对国家的统一作出了杰出的贡献。

一、少年天子

【1】玲珑少年

康熙，姓爱新觉罗，名玄烨，顺治帝第三子，生于顺治十一年（1654年）三月十八日。其生母为庶妃佟氏，佟氏乃辽东汉人佟养真之孙女，并不受顺治帝宠爱，但却受到孝庄皇太后的青睐。玄烨一出生，便按照清宫的规定，被奶妈带到紫禁城外哺养。当时京中流行天花，小玄烨的出宫抚养也是为了逃避天花，但是福不是祸，是祸躲不过，两三岁时，玄烨还是染上了天花，但他大难不死，竟然奇迹般地战胜了死神的纠缠，只是在脸上留下了几个麻点。

玄烨自小天资聪颖，5岁时便开始读书识字，并且好学不倦，每每读书至深夜，以至知识渊博，通古知今，官方史料记载他"帝王政治，圣贤心学，六经要旨，无不融会贯通"。在学习文化知识的同时，他还参加严格的军事训练，经常训练骑马和射箭，练就一身过硬的骑射功夫。

画珐琅莲花纹法轮 清
此器为宫廷佛堂供具。法轮镂空辐，下有底座。

正因为玄烨的聪颖好学，其祖母孝庄文皇后对他十分疼爱。玄烨8岁时，父皇顺治帝驾崩。10岁时，生母佟氏病故，祖母便担负起养育之责。祖母虽然疼爱这个孙子，但并不溺爱，凡饮食起居、一言一行，都得依照规矩和礼仪而行，稍有越轨，便严加责罚。据康熙后来回忆说："朕自幼龄学步能言时，即奉圣母慈训，凡饮食、动履、言语，皆有矩度。虽平居独处，亦教以罔敢越轶，少不然即加督过，赖是以克有成。"祖母的教训对康熙影响很大，令康熙受用一生。康熙二十年，祖母病危，康熙守护病榻，回忆说："设无祖母太皇太后，断不能致有今日成立。"

玄烨从小志存高远，6岁那年，玄烨同诸兄一同前往宫中向父皇请安。顺治帝突发奇想，想试试几个孩子的志向，便当即发问："你们长大后都想干些什么？"老二福全回答说："我将来愿当个贤王。"顺治第五子时仅3岁，尚不懂父亲的意思。当问到玄烨时，他高声回答："待长而效法皇父。"这个回答出乎顺治帝的意料，顺治帝从此对他刮目相看。

【2】年少继位

顺治十八年正月，24岁的顺治帝突然病逝。顺治正值盛年，谁也不曾想到皇帝会有不测，立嗣之事远远没有提上议事日程。顺治帝在深知自己无望康复后，迅速下定决心嗣立太子。

顺治帝时有八子，长子和四子已经夭折，剩下的六个儿子都尚未成年。二儿子福全9岁，三儿子玄烨8岁，其他诸子不是呀呀学语，便还在襁褓之中。所以只能从福全和玄烨中选择一个。皇太后一直垂爱玄烨，并且年长一岁的福全有一目失明，因此皇太后选择了玄烨。

顺治像

顺治好友汤若望认为玄烨已经出过痘，最适宜继承皇位。病情使得顺治帝不敢再犹豫，他当机立断，立第三子玄烨为太子。命四大臣索尼、苏克萨哈、遏必隆、鳌拜辅政。顺治十八年正月初九，玄烨的登基典礼举行，执事官宣读即位诏书，以次年为康熙元年，下诏大赦天下。定顺治帝谥号为章皇帝，庙号世祖。尊生母为皇太后，祖母为太皇太后，历史又翻开了新的一页。

二、辅政时期

【1】四大臣辅政

玄烨初登大宝时，尚是一个8岁孩童，按照顺治临终的安排，四大臣辅佐，实际上掌握着国家政权。

四大臣以索尼为首，都是功勋卓著的朝廷重臣元老。四大臣辅政期间，凡事由四大臣共同商议，再奏报太后，由太后决断。年幼的康熙帝与辅臣共同听政，耳闻目睹，在政治上渐渐成熟起来。由于并非平庸之辈，所以他们制定的政策，大多数是值得肯定的。但是四大臣积累的经验都是来自于马背之上，他们只知道用武力和暴力征服一切，由于缺乏最基本的文化素养，根本不知道如何在全国安定的局面下，转换粗暴的治国方式，寻找一条更为适宜的治国方略。清康熙初年大兴文字狱，造成庄廷惨案，被处死的人多达2000多人。当时康熙年幼，其主要责任应该由四大臣来承担。

【2】鳌拜擅权

更为遗憾的是，四辅臣联合辅政的局面并没有长久地维持下去，他们开始争权夺利。依照顺治遗命，索尼位冠辅臣之首，但他年老体弱，无意揽权。鳌拜是四辅臣中最为豪横的一位，他居功自傲，盛气凌人。他不甘心屈居人下，每有议政，便大吵大叫，必须使他人听命于己。四大臣的另位两位是苏克萨哈和遏必隆。苏克萨哈虽然是鳌拜的儿女亲家，但对鳌拜的专权非常不满，而遏必隆则尽量不与鳌拜争论，凡事忍让。鳌拜权势日益扩张，周围有了一批趋炎附势的人，如他的弟弟穆里玛、侄子塞本特、讷莫和领侍内卫大臣大学士班布尔善、阿思哈等，形成了一定的势力。

对此，太皇太后有所觉察。她想通过联姻的方式让四大臣互相制衡，康熙四年七月，她决定让年仅12岁的康熙帝迅速完婚，册立索尼孙女为后、遏必隆之女为妃，想通过索尼和遏必隆来遏制鳌拜。鳌拜对此恼怒不已，强词夺理地说皇帝册妃乃宫中大事，太皇太后擅作决定不合适。但无奈太皇太后力主此议，两个月后便为康熙完婚。此后，鳌拜不但不收敛自己，反而变本加厉，为了打败政敌，他蓄意挑起镶黄旗与正白旗互换圈地事件。此事的根源由来已久，可以追溯到清兵入关之时。当时各旗纷纷圈地，本应按八旗方位进行分配，但摄政王多尔衮故意抬高所属的正白旗的地位，将本应

孝庄文皇后朝服像

| 正黄旗军旗 | 镶黄旗军旗 | 正白旗军旗 | 镶白旗军旗 |

| 正红旗军旗 | 镶红旗军旗 | 正蓝旗军旗 | 镶蓝旗军旗 |

八旗大纛　清

八旗大纛是八旗军队的八面军旗。1601年努尔哈赤创建黄、白、红、蓝四旗军队，每旗军队各以本旗色布绣一云龙为本旗徽。1615年，增建镶四旗，旗帜均镶边。后至康熙年间，鳌拜以整顿旗务为由，挑起各旗纠纷，加快了康熙铲除鳌拜的决心。

划给镶黄旗的土地分给正白旗,把应给正白旗的土地分给镶黄旗,这种分配虽然有违旗制,但事隔二十年,两旗旗民相安已久。本不必再调换,但鳌拜却有意提高自己所属镶黄旗的地位,旧事重提,要求调换。这一要求遭到大学士兼户部尚书苏纳海、直隶总督朱昌祚、巡抚王登联等人的反对,鳌拜竟假传圣旨,要把永平府周围的土地分拨给镶黄旗。一时间朝廷议论纷纷,康熙帝将此消息禀告太皇太后,太皇太后下令阻止此事。专横的鳌拜根本不理睬太皇太后的旨意,还假借康熙帝的名义,把苏纳海、朱昌祚、王登联三人处死。鳌拜的擅权已经威胁到康熙的绝对权威,康熙与鳌拜的矛盾日益尖锐起来。

三、康熙亲政

【1】智擒鳌拜

残杀三大臣后,鳌拜开始结党营私,大肆揽权。康熙六年(1667年),他晋封孙女婿为郡王,又任命心腹辅国公领侍卫大臣班布尔善为内秘书院大学士。紧接着又任命马尔赛为工部尚书,泰璧图为吏部右侍郎,噶褚哈为兵部尚书,迈音达为兵部右侍郎。其他大臣对鳌拜的行为深感不满,联名上疏恳请康熙亲政。康熙六年七月,康熙下诏,择日亲政,辅政大臣"仍行佐理"。以后皇帝便亲自处理日常政务,但鳌拜在"仍行佐理"的幌子下,继续结党营私。由于苏克萨哈曾一再奏请皇帝亲政,鳌拜便将其视为眼中钉,伺机陷害他。苏克萨哈因看不惯鳌拜目无君长的行为,便奏请为先帝守陵。鳌拜认为苏克萨哈之举是在讨好太皇太后,便恶毒地发誓:"今日归政于皇上,明日即将苏克萨哈灭族!"七月十五日,鳌拜将苏克萨哈满门下狱,并指使同党拼凑出二十四条罪证,欲置苏克萨哈于死地。后在鳌拜的主持下,议政王大臣会议决定将苏克萨哈父子凌迟处死,处斩其家人

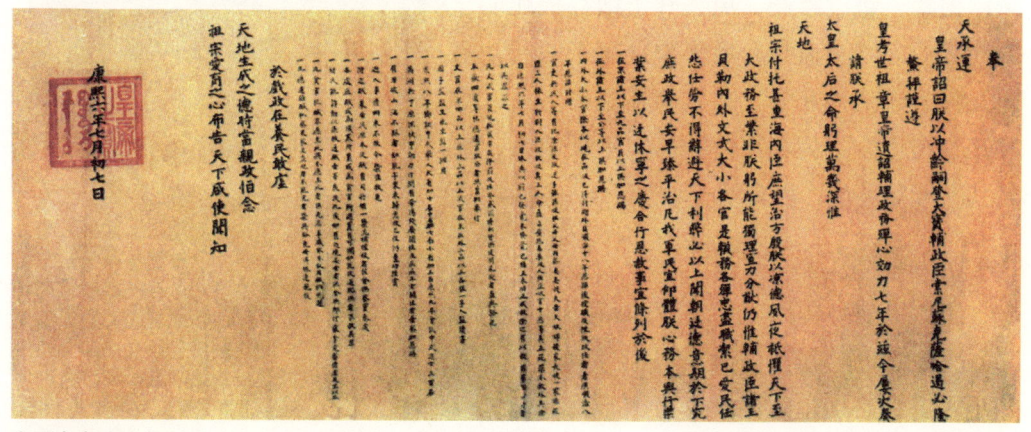

康熙帝亲政诏书　清

布库　塞宴四事图　清

十三人，革去其家三十八人的职务。

多行不义必自毙。康熙对鳌拜的容忍已经到了极限。自亲政之日起，他便渐渐尝试摆脱鳌拜的控制，并考虑如何除掉鳌拜。他深知鳌拜势大，不能贸然行事，否则会激变成乱。于是他采取了以退为进的方法来对付鳌拜。

他以对弈为名，召见已故的辅政大臣索尼之子索额图进宫秘密策划。为了麻痹鳌拜，康熙帝又下令精选一部分与自己年龄相仿的侍卫、拜阿唐以及身强力壮的少年进宫做"布库之戏"，做出沉迷玩耍、胸无大志的样子。鳌拜对此深信不疑。

在采取行动之前，康熙又以各种借口将鳌拜的党羽派出，他派鳌拜胞弟内大臣巴哈理察哈阿布奈之事，将工部尚书都统济世差往福建，将鳌拜亲侄派到科尔沁。

在一切准备就绪之后，康熙于康熙八年（1669年）五月召集与他做布库游戏的众少年，问："汝等是我的左膀右臂，你们是惧怕我还是惧怕鳌拜？"众少年异口同声地回答："当然是惧怕皇帝您。"康熙于是历数了鳌拜的罪行，并商议妥了捉拿鳌拜的方案，然后下诏宣鳌拜进宫面圣。

鳌拜做梦也没有想到年轻的皇帝敢对他发动突然袭击，他依旧像往常一样大摇大摆地走进宫来，康熙帝命众少年"擒之"，鳌拜当即成为阶下囚。康熙当即公布了鳌拜的罪行，命和硕康亲王杰书等审查鳌拜及其党羽所犯事实，列出他们的三十条罪状，判处鳌拜死刑，籍没其家。后鳌拜乞求再见圣上一面，康熙准奏。鳌拜当面请皇上看了搭救清太宗时所留下的伤疤。康熙大动恻隐之心，不忍加诛，改死刑为革职拘禁，籍没家产，免去其子纳穆福死罪，同其父一起终身监禁。后来鳌拜死于囚所，康熙又释放了他的儿子。在监禁了鳌拜之后，康熙又发布诏令，为苏克萨哈一案平反昭雪，恢复其家产与爵位，由其幼子承袭。

【2】勤政爱民

清除了鳌拜集团之后，康熙帝开始乾纲独断，大展宏图。他深深地意识到身为泱泱大国的统治者，必须学习儒家思想，于是他经常召

掐丝珐琅双龙纹暖砚盒　清
暖砚盒为长方形，下为炭盒，上置一方松江石砚。底方框内錾阴文"康熙年制"四字篆书款。暖砚盒是为了防止冬月严寒砚冻而特制的文具，盒内可盛热水或炭火，使墨不受冻而易于书写。此器是清早期文房四宝中的精品，其造型典雅，纹饰规整，浅蓝色釉地色泽较纯正，工艺比康熙早期有所改进。

集儒臣为他讲解天德王道、修身平天下的道理。这样他既不乏祖辈坚忍雄健的马背雄风和叱咤风云的气度，又有深厚的文化素养和广阔的胸襟，这些都是成为一个明君的条件。

年轻的康熙帝勤政爱民，决心放开身手大干一番。康熙九年十月，他颁布了《圣谕十六条》，要求臣下重孝悌、笃宗教、和乡党、重农桑、尚节俭、隆学校、黜异端、讲法律、明礼让、务本业、训子弟、息诬告、戒窝逃、完钱粮、联保甲、解仇忿。这十六条是他勤政爱民的总纲领，他一生都遵循了这些原则。

康熙帝便装写字像

康熙勤政爱民的另一个表现便是坚持御门听政。清初顺治帝曾经采纳给事中魏象枢等人的建议，定逢五视朝之制。康熙帝不但坚持了其父之制，并且将御门听政正式定为一项经常性制度，严格坚持。他风雨无阻，春夏早六时，秋冬早七时，必定亲临乾清门处理朝政。御门听政便于康熙与百官进行交流，及时了解下情，不断改进国策。有一次，康熙发现大小官员分班启奏制难以体现上下一体、励精图治之意，便下诏改革这种制度。康熙二十一年五月，皇帝诏曰："从今以后，满汉官员，无论大小，除非有重大事故外，均一同启奏。"并命令无启奏本章的大小官员也必须每天黎明齐集午门，否则将遭到都察院及科道官员惩处。但这个命令执行起来却比较困难，因为许多官员住地距离乾清门太远，每天疲于奔命。康熙得知这一情况，深深体谅诸臣的苦处，又恢复了轮班启奏制度，减少臣下负担，但他自己却继续坚持每日御门听政。

康熙对奏疏都"亲览无遗"，十分认真。一些大臣认为皇帝对奏章只是翻翻而已，不会通览，所以书写也就不十分认真，经常会出现疏忽的情况。结果却发现康熙竟十分认真，连他们奏疏中的错别字都能够

康熙皇帝龙袍

这件康熙皇帝穿过的朝服为石青实地纱料，彩绣片金，胸、背、袖饰团龙纹，中腰及下摆间饰海水、云龙纹，边饰片金云龙八宝图案。清代皇帝的服饰分为礼服和常服两大类，朝服是主要礼服之一。清代皇帝的朝服保留了满族风格的披肩和马蹄袖，以及上衣下裳的传统形制。

发现。正是因为他亲览奏疏,处理及时发现臣下处理政事敷衍塞责、手续繁琐重复的作风,予以了纠正。他在听政中发现经常有一件事,两部重复启奏,于是他创立会同启奏制,这样便简化了程序,提高了朝廷上下的工作效率。

四、平定三藩

【1】吴三桂反叛

"三藩"问题由来已久。早在顺治年间,平西王吴三桂、平南王尚可喜、靖南王耿继茂奉命南征,为清王朝一统中原立下了汗马功劳。因而顺治帝在统一中原后,并没有及时撤除三藩,而是命令他们留守其地。日积月累,三藩势力日盛,成为威胁中央的地方割据势力。"三藩"拥兵自重,把持地方财政,欺压百姓,甚至利用沿海交通的便利条件,置清廷的海禁政策于不顾,大肆进行走私活动。

康熙即位之初,四大臣辅政,他们对三藩采取笼络、包容之策,企图借助

康熙帝戎装像

他们的力量对付南明、农民军余部,因而对三藩的所作所为不闻不问,三藩的势力更加嚣张。康熙帝亲政后,敏锐地看出三藩已成为国家的心腹之患,把它列为自己亲政所必须解决的大事之一。

康熙亲政之前就采取措施,逐步削弱三藩的势力,他收缴大将军印,裁兵裕饷,严禁欺行霸市、借势扰民,解除藩王总管云贵两省事务的职务。亲政以后,康熙专心学习经史典籍,借鉴历朝历史,他清楚地认识到,"三藩"的性质不是同宋初的开国功臣一个类型,而是同唐末藩镇一个性质。于是他更加抓紧整顿财政,筹措军费,扩大兵力,并主动缓和满汉矛盾,以争取民心,为撤藩工作做准备。

康熙虽有撤藩之意,但鉴于"三藩俱握兵柄",他也不敢贸然行动。正在他犹豫不决的时候,平南王尚可喜给他提供了一个机会。康熙十二年(1673年)三月,平南王尚可喜上奏要求"归老辽东",主动提出了撤藩问题。康熙立即抓住机会,顺水推舟,应允了尚可喜的要求,并对他的行为加以表彰。

一石激起千层浪,康熙帝的行为引起了其他二藩的恐慌。其时,吴三桂之子吴

应熊正在京师,他立即派人快马加鞭送给其父书信一封,信中写道:"朝廷久疑王,今二王皆有辞职疏,而王独无,朝廷之疑愈深。速拜疏岁使来,犹可及也。"吴三桂为了消除皇帝的疑心,便接受了其子的建议,立即上疏"请求撤回安插",耿精忠迫于形势,也上书一封,请求撤回安插。

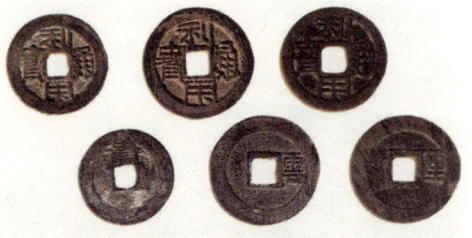

"利用通宝"铜钱　清
此钱是吴三桂为称帝秘密铸造的货币,铜质很好。

两王上书到达京城,朝臣对是否撤藩的事情意见不一,大多数官员惧怕吴三桂势力,主张暂时妥协,先行撤去耿精忠的藩国。康熙认为与其等吴三桂蓄谋已久,养痈成患,不如痛下决心,三藩并撤。于是康熙十二年八月,帝派礼部侍郎折尔肯、翰林院学士傅达礼带手诏前往云南;户部尚书梁清标赴广东;吏部右侍郎陈一炳往福建,会同地方官员料理三藩迁移事务。但是吴三桂申请撤藩不过是故作姿态,没想到康熙帝竟然如此迅速地批准他撤藩。吴三桂感到愤愤不平,即与其党羽密谋起兵。九月初,康熙所遣办理迁移事务的大臣到达云南后,吴三桂阳奉阴违,表面上接受诏书,暗地里却一再拖延动身日期,加紧叛乱的步伐。十一月二十一日,吴三桂杀死云南巡抚朱国治,逼使云贵总督甘文焜自杀,扣留了折尔肯,吴三桂又自称"周王",决定次年为周王元年,公开反叛清朝。

【2】大兵出征

吴三桂反叛的消息传到北京,举朝震惊。大臣中主张向吴三桂妥协的人很多,大学士索额图竟然要求将"前议三藩当迁者,皆宜正以国法"。康熙也知情势严重,但他知道撤藩的决策没有错,此时向吴三桂妥协,只能长他的气焰,灭自己的威风。康熙下定决心要与吴三桂一比高低。

吴三桂起兵前后,曾经致书平南、靖南二藩,台湾郑经以及贵州、四川、湖广、陕西等地官吏,他还发布了蛊惑人心的《反清檄文》。一时间,滇、黔、湘、蜀纷纷响应。吴三桂主力东侵黔湘,很快兵力便达到14万。接着河北总兵察禄也反于彰德,塞外又有察哈尔部

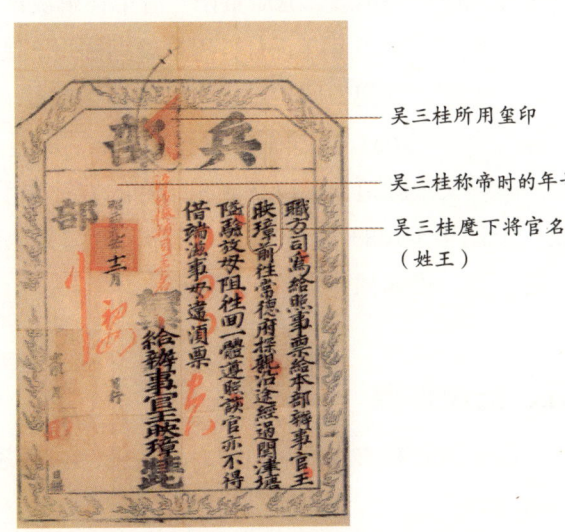

吴三桂颁发的兵部票　清

— 吴三桂所用玺印
— 吴三桂称帝时的年号
— 吴三桂麾下将官名(姓王)

吴应熊驸马府原址内院

布尔民的叛乱,可谓"东南西北,都在鼎沸"。

康熙没有退路可走,当即采取措施,布置兵力,"增派八旗精锐前往咽喉要地荆州固守",通知停撤广州和福州二藩,孤立吴三桂,拘禁额驸、吴三桂之子吴应熊及家属,赦免散处各地的原属吴三桂的官员,削除吴三桂爵位,并悬赏捉拿吴三桂。

康熙十四年(1675年),吴三桂与清王朝的对抗达到了顶峰。叛军在全国形成了三大战场:耿精忠控制的福建、浙江、江西为东线,湖南是主战场,以及四川、陕西、山西、甘肃为西线。康熙分析形势,定下战略方针:以荆州为战略立足点,顶住湖南战场的吴军主力,只对峙而不主动出击。主攻从侧翼入手,先解决耿精忠、王辅臣两股主要叛军,然后再集中力量对抗吴三桂。康熙还并用剿灭、招抚两手,亲自致书王辅臣、耿精忠等人,表示只要他们"投诚自归",即赦免前罪,仍像从前一样对待他们。康熙十五年(1676年),王辅臣兵变降清。十月,耿精忠投降。十二月,尚之信也公开反吴。康熙践约,一律优待他们。如此一来,那些蒙受蛊惑的将领和将官纷纷投降,吴军渐渐分化瓦解。

康熙十七年(1678年)八月,吴三桂暴病身亡。其孙吴世璠即大周皇位,改元洪化。他见势不妙,退居贵阳。清军在解决两翼之后,开始战略反攻,进入湖南。康熙十八年(1679年)正月,清军攻克岳州。接着势如破竹,一路收复长沙、常德、衡州。至此,湖南、四川、贵州、广西被收复。康熙又下令兵分三路,进军云南,康熙二十年(1681年)十一月,昆明城破,历时八年的内战以吴三桂的覆灭而告终。

康熙又乘胜追击,以抚剿相结合的方针着手解决长期悬而未决的台湾问题。康熙二十二年(1683年),郑氏投降,台湾并入大清版图。次年,康熙帝在台湾设一府三县,隶属福建省。

五、抵御沙俄

居中国北部的沙俄乘中国内战之机,不断滋事挑衅,抢掠边民的财物,建立侵略据点。

康熙十五年(1676年),沙俄以尼布楚和雅克萨为据点,一路向南,侵扰额尔古纳河流域。康熙知道此祸不除,边疆将永无宁日。他采取了先礼后兵的方针,先致书沙皇,要求其迅速撤回侵略军,但沙皇置若罔闻,并变本加厉,于康熙二十一年(1682年)开始到黑龙江下游赫哲族居住处进行抢掠,其势力渗透到了黑龙江下游至海边的广大地区。

神威无敌大将军炮 清

康熙决心对俄一战。康熙二十二年(1683年),清政府正式设立黑龙江将军,任命萨布素为首任黑龙江将军,负责开发、建设边疆,抗击沙俄。康熙二十四年(1685年)萨布素提出了"预定四月水陆并进,沙俄不投降即攻城,如攻取不成,则遵旨毁其田禾以归"的作战计划。康熙准奏,又任命都统公彭春任统帅,增派副都统班达尔善、马喇及善使水师的建义侯林兴珠等参赞军务。清军旗开得胜,六月清军攻破雅克萨,沙俄兵败投降。康熙指示:毁掉雅克萨城,不要被胜利冲昏头脑、疏于防范,将大军撤至黑龙江城、墨尔根两处筑城屯种。

清军撤离后,沙俄援军赶到,俄将拜顿会合残兵败卒共500余人,再次返回雅克萨据守。消息传到北京后,康熙迅速部署了第二次雅克萨之战。他命萨布素修船舰,统领乌喇、宁古塔官兵奔赴黑龙江城,又派遣都统郎谈、班达尔善、马喇参赞军务,发兵2000。康熙二十五年(1686年)五月,萨布素进逼雅克萨,俄军负隅顽抗。清军从六月初从南北两个方向发动猛攻,到年底,800余俄军死亡过半,粮弹将绝。在此之前,康熙帝多次向沙俄提出和平建议,沙俄都漠然置之。现在他们见雅克萨失利,救援不成,才同意和平谈判。

清代吉林船厂旧址

俄罗斯人 广舆胜览图 清

几经磋商，康熙二十八年（1689年），双方在尼布楚进行谈判。中俄双方签订了《中俄尼布楚条约》，决定双方边境以格尔必齐河、外兴安岭、额尔古纳河为两国分界线。俄国撤出雅克萨及所有在中国境内的军队和据点。外兴安岭与乌第河之间的地区，暂行存放，待议定。虽然中国在领土方面作了很大让步，但相对于统一和巩固多民族国家来说是值得的。《中俄尼布楚条约》是中国与外国签订的第一个平等条约。

六、平定噶尔丹

准噶尔部原属于额鲁特四部之一，游牧于伊黎河流域。他们乘清军进关夺权之机，雄长西北，时不时派使节来朝，但又时不时抢掠边民。其中，准噶尔部日渐强大，四处剽掠，搅得草原无宁日，蒙古各部无不受其侵害，到康熙十七年（1678年），它已控制了青海与西藏，还对外投靠沙俄。从康熙十三年到二十二年间，噶尔丹几乎年年遣使俄国，乞求沙俄的军事援助，沙皇对他给予了极大的支持。

康熙二十六年（1687年），噶尔丹出兵喀尔喀左翼诸部，康熙应喀尔喀部请求，出面调停，遭到噶尔丹拒绝。噶尔丹吞并了喀尔喀三部，破坏了清朝多民族国家的统一与领土完整，康熙帝迅速作出决策，决定打击噶尔丹。康熙二十九年（1690年），他任命皇兄和硕裕亲王福全为抚远大将军，皇长子允禔副之，出兵古北口；皇弟和顺恭亲王常宁为安北大将军，和硕简亲王雅布副之，出兵喜峰口，意图围歼噶尔丹。

由于沙俄支持噶尔丹，康熙又严正警告沙俄，如果继续支持噶尔丹，将会再开兵端，但噶尔丹和沙俄都对此警告不加理睬，噶尔丹甚至有窥视中原之意。康熙二十九年，噶尔丹率军攻入距京师仅七百里的乌兰布通。八月一日，两军决战于乌兰布通，噶尔丹兵败求和。康熙不允，噶尔丹北逃。康熙趁噶尔丹败逃之际，于康熙三十年（1691年）在上都多伦诺尔举行会盟，以孤立噶尔丹，他宣布将喀尔喀部与内蒙古四十九旗一例编设，共分三十四旗，其号亦与四十九旗同。会盟结束后，康熙返回北京。

平定准噶尔图卷局部　清
这幅图卷是描绘清兵平定准噶尔叛乱的历史画卷。所示图片为"伊犁河"与"大营"的受降场面。

乌兰布通古战场

乌兰布通一役并没有令噶尔丹死心,他仍计划卷土重来,并继续寻求沙俄的支持。康熙三十四年(1695年),噶尔丹又纠集3万骑兵,在外蒙古地区进行骚扰。十一月,康熙决定兵分东、中、西三路出征噶尔丹,自己御驾亲征。康熙三十五年(1696年),清军取得了昭莫多战役的胜利,噶尔丹全军覆没,从此一蹶不振。康熙三十六年(1697年),康熙第三次率军亲征噶尔丹,噶尔丹部将见大势已去,纷纷降清,噶尔丹众叛亲离,畏罪自杀。历时八年的噶尔丹叛乱被彻底粉碎了。平定噶尔丹叛乱是康熙的又一伟大业绩。

七、崇儒重道

从康熙十二年底吴三桂反叛到康熙三十六年噶尔丹兵败自杀,整整二十四年,战事相接,捷报频传。但康熙深知,仅凭武力是无法使国家长治久安的,必须大力倡导汉族文化,化解民族偏见,缓和满汉之间的矛盾,才能使帝业永固。

康熙重视文化,他当政61年,在忙完军国大政的闲余时间,勤读诗书,对《四书》、《五经》、《通鉴》、《性理》等书,都很有研究。在他所学的知识中,他最重视的是儒学,尤其推崇程氏兄弟和朱熹的理学,组织编纂《朱子全书》、《周易折中》、《性理微义》等书。法国耶稣会士白晋在细心地观

康熙帝读书像

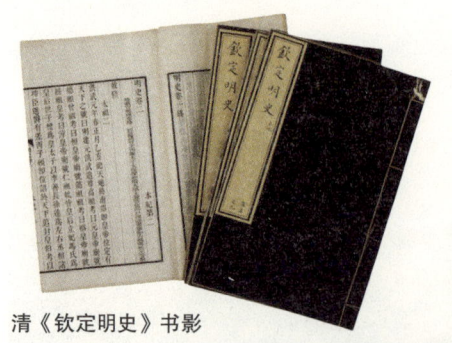

清《钦定明史》书影

清代南书房原址

察康熙帝言行后,称其为中国儒教的教祖。

康熙为了缓和满汉矛盾,消除"庄氏史案"在人们心目中的影响,还组织一帮人编写《明史》。他多次下令不拘忌讳,奖励进呈书籍,他要求必须据实秉公地书写《明史》。《明史》初稿在康熙末年完成,后雍正、乾隆帝对其进行了修改。《明史》的内容虽不乏有回护满族之处,但在二十四史中也可以称为上乘之作。

康熙笼络汉人的另一个措施便是设立了南书房。南书房的翰林不仅辅导皇帝读书写字、提高文化素养,还充当皇帝顾问,甚至代拟谕旨,编辑典籍。南书房在交流民族文化、缓和民族矛盾方面发挥了重大的作用。

八、察吏安民

在吏治方面,康熙有自己的一套指导思想,那就是"端本澄源","源清流洁"。他曾经说过:"朝廷政治,唯在端本澄源……大臣为小臣之表率,京官为外吏之现型,大法则小廉,源清则流洁,此从来不易之理。"因此他一生注重考察高级官吏,尤其是地方大员总督、巡抚及在京二品以上的堂官。

清初对官员的考核仍沿袭明朝的办法:实行对京官六年一次的京察,对外官三年一次的大计和对武官五年一次的军政考核。三品以上官员由自己陈述政绩,朝廷由吏部、都察院核实查对,中低级官员由各主管官员鉴定,然后由吏部、都察院核实。朝廷根据官员的政绩大小,该升的升、该降的降。为了使考核不至于流于形式,康熙多次下诏各主管部门一定要认真负责,并专门下旨严禁京官与地方官交往中的馈送贿赂,一旦发现,必然严加惩处。面对在京各部院衙门官员经常借故或称病不上衙门的情况,康熙提议建立注册考核制度,通过制度核实官吏出勤情况,对无故不上衙者予以惩

康熙帝银刻比例表炕桌　清

罚，对年老体弱者，勒令解职回家。

为了尽量减少官员之间因相互回护而导致考察不实，康熙经常采取亲察的方式，通过亲自接触官员，进行考察。陛辞便是亲察的方式之一，所谓陛辞是指总督、巡抚及各省其他文武大吏离京赴任前，都要去皇帝那儿辞行，称为陛辞。康熙帝便乘此机会，针对性地对各个官员提出不同的要求。另外，康熙还通过亲阅亲信的密奏，来掌握朝内外官员的廉贪情况。

剔红文房用具 清

几为长方形，牙板上雕缠枝花纹，托泥上雕莲瓣纹、锦纹。几上置长方盘，盘内有六盒形状各异的文房用具置于盒内。盘内两侧各置雕漆管紫管紫毫笔一支，长方委角扁盒内置描金海水云龙纹珠一锭，三希堂墨一锭；二方盒内一置掐丝珐琅印泥盒，一置白玉兽纽章一方；盒内置松花石砚一方，另一筒形盒内置掐丝珐琅镇纸五具。几盘色彩艳丽，纹饰简练，雕刻精密。

六科给事中和各道监察御史是考察官吏的专门机构。它们虽品级不高但职权颇重，为了防止其徇私枉法、蔽贪隐恶，康熙帝截断其闻风言事的权力，但这在客观上又导致了言路不通的局面。于是康熙再次倡导无私参劾。康熙二十七年，御史陈紫芝、马郭闻风而动，参劾湖广巡抚张汧与内阁大学士明珠、余国柱等贪污纳贿。康熙在查明情况后，革除明珠、余国柱等人的官职，令大学士李之芳回原籍休养。

在惩处贪官的同时，康熙还不忘扶植清廉的官员。两江总督噶礼，系清开国元勋何和礼四世孙，在任山西巡抚时即因虐吏害民而屡遭参劾，由于没有抓住他犯法的真凭实据，康熙对他未加处罚，反而将他升为两江总督。谁知他不知悔改，上任后将江苏巡抚、布政使、按察使等官员一律劾罢，并与新任巡抚、大名鼎鼎的清官张伯行发生冲突。张伯行不畏其权势，于康熙五十一年（1712年），参劾噶礼用50万两白银徇私贿卖辛卯科举人，噶礼倒咬一口，反诬张伯行。康熙着尚书张鹏翮、漕运总督赫寿、尚书穆和伦等人办理此案，但他们都偏袒噶礼。康熙于是亲自出马，查明实情后，将张伯行官复原职，革去噶礼的官职。

康熙追求吏治清明的措施，虽然不能完全杜绝官吏腐败的现象，但在一定程度上保持了吏治的清廉，打击了贪官污吏，为康熙盛世的出现创造了条件。

九、繁荣经济

【1】鼓励垦荒

清初的连连战争，使得社会凋敝、百姓困苦。有一次，康熙出征路过长城脚下。当圣驾来到珐达兰墨苏地方时，看到一农夫奄奄一息地躺在路边。派吏前去打听

珐琅彩蚕娥图纹瓷盘　清

原因，发现是因为饥饿才导致这样的。康熙深感肩头责任重大，决心大力发展农业。他经常派农官去各地督耕，并亲自向农官布置具体任务。康熙二十五年，他命副都马喇赴黑龙江督理农务。康熙三十一年，又命令都统瓦代等往达尔鄂莫等地耕种。康熙三十年，归化城一带耕牛农具发生困难，他下诏所有耕牛在御厂内取用，耒耜等项铁器支用库银制造，由驿站运送。

康熙还竭力鼓励垦荒。康熙元年，下诏各省荒地限自康熙二年始，五年垦完。六年秋，请旨遣官严查。各省垦过地亩，如荒芜尚多，督抚以下分别议处。康熙帝还把垦荒和人口增加与否，作为考核各级官员升降奖罚的基本依据。为了调动农民归乡、垦荒的积极性，规定垦荒三年起科。到了康熙十年，又规定四年起科，后又再改为六年。随着经济状况的好转，起科年限又有所缩短，各省规定不尽相同，三年至五年不等。

对于垦荒所得土地的产权，康熙帝命令废藩田所有权，归耕种者所有，农民自行开垦的耕地，永准为业。凡土地有数年无人耕种完粮者，即系抛荒，以后如已经垦熟，不许原主复问。这样一来，农民可以通过多种途径占有土地，生产积极性大为提高，垦荒的收效较大，据《清会典》记载的全国民田总数，顺治十八年，为549万顷，而到了康熙二十四年，则增至608万余顷。康熙后期，全国田土总数实际上已达到甚至超过明代万历初年的水平。

【2】兴修水利

水利与农业生产紧密相关，康熙坚持以农民为本，所以其一生将兴修水利看作一件大事。

黄河水患是令历代帝王头痛的问题。清初由于忙于征战，河道失修，水患更是频繁。康熙初年，地方管理还没有秩序化，一些贪官污吏为了私利，竟然擅自决堤，水患更加严重。据统计，在康熙执政的最初十五年间，黄河决口达69次。因此康熙亲政之初即将三藩、河务漕运列为两件大事，书于宫中石柱

治河场面　康熙帝南巡图　清

亲巡河务 治河图册 清

之上,并于1672年令工部会同河道总督、漕运总督共同商量治河事宜,后因"三藩之乱"而停止。

康熙十五年,黄、淮再次泛滥成灾,江南赋税重地被淹,康熙帝决心治黄,务求"一劳永逸之计"。康熙十六年,康熙帝选中才能卓著的治河专家安徽巡抚靳辅继任河道总督,靳辅在进行了两个月的实地考察后,提出了"将河道运道一体,彻首尾而合治之"的指导方针,并写成《径理河工八疏》,上奏康熙。此奏深得康熙赞同,并拨给他钱粮250余万两,限定三年完成。康熙二十二年,河工告竣,康熙异常高兴。但淮扬水灾未见根本好转,康熙决定亲自南巡,考察河工,并召见了靳辅,当即赋诗一首以彰靳辅之功,还嘱咐他将治河之事写成书,御赐书名《治河书》,传于后世。至康熙四十六年,皇帝一共六次亲自视察河工,指导治河工作,对治河起到了领导作用。康熙重用靳辅治河十一年,全面整治了黄、淮,解决困扰已久的水患问题,变水患为水利,还疏通了运河,便利了交通,其功不小。

在其第五次南巡亲视河务后,曾赋诗一首抒发自己多年来殚精竭虑而取得成功的喜悦心情:

春雨初开弄柳丝,渔舟唱晚寸阴移,庙堂时注淮黄事,今日安澜天下知。

【3】改革税制

康熙勤政爱民,蠲免钱粮是他爱民的重要表现之一。康熙帝一生蠲免的次数之多,数量之巨,坚持时间之久,都是历朝历代所无法比拟的。一旦遇到国家庆典、战争、水旱灾害,康熙都减免该地的赋税。康熙四十四年(1705年),据大学士统计,自康熙元年以来的四十四年间,全国所免钱粮总数共9000余万两。康熙四十九年至康熙五十一年三年间,共蠲免天下地亩人才新征旧欠,共银3206.4697万两有余。

康熙一生始终将蠲免看成"古今第一仁政",几十年如一日地贯彻,收效明

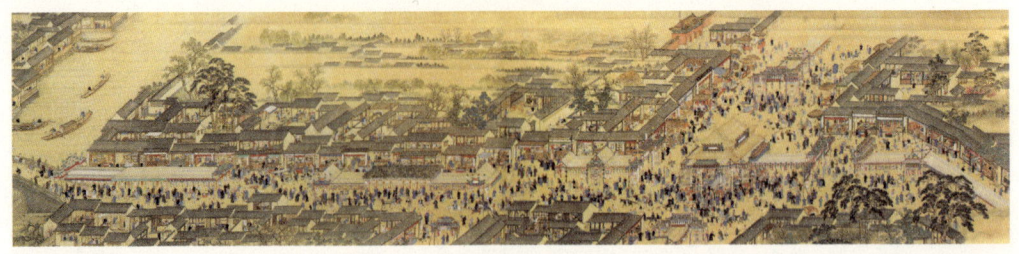

姑苏繁华图　清

显。晚年,他又采取了一个为人称道的惠民政策,即"滋生人丁、永不加赋"的政策。康熙五十一年,针对人口增加,人均土地面积减少,一些剩余劳动力受丁银束缚,很少自由,民间对征收丁银也表示出强烈不满的局面,康熙命各省督抚将全国人口注册上报,并规定以康熙五十年册籍所载人丁数为定数征收丁银。而康熙五十一年以后新增人丁不再加收丁银,这就是所谓的"滋生人丁、永不加赋"的政策。这一政策的实施不仅是雍正朝"摊丁入亩"政策的先导,也使许多农民获得一定程度的人身自由,为江南地区资本主义萌芽的发展创造了条件。

十、皇储纷争

【1】儿孙满堂

康熙年幼即位,8岁御极,69岁驾崩,在位时间61年,是中国历史上在位时间最长的皇帝。

康熙一生文治武功,业绩彪炳,身体也很健康。到了晚年之后,既不幻想返老还童,也不追求长生不老。年近古稀之年曾作诗一首,详述其养生要道:

淡泊生津液,清虚乐有余。鬓霜惭薄德,神愈恐高誉。若好山林趣,深耽性道书。山翁多耄耋,粗食并园蔬。

康熙一生共有四位皇后,分别是孝诚仁皇后赫舍里氏、孝昭仁皇后钮祜禄氏、孝懿仁皇后佟佳氏、孝恭仁皇后乌雅氏,另有嫔妃50余人。多妻必然多子,据清实录记载,康熙共有子、孙、曾孙150余人。康熙对诸子要求甚严,为他们慎选教师,并亲自督导。教育内容包括经、史、文、算术、几何、天文、骑马、射箭、游泳等,非常全面。他还让皇子随军出征,以增长知识,开阔眼界。因而康熙诸子都能文能武,多为奇英之才。

【2】立储风波

康熙皇帝自幼受汉文化的熏陶,深知"早定国储"对王朝稳定延续的重要。康熙十四年,皇后赫舍里氏产下一子后患疾而亡,康熙十分悲伤,将子儿改名胤礽。

为了告慰结发爱妻的亡灵，他便将胤礽立为太子。

为了使太子胤礽能够成为一代明君，康熙为他恢复了顺治后期裁撤的管理太子宫事务的机构詹事府，配备满汉官员充任府事。胤礽入学读书后，康熙又选任张英、李光地、熊赐履、汤斌等名儒充任教师，而他自己在日理万机之余，也传授太子治国安邦之道。起初，太子好学有为，康熙对其倍加宠爱，但是太子与康熙帝之间很快出现了裂痕。康熙二十五年，康熙在亲征噶尔丹时生病，令皇太子与皇三子前往迎回。皇太子在见到生病的皇父时毫无忧虑之色，使康熙大为失望，心生不满。其次是太子开始营结自己的势力。"太子党"的主要人物是朝中大学士、领侍卫内大臣索额图，他是太子的外祖父，经常想方设法抬高胤礽的地位，在国家的一些重要礼仪活动中对待太子的礼遇

孝诚仁皇后朝服像

竟按照天子的规格来执行。并且年近而立之年的太子也想早日君临天下，背地里对康熙颇有怨言。康熙对太子党的活动早有觉察，他怕不先发制人会酿成大祸，于是康熙四十二年（1703年）他下令将索额图逮捕下狱，以警告太子。但太子仍然我行我素，变本加厉，竟发展到夜间偷窥父皇御帐的地步，扰得康熙心神不宁，康熙不得不于康熙四十七年（1708年）痛废太子。

太子被废，诸皇子立即展开争夺皇位的斗争。第一个蹦出来的是皇长子胤禔，但康熙深知胤禔性情急躁、愚顽，明言不可立其为太子，胤禔见自己立储无望，又转而支持皇八子胤禩。胤禩势力日涨，在朝臣中党羽众多。康熙为了避免纷争，于康熙四十八年（1709年）复立胤礽为皇太子，欲借此平息皇子之间的争夺。但胤礽并没有吸取教训，复立后再次聚集党羽，又威胁到皇权的稳定，康熙五十一年，他再次被废。

立储的事一拖再拖，无法定夺，再废太子时，康熙已是60岁的老人，他认识到立储之所以行不通，根源在于八旗制度，倾向于不再设立太子。

皇太子宝印及印文　清

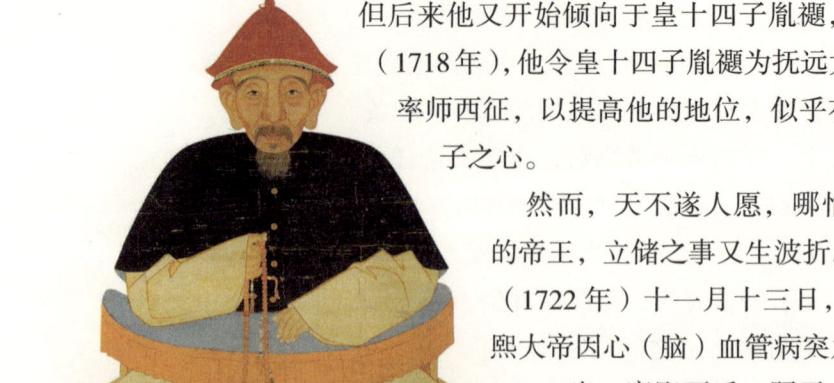

康熙皇帝老年像

但后来他又开始倾向于皇十四子胤禵,康熙五十七年(1718年),他令皇十四子胤禵为抚远大将军,晋王爵,率师西征,以提高他的地位,似乎有立十四子为太子之心。

然而,天不遂人愿,哪怕是以天子自许的帝王,立储之事又生波折。康熙六十一年(1722年)十一月十三日,业绩彪炳的康熙大帝因心(脑)血管病突发而猝死,享年69岁。康熙死后,既无人替他完成原定的立储计划,更没有人能为暗定的储君作证,从而为皇位觊觎者提供了机会。

皇位争夺的结果是康熙第四子胤禛登上皇位,是为雍正帝。胤禛与其父感情很近,深得其父信任,但康熙并没有公开将其立为太子。传说在康熙弥留之际,胤禛派其党羽包围宫门,不准人进出,又进参汤一碗毒死其父,并将遗诏"传位十四皇子"篡改成"传位于四皇子",由隆科多当众宣读,遂登大宝。此乃历史上的一段公案,真伪难辨。

清世宗雍正

　　雍正帝是继康熙之后的又一代有为之主。他即位后敢于革除旧弊，办事雷厉风行，是康乾盛世有力的推行者。他执政期间，整顿财政，健全奏折制度，设立军机处，改土归流，有力地推动了清朝政治、经济的进步。但由于他性格暴躁、多疑，为了加强皇权，推行酷政，骨肉相残，屠戮功臣，并制造了一大批冤假错案，遂有"酷君"之名。

一、雍正即位

【1】皇子胤禛

雍正,名胤禛,姓爱新觉罗,康熙大帝的第四子,生于康熙十七年(1678年)十月三十日。雍正生母乌雅氏身份低微,仅是一名普通的宫女,但其养母佟佳氏却出身显赫,并备受康熙帝的宠爱,从贵妃一直封到皇贵妃。康熙二十八年(1689年),在其去世的前一天,又被封为皇后。佟佳氏无子,所以收养了胤禛,并且真心实意地疼爱胤禛。

胤禛6岁进尚书房,开始学习四书五经,练习书法、作文和满文满语。闲暇之余,还得练习骑马、射箭。康熙不仅为胤禛延请张英、徐之梦等名师,还在日理万机之余,亲自为皇子们授课,有时还对他们进行测验。胤禛9岁那年,首次陪同康熙出宫打猎,后来几乎每年都陪康熙出巡。16岁,他陪同其三兄胤祉前往曲阜祭祀孔庙。19岁,他跟随皇父康熙征讨噶尔丹,掌管正红旗大营。21岁,受封贝勒。23岁,跟随康熙帝视察永定河工地。26岁,侍从康熙帝南巡江浙。

胤禛朗吟阁行乐图 清

32岁,受封雍亲王。在30岁之前,雍正的足迹已经遍布大江南北,这不仅帮他熟悉了各地风土人情,而且也有利于他学习康熙的为政之道、治国之术,锻炼了他处理政事的能力。

【2】储位之争

康熙帝后妃众多,儿孙满堂,但多子未必多福,康熙帝应该对此感触最深。在他晚年立储的时候,诸多皇子为争夺皇位而斗得不可开交,可谓多子多灾。

康熙帝虽是个满族人,但汉化颇深。自己尚在壮年之时,便于康熙十四年(1675

年）立2岁的嫡长子胤礽为皇太子，并倾注心血培育太子。但胤礽的表现却令康熙伤心欲绝。他企图早日继位，对父皇表现出不满与不敬，对臣下也非常无礼。有一次

圣祖仁皇帝谥册　清

竟当着康熙的面将多说了几句话的年届七旬的老师徐元梦踢入水池之中，这些都令勤政爱民的康熙帝大为不满。康熙对此隐忍不发，还千方百计地教育太子，要他注意修养，但太子对此不加理会，反而纠集叔外公、大学士索额图结成太子党，企图发动政变。康熙为了警醒太子，于康熙四十二年（1703年）以"议论国事，结党妄行"为名，将索额图逮捕下狱。对于胤礽，未答其罪，以观后效。

但允礽却不买其父的账，声言要为索额图报仇，后来竟派人偷窥皇父的御帐。康熙忍无可忍，于康熙四十七年（1708年）痛废太子。诸皇子见太子位空虚，纷纷想谋取储位。皇长子胤禔率先活动，康熙对他严加指责，公开声明不会立他为皇太子，胤禔转而支持皇八子胤禩。康熙对胤禩本有好感，但见他拉拢朝臣，谋求皇位，深感不满，于是对他予以摈斥。康熙帝为了平息诸子的竞争，于康熙四十八年（1709年）再立胤礽，同时将诸子封为亲王、郡王、贝子，胤禛被封为雍亲王。胤禛也参加了争夺皇位的斗争，但他没有锋芒毕露，而是处处做好人。

胤禛深知父皇对太子胤礽又爱又恨的心理，处处为胤礽说好话，同时又暗中与胤礽保持联系。他又伺机讨好康熙，当康熙因废太子而伤心，卧病不起时，他主动到病床前护理，请医调治，问汤拿药。康熙为他的假仁假义所感动，对他十分信任。

胤礽再立后，为巩固太子位而结党营私，加上众皇子在康熙面前谗言陷害，康熙对他失去信心，于康熙五十年（1711年）再次将他废黜。这一次康熙对胤礽已经完全死心，他处罚了继续为胤礽复位而奔忙的朝臣，以表明抛弃胤礽的决心。太子位再次空缺，诸皇子纷争又起。胤禛遭到父皇斥责，皇十四子也开始虚贤下士，颇有所图。康熙也似乎对十四子很青睐，康熙五十七年（1718年），他任命胤禵为

孝恭仁皇后朝服像
此为雍正生母像。

抚远大将军,率兵西征西藏,扫荡了准噶尔的残余势力,威望日升。但同时,康熙帝又似乎垂青胤禛,他多次去胤禛的花园小坐,又召见胤禛的儿子弘历,对他宠爱有加,将他带到宫中抚养。

到了康熙晚年,立储之事成为燃眉之急,康熙却举棋不定,但从他对胤禵、胤禛的偏爱来看,他似乎要在两者中择其一。

康熙六十一年(1722年)十一月,畅春园传出噩耗:康熙帝驾崩,胤禛即帝位,是为雍正帝。

【3】手足相残

皇位只有一个,但皇子众多,无论谁当上了皇帝,别的人都会不服气。雍正即位后,他与其他兄弟的斗争并没有结束。

康熙晚年,争夺皇位的诸皇子中,实力最大是皇八子胤禩。胤禩亲历这场斗争,对此心知肚明。康熙去世的第二天,雍正帝即封允禩为廉亲王,官至总理事务大臣,又任命允禩的支持者大学士马齐为总理事务大臣。雍正对其他兄弟则采取了打击的手段。皇十四子在康熙末年极有号召力,雍正即位后立即削夺其王爵,把他囚禁于景陵。皇九子允禟因其母宜妃健在,在宗室中有一定威望,雍正将其驱逐到西大通,由年羹尧监视。他又将允祉监禁,革爵抄家。雍正之所以虚尊允禩,而打击允禵、允禟等人,是为了把他们分散到各地,无法联合。同时也是杀鸡给猴看,给允禩一个下马威。至于早被废的允礽和被囚禁的允禔,雍正对他们继续禁锢,直至他们死在囚所中。

允禩不甘心失败,他纠集其他兄弟,在雍正帝继位的合法性上作文章,散布谣言说雍正帝是毒死父皇,私改遗诏才登上皇位的。允禩党羽众多,有一定的社会基础,许多人同情允禩,怨恨雍正帝,可能还会发生暴动。

雍正二年(1724年)以前,由于新临君位,政权尚不稳固,雍正对诸兄弟的行为采取了容忍的态度。但雍正二年征战青海获胜,政权稳固以后,雍正开始对诸兄弟举起了屠刀。当年四月,雍正谕诸王大臣,

雍正读书像

指责"朕之无知兄弟数人种种妄行,以致皇考暮年愤懑",说允"肆行悖乱、干犯法纪,朕虽欲包容宽宥,而国宪具在,亦无可如何",又说"允禩假如能回心改过,明于君臣大义,感激朕恩,表里如一,尔等即据实陈奏,若怙恶不悛,亦断不可隐讳"。这公然表明了自己欲制裁允禩的态度。七月,

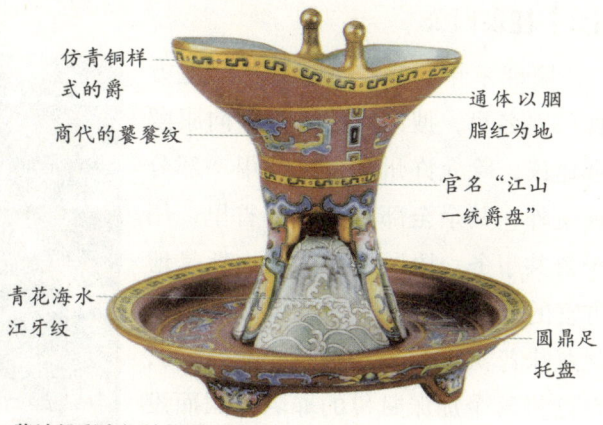

紫地粉彩古铜纹托爵 清

雍正又亲作《朋党论》,为进一步打击允禩制造舆论。雍正三年,雍正加紧了打击允禩、允禟。雍正四年,他发表上谕,历数允禩罪行,休允禩妻,并派人严加看管。后来他将允禩、允禵打入大牢,允禟囚禁致死,将允禵迁于景陵,继续囚禁。至此,允禩的势力被雍正帝扫除殆尽,雍正帝也从此落下了不亲骨肉的骂名。

二、治理财政

【1】惩处贪官

康熙末年,为政宽仁,施惠于民,结果污吏横行、贪官当道,社会积弊相当严重,以致国家钱粮空虚,国库告急。

雍正上台以后,令各省督抚将所属银粮严行稽查,凡有亏空,三年之内必须补足,如限期不补完,从重治罪,并不许苛派民间、借端遮饰。三年补足之后,如果再发生亏空的现象,决不宽贷。对于中央各部、院的钱粮奏销的稽查,雍正元年正月,他下令设立了一个专门的机构——会考府来执行。为了增强会考府的权威,雍正委任怡亲王允祥、其舅隆科多、大学士

雍正皇帝像

白潢、尚书朱轼四人共同负责,并表示如果他们不能处理,他将亲自出马办理。

【2】耗羡归公

康熙末年,耗羡越来越重,地方官巧立名目,搜刮百姓。有人向康熙帝建议,除允许州县官员动用一部分耗羡外,其余全部集中收归省里,用于公共事务。康熙认为征收火耗是地方官的私事,若允许用在公共事务上,就意味着朝廷承认这项征收是合法的,自己将落个加派赋税的罪名,因而没有采纳这个建议。

养心殿 清

雍正即位之初,胡广总督杨宗仁又一次提出,将地方上收取的耗羡,分出二成上交布政司房,充当公事开支。雍正帝对此建议持认同的态度,他在杨宗仁的奏折上批示:所言甚是。同年,山西巡抚诺岷请求将该省各州县耗羡银全部上交布政司,一部分用来抵补亏空,一部分发给官员作养廉银。雍正当即批准在山西实行,并下令在全国推行山西的做法。

耗羡归公,对政治清明非常有利:一方面可以防止官员擅自扣留耗羡的情况,另一方面由于耗羡归公,地方官员知道多征无益,就不会滥征百姓了。另外还有一个好处便是可以补充中央财政,增强中央对地方的控制能力。如此有利之事,何乐而不为呢?

雍正帝在采取了耗羡归公的政策后,明确规定耗羡只能减少,不能增加,任何官员都不能私自加征,否则必将严惩。雍正帝又将归公的耗羡的用途分成三大项:弥补地方亏空,留作地方公用和发还给官员作为养廉银。等到各地亏空全部补齐后,就将用于第一项的银子分用到其他两项上。养廉银制度实施后,大小官员的俸禄收入有了明显的增加,一般来说,布政使的养廉银为1万两左右,巡抚为1.5万两左右,总督为2万两左右。即使一般的州县一级官员,也可以得到一二十两的养廉银。因而,养廉银的发放,对提高官员的工作积极性、

白玉苦瓜 清

制止官员的贪污腐化具有非常重要的作用。

【3】摊丁入亩

康熙朝实行"滋生人丁、永不加赋"的政策,规定以康熙五十年的人丁数为标准征收丁银,以后增加的人口,不再加赋。这个政策虽然有利于劳动力的增殖,但并没有改变丁粮分征、丁役不均的积弊。康熙五十二年,御史董之燧就曾经建议将丁银总数统计清楚,平摊入亩,按亩征收。户部下令让广州和四川两省先试行。但这种做法受到福州人李光地的反对。

两派围绕这个问题展开了旷日持久的争论。雍正君临天下后立即面临着这个不好解决又必须妥善解决的问题。

雍正元年,山东巡抚黄炳奏请按地摊丁,雍正帝以"摊丁之议,关系甚重"予以拒绝,并责备黄炳"昌昧渎陈"。

胤禛耕织图之一　清

七月,直隶巡抚李维钧再次奏请摊丁入粮,雍正将他的奏章交户部讨论,户部同意了李维钧的条陈。雍正帝又命九卿詹事科道共议,诸臣提出亩有大小、地有好坏,担心分摊不均。雍正帝遂命李维钧详细研究这些问题,拿出一个既无损于国家又无害于百姓的方案,李维钧于是想出一个两全其美之策,将地亩分为上中下三等,丁银按地亩等级摊入,田地好坏而负担不均的问题迎刃而解,雍正帝对李维钧大加赞赏,同意于次年开始实行。直隶的问题解决以后,雍正帝又命令黄炳学习直隶办法,以便推行。在此后的两年里,福建、陕西、甘肃、江西等地陆续实行了摊丁入亩的政策。

【4】士民一体

清军入关后,规定优待或免除一些官员户一定量的丁役,还规定免除士人

胤禛耕织图之一　清

官员巡视台阳图卷局部　清

本身的差役和一切杂办。这些人即是所谓的"绅衿"，但他们并不满足于法定的豁免杂项差役的权利，还谋求种种非法特权：出入官署、包揽讼词、横行乡里、欺压百姓等，更有甚者，他们将别人的土地挂在自己的名下，免除杂役，从中渔利。种种卑污之事，难以悉数。

雍正帝对绅衿们的不法行为深恶痛绝，必欲除之而后快。雍正二年二月，皇帝下令革除标志绅衿特权的"儒户"和"宦户"名号，禁止他们借此进行不法活动。为此他采取了下列措施：士民一体当差，严禁绅衿包揽钱粮，严禁绅衿欠粮，严禁绅衿驾词兴讼，严禁生员罢考，加强对生监的管理，每年年底，生监要五人互保，没有抗粮包揽等事。生员完粮后，方准应试。

士民一体当差的政策触动了一大批人的既得利益，雍正对敢于违抗闹事者严惩不贷。雍正元年，河南巩县知县张可标最早发布告示，命令生员与百姓一体当差，许多监生群起反对，雍正帝经过调查之后，将闹事者严加惩办。对那些拖欠粮赋的绅衿，雍正帝也绝不手软，但他对品行端正的绅衿则大加表彰，使其成为四方百姓的表率。

三、消灭权臣

年羹尧，汉军镶黄旗人，康熙三十九年进士，曾任四川广东乡试考官，后来官至内阁学士。其妹为雍正妃，备受雍正的宠爱。隆科多为雍正舅舅，出身显赫，几代都是皇亲国戚。

年羹尧与隆科多曾经为雍正夺取皇位和巩固皇位立下了汗马功劳。康熙末年储君之争和雍正初年政权不固的时候，年羹尧驻军西部边境，代替雍正监视正在西部

《治平胜算全书》　清　年羹尧

的允䄉和允裪。雍正元年，雍正帝为年羹尧加太保衔，封为三等公，同年十月又将年羹尧晋升为抚远大将军。后青海蒙古和硕部叛乱，年羹尧率军平叛，大胜班师回朝时，雍正帝亲迎至近郊，晋封其为太保、一等公。隆科多虽然没有赫赫军功，但他凭借康、雍两帝的国戚地位，支持雍正谋取储君的地位，康熙驾崩时的遗诏也由隆科多宣读。雍正登位之初，诸皇子不服，隆科多时为掌管禁军的步军统领，他执行雍正帝的旨意，关闭京城九门六天，帮助雍正夺得皇位。雍正对隆科多非常尊敬，称他为"舅舅隆科多"，雍正元年加封他为"太保"，

粉彩西厢人物图盘 清
此盘绘《西厢记》中莺莺送张生赶考的场面，构图疏落有致，人物姿态各异，连马匹亦画得生动传神。

雍正二年又命他兼管理藩院事并纂修圣祖仁皇帝实录。

年羹尧、隆科多自恃有功，开始擅权乱政。年羹尧在西征时，征用吏人根本不通报吏部，也不奏请皇帝。雍正即位后，经常有大臣向皇帝告御状，揭发他违制用官。一开始雍正皇帝还对告御状的人加以斥责，但随着年、隆之势发展到威胁国家统一与中央集权时，便开始搜集他们的罪证，决心将他们绳之以法。

雍正二年冬，雍正渐露要惩处年羹尧的心思。该年十一月，雍正在李维钧的奏折上批示："近日年羹尧陈奏数事，朕甚疑其居心不纯，大有舞智弄巧、潜蓄揽权之意。"雍正帝一边搜集年羹尧的罪证，另一方面大批调换年属下的川陕两省官员。雍正三年四月，雍正帝调年羹去担任浙江杭州将军，令他将抚远大将军的印转交给岳钟琪暂理。年羹尧只得交出大印，前往杭州，但途中他又心觉不甘，上书雍正帝说："臣不敢久居陕西，亦不敢遽赴浙江，今于仪征水陆交通之处候旨。"雍正大怒，责令他立马上任。同年七月，又撤销了他杭州将军之职。十二月，雍正历数年羹尧九十二项罪行，命其自裁。年子年富被斩首，其15岁以上之子发遣广西、云南、贵州充军，子孙尚未成年者，等

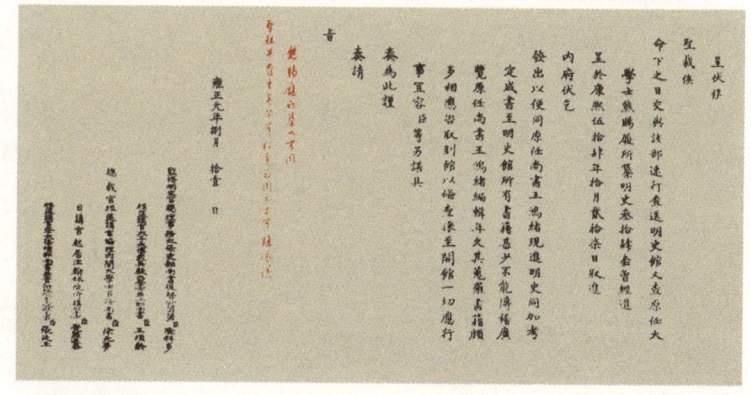

隆科多奏折 清

其满了15岁,次第发遣,永不赦回。

隆科多对雍正的性格了如指掌,所以早有防范,将私产分藏至亲友家和寺庙中。后来被雍正得知,对他非常不满。由于隆科多与允禩等人有过往来,并曾经为年羹尧说情,雍正认为他们三人之间必有阴谋,他不仅同意隆科多辞去步军统领一职,而且削去太保之衔,令他前往阿兰善山修城垦地。雍正四年,雍帝命隆科多代表中国政府与俄国使臣会谈划定中俄中段国界。但正当隆科多兢兢业业与俄国使臣讨价还价时,雍正突然将他撤回。雍正五年,雍正帝列举隆科多罪行四十一条,下令将隆科多囚禁在畅春园附近。雍正六年六月,隆科多终于死于禁所。

年、隆集团的瓦解,大大加强了君权,有利于雍正推行各项改革,澄清吏治,关注民生。

四、变更行政

【1】奏折制度

奏折政治在康熙年间已经开始出现,但远远没有制度化,雍正帝正式将其制度化。他明确规定,中央部院侍郎以上和翰林科道各官、地方督抚提镇及藩臬学政、中央派出的盐政、关差、织造等可以撰写奏折。道员、知府、同知、副将等官员经过皇帝允许后,也可以撰写,奏折人的职权与范围有所扩大。

为了达到保密的效果,上奏人必须亲自书写,不准别人代笔,内容不得外传,否则将被治罪。奏折的传递也相当严格,一般官员的折子,差专人送到雍正帝指定的大臣处,代呈人不得偷看。督抚以上大员的折子,由专人送到大内乾清门,交内奏事处,直达御前。宫中制作皮匣,配备锁钥,派专人传递和保管奏折。

奏折制度不但加强了皇权,也有利于皇帝了解下情,同时为制定政策、任用官员提供了可靠依据。

满、汉文廷寄 清

【2】设立军机处

为了办理国家要务和军机大事,雍正四年,雍正帝下令设立军需房。后于雍正七年更名为军机房,雍正八年再次更名为军机处。

军机处设有军机大臣和军机章京两种官职,军机大臣是其核心官员,俗称"大军机",由雍正从大学士、尚书、侍郎等官员中选拔,也可以由军机章京升任或选择皇族亲王担任。初设军机大臣三人,后来有所增加,最多时达十一人。军机大臣之间也有等级差别,品级最高、资历最深者为首揆。他们分别对皇帝负责。

军机章京,隶属军机大臣,雍正时没有定员。由内阁、翰林院等官员保荐人员,经军机大臣考试后录用,负责满、蒙古、汉各种文字工作。军机处主要办理机密事务,为防止泄露机密大事,军机处有官无吏,勤杂事务一律由年龄不到15岁的儿童充任。军机处的地点靠近皇帝寝宫,以紧急时能及时请示皇帝。最初,军机处值房设在乾清门外偏西,后迁至乾清门内,最后移至隆宗门西面。

雍正帝半身西服像

军机处的职责主要是面奉谕旨,书成文字,并下达转发给各部官员,办理皇帝交议的大政,审办大狱要案,查考行军道路及兵马钱粮等。军机处经办的事情,效率非常高,谕旨下达的速度非常快,保密性非常好。首任军机大臣张廷玉首创廷寄办法,即由军机处将谕旨封好后交给兵部,军机处在函件上注明传递速度,由驿站递送。

这就和内阁发布上谕时大相径庭,内阁在发布上谕时,公开发布或者让六科抄发,很容易让地方官员探到消息,而廷寄则避免了这些问题。嘉庆五年,仁宗规定不许任何闲人到军机处,即使亲王、贝勒、贝子也不得到军机值房同军机大臣议事,违者重处,军机处的保密性进一步加强。

雍正创设军机处,是行政制度上的重大改革,使自太祖以来诸王、贝勒、

军机处值房

议政大臣会议决定国家要务的局面被打破,又使内阁形同虚设。军机处临近皇帝寝宫,一切活动都处于皇帝监视之下,军机大臣唯上命是从,这一切都大大加强了皇帝的集权力。

【3】整饬旗务

雍正即位之初,各旗都拥有重兵,势力强大,仅藩邸所在的镶白旗中就有十二个佐领,约占八旗佐领总数的八分之一,这对皇权是很大的威胁。雍正下定决心要改革旗务。

雍正尊亲之宝印及印文　清

首先,他取消了诸王管理旗务的权力。雍正初年,他命裕亲王保泰任镶黄旗满洲都统,后又革去保泰镶黄、正白两旗都统之职,这三旗都落入雍正之手。雍正利用与允禩对抗的机会,先后解除了允禩、允禟、允祐等管理旗务的权力。与此同时,他又委派亲信充任各旗满洲都统或蒙古、汉军都统等职,将八旗的军政大权收归自己手中。

其次,他又采取了一系列措施,包括变动八旗机构、体制等来改革旗务。针对以前八旗都统以家为衙的局面,他创立了衙署,要求各都统集中办公;针对八旗官员和旗民欺凌属民、骚扰地方的情况,他加强了对他们的稽查与管理;针对旗人不愿劳动、生计艰难的情况,他下令允许部分旗人出旗为民。

对旗务的改革,既巩固了雍正的皇权,也有利于制约旗人的骄横无理,缓和民族之间的矛盾,安定边防。

五、改土归流

"改土归流"一词中,所谓的"改土"是指废除盛行于西南少数民族地区的土司制度;所谓"归流"即指设置官府,把土司世袭的管理权移交到官府任命的"流官"(因有任期限制,期满调离,故称)手中,以加强中央对边疆地区的统一管理。

土司制度开始于元代,清代沿袭了前朝的制度,继续实行土司制度。清初,土司势力空前膨胀,出现了辖地数百里、拥兵数万甚至数十万的大土司,如贵州水西土司安氏、广州泗

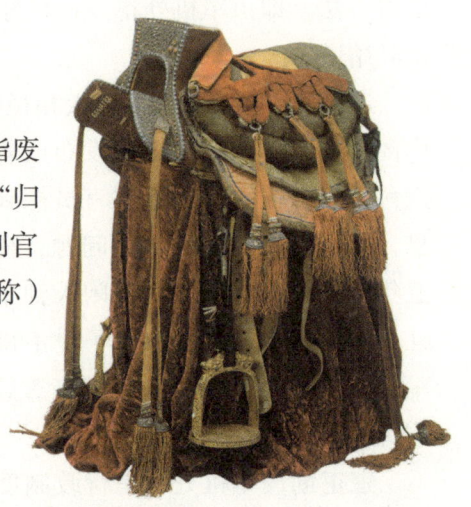

雍正帝银马鞍　清

城土司岑氏等。他们有自己的官吏、法庭和监狱，不仅肆虐百姓，而且有的还公开违抗皇命。

雍正二年，皇帝就深感土司制的弊端，但其时他正忙于巩固皇权，无暇顾及此事，只是命四川等地督抚对土司严加管理。雍正四年九月，云贵总督事鄂尔泰，上奏建议改土归流，并提出既要用兵，又不要专恃武力，建议："计擒为上策，兵剿为下策。令自投献为上策，勒令投献为下策。"雍正大喜，授鄂尔泰为云贵总督，加兵部尚书。后来雍正帝又将广西从两广总督属下划出，归鄂尔泰管辖，使他成为云贵广三省总督，为鄂尔泰推行改土归流政策做了组织准备。

鄂尔泰的兵锋直指苗地之腹长寨，初战告捷，后又斩其首从，大获全胜。鄂尔泰乘胜向前推进，招服了广顺定番、镇宁生苗等土司，兵锋直抵广东边境。广西土司见势不妙，纷纷收敛自己的行为，按兵不动。雍正八年，广西全境改土设置府、镇、县，土司纷纷归降，广西局势遂定。

云南彝族图说　清

湖南、湖北也基本上归顺。到雍正十年左右，清廷在滇、黔、桂、川、湘、鄂等六省的广大地区基本上实现了改土归流和设官建制，西南边疆安定下来。

六、大兴文字狱

【1】钱名世案

钱名世，江南武进人，与年羹尧为乡试同年，官至翰林院侍讲。他曾经作诗歌颂年羹尧平定青海的功绩，诗中称赞年羹尧"分陕旌旗周召伯，从天鼓角汉将军"，"鼎钟名勒山河誓，番藏宜刊第二碑"，把年羹尧比作周代的召伯和汉代的卫青、霍去病，并建议立碑为年羹尧歌功颂德。

年羹尧案爆发后，雍正帝分外重

雍正帝观书像

视钱名世的这几首诗，为了打击年党和臣僚中趋炎附势的现象，他决定借钱名世的这几首诗大作文章。

天蓝地粉彩云鹤蝙蝠纹干支旋转笔筒 清

钱名世才华横溢，素有"江左才子"的美称，早年师从著名史家万斯同，并参与了《明史》的编纂工作。康熙四十二年，钱名世得中探花。钱名世虽然才高八斗、学富五车，但品行不端。其师万斯同原籍浙江，后客死京师，钱名世只得为其办理后事，但丧事结束后，他竟将老师的数十万卷藏书据为己有，此举甚为天下人所不齿。这刚好给了雍正帝一个机会，他降旨说："向来如钱名世、何焯、陈梦雷等，皆颇有文名，可惜行止不端，立身卑污。而钱名世谄媚性成，作为诗词，颂扬好恶，措词悖谬，自取罪戾。但其所犯，尚不至死。""钱名世革去职衔，逐回原籍禁锢，御书'名教罪人'四字。由地方官制成匾额，张挂于钱名世所居之宅！"

御笔 清

士可杀不可辱，雍正这一招，确实歹毒，但他还嫌不够。他又命常州知府、武进知县每月逢初一、十五去钱宅查看，以确保钱名世不敢私自摘下匾额，又命在京举人、进士出身的官员，每人作诗一首讽刺挖苦钱名世，并将这些诗作编订成书，取名《名教罪人》。有些官员的诗作讥讽不力，雍正帝还下令处罚他们。翰林院侍读吴孝登的诗作没有得到雍正的好评，雍正帝就将其遣发宁古塔，给披甲人当奴隶。侍读陈邦彦、陈邦直兄弟也因此而失掉官职。

【2】汪景祺案

汪景祺，浙江钱塘举人，曾经投在年羹尧的门下。如果说雍正帝借钱名世的诗来惩处钱名世有点小题大作的话，那么他对汪景祺的处罚似乎情有可原，因为汪景祺确实有非议雍正帝之处。

年案爆发后，为了尽治年党，雍正对年羹尧的各处住所进行抄查，得获汪景祺写的《读书堂西征随笔》一书，书中有

雍正帝御笔之宝印及印文 清

讥笑雍正帝书法之处。更严重的是，他还非议康熙帝谥号和雍正年号，诅咒年号"雍正"有"一止之象"，为不祥之兆。汪景祺在做年羹尧幕僚之时，著有《功臣不可为》一书，书中告诫年羹尧千万不可涉身于政治斗争，并为功臣说话。这本书也被雍正抄得。有这两个确凿的证据，雍正有足够的理由将汪景祺置于死地，雍正帝在处理完年案以后便以"大不敬"为由将汪景祺问斩。

【3】查嗣庭案

查嗣庭，浙江海宁人。海宁查家，一直是望族。现代著名诗人、翻译家查良铮和以武侠小说而闻名海内外的金庸（原名查良镛），都是查门后人。查嗣庭排行老三，自幼苦读诗书，康熙四十七年得中进士，雍正初年，初任内阁学士，后升任礼部侍郎。

查嗣庭因何获罪？只因为他是经过权臣隆科多举荐而授为内阁学士及礼部侍郎的。雍正将隆科多削去太保衔，并发配阿兰善山修城垦地后，必然要铲除其党羽。查嗣庭也被雍正帝归为隆科多的党羽之一，必欲除之而后快。

雍正帝行乐图 清

雍正四年，查嗣庭任江西考官，乡试完毕后被人告为试题荒谬。雍正帝得此良机，马上采取行动对查进行突然袭击，抄查查嗣庭寓所及行李获得两本日记。

雍正四年九月，雍正帝召集百官，当众公布查嗣庭之罪，列举了两大证据。罪证之一是查嗣庭在江西所出考题"正大而天地之情可见矣"和"百室盈止，妇子宁止"。雍正帝说这两题中将雍正的"正"和"止"字联系起来思考，暗示雍正帝有"一止之象"，犯有"心怀怨恨、讥刺时事"之罪。罪证之二便是查的两本日记。在日记中，查嗣庭详细记载了他对一些政治案件的看法，如戴名世《南山集》是文字之祸，赵晋因科场案获罪起因于江南流传的一副对联等，雍正帝又抓住了查嗣庭的把柄。

雍正五年五月，雍正帝下令将已经死于狱中的查嗣庭戮尸枭示，查嗣庭兄弟子侄凡年满16岁的按律连坐，立行斩决。

由于汪景祺和查嗣庭同为浙江人，致使雍正帝认为浙江文人均为无耻之徒，特在浙江设立"观风整俗使"，并用停止该省乡、会试的办法以示惩戒。浙江士人真是城门失火，殃及池鱼。

【4】曾静投书案

曾静，今湖南郴州人，生于康熙十八年，人称"蒲潭先生"。他一生屡试不第，贫困交加，只好以授徒来糊口度日。曾静曾经读过理学大儒吕留良的八股书，对吕留良佩服得五体投地。雍正五年，他委

派其学生张熙前往吕家求取吕留良的遗著，吕留良的儿子将其父遗著《钱墓松歌》及《题如此江山图》等送给了张熙。吕留良乃清初著名的理学家，具有强烈的反清思想。曾静读了吕留良的文章后，热血沸腾，认为只有铲除满族统治，贫苦汉人才有出头之日。曾静还一厢情愿地选择了川陕总督岳钟琪作为首领。理由是：岳钟琪是汉人，姓岳。他将岳钟琪与岳飞联系起来，认为岳飞因抗金而捐躯，今岳钟琪肯定要为抗清而出力。雍正六年，曾静派弟子张熙化名张倬前往岳钟琪处投书，宣布雍正帝"谋父、逼母、弑兄、屠弟、贪财、奸杀、酗酒、淫色、怀疑诛忠、奸佞任使"十大罪状，策动岳钟琪造反，为汉人复仇。

岳钟琪是位高权重的川陕总督，岂肯放弃荣华富贵，听从小民蛊惑。他迅速将这事上报雍正帝。雍正批示岳钟琪审理此案，并指示岳钟琪不要重刑逼供，要设法引诱他说出实情。岳钟琪于是会同陕西巡抚西琳、按察司顾色定下诱导之计，岳钟琪依计行事，先将张熙偷偷放出，以礼相待，然后痛哭流涕，说自己早有谋反之意，只是皇帝监视严密，还没来得及付诸实施，又要与张"盟誓"，迎聘他为老师，共举义旗，反满复汉。

张熙信以为真，将老师曾静的姓名、居地以及平常交游的人，和盘托出。岳钟琪得到了其想要的东西后，立即恢复本来的面目，将张熙重新下狱，把所得情报上报雍正帝。

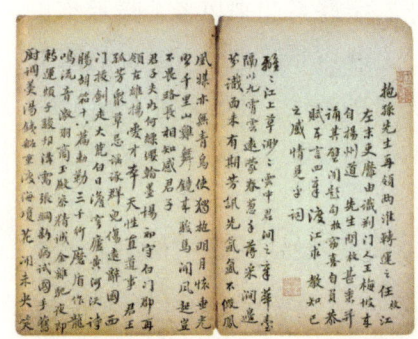

《吕晚村先生文集》
晚村是吕留良的号。

雍正帝迅速采取措施，于十月间派副都统海兰，十一月初派刑部侍郎杭奕禄为钦差急赴湖南，将曾静及刘之珩、陈立安、陈达、张新华等与曾静和张熙有关的亲友扣押，又命浙江总督李卫查抄已故的吕留良家，将吕留良的儿孙以及一帮学生拿获。后来雍正又命将各犯解送京师。

雍正帝临辟雍讲学图

雍正帝为了挽回声誉,洗刷失德的罪名,尽力寻找攻击他失德的言论制造者。"十大罪状"中"谋反、逼母、弑兄、屠弟"等都是不曾向民间公布的重大政治事件,乡野小民怎么会知道的?其后必有更大的阴谋者在散布谣言。于是他下令有司追问曾静何以得知这些小道消息,曾静供认是听安仁县生员何立忠和永兴县医生陈象侯说的。雍正帝顺藤摸瓜,发现根源竟然是允禩集团的人。原来允禩、允禟的奴隶、太监因受到其主人的牵连,被贬往边远的地区,心怀不满,便到处散布谣言。

雍正帝决心挽回自己的名誉,他屡发上谕,再次宣布允禩集团罪状,讲述储位斗争以前的历史,为自己辩白。为了使自己的辩白能够广传天下、家喻户晓,他又将关于曾静一案的上谕编辑在一起,附上曾静的口供,编成《大义觉迷录》。雍正帝将该书颁发到全国各府州县学,命地方官向百姓宣讲,让读书士子观览知恶。如果有读人不知该书,一经发现,就将该省学校、该州县教官问罪。

主犯曾静、张熙,按律当斩,但雍正帝却将他们免罪释放,还宣布后世子孙不得因为他们诋毁过皇帝而诛杀他们。雍正为了加大《大义觉迷录》的宣传力度,

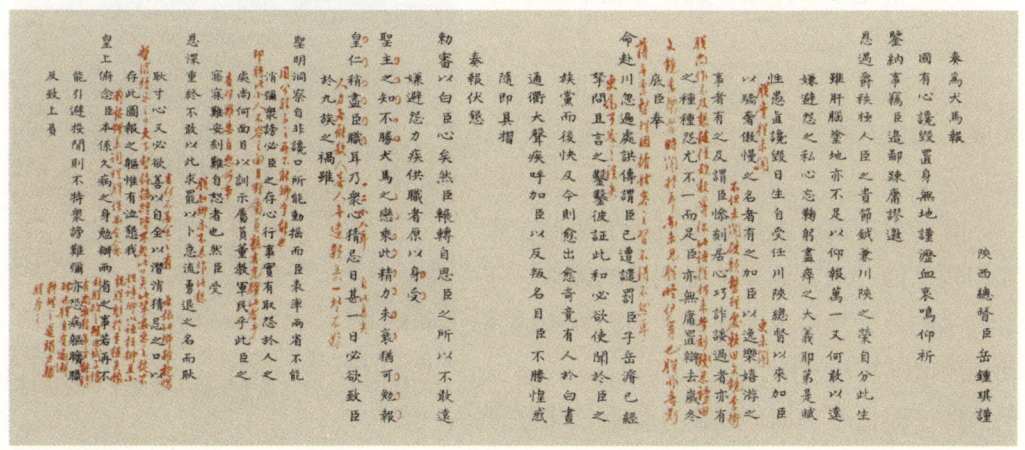

岳钟琪为谗言自辩奏折

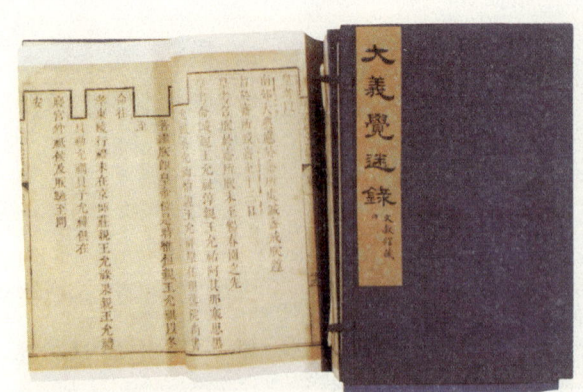

《大义觉迷录》 清 雍正

还让曾静师徒前往江浙、陕西等地,以亲身经历讲授《大义觉迷录》,以证明是雍正帝的英明感召了他们,使得他们觉迷。但是曾静师徒只是一时侥幸,乾隆上台后,改雍正帝的宽政为严政,对历次政治斗争和文字狱都进行了复查和重新处理。他违背其父以后子孙不得伤害曾静二人的性命的诺言,在雍正死后一个月,令湖广督抚将曾静、张熙押回京师,凌迟处死。

由于曾静供出自己受吕留良的影响才命弟子张熙投书,这使得吕门受到很大的灾难。雍正九年,皇帝下令:将吕留良、其子吕葆中开棺戮尸,另一子吕毅中斩首,吕氏孙辈全部发遣宁古塔给披甲人为奴,吕家财产充官。但对于吕氏著作,雍正帝并没有下令禁毁,反而将它作为反面教材与《大义觉迷录》一起宣讲。

七、雍正之死

【1】秘密立储

雍正帝的皇后和妃嫔共有八位,最受宠爱的是年羹尧的妹妹年贵妃,在康熙末年、雍正初年曾有专房之宠。齐妃李氏为雍正帝育有许多儿女,但因儿女不成器,李氏也没有得到皇帝宠幸。钮钴禄氏生弘历,母凭子贵,得封熹贵妃。

雍正帝共有十个儿子、四个女儿,但长大成人的只有四子一女。最受宠爱的是弘历,被封为宝亲王。

由于雍正亲历康熙晚年诸子为争储位而互相残杀的过程,深知手足相残的无奈,于是绞尽脑汁,想避免因立储不当而导致内宫动荡的情况再次发生。

平安春信图 清
此图描绘雍正帝与其子弘历(乾隆)一起郊游的情形。

雍正即位不久即创秘密立储制。雍正元年,雍正召见总理大臣、满汉文武大臣、九卿于乾清宫西暖阁,宣布自己为了社稷的长治久安，准备及早立储，但儿子尚幼，不便公开。皇储的名字已写好密封，藏于匣内，置于乾清宫"正大光明"匾匾之后，现将此事告知诸王大臣，群臣均赞同皇帝这个做法。

【2】雍正暴卒

雍正十三年，宫中传出噩耗，雍正帝暴卒于圆明园宫中。雍正帝死后，根据他的秘密立储方法，由皇四子宝亲王弘历继位，是为乾隆帝。乾隆帝谥其父为"敬天昌运建中表正文武英明宽仁信毅大孝至诚宪皇帝"，庙号世宗。

红漆描金桃式盒　清

关于雍正的死因，众说纷纭。有人说是由于雍正帝纵欲过度，也有人说是刺客所为，还有人说他是患梅毒而亡。流传最广的是吕四娘刺杀雍正帝的故事。相传雍正帝曾大兴文字狱，将吕门斩的斩、发配的发配，但其孙女吕四娘侥幸得脱。吕四娘立志为家人报仇，投身学艺，练就了一身飞檐走壁的好功夫。后来她以宫女的身份混进皇宫侍寝，伺机行刺，用飞剑砍去雍正脑袋。这个传说后来被拍成电影，广为传播，但可信度非常小。

从乾隆登基后的作为来看，雍正帝应该是服用丹药过量导致并发症而死。

【3】独息泰陵

雍正死后，乾隆帝连夜将其遗体运回乾清宫，并于雍正十三年九月将其梓棺移

泰陵
清西陵第一陵，内葬清朝第五位皇帝雍正帝和孝敬宪皇后及敦肃皇贵妃。雍正皇帝是清代"康乾盛世"承前启后的关键人物，为清代中期的昌盛做出了较大贡献，称得上贤明之君，故泰陵在清西陵中规模最大。

泰陵石像生

驻雍和宫。

乾隆二年（1737年）三月，乾隆将其父安葬于易州泰陵地宫。

雍正的祖父顺治、皇父康熙均葬在遵化的马兰峪，为什么雍正选择了"独处"易州，而没有选择与其祖父、父亲毗邻而居呢？传说是由于雍正觉得自己谋害了皇父，擅改遗诏，继位后又残兄害弟，感到无颜面见皇父。于是，他在生前便选定了离皇父所在东陵较远的易州太平峪为陵，于雍正八年开始动工兴建，一直到他死后才竣工。

太平峪西有云山，北为泰宁山，东是立陵地，南临易水河，土质不含沙，可谓一块风水宝地，也符合迷信的雍正帝的心思。一代雄主，独息泰陵，功过任由后人评说。

清高宗乾隆

  乾隆帝，执政时间长达63年，是中国历史上当政时间最长的君主之一。他一生勤政爱民，乾纲独断，知人善用，力遏贪风；他统一了西北地区，拓疆二万余里，确定了近代中国的版图；他主持编订了《四库全书》，在文治武功方面贡献突出。他在位期间，清朝政局稳定，国库充盈，百业兴旺，城市繁荣，文化发达，他将其皇祖、皇父创建的"盛世"推向了新的高峰。

一、乾隆登基

【1】身世之谜

乾隆帝,名爱新觉罗·弘历,雍正帝第五子,生于雍正帝尚为雍亲王之时。正史记载他的生母为钮钴禄氏,备受雍正帝的喜爱,但乾隆帝是中国历史上传奇式的人物,其生母到底是谁,野史中的记载有很多版本,众说纷纭。

一种说法认为乾隆乃雍正与宫女所生。相传康熙四十九年,皇帝亲率皇子和文武大臣到木兰围场打猎,住在行宫承德避暑山庄。皇四子胤禛也随父前往,后在行宫中与宫女苟合。由于清朝皇家家规严谨,规定凡皇子私通宫女便是秽乱宫闱之罪,将受到重惩。胤禛便将此事秘而不宣,围猎结束后,便随父驾回到京师。

谁知宫女后来有了身孕,避暑山庄的总管太监康敬福严审宫女,得知所怀乃胤禛的孩子,知道此事非同小可,便迅速将此事报告给皇亲隆科多。隆科多也一筹莫展,只好请胤禛生母德妃乌雅氏出面调停。德妃哀求皇上,康熙帝大怒,但生米已经煮成熟饭,只得下令将宫女带回宫中。但胤禛知道如此一来,他将受到其他皇子耻笑,再说那宫女虽有几分姿色,但与宫中佳丽相比,仍显逊色,他便阳奉阴违,仍将该宫女留在承德。

权臣隆科多为胤禛解决了这个难题,他找了个无人的地方,让宫女生下孩子,严加防范,不准任何人走漏半点风声。由于宫女产下的乃是一子,皇家血脉当然不能遗弃野外,后来德妃在征得康熙帝同意的情况下,将孩子抱回宫中抚养,该子即为后来的乾隆帝。

另一个传说与乾隆帝多次下江南有联系。传说康熙年间,胤禛与朝中大臣陈阁老往来密切。雍亲王王妃钮钴禄氏年轻貌美,深得雍亲王宠爱。康熙四十九年,她怀有身孕,亲王对她更是关怀备至。在王妃怀孕的同时,陈阁老的妻子陈夫人也有了身孕,并且两人于同月同日分娩。但结果却是陈夫人生的是儿子,而王妃产下一女,宫中

广州十三行插屏
乾隆在位时期,中国封建社会到达最后的顶峰。当时,各地工商业相当发达,以沿海一带为盛,其中广州为最。此为广州艺人所制的贡品。

母凭子贵，生下女儿使她失望之极。奴仆李妈献上一计，让王妃对外宣布产下儿子，同时让陈夫人携子到宫中游玩。恰巧陈夫人有疾，但王妃邀请，不去又怕开罪王妃，只好让奶妈抱着孩子去见王妃。李妈让奶妈在下房等候，自己将孩子抱进里间，直到傍晚才将孩子交还给陈府奶妈，抱回陈府。陈阁老夫妇一日不见幼子，如隔三秋，急急忙忙解开孩子的包袱，却发现是个女孩。陈阁老熟知狸猫换太子的故事，随即意识到发生了什么事。他只好奉劝夫人不要声张，否则全家性命难保；况且孩子落在皇家，将来如能君临天下，也能光宗耀祖。夫人听后，哭泣不语。后来陈阁老为防事情败露，便告老还乡，回到浙江海宁。

奉天诰命盒 清
此盒为清乾隆年间刻制。木质精雕，通体鎏金，专为保存皇帝圣旨之用。

但是，换子之事还是传遍大江南北。人们见乾隆多次下江南，便认定他深信这个故事，下江南是为了寻找失散多年的母亲。

【2】聪慧得储

乾隆帝弘历从小才识过人，深受其祖父康熙帝和其父雍亲王的宠爱，因而其父在即位之初，便将弘历立为储君。

弘历6岁入学读书，但当时其父雍亲王忙于争夺储君的位置，除了为他选择出身于满洲贵族、谨厚刚诚的福敏为老师外，并没有过多地在孩子的教育上花费精力。但是，弘历却勤奋好学。其师福敏对他要求甚严，经常给他加课。弘历年少时孩子心性，对老师颇有怨恨，但后来即帝位后，却深深感激其师的教诲，乾隆四十四年，御制《怀旧诗》，以谢其师。

有一次，康熙帝亲临雍亲王的赐园——圆明园赏牡丹。雍亲王带弘历给康熙请安，弘历穿戴整齐，连给康熙磕了两个响头。康

采芝图轴 清 郎世宁
图中一青年身穿汉族衣冠，右手持如意，左手扶一只梅花鹿；而一个少年，亦着便装，右肩扛一小锄，左手提一花篮。从两人的面貌看，好像画的都是爱新觉罗·弘历，一是青年时，一是少年时。应当出自郎世宁之手。这幅图是弘历即皇帝位之前所画的，即作于雍正时。

乾隆帝写字像

熙帝好生奇怪，问他："磕一次头足矣，为何要磕两次头？"弘历回答说："第一次磕头是觐见皇上，第二次磕头是给爷爷拜寿。"康熙帝龙颜大悦，又拉着他的手问他是否读书、师傅是谁。弘历回答说："已经读书，老师是福师傅，下面一个敏字。"康熙见弘历身为皇孙，却不直呼其师之名，颇有尊师之意，深为嘉许。康熙帝又用满语考他爱新觉罗是什么意思，弘历回答说，爱新觉罗是金子之意。康熙帝又进一步问他："世界上最珍贵的是金子，是不是？"弘历急忙回答："不是，是仁义！"康熙帝见弘历如此年幼，却知道天下仁义为贵，十分欢喜，遂命其祖母德妃将他带回宫中抚养，又命人教弘历骑射、火器。闲暇时，康熙经常考问他功课，弘历都能准确地回答，骑射本领也颇令康熙帝满意。康熙对他宠爱有加，告诉其他妃嫔说："此子诚为有福，福将过朕。"

康熙末年，雍亲王由于性情放纵失欢于康熙帝，但由于弘历备受祖父喜爱，而使其父在争储斗争中处于有利的位置，因而雍亲王十分宠爱这个儿子。即位之初，便把弘历作为自己心目中的储君。雍正元年八月，雍正帝亲书弘历之名并藏于乾清宫"正大光明"匾额之后，弘历便获得了储君的地位。雍正十三年八月，雍正帝暴卒，由张廷玉宣读雍正帝建储密旨，众臣拜请弘历受命，弘历继位，改年号为"乾隆"。

二、纠正前偏

【1】平冤案

乾隆帝不满其父的严政，代之以宽政，即位之初，便集中精力纠正前两朝特别是雍正朝的一些弊政。

雍正帝心胸狭窄、生性多疑，他残杀权臣，甚至连亲兄弟也不放过。乾隆帝上台后，对父皇钦定的冤假错案，进行了审查和重新判处。他对雍正朝最为突出的两大政治案件年羹尧案

蓝玻璃蟠龙朝冠耳三足炉　清

和允禵案进行了认真而负责的处理。

年羹尧、隆科多是雍正帝佐命大臣，对雍正帝争夺皇位和巩固皇位都曾立下汗马功劳，但后来他们居功自傲，被雍正帝严加打击。雍正帝将年羹尧革职削爵并赐

乾隆射猎图　清

死，将隆科多革职发配。由于此案株连过多，冤案层出，弄得朝野怨声载道，乾隆帝即位后，命吏部、兵部复查此案，将革职官员中的"才具可用"之人重新起用，并将此案所及的各起文字狱的人员分别赦免遣回原籍。

允禩集团在康熙末年曾与雍正帝展开过激烈的夺储之争。雍正帝即位后，他们对雍正帝不服，指使家奴散布谣言，说雍正帝弑君、杀弟。雍正帝即位后对诸皇兄弟或监禁、或杀戮。对允禩、允禟更是残酷，强行将他俩分别改名为阿其那、塞思黑，并将他们囚禁致死，将他们的子孙削除宗籍，造成皇室内部关系严重失调。

乾隆帝为了缓和统治集团内部的矛盾，调整皇族关系，便将雍正帝长期监禁的允䄉、允䄉等释放出狱，恢复了他们的爵位。后又将允禩、允禟的子孙授以红带，收入玉牒，给予皇族的待遇。

乾隆敕命之宝及印文　清

不仅如此，乾隆帝还不顾冒犯先祖的危险，为多尔衮平反昭雪。和硕睿亲王多尔衮是清军入关的功臣，曾为清初统一全国立下了汗马功劳。顺治帝福临称帝后，多尔衮恃功揽权，位至皇父摄政王。顺治帝对其非常不满，在多尔衮病故之后，即宣布他犯有"谋逆"大罪，削去其爵位和宗籍，掘坟焚尸，并株连其家，其弟多铎也连坐降为郡王。这一案件在当时就有人不满，但由于是皇帝钦定，无人敢非议此事。乾隆帝在查证之后，于乾隆四十三年毅然推翻这一冤案，为多尔衮昭雪，并恢复了他的爵位。

【2】驱僧逐道

雍正晚年崇信佛道，迷信祥瑞。对于这些做法，乾隆帝也不赞同，即位后即予以纠正。

雍正在还是雍亲王时就大谈佛教，即位初期，有所收敛，但晚年却更加痴迷。

万法归一图 清

雍正十一年,他颁布佛学谕旨,大谈三教同源论,并为诸大臣开堂讲法。他还任用僧人过问政治,让文觉禅师住在宫中,命他参议国家的要务。同年,他派文觉禅师南下朝山,文觉禅师颐指气使,地方官对他极力逢迎。雍正对道家也颇为信奉,即位之后与白云观道士罗清山交往甚密。罗清山死于雍正五年,雍正命内务府官员为他料理丧事,追封他为真人。雍正还对道家的长生不老术感兴趣,让道士贾士芳、张太虚等人住在宫中,为他炼制长生不老之丹药。

乾隆帝在雍正死后不久,即颁下谕旨:"凡在内廷曾经行走之僧人,理应感戴皇考指迷接引之深恩,放倒深心,努力参究,方不负圣慈期望之至意,倘因偶见天颜,曾闻圣训,遂欲借端夸耀,或造作言辞,或招摇不法,此等之人,在国典为匪类,在佛教为罪人,其过犯不与平人等。朕一经察出,必按国法佛法,加倍治罪,不稍宽贷。"乾隆帝不信道术和长生之道,将宫中僧道驱逐出宫,又宣布实行度牒制,裁汰僧道。

粉彩镂空瓷转心瓶 清

雍正帝讲究祥瑞,臣下投其所好,经常报告诸如"一茎十五穗、万蚕同织瑞茧、凤凰出现、天降甘露"之类的祥瑞之兆。乾隆帝对此十分不满,他下令各省总督、巡抚等官员,今后"凡庆云、嘉谷一切祥瑞之事,皆不许陈奏"。

三、勤政爱民

乾隆帝坚决推行以宽代严的政策,尽力避免其父严酷之弊,但为了表示自己"敬天法祖",他将其父之过委于官僚,说其父的主严是出于形势的需要,又宣布自己以宽治国。乾隆帝想做个勤政爱民的好皇帝。他即位后,潜心政务,对雍正朝的奏折制、军机处制等制度都进行了调整,并有所创新。

雍正朝实行秘密奏折制、拥有奏折言事权的人比前朝增多。但奏折并非正式公文，许多事情都是由官员本人先用奏折与皇帝秘密联系，经皇帝首肯后，再以题本、奏本的形式经内阁正式上奏。乾隆帝于乾隆十年正式下令停止奏本，使得奏折最终取代奏本，成为一种重要的上行文书。乾隆八年规定："嗣后凡密奏事件，未经发出之先，即上司属员，概不得互相计议参酌。如有漏泄通同，一经发觉，按其情事轻重，分别治罪。"乾隆帝的这些措施，再一次削弱了内阁的权力。

军机处原是雍正朝为西北用兵期间军事上保密的需要而设。乾隆初年曾将军机处撤除，但乾隆二年，他又下令重设军机处并扩大其权力。军机处重建后，乾隆扩大了军机大臣和军机章京的人数，并将其权力由雍正用兵西北时"筹办军务"，扩大到"内而六部卿寺、暨九门提督，内务府太监之敬事房，外而十五省、东北奉天、

五彩耕织图棒槌瓶　清

瓶洗口，直颈，折肩，瓶身垂直，近足处渐收，圈足。颈部与瓶身皆绘人物画，以肩部梅花锦纹开光相间。颈部绘通景山水人物画，一面远山近水清晰可见，红日高挂，一叶扁舟泊于江心，上坐一人独钓；另一面山石之间掩映着几间茅草屋，老者执杖而望，是一幅意境绝妙的山中小景。瓶身绘耕织图两组，并题《春碓》、《分箔》五言诗两首。

吉林、黑龙江将军所属，西南至伊犁、叶尔羌将军、办事大臣所属，迄至四裔诸属国，有事无不综汇"，职权也超出内阁之上而成为全国政治的中枢。

雍正帝对西南少数民族采取了改土归流的政策，削弱了少数民族地区割据势力，但这个政策触犯了土司的利益，土司必然会强烈反对。雍正九年，云贵总督鄂尔泰返京，古州苗人见鄂尔泰北上，地方官又防范不善，再次作乱。叛乱势力以古州、台拱为中心迅速蔓延。雍正十三年，雍正派兵征剿，但没有能够将叛乱平定。雍正暴卒，乾隆即位后，他迅速撤换主帅，全权委派张广泗率军征剿，才力挽狂澜。

乾隆收复苗疆后采取了几项措施以抚慰苗人之心：第一，免除苗赋。他于乾隆元年颁旨"永除苗疆苗赋"；第二，尊重苗俗。规定今后生活中"一切自相诉讼之事，俱照苗例完结，不必绳以官法"；第三，实行屯田；第四，慎选苗疆守令，责令今后委任的官吏，必须公正无私，以减少苗民的抵触情绪。乾隆这些因地制宜的措施，使得贵州苗疆基本上安定下来。另外，乾隆帝还继承了其父的一部分做法，打击朋党，将权臣张廷玉和鄂尔泰扳倒，对太监中的不法分子进行惩罚，以整顿宗室。同时，他还继续推行雍正帝耗羡归公、养廉银和摊丁入亩等经济政策，

《渔家乐事图》卷之二　清

推动了封建经济的进一步发展。

　　乾隆帝还善于弘扬爱民之心。他多次颁布诏令，宣布自己要以"爱养百姓为心"，他认为"盖恒产、恒心，相为维系，仓禀实而知礼义，理所固然，则夫教民之道，必先之以养民，唯期顺天因地，养欲给求，俾黎民饱食暖衣，太平有象，民气和乐，民心自顺，民生优裕，民质自驯"。因而，乾隆帝屡次减免农民的税收，在即位诏书中宣布，"各省民欠钱粮，系十年以上者"，由户部查明豁免。明代以来，江浙地区每年要向京师输送上等好米，以供皇族消费及充百官俸米，称为白粮。白粮成为江浙地区人民的沉重负担。乾隆二年，皇帝下令百官禄米仅一半白粮，而太监及赏赐禁城兵丁皆用粳米。这使得江浙二省的白粮数量从清初的22万石减少到10万石，人民负担大为减轻。

　　乾隆帝继前代政策，鼓励垦荒，组织移民并提倡农民种植高产作物。乾隆五十年秋，乾隆皇帝亲自抄录介绍甘薯种植方法的《甘薯录》一书，寄给河南巡抚毕沅，指示河南、山东等地督抚推广甘薯种植。为了发展农事，乾隆帝还注重兴修水利，对海塘、永定河、浙江杭州、湖州进行了治理。

　　乾隆朝蠲免钱粮次数和数量之多，可以说是空前绝后的。他先后五次普免全国钱粮，五次普免全国漕粮，并且规定但凡逢上灾害、新皇登极和重大典礼时，都要减免天下租赋。

货郎图　清

乾隆帝这些爱民的措施使得全国耕地面积大增，人口锐长，国库充实。乾隆三十一年，全国土地面积达 7.8 亿亩。全国人口由乾隆初年的 1.4 亿多人增加到乾隆六十年的近 3 亿人。国库存银长期保持在六七千万两，整个社会经济呈现一片欣欣向荣的景象。

四、罢张弃鄂

张廷玉和鄂尔泰均为雍正朝的重臣。张廷玉的势力主要集中在内阁六部和科举出身的汉九卿及汉人督抚。鄂尔泰，满洲镶黄旗人，康熙朝官职较小。雍正朝，历任广西巡抚、云南巡抚、云贵总督、云贵广总督等封疆大吏。他因"改土归流"而功勋卓著，其家族多为高官，逐渐形成以满洲官僚为中坚、包括一部分汉族官僚在内的政治集团。

乾隆对张、鄂二人结党营私早有察觉，但因登基之初，政权未稳，加之二人权高位重，不敢惊动，所以仍对他们优礼有加。

乾隆五年时，政权稳固，乾隆开始采取措施对付张、鄂两大集团，他采取了利用、限制、铲除的措施。乾隆二年会试，张廷玉任主考官，侄张若霭中试。御试时，乾隆帝出题，其中有一道题，名为《为君难为臣不易》，张廷玉久混官场，当即听出弦外之音。他主动请求辞去户部事务，乾隆帝于当年十一月准奏。

乾隆反复告诫臣属不得依附张、鄂，并抓紧机会打击他们二人。乾隆六年，鄂尔泰得意门生仲永檀弹劾提督鄂善受贿，仲永檀还告发说："向来密奏留中事件，外间旋即告之。此必有串通左右，暗为宣诚者。"乾隆

亲贤爱民玺及玺文　清

文官一品仙鹤补子　清

帝得此良机，命怡亲王弘晓、和亲王弘昼，大学士鄂尔泰、张廷玉，尚书讷亲、来保七人会审鄂善，鄂善被处死。这一举措说明乾隆已不再包容鄂尔泰。乾隆十年，鄂尔泰病死，乾隆遵雍正生前许诺，将鄂尔泰配享太庙。乾隆二十年，乾隆帝制造了"坚磨生诗抄案"，将鄂尔泰的两个亲信胡中藻和鄂昌处死，借此机会将鄂尔泰的牌位也撤出贤良祠，作为大臣结党营私之戒。

乾隆十三年正月，张廷玉求退，乾隆不同意，仅准他辞去兼管的吏部事务。乾隆十四年，乾隆才同意张廷玉以原官并带伯爵衔退休。张廷玉年老致仕，"以世宗遗诏许配享太庙，乞上一言为券"，请求乾隆下谕确定此事。乾隆帝对这种类似要他写保证书式的要求非常不高兴，但仍颁诏重申雍正成命，并制诗示意，用明朝刘基乞休后依然配享太庙为例安慰张廷玉。张廷玉没有亲自前往宫中谢恩，而派其子张若澄上朝代为奏谢。乾隆十分不满，下旨痛斥。

乾隆十四年七月，四川学政朱荃落水案牵扯到张廷玉，乾隆令张廷玉交还"历年颁赐诸物"，并没收了张廷玉在京师的住宅。乾隆二十年，张廷玉以84岁高龄去世，乾隆总算大发慈悲，仍让张廷玉"享太庙"，并谥"文和"，使张廷玉保住了声名。

五、兴文字狱

乾隆帝即位之初，平反冤案，对其父因文字狱而造成的吕留良案中被冤枉的人进行平反和起用，但他为了在思想上控制和愚弄人民，自己也推行文字狱。胡中藻案便是一个明显的例证。

胡中藻，江西新建人，乾隆元年进士，先后担任过翰林学士、内阁学士，陕西、湖南、广西学政等职。他曾经拜在辅政

乾隆帝朝服像

大臣鄂尔泰的门下，引起了乾隆帝的注意。

乾隆决心从他的文章中抓住把柄。胡中藻著有《坚磨生诗抄》四本。乾隆命协办大学士、礼部尚书蒋溥秘密审查这本书，从中寻找胡中藻罪证，又派广西巡抚卫哲治严行审查胡中藻任广西学政时所出的试题与诗文。卫哲治接到密旨后，将所查获的试题和诗文秘密送交给乾隆。他还命令陕甘总督赴甘肃巡抚衙门，将胡中藻往来书信、诗文严行搜查，送往朝中。

乾隆帝如愿以偿，罗列了一系列胡中藻"叛逆"的罪状。他从《坚磨生诗抄》中挑出一些诗句加以指责，说诗文中的"一世无日月"是暗示清朝统治黑暗，说诗中"南斗送我南，北斗送我北"有鼓吹南北对立、反清之意，又说胡中藻在广西担任学政时所出的试题别有用心，其试题"乾隆三爻不象龙说"是在讽刺和攻击他。

抓住了这些罪行，乾隆认为已经足够，便将胡中藻交给大学士、九卿等廷臣共同查处。廷臣判处胡中藻凌迟处死，家族中男16岁以上者斩立决。乾隆帝又摆出一副仁慈的面孔，免除胡中藻凌迟之刑，改判其斩立决。乾隆帝钦定的这场"逆案"，无辜地杀害了许多人，达到了禁锢人们思想的目的。

六、编纂《四库全书》

乾隆即位之初，就开始组织学者修史，著名的有《清三通》、《大清一统志》等，中期后，又组织编纂了《四库全书》。

乾隆三十八年，下诏整理现存文献，编纂大型丛书《四库全书》和大型目录书《四库全书总目》。当年二月，下诏建立四库全书馆，征召知名学者主持纂修、校理工作。同年，委任兼管礼部、兵部大学士、军机大臣刘统勋为总裁，设纂修三十员及提调等职。刘统勋经过调查研究后，奏请扩大编纂人数，奏请任纂修纪昀、提调陆锡熊为总办，推荐郎中姚鼐、学正汪如藻、举人戴震等人参与编写。乾隆准奏，又亲派皇八子仪郡王永璇及侍郎周煌等参与校书。

在名儒纪昀和陆锡熊的领导下，花了二十年时间才将《四库全书》编成。《四库全书》按经、史、子、集四部44类编排，共收图书3400多种，多达79309卷，共计36000册。《四库全书》始修于乾隆三十八年，完成于乾

纪昀像

四库全书楠木匣　清

隆五十八年。在乾隆四十七年缮写完第一部之后,又缮写六部及副本一部,分别藏于故宫、圆明园、沈阳、承德避暑山庄等地。后来历经战火,《四库全书》或被抢,或被烧,保存比较完整的仅有藏于承德避暑山庄的那一部,现收藏于国家图书馆。

乾隆帝编修《四库全书》是结合从《永乐大典》中搜辑佚书和大规模地征集民间遗书两项活动同时进行的,因而《四库全书》及《四库全书总目》两书的收书范围和质量都远远地超过了前代。但是,乾隆帝也通过这次活动,对全部现存文献进行了一次审查,将许多古典文献,尤其是对明末清初具有反清意向的文章进行查禁和焚毁,其焚毁书目的数量几乎和其收入《四库全书》中的书目一样多,这可以说是自秦始皇焚书坑儒以来中国文化的又一次浩劫。

七、十全武功

乾隆帝一生最重要的实践活动是加强对边疆地区的控制,他也为自己的战功感到骄傲。

乾隆帝晚年写了一篇《御制十全记》,将他经手的重大战争及取得的胜利誉为"十全武功",标榜自己为"十全老人"。这些战争包括两次平定准噶尔、一次平定天山南部、两次平定金川、一次平定台湾、出征缅甸、出征安南、两次攻打喀尔喀。

平定准噶尔部的战争被乾隆列为"十全武功"之首。准噶尔部是我国西北地区蒙古诸部之一,该部于康熙中期崛起,兴兵进犯西藏、青海等地。康熙、雍正两朝都曾出兵征剿该部,但并没有将它完全打败,也没有实现对西北疆的直接统治。

乾隆十五年(1750年),准噶尔部内讧,乾隆准备乘机与准噶尔一战。乾隆二十年(1755年)春,乾隆帝调

乾隆帝戎装像

清高宗乾隆

平定金川战图册　清

动大军，分西、北两路征讨西北，所向披靡，很快攻下重镇伊犁。这时，准部的另一首领，在内讧中失败并投降清朝的阿睦尔撒纳又反叛清廷，再次叛乱，并于乾隆二十年攻占了北疆的许多地方，北疆再次沦陷。同时，阿睦尔撒纳还煽动喀尔喀部的个别上层贵族一起武装反清。乾隆二十二年（1757年），清兵再次出征，阿睦尔撒纳军队不堪一击，很快便土崩瓦解，西北地区重新回到清朝中央政权控制之下。

平定金川之乱也是"十全武功"中的重大事件之一。金川位于四川西北部，盛产金矿，是藏族人民的聚居地之一。金川分为大小金川。清初，两金川的土司臣服清朝，清朝对其世袭统治制度予以承认。乾隆初年，大金川兴兵攻打小金川，出兵攻掠革布什札、明正两土司，公开对抗朝廷。乾隆十二年（1747年），乾隆帝调动大军分两路攻打大金川。但一直到乾隆十三年，清军进展都很小。乾隆帝又任命傅恒为经略大学士、川陕总督前往该地督战。乾隆十四年，大败大金川，大金川首领莎罗奔被迫乞降，金川获得了暂时的安宁。

乾隆三十六年（1771年），大小金川索诺木与僧格桑叛乱，乾隆帝下决心彻底解决两金川问题。当年九月，乾隆命理藩院尚书温福统清军先攻小金川，次年打败小金川，俘获其土司。乾隆三十八年，温福又率军分三路进攻大金川，但由于温福骄傲轻敌，在木果木被金川兵击败，温福中弹身亡。清军吸取教训，于乾隆三十九年再次兵分两路攻打大金川，并于乾隆四十一年，将大金川彻底击败。

在平定金川之乱的同时，乾隆帝还解决了西藏问题。

在处理边境事务的同时，乾隆帝还分别于乾隆三十一年到三十四年、乾隆五十三年到五十四年，先后对缅甸和安南两国用兵。

乾隆帝的军事活动使得西北、西南地区少数民族的割据政权大为削弱，清朝中央政府控制的版图超越了历史上任何一个朝代。这对于促进国内各民族之间的政治、经济、文化交流,对于边疆的安定和国家的长治久安起到了很大的作用。

八、乾隆晚年

【1】重用和珅

和珅,原来是内务府的一个拜阿唐,因巧言令色受到乾隆宠爱。皇帝将他一路擢升为军机大臣、户部侍郎,并兼任内务府大臣、步军统领,充崇文门监督,总理行营事务。

和珅是个善于拍马逢迎之人,乾隆四十三年(1778年),他已是高官厚爵,但一旦听到皇帝咳唾,便迅速以溺器进之。以一个红顶花翎的大臣身份去干一些下等奴仆干的事情,本应为人不齿,但乾隆却认为他"多称上意",并于乾隆四十五年升他为户部尚书、议政大臣。同年,又御赐其子名为丰绅殷德,指为十公主额附。

和珅还利用乾隆年老昏庸的思想,欺下瞒上。乾隆五十五年(1790年),官员尹壮图上疏反映各省库藏空虚。和珅知道皇上不喜欢听此消息,命人重新清查各省府库,诬告尹壮图所奏不实。皇上将尹壮图降职,对和珅更加宠信。

有了皇上作为保护伞,和珅一方面拼命敛财,一方面拉拢党羽,排除异己。他兼任崇文门税务监督时,聚敛增收,银两便流入他的腰包。他还公开向官员索要财物,连皇子永锡想承袭肃亲王爵位,也要送财物才能获准,后来竟发展到私自克扣大臣进献皇帝之物,四方进贡之物,上者留给和府,次者始入宫中。

和珅与皇后内侄福康安勾结在一起,将福康安荐进军机处。和珅的姻亲苏凌阿昏庸无能,却被提为大学士。乾隆五十一年(1786年),陕西道监察御史曹锡宝上疏弹劾和珅家人刘全"服用奢侈、器具完美,苟非侵冒主财,克扣欺隐,或借主人名目,招摇撞骗,焉能如此",

天子出巡图
18世纪有关中国皇帝出巡题材内容的绘画在西方深受关注。法国皇家制造厂曾出品过绵丝画《中国皇帝出巡》;1773年英国画家亚历山大随英国特使马戛尔尼至热河,作过速写《乾隆坐轿礼仪帐篷》,表现皇帝乘步辇出宫城外巡浩浩荡荡的场面。

但被其同乡侍郎吴省钦偷偷告诉和珅，和珅马上指使刘全转移赃物。安排妥当之后，反诬曹锡宝。乾隆帝对和珅深信不疑，将曹锡宝革职留任，曹锡宝气愤而死。

多行不义必自毙。乾隆一死，和珅便失去了保护伞，嘉庆帝于其父死后两日便将和珅捉拿问罪，查抄出和珅贪污的资财折约合10亿两白银。

【2】禅位嘉庆

乾隆幼年深得祖父康熙喜爱，承蒙祖父教育，对祖父感情很深，亲政以后，处理政事也以祖父为楷模。他还多次表示不敢超越皇祖执政六十年的年限，如自己执政六十年时仍然健在，则传位于子。

乾隆六十年（1795年），他决定践约传位太子，亲自御驾勤政殿召集王公百官，宣布立和硕嘉亲王颙琰为皇太子，并于乾隆六十一年元旦，举行了禅位大典，将皇帝玉玺亲手递给新帝。颙琰改元嘉庆，但乾隆禅位时并没有放弃权力，在乾隆六十年的传位诏书中宣称自己身体健康，归政后，凡遇有军国大事及用人行政等大端，仍须自己亲自掌握，以便嗣皇帝学习，只将"郊、坛、宗、社诸祭祀"之事交给嘉庆帝。

【3】乾隆驾崩

乾隆归政之后，即为自己的后事进行了安排，选定河北遵化圣水峪作为墓地，与孝陵和景陵在一起。为了不使西陵冷落，又为其子嘉庆帝选定河北易州为墓地，与雍正陵在一起，此即所谓的"承承继继，各依昭穆次序，迭分东西"。

乾隆晚期，吏治腐败，各地人民的反清活动此起彼伏。乾隆五十一年至五十二年台湾爆发了林爽文领导的天地会起义；嘉庆元年（1796年），川陕楚爆发白莲教起义，康乾盛世不再。嘉庆三年，乾隆帝因筹划平定白莲教起义之

粉彩多穆瓷壶 清

事而受风寒，久医不愈。嘉庆四年，乾隆帝怀着未能平定白莲教起义的遗憾，手指西南方而终，终年89岁。同年四月，嘉庆为乾隆上尊谥"法天隆运至诚先觉体元立极敷文奋武孝慈神圣纯皇帝"，庙号高宗。九月，乾隆帝被葬于裕陵。

乾隆帝是中国历史上执政最久、年寿最高、文治武功兼备的一代帝王。